各界好評推薦

科茨的發聲鏗鏘有力，宛如一縷揭開真相的光芒。

——《今日美國報》（*USA Today*）

一本不可或缺的書。科茨的文章探索種族、政治與歷史，將成為此時此刻這個國家反抗下墜力量的必要基石。

——《波士頓環球報》（*The Boston Globe*）

科茨的新書不只收錄了自己寫於歐巴馬執政歲月的評論篇章，還出人意表夾雜個人經驗的反思。這些內省讓我們看見一位作家創作時的所思所感，看見伴隨這門技藝而生的所有恐懼、不安、影響力、洞見與盲點。

——《華盛頓郵報》（*The Washington Post*）

大師之作。本書喚起我們身為寫作者、身為美國人的自覺，敦促我們變得更好，或至少更明白自己為何未能做到。

——《紐約時報》（*The New York Times*）

科茨透過八篇迷人散文，回顧美國種族歷史，回顧歐巴馬執政歲月和川普上台的突兀結果，也回顧了身為作家的心路歷程。

——《科克斯書評報》（*Kirkus Reviews*）

科茨的散文雖然關注特定時期，但也映照了更廣闊的社會與政治現象。正是這種近乎永恆的主題，讓人聯想起了喬治．歐威爾與詹姆斯．鮑德溫的作品，也讓科茨的作品值得我們一讀再讀。

——《出版者週刊報》（*Publishers Weekly*）

科茨的呼聲中有著令人耳目一新的透徹，傳達的訊息刻不容緩、義憤填膺、扣人心弦，正是當今世道所需要的。

——《娛樂週刊報》（*Entertainment Weekly*）

科茨的發聲對討論種族與平等這類公眾議題至關重要，讀者將會殷切期盼他對今日世局的看法與解釋。

——美國圖書館協會《書目雜誌》（*Booklist*）

美國夢的悲劇

WE WERE EIGHT YEARS IN POWER

AN AMERICAN TRAGEDY

the National Book Award–winning author of *Between the World and Me*

TA-NEHISI COATES

為何我們的進步運動總是遭到反撲？

塔納哈希・科茨——著
閻紀宇——譯

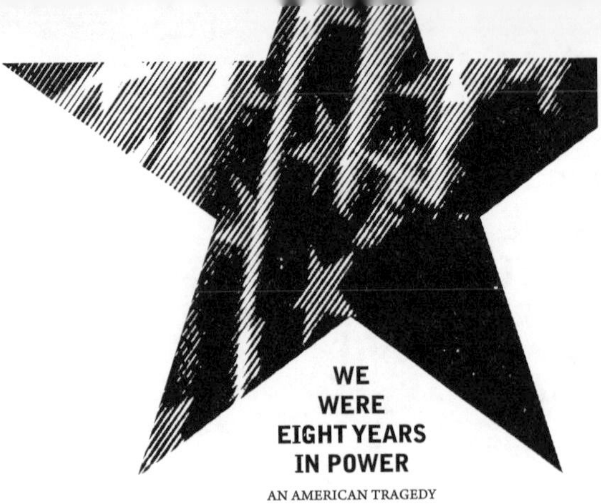
WE
WERE
EIGHT YEARS
IN POWER
AN AMERICAN TRAGEDY

目次

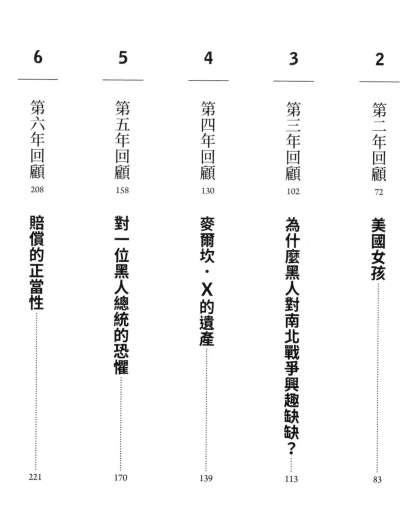

出版緣起

衛城出版編輯部

一九六〇年代以來，全球平權運動發展蓬勃，其所標榜的「法律之前人人平等，不因膚色、性別、宗教而受到歧視」觀念，隨著第三波民主化浪潮與聯合國兩公約的制定，開始在全球各地開枝散葉。待至冷戰結束與蘇聯解體，世界看似走上自由民主的康莊大道。政治經濟學者法蘭西斯・福山（Francis Fukuyama）甚至樂觀預言，自由民主將是人類社會的演化終點。然而時至今日，我們已能從歷史經驗裡看出，平權運動所揭櫫的進步價值，並未從此一帆風順，更無時無刻都得面對保守力量的反撲。

歐洲聯盟推動人權與多元價值，卻在移民與難民問題上左支右絀，面臨逐年升溫的反移民與新納粹壓力；美國打著民族大熔爐旗號、自詡以自由平等立國，卻也在歐巴馬執政八年後，選出種族主義傾向的川普總統。而在西方以外，有更多人因其膚色、性別、宗教而備受歧視壓迫。看似人人朗朗上口、順理成章的人人平等，實務上從未深植人心、窒礙難行。

在二十一世紀的今天，我們若要深刻瞭解平權運動面臨的挑戰與困境，美國黑人追求平權的歷程特別具有啟發性。美國《獨立宣言》明白揭示，人皆生而平等，但包括宣言起草人在內的建國先賢卻持續奴役黑人。林肯解放黑奴，卻被人槍殺、種族隔離再次宰制南方。民權鬥士金恩牧師（Martin Luther King, Jr.）曾有一個夢，夢想用非暴力的途徑使黑人與白人共存共榮，結果被白人至上主義者用暴力奪去生命。歐巴馬當選第一位黑人總統，執政八年也無法翻轉壓迫，反而催生出白人至上的川普。

為什麼美國黑人追求平等之路如此艱難？每當改革跨出一步，必有保守勢力反撲？作家塔納哈希・科茨（Ta-Nehisi Coates）透過這本《美國夢的悲劇》[1]，重新審視國家的不義過往，審視黑人追求平權與白人至上主義反撲的挫敗歷史，找尋心中這道疑惑的答案，找尋持續向前的理由。

無獨有偶，此般「進步屢遭反撲」的心境，也同樣存在太平洋彼端的臺灣社會。臺灣雖然沒有黑白種族的問題，但仍然有藍綠政黨、省籍情結、貧富階級與身分認同上的對立衝突，更在過去一年經歷性別平權的正反思辨。不同路線、不同世代的人們，興許會在投身政治與社會運動後，產生「進一步退兩步」之感慨，宛如受到「運動傷害」。因此，此時出版《美國夢的悲劇》，不只是希望在智識層面，能使讀者更加深入認識美國，認識美國社會所映照出的不平等與改變的契機，也是希望透過科茨的生命故事與書寫，透過美國黑人平權的漫長奮鬥史，帶給讀者慰藉與力量。

反抗絕望，反抗不義的過往，反抗下墜的力量。

1　本書原文直譯為《我們已經執政八年：一場美國悲劇》（*We Were Eight Years in Powers: An American Tragedy*），惟原書名係定於歐巴馬總統卸任之時，將歐巴馬八年執政與美國南北戰爭後的「重建時期」做對照（見本書序論）。考慮臺灣的時空背景差異，經版權方同意後，將中譯書名調整成《美國夢的悲劇：為何我們的進步運動總是遭到反撲？》。

譯者序

「我們已經執政八年」：美國種族主義的悲劇與希望

閻紀宇（風傳媒執行副總編）

美國是個什麼樣的國家？歐巴馬是位什麼樣的總統？為什麼美國歷史上第一位黑人總統的繼任者會是一個白人至上的種族主義者？

美國政治、社會與文化評論健筆塔納哈希・科茨（Ta-Nehisi Coates）的新作《美國夢的悲劇：為何我們的進步運動總是遭到反撲？》（原譯《我們已經執政八年：一場美國悲劇》），試圖回應以上三個問題，而第三個問題又可以涵攝前兩個問題，三者共同的關鍵字則是「種族主義」。即便南北戰爭一百五十多年前就已落幕，《一九六八年民權法》（Civil Rights Act of 1968）在半個世紀前就為民權運動樹立里程碑（當時科茨甚至還沒出生）；但是時至今日，種族主義的惡靈仍然在美國大地遊蕩。

《美國夢的悲劇》付梓之日，惡靈已經一路遊蕩到白宮，川普（Donald Trump）開始當家作主。科茨擱筆的當下，想必百感交集。一百二十多年前黑人菁英「我們已經執政八年」（We Were Eight Years in Power）的吶喊，這回是在整個國家的權力中樞響起，同樣痛徹心扉。想要為種族主義除魅，歐巴馬（Barack Obama）執政八年顯然不夠，八十年、一百八十年也未必夠，這就是科茨為本書定的原副標題「一場美國悲劇」（An American Tragedy）。

悲劇第二幕「川普的美國」目前仍在上演，從男主角與一干配角及其「粉絲團」的表現來看，科茨對於美國種族主義的觀察與剖析不僅深刻犀利，而且洞燭機先。他讓讀者清楚體認到：想要瞭解美國的過去、現在與未來，種族主義都是一道無法迴避的門檻。對於這個人口超過三億、國力舉世無雙、典範全球依循的國家，種族主義與種族歧視不是故紙堆與紀錄片中的歷史陳跡，而是此時此刻迫切需要解方的社會、政治與經濟議題。

我們不必以種族主義作為觀察一切的透鏡，但絕對不能對它視而不見。科茨讓我們清楚看到，今日的美國仍是「一邊一國」：一邊是不信任甚至歧視仇恨「非我族類」、感到自身特權地位受到威脅的「白人美國」；一邊是願意擁抱不同族裔、宗教與文化，努力體現公平與包容價值的「多元美國」。兩個美國長期抗衡，照理說誰也消滅不了誰，但是「白人美國」終究擁有更雄厚的政經資源與話語權，掌控國家運作的方向；後者則往往要等到衝突甚至悲劇發生，才能得到或者被激發出較強大的助力，而且同樣強大的阻力往往也相伴而生。

人們對此若仍有疑慮，請看今日之美國，竟是誰家之天下：川普已為科茨與本書的觀點做了最強而有力的佐證。

科茨在觀察二〇一六年總統大選時已經看出、我們如今更加確認：川普是當今美國種族主義、白人至上主義的最佳代言人與實現者，能夠誘發兩者最典型的病癥，將「異常」化為「常態」。川普在本書直到尾聲才密集出現，但科茨已然精確掌握他的本質、他的政治伎倆、美國歷史社會為他搭建的舞台、隨他笛音起舞的善男信女。

川普異軍突起的驚人與可悲之處在於，他憑著動員並激化「白人美國」，憑著煽動白人選民的偏見、焦慮與憤怒，居然就能夠成為全美國的領導人；《美國夢的悲劇》對此做了精彩深入的解析。除了「個人成就」之外，川普還大幅改變（有人以「綁架」形容）有一百六十五年歷史、由廢奴運動者（abolitionist）創立、林肯（Abraham Lincoln）總統所屬的政黨，為種族主義意識型態與政策攻佔一個龐大的政治機器，將在美國社會留下比以往更深刻、更難癒合的傷口。

其實在科茨看來，美國社會的種族主義傷口始終沒有癒合，只是許多人寧可自欺欺人，或者試圖用過去完成式的歷史地毯遮蓋。二〇一六年之後出現的變化則是，當社會出現撕裂、化膿的傷口，川普卻看到了機會的開口。從二〇一五年六月宣布參選總統以來，川普就以粗糙但有效的民粹手法，打出種族牌、移民牌與宗教牌；二〇二〇年總統選戰，他顯然會如法炮製。第一位黑人總統執政八年，反而讓白人種族主義意識中的歧視、偏見與仇恨蠢蠢欲動。川普，成了美國白人的救世主。

在川普的世界，歐巴馬出生於非洲（因此沒有資格競選總統）、墨西哥移民充斥著強姦犯、外國的穆斯林不得進入美國、美國的穆斯林要全面監控、新納粹與白人至上主義團體也有「好人」、拉丁美洲窮國與非洲國家有如「糞坑」、美國黑人的生活環境豬狗不如（所以何妨投他一票）、非法移民的父母子女要硬生生拆散、批評他的少數族裔國會議員應該「回到自己的國家」（儘管她們都是美國公民）……

種族主義不是「節外生枝」、「個人偏見」或者「無足輕重的插曲」，它會影響一個國家的政治、經濟、社會、外交。川普一方面抵死不認「種族主義」標籤，一方面將種族主義的話語與行為正常化、政策化，作為他「讓美國再度偉大」（Make America Great Again）政綱的主旋律。此外，川普更迫使共和黨為他的言行與政策背書，每當他「犯賤」，共和黨一干政要往往在眾目睽睽之下陷入難堪的沉默。

一個徹頭徹尾、明目張膽的種族主義者，為何能夠成為一個「偉大」民主國家的領導人？為何能夠在如此繁榮開放的高科技社會風行草偃？為何能夠踐踏擁有深厚傳統的體制與規範？細看過科茨此書的朋友，應該不會太過訝異。

「物必先腐，而後蟲生。」看似無可奈何，但我們要問：再長的隧道究也有出口，美國社會有沒有物極必反的希望？

不難想見，美國社會想要壓制（不可能擺脫）種族主義的惡靈，希望仍在民主黨陣營。二〇二〇年總統大選民主黨內初選，目前的態勢是百家爭鳴，二十多位候選人之中，雖然白人男性仍佔多數，但少數族裔的表現相當亮眼；而且可以確定的是，最後出線的正副搭檔，至少有一位會是少數族裔。雖然再來一位黑人總統／副總統也未必治得了美國種族主義瘤，但畢竟是一份希望與動力。

民主黨初選不僅人物色彩繽紛，種族議題更是迅速浮上檯面，這都要「感謝」一位在《美國夢的悲劇》中屢次出現的人物：前副總統拜登（Joe Biden）。拜登輔佐歐巴馬八年，內政與外交都著力甚深，加上三十六年的聯邦參議院資歷，以「歐巴馬傳人」、「川普終結者」的姿態投入黨內初選，看似佔盡天時地利人和。

然而今日美國政壇如同許多國家，「資歷」能載舟亦能覆舟，拜登大概沒想到自己遇到的最大挑戰會是種族主義。他擔任參議員期間的「政績」被媒體與對手翻出來檢視，關鍵之一正是《美國夢的悲劇》一書著墨甚深的「大規模監禁」（mass incarceration）。美國司法體制原本就特別容易入黑人男性於罪，拜登一九九四年一手推動的《暴力犯罪控制與法律執行法》（Violent Crime Control and Law Enforcement Act）則以打擊犯罪之名雪上加霜，嚴重戕害中低階層黑人社群與家庭。

此外，拜登強烈反對一九七〇年代初期的「反種族隔離校車接送計畫」（desegregation busing），自詡能與伊斯特蘭（James Eastland）、塔爾馬吉（Herman Talmadge）等南方種族主義政客合作；這些陳年舊帳都成為拜登爭取總統大位的絆腳石，但同時也促進、深化了美國社會對相關議題的論述。

民主黨陣營在種族議題的另一個亮點，則是科茨念茲在茲、本書專章論述的「賠償」（reparation）：基於美國（包括獨立之前的殖民地時期）數百年來對黑人的奴役、剝削、迫害與歧視，美國政府應該對黑人提供實質的賠償，可能是現金，也可能是投資計畫、醫療照護或者其他型態的社會福利。

歐巴馬當政時期，科茨對於賠償的歷史根源、正當性、可行性、類似案例的論述就已引發高度關注，但是沒有促成多少實質變化，而且美國第一位黑人總統也不贊成。可是當白宮主人換上一個種族歧視的白人，賠償議題反而有了進展。二〇一九年六月十九日，科茨與多位黑人代表來到聯邦眾議院，出席一場關於黑奴後代的聽證會，寫下歷史上承先啟後的一頁。

科茨在聽證會上侃侃而談的時候，民主黨的總統參選人約有半數已表態支持對黑人進行賠償（拜登不在其中）。雖然以實務層面而論，賠償仍面臨諸多有形與無形的關卡，但科茨畢竟已走出一條路，讓後人繼續邁進或另闢蹊徑。而且就算聯邦政府層級的全面「賠償」仍遙不可及，但一些可喜的進展已然出現。

二〇一九年四月十一日，華府喬治城大學（Georgetown University）的學生投票通過調升（不是調降）學費，要成立基金來賠償一群黑奴的後代子孫。話說一八三八年的時候，喬治城大學校方的天主教耶穌會教士（Jesuits）為了籌募資金，將二七二位黑奴賣給南方莊園。一百八十多年後，他們被壓榨的「遺澤」成為今日校方與學子無可迴避的道德功課。校方先前已作出正式道歉，讓二七二位黑奴後人優先入學，採取建築物更名等措施，而學生也決定盡一份心力，為歷史作一回見證。他們一個人要多繳多少學費呢？二七．二美元，不過相當於新台幣八五〇元。

獻給肯雅塔、湯姆、尼古拉與艾梅莉，
他們陪伴我進入深淵，
並且見證我重返岸上。

「我們不只照亮舞台，我們更讓整場表演光彩奪目。」

——傑斯（JAY-Z，美國黑人饒舌歌手）

序論
黑人善政

一八九五年，當美國南方的南卡羅來納州（South Carolina）從以創新作法追求平權的「國家重建時期」轉向壓迫性的「國家救贖時期」（Redemption）[1]將近二十個年頭後，該州聯邦眾議員湯瑪斯．米勒（Thomas Miller）在州憲法會議上大聲疾呼：

> 我們已經執政八年，我們興建學校、設立慈善機構、建立獄政體系並維持運作、為聾啞人士提供教育、重建渡輪系統。簡而言之，我們讓南卡羅來納州脫胎換骨，走上康莊大道。

一八九〇年代，國家重建已被簡化成一段「黑人治理」（Negro Rule）的時期，更被形容成本質上貪污腐敗。於是，南卡羅來納州被說成是面臨「非洲化」的威脅，即將淪入野蠻、不公不義的境地。對此，米勒希望藉由這段呼籲，彰顯黑人治理的成就，為黑人的道德操守提出有力的辯護，並說服那些照理說應該用心公允的州代表們，不要剝奪黑人的公民權。但是他的呼籲被置若罔聞。一八九五年出爐的州憲法規定，州民必須通過識字測驗、擁有一定財產，才有資格投票。當這些作法還是無法實現白人至上主義（white supremacy），黑人公民便遭到槍擊、凌虐、毆打與殘害。

對於米勒的受挫與一八九五年那場州憲法會議，美國社會學家兼民權運動者杜波依斯（W.E.B. Du Bois）有一番發人深省的觀察。在杜波依斯看來，米勒在某些根本的層面上，誤解了那些企圖摧毀國家重建的白人有何目的。一八九五年州憲法會議並不是要推動道德革新，也不是要掃除貪污腐敗。那些都是陳腔濫調，用來掩護白人至上主義暴政復辟。問題並不在於國家重建時期南卡羅來納州政府有多貪污腐敗，更何況事實上正好相反。米勒彰顯的「黑人治理」（Negro government）在南卡羅來納州政績斐然，從根本動搖了白人至上主義。為了搶救白人至上主義，這些政績必須被扭曲、被嘲弄、被醜化到符合南卡羅來納州白人偏見的地步。杜波依斯寫道：「南卡羅來納州最害怕的不是黑人劣政（bad Negro government），而是黑人善政（good Negro government）。」

這樣的恐懼其實史有前例。美國南北戰爭尾聲，陷入困獸之鬥的南方邦聯（Confederacy）

看到北方聯邦軍（Union）的「有色人種部隊」立下戰功，也開始考慮徵召黑人作戰。然而在十九世紀，「軍人」的概念與男性氣概、公民權密切相關。因此，南方邦聯捍衛奴隸制度、認定黑人低人一等的軍隊，如何能夠宣稱黑人有資格入伍？結果也證實，他們做不到。喬治亞州政客霍威爾・柯布（Howell Cobb）指出：「如果奴隸都可以成為好軍人，那我們整套關於奴隸的理論將大錯特錯。」白人至上主義在這方面討不到宜，因為如果黑人都是「奴隸理論」描述的懦弱之徒，他們就打不了勝仗。但更糟的是，如果他們能征慣戰，並且證明他們能夠建立「黑人善政」，那麼白人就不可能打贏整場戰爭。

本書的主軸是八篇文章，寫於史上第一位黑人總統在位的八年，也就是「黑人善政」時期。歐巴馬（Barack Obama）在人心惶惶的時期當選總統，八年下來，他成為一股穩定人心

1 編注：美國在南北戰爭結束後，聯邦政府在一八六五至一八七七年間試圖處理原先南方邦聯各州遺留的政治、社會與種族問題，史稱「國家重建時期」（Reconstruction）。在這期間，聯邦政府就黑人的公民權與投票權進行改革，包括通過廢除奴隸制度的憲法第十三修正案、賦予在美國出生的黑人公民權的第十四修正案，以及賦予平等投票權的第十五號修正案。然而這些措施也引發了南方各州激烈的反彈，激進人士甚至組成三K黨，透過恐怖攻擊來阻撓民權法案的落實。執政的共和黨遭遇一連串的貪污與經濟危機後，差點在一八七六年的總統大選敗給在南方保有實力的民主黨。共和黨最終妥協，同意將聯邦軍隊自南方撤出，並放任南方各州一系列推翻先前民權保障的舉措，「重建時期」隨之結束，並進入所謂的「國家救贖時期」（Redemption）。在國家救贖時期，許多在重建時期的黑人政治與公民權利再次遭到削減與打壓，針對黑人的私刑亦層出不窮。南方各州重新制定一系列的吉姆・克勞法案，實行種族隔離制度。

的力量。歐巴馬借鏡保守派的模式，建立了全民健保體系；他遏阻了一場經濟崩潰的危機，但是沒有將禍首繩之以法；他終結了政府背書的刑求逼供，但是繼續在中東地區進行長期戰爭。他的家人，包括迷人美麗的妻子、可愛的一對女兒、以及白宮第一犬，就像是從布克兄弟（Brooks Brothers）型錄[2]走出人間。他完全不曾沾染重大醜聞、貪腐與賄賂。他的性情保守，以美國神聖傳統的守護者自居，也因為美國的罪孽而困擾，但終究相信自己的國家是一股與世為善的力量。簡而言之，歐巴馬、他的家人與他的政府有如一部活廣告，展現了黑人如何輕鬆自如、方方面面地融入美國不具威脅性的主流文化、政治與神話。

這也一直是問題所在。

美國黑人有一派思潮認為，真正讓美國白人害怕到心坎裡的，是一種暴烈魯莽的黑人特質，例如黑人幫派分子、黑人暴動者。以最個人的層面而言，也許如此。但是就群體而言，美國真正害怕的是黑人值得尊重，也就是「黑人善政」。美國願意讚賞甚至頌揚不具威脅性、抽象呈現的「黑人善政」，就像《天才老爹》（*The Cosby Show*）所呈現的那樣[3]。但是等到情勢逐漸明朗，「黑人善政」能夠以任何方式讓現實中的黑人有力量凌駕現實中的白人，那麼恐懼感就會油然而生，開始針對積極平權措施（affirmative action）[4]進行指控，歐巴馬的出生地爭議（birtherism）也因此浮現。之所以如此，關鍵就在所謂的「美國神話」從來不是不分膚色。如果某個階層被認定天生就是要做奴工，他們就與這項神話無緣。奴工階層（peon class）有如一座地基，所有的神話與相關觀念都建築在其上。理論上，我們能夠想像黑人可以天衣無縫地融入美國神話，但是美國的白人還是會記得這些神話的本來面貌。

我認為，昔日人們對於「黑人善政」的恐懼很能夠解釋一個看似驚人的變化，那就是唐納德．川普（Donald Trump）當選美國總統。有人說，美國出現第一位黑人總統其實「象徵意義」大過其他，但無論這種輕蔑正確與否，都嚴重低估了「象徵」的力量。象徵不僅代表現實，而且可以成為改變現實的工具。歐巴馬的總統事業象徵白種人身分（whiteness）再也無法阻擋奴工成為城堡的主人，這樣的象徵力量撼動了白人至上主義最根深柢固的觀念，讓其追隨者與既得利益者滿懷恐懼。也正是這樣的恐懼，為川普運用的「種族主義」象徵帶來力量，而且強大到足以讓他當選總統、傷害整個世界。

在美國，有一套先入為主的基本觀念是連黑人也無法免疫的：黑人只要行為得宜、符合中產階級的價值觀，只要彬彬有禮、受過教育、品行良好，他們就可以享受到美國所有美好

---

2 編注：布克兄弟（Brooks Brothers），成立於一八一八年，是美國歷史最悠久的服裝品牌之一。

3 編注：《天才老爹》（The Cosby Show），美國國家廣播公司（NBC）的電視情境喜劇，一九八四年開播，由比爾．寇斯比（Bill Cosby）身兼主角與劇作人。描述一個住在紐約、有著成功與穩定形象的黑人中產階級家庭。

4 編注：積極平權措施（affirmative action）指的是美國聯邦政府為了消弭種族與性別歧視所造成的不平等的差距與社會弱勢，透過一系列法案與政策的制定，在企業、教育、就業等方面提供特定弱勢族群更多的機會或優惠，例如少數族裔的入學優待、企業雇員的性別比例等。

的果實。這是一種個人層面的「黑人善政」理論，以最原始的方式呈現時，這套理論否認了種族主義與白人至上主義對美國生活的影響；以較微妙、高尚的方式呈現時，這套理論又看似能夠與反種族主義平起平坐。然而，本書的核心論點認為，無論是個人抑或政治層面，儘管「黑人善政」理論試圖對抗白人至上主義，結果卻往往讓後者更為強大。一八九五年米勒和他同僚的遭遇就是如此，「國家救贖」時期南卡羅來納州黑人的遭遇也是如此，戰後「新政」(New Deal)推行時期[5]芝加哥南區(Chicago South Side)黑人的遭遇還是如此。我將指出，美國第一位黑人總統的貢獻，如今仍然有同樣的遭遇。

本書收錄的每一篇文章都是從某個層面，探討一場在我腦海中進行的論戰：「黑人善政」有何用處？如何定位？這些文章代表一個變化中的我，代表我對許多事情的思考。直到我提筆寫這篇序論的時候，這樣的過程還在進行。舉例來說，在某些群體中，穿西裝打領帶會改變彼此間的互動，這點我並不懷疑。我只是不太確定，不穿西裝不打領帶是不是問題的癥結。(以黑人善政來說，歐巴馬是其中佼佼者，然而當他卸任時，反對黨有一大半還是不相信他是美國公民。)本書會在每一篇文章之前附上一篇部落格文章式的回顧，試圖說明我的寫作動機，以及當時我的人生處境。這些回顧文章串聯起來，有如一部鬆散的回憶錄，我希望它們對主要文章能夠有烘托的作用。本書結尾還有一篇後記，試圖對我們現今身處的「後歐巴馬時期」作一番評析。

這八篇文章原本都是刊登在《大西洋月刊》（*The Atlantic*），我將它們彙集成一冊，期盼它們能夠煥發出新的意義。本書之所以如此呈現，是因為我樂於接受這樣做的挑戰。如果我能將過程中一半的樂趣傳達給各位，那麼我就問心無愧了。

5　編注：指美國羅斯福總統在一次世界大戰與經濟大蕭條後，於一九三三至一九三八年推行的一系列經濟政策，主打救濟失業、復興經濟與金融改革。

CHAPTER 1

WE WERE EIGHT YEARS IN POWER
AN AMERICAN TRAGEDY

我從來沒見過
像歐巴馬這樣的黑人男性。
他以一種新的語言
和白人對話，
就好像他真的信賴他們、
相信他們。
那不是我的語言。

第一年回顧

這則故事以失敗開場，所有的寫作都應如此。二〇〇七年二月的某一天，我坐在紐約市第一二五街的一間州政府辦公室裡，距離我常去的牙買加糕餅攤和炸魚店都不遠。在我窮途潦倒的日子裡，那兩個地方讓我流連忘返。那年我三十一歲，和女友肯雅塔（Kenyatta）、兒子薩摩里（Samori）住在紐約哈林區。他們的名字取自非洲，取自前兩個世紀的非洲反殖民主義者。從名字可以看出來，我們一家人懷抱著泛非洲（pan-Africa）的夢想，相信非洲黑人與美國黑人、前兩個世紀的黑人與今日的黑人應該團結起來，進行一場波瀾壯闊的抗爭。這個隱微的觀念深深植入我們的生活，也必須如此。至於我們顯現於外的生活則是另一回事，是一場比較卑微的抗爭。

當時我剛丟掉工作，七年來的第三次。我到州政府辦公室參加講習會，主題是工作、責任與避免倚賴失業救濟金。「失業救濟金」為數不多，限期領取，令人羞愧。怎麼會有人樂於或習慣於領取？我實在不明白。但是過往社會福利改革的幽靈法力強大，出沒在各地方的失業服務處。講習會是在一間教室舉行，參加者似乎都是窩囊廢與懶惰蟲，使我對遊手好閒的罪過感受特別深刻。不過至少場地似乎很適合，因為我過往人生中最慘痛的失敗，都是在教室中發生。年紀輕輕的時候，我在教室裡總是有「行為」問題，總是需要「改進」，總是無法「發揮潛能」。當時我懷疑自己是不是不太對勁，是不是因為大腦受損而無法循規蹈矩。我覺得自己一輩子都是失敗者：國中勉強畢業，高中遭到退學，大學半途而廢。我學會如何在一灘渾水中過日子，但如今我卻覺得自己快溺斃了，而且拖著其他人一齊沉沒。

肯雅塔和我在一起九年了，這段期間，我始終無法保持穩定、像樣的收入。我是個作家，自認為屬於一個悠久的傳統：對黑人而言，閱讀與寫作是反抗的象徵。當時的我相信這傳統仍在，其實是有點荒謬。我從寫作中獲得重大的意義，但是「重大的意義」不能繳付房租，不能購買生活用品。「重大的意義」讓我帳戶透支、信用卡刷爆、被國稅局（IRS）叫去說明。我不時興起異想天開的念頭，也許我應該上烹飪學校，也許我應該當酒保。我曾經考慮改行開計程車，不過肯雅塔建議一條更直接的出路：「我覺得你應該花更多的時間寫作。」

但在那天，在那間教室，進行每一項被指定的動作，我看不到出路，什麼都看不到。而且就像從小到大在教室接受的絕大多數教訓，我對那天發生了什麼事完全記不得。就像從小到大在教室累積之後掩埋起來的創傷，我禁止自己去感受失敗的痛楚。事實上，我回到舊日在街頭混日子的習性與規矩。人在街頭，不時要拒絕面對羞辱，將痛苦轉化為憤怒。因此，我把那段時期的痛苦當成一張繳款通知，收進心靈上層的櫃子，等到我付得起的時候再拿出來。時至今日，我絕大部分的實體帳單已經繳清，但是在抽屜清空許久之後，當年失敗造成的痛苦和後遺症並未消失。

不知為何，我還記得那天我離開失業服務處、走在哈林區的街道上，我是如何壓抑自己的感覺。就如同年輕的時候，我徘徊在學校與街頭之間，也曾經設法麻痺自己。我也知道有許多黑人男孩和黑人女孩，不是迷失在心靈的百慕達三角洲，就是擱淺在了無生趣、有如赤道無風帶的地方。有些人蹣跚跋涉，有些人瀕臨滅頂，沒有感覺，無法忘懷。當時我最珍貴的事物和現在一樣：好奇心。我知道就算在教室裡，人們也沒辦法奪走我的好奇心。好奇心鼓舞著我，並且最後將我從大海上救起來。

每一個鼓吹人們自立自強的迷思，都有一些真實的成分，我的遭遇也不例外。但最重要的真實就是，周遭的風再度吹拂，方向改變，將我的小船吹回文明世界。長期以來，我的好奇心一直特別關注膚色界線（color line）[1]，一個在二十一世紀初期發生怪異變化的現象。九一一恐怖攻擊事件之後，美國轉移了自身全部的精力。小布希（George W. Bush）總統時期，司法正義最關鍵的問題，都圍繞著偵查監控與刑求逼供。昔日的民權運動世代垂垂老矣、淡出江湖，瀰漫著疲憊感，就連黑人社會運動者也無法避免，儘管他們擁有由傑西・賈克遜

（Jesse Jackson）、艾爾・夏普頓（Al Sharpton）等人樹立、有如特種空降部隊般的領導典範。社會運動的過程也開始重複：激起公憤的事件發生，示威遊行上路，各方的立場照本宣科，對話交鋒了無新意，然後導火線事件被人淡忘。這些事件往往非常重要、非常真實，例如紐約市警察殺害尚恩・貝爾（Sean Bell）的事件。然而實質的行動完全不見蹤影，同一套作法四十年來沒有改變，讓我們覺得自己看到的與其說是社會運動政治事件，不如說是一場淨化身心的表演。出了運動者的圈子，另一種觀念甚囂塵上：我們必須設法將「節外生枝」的種族主義問題「拋在腦後」。有些書藉會感嘆人們打出所謂的「種族牌」，有些文章聲稱為了瞭解黑人社群受到的威脅，我們的眼光必須「超越」種族問題。這些論述或許真誠懇切、或許虛有其表，但共同點是充分顯現了一種對新事物的渴望。

二〇〇七年的年初，我在哈林區的失業服務處回顧人生的失敗。約莫同時，歐巴馬宣布競選美國總統。

我從來沒見過像歐巴馬這樣的黑人男性。他以一種新的語言和白人對話，就好像他真的信賴他們、相信他們。那不是我的語言，我甚至不是很感興趣，頂多只是想瞭解歐巴馬如何

1 編注：膚色界線（color line）一詞原本用來形容美國在十九世紀下半葉廢奴後採行的「種族隔離」制度。而在種族隔離制度遭到廢除後，膚色界線一詞便也逐漸產生了新的意義。除了指涉由法律導致的種族（顏色）區隔，也泛指那些反映出存在於美國黑人與其他美國人之間的實質不平等現象。

開始使用這種語言、聆聽的人會受到什麼影響。我真正感興趣的是，他如何在這種語言和芝加哥南區的語言之間取得平衡。歐巴馬談論自己的時候，毫無疑問是以黑人自居。他的妻子也是黑人。我們很容易忽略這是如何石破天驚，因為當時大家普遍相信，黑人想要成功就必須向白人靠攏：成功的黑人男性要娶白人妻子，越界進入一個有如沙漠的無人地帶，那地方既不屬於黑人、也絕對不屬於白人。成功黑人男性對於所謂黑人特質（blackness）的態度，不是安身立命，而是閃躲逃避。歐巴馬找到了第三條路：表達他對美國白人世界的感情，但是不會去巴結討好。白人深受歐巴馬魅力吸引，新聞工作者對他尤其傾倒。歐巴馬參選總統改變了我的人生，它就是那轉向的風，如果沒有它，我的好奇心不會走出自己的世界。

我認為歐巴馬催生了一批黑人作家與記者，在他八年總統任內揚名立萬。他們才華洋溢，但是如果沒有天地可以展現，才華也是枉然。歐巴馬的出現為這些作家開闢了一個新天地，人們對於歐巴馬本身的好奇心，後來擴展到那個他全心全意投入的社群，以及那些與美國認同感相關，經常隱而不顯、後來被喚醒的古老問題。我也是這些作家其中之一。二〇〇七年二月的那一天，我垂頭喪氣地從失業服務處走回家，從教室走回家，從第一二五街走回家。雖然當時還渾然不覺，但周遭的世界已是風起雲湧。

我在做上一份工作時，對比爾．寇斯比（Bill Cosby）這個人產生興趣，他似乎也感受到某些新事物的召喚。當時寇斯比巡迴全國，以空降部隊的姿態進入各地的貧民窟，企圖說服他的黑人同胞不要再「怪罪白人」。這一系列巡迴活動原本似乎只是一時興起，源起於寇斯比名噪一時的「磅蛋糕演說」（Pound Cake speech，將於下一章詳述）。二〇〇四年適逢聯邦最高法院「布朗訴教育局案」（Brown v. Board of Education）[2]判決出爐與終結學校種族隔離（school segregation）的五十週年，寇斯比參加一場由全國有色人種協進會法律辯護基金（NAACP Legal Defense Fund）主辦的活動並發表演說。這個基金的名聲來自於長期透過法律訴訟，要求國家為「吉姆．克勞法」（Jim Crow）[3]對黑人生活無所不用其極的剝削掠奪負起責任。但是當寇斯比站上講台，他鎖定的目標不是掠奪者，而是受害者。他斥責「經

2 編注：一九五〇年初期，堪薩斯州黑人少女琳達．布朗（Linda Brown）意欲申請離家較近的小學就讀，卻因種族問題遭到拒絕，遂對當地教育局提起法律訴訟。由於當時社會仍普遍依循吉姆．克勞法促成的「種族隔離」政策，且在法律上又有一八九六年普萊西案「隔離且平等」的見解判例，因此遭地方法院判決敗訴。當事人在全國有色人種促進協會的協助下連同其他類似案子一同上訴至最高法院。一九五四年，美國聯邦最高法院終於判定，種族隔離在本質上就是一種不平等，認定種族隔離的教育違反了憲法第十四修正案所保障的平等權。此案替後續黑人平權運動開了重要先聲，並終結美國實施多年的公立學校種族隔離傳統。

3 編注：在一八七六年「國家救贖時期」後，美國南部各州針對有色人種制定了一連串實施種族隔離的法律，統稱為吉姆．克勞法。有色人種在各類公共場所或大眾交通工具上都不得與白人共用，更在投票與選舉權上遭到極大的限制。此法在一九五四年的「布朗訴教育局案」後遭到動搖，並在一九六四年聯邦政府通過《民權法案》與隔年的《投票權法案》後，在法律上正式廢除。

濟底層與中低經濟階層民眾」沒有好好利用民權運動的努力成果、痛批黑人青年一心只想擁有「五百美元的球鞋」、嘲笑有些黑人父母給兒女取「仙妮卡」（Shaniqua）或「穆罕默德」（Mohammed）之類的名字，他還對黑人女性的水性楊花大表不滿。

我反對這種觀點。在寇斯比發表演說之後不久，我寫了一篇文章，發表在《村聲》（*The Village Voice*）雜誌（另一份我沒保住的工作）。然而就是有這種事，一些「經濟底層與中低經濟階層民眾」贊同寇斯比，我這麼說是因為我看過寇斯比直接面對他們，傳達他的觀點。他將這一系列活動稱之為「叫陣」，通常會找來地方領袖，像是學校校長、法官、假釋官、社區學院主管，要他們一齊上台。他會邀請不同情況的「高風險年輕人」參加活動，聽這些地方領袖發表自家版本的「磅蛋糕演說」。聽眾反應往往非常熱烈，台上講者宛如魯科斯叔叔（Uncle Ruckus）與雷斯．布朗（Les Brown）[4]的合體。氣氛像是鞭撻懲罰，也是浴火重生，但最顯著的還是鄉愁流露，渴望回到一個單純的時代，所有的黑人男性都勤奮工作，黑人女性都三貞九烈，黑人父母嚴格管教自家與別人的孩子。如今我已知道，每個人都會渴望那無比高貴、未被玷污的過往，就像是黑人民族主義者夢想還沒有被白人糟蹋、偉大崇高的非洲，就像湯瑪斯．傑佛遜（Thomas Jefferson）夢想諾曼人（Normans）入侵之前、平靜祥和的不列顛，我們每一個人都會夢想某個萬事萬物無比單純的年代。如今我已知道，那種渴望其實意味著退卻，從糾結困難的此時此刻遁入神話迷思。但是，對於那些遁入童話世界的人，那些千方百計追求再一次偉大、沉溺在虛假的偉大形象之中、藉此逃避現實的人，終將面臨悲劇。

寇斯比的「叫陣」也博得許多白人名嘴大聲叫好，這現象不難想見也不足為奇，因為他的「叫陣」從來不會要求白人拿出良知，因此想當然耳白人樂意為他喝采。但無論是對於高貴過往的渴望，還是黑人鄉愁的盛行，都讓我非常地感興趣，因為在我看來，黑人的過往實在不太值得緬懷：那是種族隔離與奴隸制度的過往。我的興趣也延伸到寇斯比本人，以選舉政治二分法來看，他並不算是保守派。如果說寇斯比的形象與他最著名的角色、《天才老爹》「哈克斯塔伯醫師」（Dr. Huxtable）密不可分，那麼這個角色的中產階級形象掩蓋了他的自我認知：他是一個在意種族問題的人。寇斯比曾經支持「反種族隔離」抗爭、捐助傳統黑人大學（HBCU）、力挺賈克遜牧師等黑人領袖與跨非洲論壇（TransAfrica）等組織。他似乎是要提倡一種以種族為基礎的黑人保守主義，與美國的左／右派政治貌合神離，但是與黑人社群淵源深厚。

當時面對這一切，我心想我有故事要說，一個龐大的故事。我無法苟同寇斯比所代表的黑人思想，但是我期望能夠瞭解這樣的思想。我想要以人物側寫、評論與備忘錄混合運用

---

4 編注：魯科斯叔叔（Uncle Ruckus）是美國情境喜劇動畫《鄉下人》的一名虛構黑人角色，雖身為黑人，但他卻厭惡一切與黑人有關的事物。雷斯・布朗（Les Brown）則是美國黑人演說家，曾任電台主持人與眾議員，善於演講。

的手法，來呈現這個故事。因此而寫就的文章〈我們就是這樣輸給白種人〉（This Is How We Lost to the White Man），也是一次混合手法的嘗試，只是就結果來說可能並不成功。然而，這篇文章引發的關注，以及拜它之賜與《大西洋月刊》建立的關係，讓我有生以來第一次能夠安身立命，進而做更多的嘗試，實現自己的夢想：追隨我景仰的柔拉・涅爾・賀絲頓（Zora Neale Hurston）[5]、詹姆斯・鮑德溫（James Baldwin）[6]等人。我也和他們一樣，藉由〈我們就是這樣輸給白種人〉一文尋找自己的方式來想像黑人，而不再只是漫畫人物、不再只是照片底片、不再只是陰影。我並不認同寇斯比與其追隨者，但我希望呈現他們的起心動念，讓世人知道他們不只是安撫白人混亂良知的工具。

黑人寫作的傳統必須是心懷怨憤，必須是反抗。這樣的傳統才是我安身立命之處，而且如果要選取一個最適合的時間點，我想應該就是〈我們就是這樣輸給白種人〉發表的時刻。我之所以稱這篇文章為「嘗試」，原因在於我覺得自己是在嘗試著寫出一種感覺，它在我腦海中如夢似幻、虛無飄渺，而且至今少說也有一半仍揮之不去。當時的我還有更為實質的挑戰，尚未克服。

我不知道寇斯比的「叫陣」是不是煙霧彈，用以掩飾當時衝著他來勢洶洶的性侵指控。當時我知道那些指控，其他記者做過報導，我也知道在文章中不應該只是一筆帶過。我從來不曾寫過像〈我們就是這樣輸給白種人〉這樣的文章，也不曾在《大西洋月刊》這樣的全國性重量級刊物發表作品，對於失敗的恐懼一直餘悸猶存。我認為最好讓故事單純一點，不要節外生枝，免得與當時我還不認識的主編爭辯。然而，節外生枝的故事其實更為真實，比我選擇的單純故事更具洞見。寇斯比所帶起的風潮具有一種單純化的吸引力，我在嘗試分析的時候，本身也被這種單純化擄獲。

對於我為了追求單純化而做的省略，其實還有更多可說。當你進行報導與研究，當你坐下來提筆為文，試圖將你看到、聽到、感覺到的各式各樣感受，以條理井然的文字表達出來，總是會如此。在我為《大西洋月刊》寫作的那幾年，一直要面對這樣的挑戰。那段歲月讓我從此告別失業服務處，踏進白宮橢圓形辦公室（Oval Office）見證歷史。我在本書的每一篇文章都說了一個故事，同時也留下更多沒說的故事，結果有好有壞。以比爾．寇斯比的故事來看，結果不如人意，是我的羞愧，是我的失敗，也是這個的故事緣起。

5 編注：柔拉．涅爾．賀絲頓（Zora Neale Hurston, 1891-1960），美國黑人女作家，專攻美國黑人文學與人類學。其作品多描繪二十世紀初期美國南方的種族抗爭，知名作品包括《他們的眼在看上帝》（*Their Eyes Were Watching God*）。

6 編注：詹姆斯．鮑德溫（James Baldwin, 1924-1987），美國黑人作家、劇作家與社會運動者，作品關注性別與種族議題，代表作有《藍色比爾街的沉默》（*If Beale Street Could Talk*）。

我們就是這樣輸給白種人
——比爾．寇斯比的黑人保守主義大張旗鼓

去年夏天在底特律（Detroit）的聖保羅教堂（St. Paul Church of God），我看到寇斯比召喚出他內在的麥爾坎．X（Malcolm X）[7]。那是一個炎熱的七月夜晚，寇斯比的聽眾是一群黑人男性，衣著五花八門，有人穿恩尼奇（Enyce）嘻哈風T恤或POLO衫，也有人穿西裝打領帶。有些人帶著兒子一起參加，有些人坐著輪椅與會。教堂裡人山人海，木頭長椅不夠坐，一排一排的折疊椅派上用場。然而位子還是太少，晚到的人只能靠著牆壁站立，或者擠進小小的門廳，希望能夠聽到寇斯比的片言隻字。寇斯比手持無線麥克風，來回踱步，有時照著稿子講話，有時來幾段幽默的即興演出。他的後方坐著一排年長的黑人男性與社區領袖，時而點頭，時而發出喉音濃重的贊同聲。教堂中的其他人完全進入「呼叫與回應模式」，每當寇斯比說出什麼妙語，他們就發會出笑聲、掌聲，或者大喊「黑人！好好上一課！」

寇斯比用一個故事當作開場白。在他的中學母校，一個從小被父親遺棄的黑人女孩，成為畢業生致詞代表，「她面對畢業班的同學，開宗明義說道：『那年我才五歲，那天是星期六，我站在窗前眺望，等爸爸回來。』她完全沒提到是什麼因素幫助她改變命運，完全沒提到她的母親、祖母或曾祖母。」

「請大家聽清楚，」寇斯比說道，他的臉部扭曲，像一個緊握的拳頭，「男人？男人？男人！你們在哪裡，男人？」

聽眾回應：「在這裡！」

寇斯比這趟底特律之行的目的，就是要對當地的黑人男性耳提面命，要他們走出一灘死水。這灘死水導致他們（以及許許多多美國黑人男性）教育程度低劣、動輒鋃鐺入獄、怠忽父親職責。聽眾之中不見女性，記者也不准入場，以免嚇跑那些付不出子女生活費的父親們。我之所以能入場，除了種族與性別因素之外，我也承諾不會訪問任何一位心虛作祟的聽眾。

「各位，如果你們想贏，我們一定能贏。」寇斯比說，「我們不是一個窩囊廢種族，我們

7　編注：麥爾坎・X（Malcolm X, 1925-1965），美國黑人民權運動領袖，支持黑人民族主義、分離主義等激進路線而與溫和改革的馬丁・路德・金恩分歧。曾加入伊斯蘭國度（Nation of Islam）這一穆斯林組織，主張黑人至上並反對白人、猶太人。麥爾坎的理念後來轉向，揚棄種族主義路線、退出伊斯蘭國度，並開始與金恩合作。他在一九六五年遭到伊斯蘭國度成員槍殺身亡。麥爾坎的故事會在第四章中有更詳細的描述。

是一個優秀的種族，能夠做出一番成績。但是我們處在一個新時代，有些人行為不合常理卻自以為正常……過去當這些人來到我們的街坊，我們會叫孩子躲進地下室，拿起步槍，並且對自己說：『我會採取任何必要的手段。』」

「我不是要談這些人如何可恨，我要談的是過去我們會保護自己的妻小，現在我卻看到人們受傷後癱在輪椅上。康登（Camden）的一個小女孩在玩跳繩的時候，子彈從她嘴巴穿過，她的祖母從窗口看到一切。人們只會等待主耶穌降臨，卻不知道主耶穌就在你心裡。」

寇斯比那天以他的標準打扮現身：墨鏡、樂福鞋（loafers）、繡著某家大學校名的運動套裝，而那天晚上是麻州大學（University of Massachusetts），他三十年前拿到教育博士學位的地方。他的演講主題是黑人如何自立自強，過去四年他巡迴全國各地，舉辦一系列他所謂的「叫陣」活動，正是要傳播這套福音。寇斯比告訴聽眾：「我的問題在於，我已經受不了黑人總是輸給白人。我說我不在乎白人的時候，意思是不在乎白人說些什麼。對我，他們還能說出什麼比他們祖父更惡劣的話？」

從伯明罕（Birmingham）、克利夫蘭（Cleveland）到巴爾的摩（Baltimore），從教堂到大學，寇斯比告訴無數美國黑人：儘管種族主義在美國無孔不入，但是不能拿來當放棄奮鬥的藉口。在寇斯比看來，種族主義的破解之道不是集會、抗議或請願，而是健全的家庭與社群。

寇斯比主張，黑人與其關注平等之類的抽象觀念，不如好好清理自家的文化、扛起個人責任感、恢復曾經為黑人帶來力量的傳統。寇斯比對價值與責任感振振有辭，動力來自一個願景，與馬丁・路德・金恩（Martin Luther King）虛無縹緲、包羅萬象的夢想形成強烈對比：那是一個各方勢力相互競爭的美國，一個黑人不再甘心淪落社會底層的美國。

這樣的願景讓人有點難以消受，尤其發想者在美國白人心目中是一個電視喜劇明星，一個為赫頓證券公司（E. F. Hutton）、柯達（Kodak）、傑樂布丁冰棒（Jell-O Pudding Pops）打廣告的友善面孔。寇斯比從種族議題出發的行動，在今日更是問題重重。在美國各地，隨著黑人政治日益專業化，種族的論述逐漸退位給關於人才標準與施政成果的論述。紐渥克（Newark）那位出身常春藤名校的年輕市長柯瑞・布克（Cory Booker），競選政見主打個人能力與改善治安；華盛頓市長艾德里安・芬提（Adrian Fenty）也是如此。事實上，我們正在見證美國對種族議題進展的沾沾自喜，一位黑人透過競選總統來實現金恩博士的夢想。希拉蕊・柯林頓的團隊企圖將歐巴馬定位成「黑人」候選人，但是歐巴馬擺脫窠臼，將自己塑造為一個象徵，象徵這個社會已經超越習以為常、不假思索的種族範疇。

儘管如此，美國黑人並沒有全然沉浸在欣喜中。民權運動世代逐漸退下舞台，籠罩著他們的不是懷舊之情，而是愁雲慘霧：種族主義陰魂不散、後起世代積弱不振、美國黑人的命運遭到漠視。在這樣的氛圍中，寇斯比宣揚的紀律、道德改革與自力自強福音，提供了另一條出路，讓黑人相信：不必矯治美國的原罪，自己也能夠成功。我們或許無法根絕種族主義，但是可以將它擊敗。

身為美國最受歡迎電視家庭的大家長，這位「哈克斯塔伯醫師」是不是看到了真相？也就是種族融合的夢想永遠不能取代對於自尊的追求？黑人最應該擔心的是他們如何評判自己，而不是白人能否根據他們的本質來評判他們？或者，哈克斯塔伯醫師根本就失心瘋了？

寇斯比最早在美國流行文化佔有一席之地，是在國家廣播公司（NBC）冒險劇《黑白雙雄》（*I Spy*）中飾演英國牛津大學畢業的亞歷山大・史考特（Alexander Scott），從那個角色開始，他就提出「超越種族的美國」這個觀念。《黑白雙雄》在一九六五年首播，是歷來第一部有黑人主角、而且每週播出的電視影集，只不過它涉及種族的對話或情節少之又少。寇斯比的單人脫口秀大受歡迎，但種族色彩大體上仍然是隱而不顯。一九六九年他接受《花花公子》（*Playboy*）訪問時說：「我不會花幾個小時傷腦筋，只為了在表演中加入一個社會訊息。」他還說他「沒有時間坐在那邊擔心全世界的黑人能不能因為我而過得像樣一點，我要擔心的是自己的表演。」他從一九八四年播映到一九九二年、在表演藝術與商業上最為成功的《天才老爹》，似乎也將這種低調面對的意識發揮得淋漓盡致。

不過事實上，寇斯比的表演或他本人永遠不缺黑人特質。情節安排會讓史提夫汪達（Stevie Wonder）、迪吉・葛拉斯彼（Dizzy Gillespie）等黑人藝人登場，哈克斯塔伯家裡會出現安妮・李（Annie Lee）等黑人藝術家的作品，《天才老爹》也請來羅斯科・李・布朗（Roscoe Lee Browne）、摩西・甘恩（Moses Gunn）等黑人劇場老將助陣。在節目製作方面，寇斯比僱用哈佛大學心理學家艾文・普桑（Alvin Poussaint），來確保節目中不會「偷渡」關於黑人的刻板印象，確保節目是從光明面來呈現黑人形象。以寇斯比念茲在茲的教育問題來說，普桑會要編劇提及黑人學校。去年普桑接受我電話訪談時透露：「如果劇本提及歐柏林學院（Oberlin College）、德州理工大學（Texas Tech University）或耶魯大學（Yale University），我們就會圈起來，請編劇加一所黑人大學……有一天我上班時，聽到幾位白人同事問：『莫爾豪斯學院（Morehouse College）是什麼學校啊？』」一九八五年的時候，寇斯比跟國家廣播公司鬧得不太愉快，因為他在劇中的兒子臥房裡貼了一張反南非種族隔離的標幟，但電視台不想被捲入相關爭議。當時《多倫多星報》（*Toronto Star*）引述寇斯比的話：「阿爾奇・邦克（Archie Bunker）一家人可能會對種族隔離議題各自選邊；但是哈克斯塔伯家對這問題只可能有一種立場。那張標幟會一直貼在那扇門上，我也告訴電視台，如果他們還是想拿下來，或者在播出時剪掉，那麼我寧可收掉節目。」標幟留了下來。

在舞台下，寇斯比熱衷慈善事業，並贏得民權運動人士的支持。一九八八年他祭出大手筆，與妻子共同捐款兩千萬美元給史貝爾曼學院（Spelman College），是歷來美國黑人大學接受過的最高額個人捐贈。當時的史貝爾曼學院校長瓊妮塔・柯爾（Johnnetta Cole）說：

「兩百萬美元就已經很棒了，兩千萬，套句嬉哈世代的話，簡直就像『掙脫了鎖鏈』[8]。」

一九九七年，種族問題再度來到寇斯比面前，他的兒子在洛杉磯一條高速公路上爆胎，下車換輪胎時遭人射殺，兇手是隨機作案。寇斯比的妻子投書《今日美國報》（*USA Today*），指稱白人種族主義要為她兒子的死負責，「美國的黑人只因為膚色，無論教育程度或經濟成就高低，一直過著高風險的生活。大部分的人都知道，面對真相才能帶來療癒和成長。美國什麼時候才要面對從過去到現在的種族真相、進而實現它的自我表彰與承諾？」

這篇投書掀起一場不大不小的爭議，但是大部分美國白人視而不見，對他們而言，寇斯比仍然是「美國老爹」（America's Dad）。不過熟悉寇斯比的人對這篇投書並不感到意外。寇斯比是一個在意種族問題的人，他就和許多同一個世代的人一樣，認為美國黑人已經迷失方向。父親角色缺席的危機、黑人對黑人犯罪的猖獗、嘻哈音樂的流行，都讓寇斯比認定：儘管一九六〇年代成就斐然，今天的黑人社群卻形同在進行一場文化自殺（cultural suicide）。

二〇〇四年，全國有色人種協進會（NAACP）在華盛頓舉行頒獎典禮，並紀念「布朗訴教育局案」判決出爐五十週年，寇斯比的憤怒與挫敗感在眾目睽睽之下爆發。當時民權運動世代陰影籠罩，一方面領導人逐漸凋零，一方面也開始與社會脫節。兩位女元老羅莎・帕克斯（Rosa Parks）與柯瑞塔・史考特・金恩（Coretta Scott King）兩年內先後過世。全國有色人種協進會的成員人數也持續減少，主席奎西・姆費姆（Kweisi Mfume）幾個月之後辭職（後來消息曝光，協進會當時正在調查他是否涉及性騷擾與用人唯私，他對相關指控一概否認）。其他幾位民權運動領導人則是向下沉淪：夏普頓後來去主持電視實境秀，一年之後還幫一家高利貸公司打廣告；夏普頓與賈克遜則忙著要求米高梅電影公司（MGM）為賣座電影《哈啦大髮師》（*Barbershop*）道歉[9]。

那天晚上的寇斯比是最後一批受獎人之一，他發表感言時提到，儘管民權運動領袖為美國黑人打開大門，今天的年輕人並沒有大步向前，反而走上回頭路，「未婚懷孕不再是丟臉的事，闖禍的男人逃避責任也不再是丟臉的事。」

喝采聲一陣一陣響起，寇斯比可能是意識到聽眾很買帳，於是更加大鳴大放：「經濟底層與中低經濟階層的民眾，並沒有盡到自己該盡的責任。」

對於社會運動者批判刑事司法體系種族歧視，寇斯比不屑地說：「那些人連可口可樂都偷，有人因為偷了一塊磅蛋糕（pound cake）而後腦勺中槍。然後我們怒氣衝衝地跑出來說：

8 編注：在美國，這句俚語有「太棒了、棒極了」的意思。

9 編注：《哈拉大髮師》（*Barbershop*），二〇〇二年由米高梅電影公司製作的喜劇片。該片由黑人導演提姆．史多利執導，並請到黑人饒舌歌手冰塊酷巴主演，全片聚焦在黑人社區與黑人議題、演員也幾乎全是黑人。但這部片仍惹惱了夏普頓與賈克遜等黑人民權運動領袖，認為片中有一處情節涉及嘲弄馬丁．路得．金恩等著名民權運動領袖，並威脅米高梅電影公司道歉並刪除該片段，否則就要動員杯葛抗議。此事在黑人社群引發正反兩面評價，反對賈克遜意見的人認為，這種做法是在打擊黑人好不容易在好萊塢擴大能見度的成果，無助於讓好萊塢更落實種族平等。

『警察不應該開槍打他。』但他手上拿那塊磅蛋糕是要幹什麼？我也很想吃一塊磅蛋糕啊，沒錢就只能用看的，因為我爸媽教過我：『如果你偷了那塊蛋糕，你會讓你母親蒙羞。』」

接下來他開始痛批美國黑人取名字的傳統與年輕黑人的衣著：「各位先生女士，聽聽這些名字，各位會聽出問題所在……這名字是從非洲什麼地方來的？我們又不是非洲人，那些人也不是非洲人，他們對非洲一無所知，卻給孩子取了仙妮卡（Shaniqua）、夏里夸（Shaligua）、穆罕默德（Mohammed）之類亂七八糟的名字，結果這些孩子全進了監獄。」這時候聽眾開始走出會場，三三兩兩聚集在大廳。雖然還是有人喝采，但是幾位來賓坐立不安，不太確定到底發生了什麼事。有的人心想寇斯比可能是老糊塗了，會場瀰漫著震驚的情緒。

這段談話後來被稱為「磅蛋糕演說」（the Pound Cake speech），甚至還成為維基百科的條目。黑人領導階層對寇斯比群起攻之，劇作家奧古斯特．威爾森（August Wilson）說：「一個億萬富翁痛批窮人自甘貧窮。寇斯比是個丑角，還有什麼好期望的？」當晚節目主持人之一、全國有色人種協進會法律辯護與教育基金總顧問泰德．蕭（Ted Shaw）形容寇斯比的談話是「針對貧窮黑人的猛烈攻擊」。喬治城大學（Georgetown University）教授麥可．艾瑞克．戴森（Michael Eric Dyson）稱寇斯比是「寒冬的非洲貴族」（Afristocrat in Winter），還寫了一本書《寇斯比說對了？還是黑人中產階級失心瘋？》（*Is Bill Cosby Right? Or Has the Black Middle Class Lost Its Mind?*），批評寇斯比唱衰黑人社會發展的悲觀論調，對於他從平庸的喜劇演員搖身一變成為社會批評家、道德仲裁者很不以為然，「寇斯比充分享受民權運動抗爭的成果，他的演藝世界卻沒有民權運動的容身之地。」

但是，寇斯比的言論在黑人理髮廳、教堂、後院烤肉會卻很受歡迎，這些地方盛行一種獨特的保守主義。局外人可能只覺得寇斯比的用詞和語調盛氣凌人，但許多美國黑人聽到的是他們有可能靠自己的力量改變社區，不必指望決策者的良心或關注，因為這些決策者可能根本不把黑人的權益放在心上。寇斯比帶著他的「磅蛋糕演說」進行巡迴演說之後不久，我寫了一篇文章，批判他是菁英主義者。曾經加入黑豹黨（Black Panther）[10]的父親，看過文章之後把我罵了一頓，認為我不應該批評這種為黑人賦權的言論。寇斯比的論點能引起主流黑人社會的共鳴，就是這個原因。

寇斯比與戴森等批評者的爭執，不僅反映了美國保守派與自由派的爭執，也代表美國黑人自身歷史悠久的思想觀念分歧。寇斯比最顯著的先行者，就是布克・華盛頓（Booker T. Washington）。十九、二十世紀之交，華盛頓一方面為南方白人辯護，一方面倡導黑人自立自強。他主張應該要給南方白人多一點時間，以適應黑奴解放帶來的變化。在此同時，黑人

10 編注：黑豹黨（Black Panther），一九六六年至一九八二年活躍於美國的政治組織，提倡黑人民族主義、推動黑人民權與主張黑人擁有用武力自我防衛的權利。

必須繼續前進，但不是藉由投票與競選公職，而是努力工作，以擁有土地為最終目標。

在另一方面，戴森及其同路人心目中的種族融合主義者（integrationist）典範則是杜波依斯。杜波依斯將華盛頓視為白人種族主義的辯護者，更認為華盛頓那「可以犧牲黑人投票權」的主張是異端邪說。歷史發展顯示，華盛頓的論述有一半最終淪為空談。華盛頓提出著名的「亞特蘭大妥協」（Atlanta Compromise），支持以種族隔離作為與南方白人和解的權宜之計，結果換來的卻是私刑、土地侵佔與全面的種族恐怖主義。儘管如此，華盛頓關於黑人必須自給自足的主張，仍然流傳至今。

華盛頓在一九一五年過世之後，他催生的黑人保守主義傳統與新興的黑人民族主義（Black Nationalism）一拍即合，從此不離不棄。黑人民族主義的大宗師馬科斯・加維（Marcus Garvey）將「亞特蘭大妥協」反轉運用，他默認種族隔離的正當性不是為了要與白人和解，而是要彰顯黑人的優越性。對於杜波依斯派的種族融合主義者，黑人民族主義者蔑視為傀儡或叛徒，只想向憎恨自己的人乞求幫助。

加維認為許多黑人自我作賤，根本不值得白人尊重。他寫道：「種族發展之路上最大的絆腳石，永遠都是來自種族自身。如果黑人發展是一部機器，丟扳手搞破壞的往往不是外人，而是我們自己人。照理說，這些人應該要幫助而非阻礙黑人進步。」數十年之後，麥爾坎・X也呼應加維，指責黑人無法掌控自身的命運：「白人很聰明，不會讓外人進來自己的地盤，取得經濟控制權。但是你們卻對外人門戶大開，任何人都可以控制你們的經濟、住宅、教育、工作、商業，藉口是反正你們想要種族融合。這樣不對，你們簡直是瘋了。」

麥爾坎・X與「伊斯蘭國度」（Nation of Islam）領導人路易斯・法拉堪（Louis Farrakhan）之類的黑人民族主義者，有時候會與黑人自由派結合。但是大體上來說，他們仍然恪守將近一百年前加維提出的核心信念：懷疑（白人）政府可以協助解決「黑人問題」。他們對黑人的意志力深具信心，對黑人的「歷史榮耀」念念不忘。

在寇斯比與普桑去年秋天發表的一本宣言《大家一起來》（*Come On People*）裡，這些信念也躍然紙上。這本書雖然並沒有完全否定政府計畫，但是它認為想要改善美國黑人惡劣的生活狀況，解決方案必須從黑人自身找尋。寇斯比與普桑寫道：「我們一旦找到立足之地，就可以繼續前進，像過去一樣，從受害者躍升為勝利者。」《大家一起來》大談「黑人榮耀」（「就特定族群對文化的影響而言，美國黑人無與倫比，而且大部分都是正面的影響」），著墨更多的概念則是「大墮落」（Great Fall）。這個概念認為，黑人原本憑藉著文化傳統熬過數百年的迫害，但在吉姆・克勞法廢除之後的黑人卻與這些傳統脫鉤。

寇斯比與普桑寫道：「種族隔離儘管帶來各種苦難，但還是有好處，其中之一就是迫使我們自立自強。當餐廳、洗衣店、旅館、戲院、雜貨店與服裝店都實施種族隔離，黑人就自己開店、自己營運。黑人的人壽保險公司與銀行生意興隆，甚至還有黑人的殯儀館⋯⋯

這些成功發展為黑人的經濟福祉帶來工作與力量，也讓黑人有了一種社區相互依存的滿足感。」儘管寇斯比與普桑刻意和伊斯蘭國度保持距離，但還是引述了後者一位傳教士在加州康普頓（Compton）一場布道大會上的話：「我今天到了韓國街（Koreatown），遇到幾位韓國商人，我很喜歡他們，為什麼呢？他們的地方叫什麼名字？韓國街。我下一站來到唐人街（Chinatown），他們的地方叫什麼名字？唐人街。各位，你們的地方叫什麼名字？」

「大墮落」觀念以及種族隔離帶來某些「好處」的說法，也是華盛頓大學（Washington University）法學教授克里斯多福・艾倫・布瑞西（Christopher Alan Bracey）的看家本領。他在《救世主或出賣者》（*Saviors or Sellouts*）一書中稱之為「有機的」黑人保守主義傳統，指的是重視努力工作與道德改革、而非示威抗議與政府干預的保守主義者，但又因為具有黑人民族主義者色彩，而與保守派智庫傳統基金會（Heritage Foundation）或政治評論員拉許・林堡（Rush Limbaugh）格格不入。當政治策略家認為今日的共和黨錯失了拉攏黑人社群的大好機會，他們想到的就是這個以男性居多的群體：理髮店的老男人、頭髮灰白的兒童美式足球教練、打過越戰的退伍老兵、總是在家庭聚會喝醉的大叔。他們投票時會投給民主黨，但原因不是支持女性墮胎權或者累進稅制，而是因為覺得（事實也是如此）今日的共和黨支持者大多憎恨黑人。對寇斯比趨之若鶩的也是這群人：一群在文化上相當保守的美國黑人，深信種族融合與整個自由派的夢想剝奪了他們與生俱來的防衛能力。

「我們並沒有預見這些事會發生，」寇斯比去年在曼哈頓和我共進午餐時說，「這些不像你可以警覺到的三K黨（Ku Klux Klan）活動，這些事並沒有騎在馬背上，並沒有罩著白床單，做這些事的人也不是白人。於是我們從家庭和原諒的角度來看……我們沒有注意到輟學比例，我們沒有注意到黑人父親的問題、黑人年輕男性的問題。」

以美國黑人的現況來看，我們很難辯駁寇斯比的分析。黑人只佔美國人口一三％，但是在謀殺案被害人之中佔了四九％、在監獄服刑人之中佔了四一％。黑人青少年的生育率是千分之六十三，比白人青少年高出一倍有餘。根據二〇〇五年的人口普查，黑人家庭的中位數收入比任何一個族裔都低，更只有白人家庭的六一％。

最讓人困擾的現象，則是來自普優慈善信託（Pew Charitable Trusts）最近發布的一項研究：一九六〇年代出生在中產階級的黑人，高達四五％後來落入貧窮或接近貧窮的境地，比例是白人的三倍。這顯示就連最成功的美國黑人群體，也有可能生計維艱。普優去年十一月發布的另一項調查顯示，「黑人對於黑人發展狀況的樂觀程度，降到一九八三年以來的最低點」。

另一方面，「有機的」黑人保守主義傳統也是在回應美國從第二次「國家重建」的退卻。積極平權措施可說是美國最具象徵性、由政府支持的融合工作，但黑人卻眼看著法院將它削弱。他們看到一場名義上是毒品戰爭的行動，其實比較像是打擊黑人的戰爭。他們看到自己在總統大選中像玩具一樣任人拋耍：雷根（Ronald Reagan）一九八〇年在密西西比州談州權（states' rights）[11]，老布希（George H. W. Bush）談威利・霍頓（Willie Horton）[12]、柯林頓（Bill Clinton）談希斯特・蘇亞（Sister Souljah）[13]、小布希誣指約翰・馬侃（John McCain）有黑人私生子。他們看到學校校車與住宅區去種族隔離的徹底失敗，看到卡崔娜颶風（Hurricane Katrina）的慘重災情。結果就是，他們普遍不相信政府會是黑人發展的推手。

二〇〇四年五月，寇斯比發表「磅蛋糕演說」的前一天，《紐約時報》（*The New York Times*）記者造訪肯塔基州的路易斯維（Louisville），當年學校種族融合運動的發源地。但是《紐約時報》發現，當地的黑人家長已經改變立場，最重視的不是種族平等，而是教育進展，一位家長就說：「種族融合？有什麼好處？只會拖累我們的孩子。」

為了回應這些已經浮上檯面的失敗，許多黑人運動者將心力轉向黑人內部。傑佛瑞・卡納達（Geoffrey Canada）推出規模宏大的「哈林兒童特區」計畫，促使黑人學生改變讀書習慣、改善家庭生活。在巴爾的摩、紐約等城市，社區團體試圖讓黑人男性負起當父親的責任。去年十月的某一天，數千名黑人男性湧入費城（Philadelphia）的里亞庫拉斯中心（Liacouras Center），宣誓要協助巡守社區、遏阻節節高升的謀殺案發生率。當寇斯比來到底特律聖保羅教堂的時候，一位當地的黑人法官站起來，敦促寇斯比與其他黑人名流捐錢贊助社會運動。但是寇斯比不客氣地說：「我大老遠飛來這裡不是為了開支票，我在休士頓、底特律或費城都沒有開支票。你們也不要去求那些運動明星，你們眼裡只有歐普拉・溫芙蕾（Oprah Winfrey）與麥可・傑克森（Michael Jackson）。不要再想支票的事……我們就是這樣輸給白人的。『法官說比爾・寇斯比會開支票，但是在那之前……』」

寇斯比認為，與其等待救濟或外界援助，弱勢黑人的當務之急是淨化自身的文化，去除幫派饒舌（gangsta rap）之類的有害成分，後者也是寇斯比最常批判的對象。寇斯比與普桑在書中質疑：「唱片公司發行這些反社會、恨女性的幫派饒舌音樂，到底在想什麼？他們以為黑人男性從小聽這些東西，不會有樣學樣嗎？」寇斯比的文化論述反映了（也強化了）日

11　編注：指雷根在一九八〇年競選總統時，在密西西比州的一場演講。該場演講地點就在一九六四年密西西比州黑人民權運動工作者謀殺案處不遠，且由於包括密西西比在內的南部各州當年便是以州權為名保持其種族隔離制度，因此雷根這場支持州權的演說被視為是討好當地白人選民而引起爭議。

12　編注：威利・霍頓（Willie Horton），一九七四年犯下謀殺案而遭判處無期徒刑的美國黑人。霍頓在一九八六年服刑期間，利用外出假再次犯下強暴與搶劫等罪刑，引發對此一制度的激辯，並影響一九八八年的總統大選。共和黨總統候選人老布希（George H. W. Bush）以此抨擊對手、支持囚犯外出假政策的民主黨候選人杜凱吉斯（Michael Dukakis）。老布希陣營製作了多支帶有種族歧視意涵的廣告，影射並強化像霍頓這樣的罪犯與黑人之間的連結，意圖喚醒白人選民的恐懼。

13　編注：希斯特・蘇亞（Sister Souljah）是一位黑人嘻哈音樂家，她在一九九二年接受《華盛頓郵報》專訪談到該年的「洛杉磯暴動」（1992 Los Angeles Riots）。這場暴動源於前一年美國黑人羅德尼・金恩（Rodney King）因超速拒捕而遭警方暴力制伏的案件，隔年涉案警察獲法院判決無罪，進而引發大規模暴動，持續四天並造成五十三人死亡。蘇亞在專訪中試圖同理並解釋黑人幫派為何會對白人施暴，遭到當時民主黨總統參選人柯林頓嚴詞批判。柯林頓將蘇亞的言論比做三K黨，以博取中間選民的支持。

漸盛行的一種黑人觀點：去年十一月的普優調查顯示，七一％的黑人認為幫派饒舌會有不良影響。

寇斯比援引的黑人保守主義，也曾在歐巴馬的總統選戰中浮上檯面。從選戰初期開始，就有評論家認為歐巴馬強調個人責任的「寇斯比式」主張，會影響他的黑人選票。然而，歐巴馬要黑人兒童關掉PlayStation、要黑人父親善盡職責，這些告誡就算對他有造成任何傷害，也沒有反映在民調上。事實上，對種族議題而言，這樣的論調有如雙殺守備，讓歐巴馬與寇斯比同時照顧到兩種人：文化立場保守的黑人，以及深信美國黑人墮落積重難返的白人（奇特的是，寇斯比對於是否支持歐巴馬一直不置可否，被問到時還會動怒。有一回賴瑞．金〔Larry King〕問他，他怒沖沖地回答：「你會問白人這個問題嗎？……我想知道，為什麼大家總是要以特別的方式提到這個人。美國媒體有多少人真的把他當一回事？或者只是把他當成一個模範黑人？」對話最後，寇斯比表示他很欣賞另一位總統參選人丹尼斯．庫辛尼奇〔Dennis Kucinich〕。幾個月之後，我問他對歐巴馬選總統有何看法，他拒絕回答。）

在某些社會評論家筆下，會把白人種族主義到黑人文化的焦點轉移看作一種新興現象，其實不然。在那個七月的夜晚，我佇立在聖保羅教堂聽寇斯比演講，回想起「大街」出現如此盛況的時刻，是在一九九四年夏天，法拉堪宣布發動「百萬人進軍」（Million Man March）

之後。法拉堪巡迴全美各地，舉行「只限男性」的集會（但規模比寇斯比大得多），當時霍華大學（Howard University）放假，我回老家巴爾的摩，看到他本人。進軍活動本身有一種淨化身心的效果。我和四、五位黑人男性一起走，一路上都有黑人女性站在陽台或街邊吶喊、鼓掌、歡呼。對我們而言，法拉堪對猶太人有何意見並不重要，重要的是藉著走過華府的國家廣場（National Mall），我們凸顯了自己的人性地位與男性本色，而不是好像剛從聖昆汀（San Quentin）監獄放出來的前科犯。我們都曾經歷一九八〇年代毒品氾濫的黑暗時期，許多人不是被關過就是等著被關，許多人生了孩子但不負責任。我們深感羞辱，冀望以進軍向世人宣告：我們長大成人的時刻到了。

「黑人失落的榮耀」有如一股泉源，早在二十世紀初期，就開始汲引著黑人保守主義者。一方面，正統的黑人民族主義者不斷回顧黑人非洲的黃金年代，當時強大帝國林立，人人都是王者。另一方面，像寇斯比這類訴諸民粹的黑人保守主義者則聚焦一九六八年之前的美國黑人，當時的黑人共同奮鬥打拚。男人有男人的樣子，未婚懷孕的女孩會被送到爺爺的農莊管教。

這兩種願景的共通之處在於，認為今日的黑人文化每況愈下、病入膏肓。此外，兩種願景都以迷思為基礎。其實黑人並不是王者的子孫，而是奴隸的後代，但我對這一點非常自豪。我們的奮鬥如果有任何偉大之處，不會是那些神話故事，而是我們不但出身微賤，還走過漫長的旅程。對於美國黑人「隔離但高貴」的夢幻過往，也可以如此看待。寇斯比與許多美國黑人保守主義者的分析將歷史扁平化看待，抹平了那些一路伴隨美國黑人發展、界定其特質的歷史皺褶。

其實早在一個世紀之前，就有黑人思想家鼓吹與寇斯比相同的論調。當時他們擔心奴隸制度會摧毀黑人的家庭，他們最在乎的問題同樣是犯罪、性關係氾濫、道德淪喪（儘管寇斯比聲稱這些趨勢是近年才出現）。印第安納大學（Indiana University）美國史教授哈里爾・穆罕默德（Khalil G. Muhammad）指出：「早年中產階級黑人面對種族隔離時，著力點並不在政治主張，而在社會改革。」「全國有色人種婦女協會（National Association of Colored Women）與杜波依斯的《費城黑人》（*The Philadelphia Negro*）都懷著一種焦慮：美國黑人並沒有把自己最好的一面展現出來。黑人犯罪問題嚴重，性行為也必須節制。」史貝爾曼學院美國史教授威廉・傑拉尼・柯布（William Jelani Cobb）也說：「鼓吹社會改革的人瞧不起不會彈鋼琴的人，他們認為自己往往必須照顧愚昧的同胞，但是並不情願。」

寇斯比認為，困擾今日年輕黑人的許多問題都來自後種族隔離時代的黑人文化，但是這種論調尤其違背歷史事實。早在一九三〇年代，社會學家就開始憂心黑人男性表現不如黑人女性。法蘭克林・佛瑞澤（E. Franklin Frazier）一九三九年出版的經典之作《美國黑人家庭》（*The Negro Family in the United States*）認為，都市化損害了男性養家活口的能力。一九六五年民權運動高峰時期，丹尼爾．派屈克．莫乃漢（Daniel Patrick Moynihan）發布一份具有里程碑意義的報告《黑人家庭：國家行動之必要》（*The Negro Family: The Case for National Action*），也提出同樣的論點。

寇斯比的許多論調在所謂的「輝煌過往」都已出現，他對這一點似乎刻意視而不見。以他對饒舌音樂的意見為例，既然他以爵士樂迷自居，怎麼可能忘記自己年輕時代，爵士樂也曾引來口誅筆伐？業餘歷史學家羅傑斯（J. A. Rogers）曾經寫道：「辛勞的碼頭工人、搬運工人、女傭與可憐的電梯服務生需要娛樂的時候，試圖藉由爵士樂撫慰自己疲累的神經與肌肉，卻往往發現那些場所充斥著私酒販子、賭徒與拜金女子，一方面尋覓受害者，一方面逃避警方法眼。」

除了「往昔的黑人文化是美德的泉源」這個疑點重重的觀念，還有人認定文化本身是問題所在。不過為了做出這個結論，你必須找來一些不太站得住腳的證據。關於嘻哈音樂（hip-hop）的批評尤其是搖搖欲墜。哈佛大學社會科學家隆納德．佛格森（Ronald Ferguson）特別指出，一九九〇年代初期嘻哈音樂日益流行，黑人兒童的閱讀時間也日漸減少。然而幫派饒舌（gangsta rap）還可以對應到其他的現象，而且其中許多具有正面意義。一九九〇年代幫派饒舌大盛之際，黑人未成年少女懷孕與黑人男性遭謀殺的比例都下降。如此說來，我們是不是應該頒發德瑞博士（Dr. Dre）模範市民[14]？

「我不知道如何對文化進行度量，我不知道如何測試其效應，我也不確定有任何人知道，」喬治城大學經濟學家霍爾澤（Harry Holzer）說道，「自由派的論述認為，機會受限與各種障礙導致就業問題與犯罪猖獗；但是另一派的論述則強調規範、行為與反抗性文化（oppositional culture）。後者無法以統計學驗證，但還是有可能成立。」霍爾澤認為兩派論述各有長處，並不是只能二者擇一。的確如此，然而我們還是可以認定，有充分的證據站在結構性的不平等這邊。二〇〇一年的時候，有一位研究者在威斯康辛州的密爾瓦基市（Milwaukee）以黑人與白人的身分寄出求職信，並以隨機方式加上犯罪前科。結果顯示，有犯罪前科的白人拿到工作的機會，和沒有前科的黑人差不多。三年之後，研究者在紐約進行條件設定更嚴格的研究，也得出同樣的結果。

一般認為，這類研究對黑人而言有如一種慰藉，讓他們得以在自己可悲的處境中蹣跚前行。但事實上正好相反，自由派認為黑人在一個世紀的抗爭之後仍然深受歧視之害，這樣的觀念才會讓黑人集體垂頭喪氣。它形同告訴美國黑人必須接受事實：他們的下一代仍將「低人一等」，直到未來某一天奇蹟發生、白人種族歧視開始退潮。對任何一個黑人而言，這樣的未來並不會讓他們滿心期待、津津樂道。

去年夏天，我看著寇斯比在康乃迪克州（Connecticut）的一座監獄，對一群剛通過高中同等學力測驗（GED）的受刑人發表一場動人的演講。早上八點，演講還沒開始，寇斯比詢問監獄官員，受刑人的人口分布有哪些情況與特徵。當時我真希望我七歲的兒子也在場，接收我每天對他耳提面命的訊息：所謂的男性氣概不只是勇武陽剛、大模大樣，還要求恪守紀律與認真負責的精神。黑人的命運最終掌握在自己手中，不是被對手操控。身為一個美國黑人，他必須對家庭、社區和先人負起責任。[15]

如果寇斯比的「叫陣」僅止於強調個人與社區的信念，那麼就沒有什麼好批判的。但是寇斯比經常拿強調個人職責的論述，來壓制美國公民要求其權利的正當主張。他指責社會運動者不應該積極推動刑事司法體系改革，儘管有充分證據顯示改革有其必要。寇斯比還患有歷史失憶症，他聲稱許多困擾美國黑人的問題都是新近才出現，並認定今日年輕世代的美國黑人已變得軟弱、無法擔當重任。這些宣稱根本是錯誤的。儘管寇斯比傳達了不少正能量，他振奮人心的言論仍然有其限制。百萬人進軍為黑人男性帶來希望和許諾，照理說活動結束之後，我們應該會受到責任感激勵，回到自己的社區與家庭。然而將近十五年之後，我們仍然原地踏步，沒有多少改變。我想帶兒子去看寇斯比，聽他傳達的訊息，為其中的許諾與樂觀而振奮。但是演講結述之後，我會和他長談一番。

14 編注：德瑞博士（Dr. Dre），本名安德烈．楊格（André Romelle Young），有「嘻哈界教父」之稱的黑人音樂製作人。
15 編注：作者在此以受刑人的遭遇勉勵兒子，不要逞所謂的「男性氣概」而讓自己惹上牢獄之災。

去年夏天，寇斯比和我在紐約的西村（West Village）共進午餐。當時紐約正經歷有記錄以來最涼的八月，而且下了一整個禮拜的雨，那天也不例外。寇斯比剛參加爵士樂手麥斯·羅區（Max Roach）的葬禮，三件頭西裝衣冠畢挺。他前一天在費城，對一個住宅計畫團體發表談話，與賓州的衛生官員會面，參加一場打擊犯罪的社區遊行。家鄉的黑人草根運動者響應他的號召，他計畫下一年要繼續進行「叫陣」活動，還要發行一張嘻哈專輯（他特別提到，歌詞中不會有粗俗言語）。

寇斯比給人溫暖、懷舊的感覺。他問我為什麼沒帶兒子來，我立刻感到後悔，因為我把兒子放在女友上班的地方，請她照顧幾個小時。寇斯比談到他唸書的時候，爺爺勸他退出美式足球，他不聽，後來弄到肩膀骨折，「寇斯比爺爺搭電車到家裡來，我覺得很丟臉，整個人躺在沙發上。他和我爸媽講話，我想他一定會告訴我：『小子，早跟你說過了。』他回到沙發旁邊，從口袋掏出一枚二十五分硬幣，說道：『去街角那家店買冰淇淋，補充鈣質。』」

寇斯比會變成一個動力強大、備受矚目的社會運動者，大眾心理學的因素功不可沒。他的死對頭戴森說，躋身上流社會的美國黑人喜歡教訓指責沒那麼走運的同胞，寇斯比延續了這個可恥的傳統。其他人則指出更陰暗的動機：寇斯比是想掩飾自己被指控的惡行（寇斯比被一名女子控告性侵，雙方在二〇〇六年達成民事和解；另有數名女性提出類似指控，但是尚未進入法律程序）。但是從寇斯比投入的程度來看，這些質疑似乎難以成立，而且也不影響他的群眾號召力。普優研究中心（Pew Research Center）今年十一月的一項調查顯示，八五％的美國黑人認為寇斯比對黑人族群有「正面影響」，高於歐巴馬總統（七六％），只略低於歐普拉．溫芙蕾（八七％）。

寇斯比之所以採取行動，之所以傳達出強而有力的訊息，部分原因在於美國黑人共有的一股憤怒，一股近乎自我憎恨的集體恥辱感。正如諧星克里斯．洛克（Chris Rock）所說的：「每一件黑人讓白人討厭的事，黑人對黑人也一樣討厭……這就像一場黑人內戰，兩軍對陣，一邊是黑人，另一邊是黑鬼，黑鬼最好消失……天哪，我真希望三K黨讓我加入，媽的，這樣我就可以從這裡一路殺到布魯克林（Brooklyn）。」（洛克後來停止演出這個段子，因為他發現他的白人粉絲笑得太厲害）。自由主義以其理所當然的思路，將焦點放在結構性不平等，因而無法撫慰黑人這種赤裸裸的痛苦。寇斯比就像他的聽眾一樣，已經厭倦了被恥辱壓得抬不起頭。

這種不安感跨越幾個世代，但是在民權運動世代身上最為強烈。瓊妮塔．柯爾曾說：「我想不到比『焦慮』更貼切的字眼。我不願意對美國黑人年輕世代一言以蔽之，但是有些年輕人，以及我們之中有些不那麼年輕的人，都必須轉過頭來看看自己的處境，因為我們的前景還蠻糟的。」柯爾和許多民權運動的明星人物一樣，她的才能並不侷限於社會運動。她來自種族隔離的南方，十五歲就上大學，在歐柏林學院拿到學士學位，在西北大學（Northwestern

University）拿到人類學博士。今日許多年輕黑人也有這樣的動能，但是老一輩的黑人擔心，他們似乎不再全力提升自己的社會地位，而是另有目標。

寇斯比常說，一九六〇年代運動者的犧牲奉獻，目的不是要讓今天的饒舌歌手與年輕人開口閉口「黑鬼」，但這正是前者犧牲奉獻的原因。美國人享有的諸多個人權利之中，最重要的就是平庸、粗鄙、幼稚的權利，換言之就是表現人性的權利。然而寇斯比期望的卻是超人，也就是老一輩常說的「優秀兩倍」（twice as good）。他訴諸盧盧實實黑人的歷史訓誡，也像是一種想要超越現況的救贖嘗試。

聆聽寇斯比的訊息時，許多人會以為他也出身於自己鼓吹的理想家庭：爸媽會照顧子女、一家人生活穩定、父親有在工作。事實上，寇斯比正如他訓誡的許多男性，也是出身於問題家庭。他由母親撫養長大，因為他在海軍服役的父親早早就拋家棄子。寇斯比曾對我談起自己的童年，他說：「人們都說我很聰明，但是沒有人長期關注我。我母親為了讓一家人吃飽穿暖，忙得不可開交。」聰明讓他得以進入費城的磁力學校（magnet school）[16]中央高中（Central High School），但是在十年級的時候轉學又輟學，然後追隨父親的腳步從軍。

然而，與寇斯比試圖創造的井然有序、美好迷人的世界相比較，他真實人生的轉折變化似乎沒那麼重要。在我們共進午餐的尾聲，寇斯比來了一段天南地北的漫長獨白，他告訴我：「如果你看著我並且心想：『他為什麼要這樣做？為什麼要選在這個時候？』你可能會說：『他是要再過一次自己的童年。』如果我現在是一名孩童，我會需要什麼？我需要人們引導我，我需要改變的可能性，我需要人們不再說我無法自立自強。人們說這是神話，但是有些人確實能夠活得像神話，憑什麼我們就不能？」

16　編注：磁力學校（magnet school）是美國中、小學校為吸引資優生或具有特殊才藝之學生，因而提供自然科學、數學、藝術、音樂或職業教育等多元的課程或設施。

CHAPTER

2

WE
WERE
EIGHT
YEARS
IN
POWER
AN
AMERICAN
TRAGEDY

許多人從沒見過
像蜜雪兒．歐巴馬這樣的人，
但他們即將明白，
美國各地有成千上萬的
蜜雪兒與歐巴馬。

第二年回顧

二〇〇八年夏天，我到科羅拉多州洛磯山區（Colorado Rockies），參加為期一週的「阿斯本理念節」（Aspen Ideas Festival）。這場會議邀集一群美國思想界人士，為菁英階層提供分析、建議與思考。與會者很容易就會想做一些諷刺與嘲弄，但是當時我還不太擅長諷刺，諷刺是一種特權，顯示你對諷刺的對象有所掌握。當時的我還有太多太多的未知。

那年我三十二歲，從來沒有辦過護照，不久前才察覺自己可能需要一本。肯雅塔兩年前邀我去法國，被我嗤之以鼻。但是肯雅塔回來之後，她的經歷讓我一些久遠記憶死灰復燃。我還記得我曾經是一個滿懷好奇的孩子，屏風式科學計畫海報、百科全書、公路地圖都會讓我讚嘆不已。後來我把大部分的好奇都放下了，棄擲在惠勒老師的課堂與蒙道明商場（Mondawmin Mall）之間，棄擲在學校與街頭之間。現在我有機會歡迎它回來，就像與老友久別重逢，只是重逢帶著些許哀傷，哀傷自己錯失了那麼多個年頭。哀傷一路蔓延，甚至蔓延到今天。當我在沙灘上看著六歲的孩子學習衝浪，或者在大學聽到學生交替使用英語和義大利語，或者在咖啡廳看到年輕詩人翻閱《荒原》（*The Waste Land*），或者在廣播中聽到經濟學家解釋我早年可以親自探索的經濟問題，我就會感到哀傷。希望我和我所有的好奇，我多年不見的朋友，還有時間可以重聚。雖然我知道我們都快沒有時間了，而且有些人的時間還會更早用盡。

肯雅塔和我一起到阿斯本，一起走過市區，和人們談話。晚餐的時候，我們遇到一對結婚幾十年的夫妻。丈夫已經退休，以玩笑的口吻說他很遺憾，因為他的妻子還不肯退休。他告訴我們，他每天早上會出門溜狗，開車到大陸分水嶺（Continental Divide）看野生動物。我不知道什麼是「大陸分水嶺」[1]，也沒有問。後來我覺得很難過，因為每當我一無所知地點頭附和，我就失去了一個機會。我背叛了我內心的好奇，因為我看重的不是發現事實，而是假裝知道事實。

一座大山俯瞰著阿斯本，載運滑雪客的密閉式纜車連結市區和山峰。肯雅塔堅持要我跟她一起搭纜車，我有懼高症，但是在男子氣概和好奇心的驅使之下，還是硬著頭皮上陣。我還記得下方的山坡起起伏伏，纜車在強風中搖搖晃晃，背後的市區逐漸遠離，恐懼感讓我的

1 編注：指北美洲一系列分隔水系的山脈。北起阿拉斯加、南接南美洲的安地斯山脈。

手臂、雙腿與喉嚨緊繃。來到最高處，白雲靜靜地籠罩山脊，儘管已是六月，山頭仍然有積雪未消。我不曾愛上這樣的景象，但是當天一見鍾情。我先前的恐懼感不只是由衷而發的焦慮，也是為了重新看待世界而付出的代價。

那年夏天，歐巴馬贏得民主黨內初選，即將締造歷史。在紐約哈林區，小販叫賣印有他臉孔的T恤，以及他與金恩博士、麥爾坎．X、哈莉特．塔布曼（Harriet Tubman）[2]在黑人英靈殿（black Valhalla）平起平坐的海報。今日的我很難回想當時的興奮感，因為我已經知道那年夏天的那種感覺、那種「以為即將見證一個歷史終結時刻」的感覺，其實只是錯覺。當時我並不是以理性分析得出「歐巴馬的當選將開啟一個後種族主義時代（post-racist age）」的結論，但我的確覺得白人至上主義（美國歷史的痛苦根源）可能會在我有生之年銷聲匿跡。當時我把種族主義想像成美國身上的一個惡性腫瘤，可以鎖定並切除，並不是身體與生俱來、不可或缺、無處不在的系統。從那樣的觀點來看，一個人的成功的確有可能改變歷史，甚至終結歷史。

當時我也觀察到，那些分析歐巴馬黑人特質重要性的人，大體而言都是依循既有的模式。歐巴馬被形容為「美國政壇新崛起的老虎伍茲」，並不是「百分之百的黑人」。我瞭解這樣的論點，因為與這些作者認定的「黑人」相比較，歐巴馬並沒有那麼「黑」。他不僅不是毒販這個新聞中黑人男性最常見的身分，而且不是出身貧民窟，不是吃豬內臟長大的，他的母親不曾幫白人家庭洗地板。但是這樣的困惑是將種族主義的真實影響大幅簡化，將黑人限定在宇宙的某個角落，好讓白人可以在其他的每一個地方安居樂業。分析家為了理解歐巴馬，必須賦予他某種超能力，來解釋這個自我認定的黑人如何逃出限定的「角落」。這種能力就是他混合了不同種族的血統。

一個黑人毒販或殺警犯的祖先血統無關緊要，他的黑人特質就預言了、也解釋了他的罪行，他強化了種族主義的先入為主觀念。唯有在先入為主的觀念受到質疑時，人們才會對祖先血統進行仔細的分析。費德里克・道格拉斯（Frederick Douglass）[3]還在田裡工作時，只是一個平平無奇的卑微黑人。後來他成為著名的廢奴主義者，人們也開始將他的才華歸因於他身上一半的白人血統。有時就算不提祖先血統，也可以達到汙名化的效果。肯雅塔六歲的時候，是田納西州一個資優班上唯一的黑人女孩。她跳舞、玩交互跳繩不輸任何人。她的白人同學並不介意，而且會說：「妳不是真正的黑人。」這句話看似讚美，其實卻是在汙名化她的鄰居和家庭，重新安排世界的秩序，確認他們身為主人階級的地位。如果歐巴馬是紮根於

---

2 編注：哈莉特・塔布曼（Harriet Tubman, 1820-1913），美國廢奴運動先驅。

3 編注：費德里克・道格拉斯（Frederick Douglass, 1818-1895），美國黑人政治家、演說家與革命家，逃離奴隸生活後，成為美國廢奴運動的代表人物。他同時也是美國史上第一位擔任外交使節的黑人。

奴隸的世界，卻爬到主人的頭上，而且一路強調奴隸的身分與傳統，那麼當主人還有什麼意義？

否定歐巴馬的黑人特質還可以達到另一個目的：讓人們面對自己的錯誤。本來不相信美國會出現黑人總統的人，突然間要面對黑人可能當選總統的前景。如今看來，一切順理成章：不管是哪一個年代，都會出現以一己之力擺脫白人至上主義桎梏的黑人，儘管同一個體系繼續奴役絕大部分的黑人。就我個人而言，在歐巴馬競選總統之前，我也覺得黑人不可能當上美國總統。這個職位高高在上，簡直就等同於美國的自我意識，因此我從來不曾認真想過「黑人總統」這回事。到了二〇〇八年夏天的時候，我的錯誤已經顯而易見。這時我可能會有兩種反應：一、評估自己的錯誤，重新思考這個世界的本質；二、拒絕認錯，直接以舊日的思路來詮釋今日的現實。認為歐巴馬是個「不一樣的黑人」，這觀念符合第二種反應，也讓人們因為「正確」而自我安慰。但是有些黑人就是不想「正確」，當我們斷言「美國絕對不可能讓黑人當總統」的時候，我們並不是虛張聲勢。直覺讓我不敢懷抱希望，但是直覺也讓我認定歐巴馬不可能在黨內初選拿下愛荷華州（Iowa），結果直覺錯了。如果我們認定美國人不會支持一個黑人競選並當選總統是誤判，那麼我恐怕也誤判了美國的本質。也許我們是剛從一場可怕的噩夢覺醒，就算歐巴馬不是覺醒的催化劑，他至少也是覺醒的徵兆。就這樣，我被潮水席捲而去，因為我極度渴望被席捲。看看我所屬的族群，還有許多人也像我一樣。

有一種觀念認為，黑人對於自身與種族主義的薛西弗斯式（Sisyphean）抗爭樂在其中。但事實上，大部分黑人都期盼有朝一日，我們能與別的事物抗爭。我們被種族主義壓制在象徵意義與實質意義的黑人區（ghetto），對於抗爭的選擇早在出生之前就已決定。因此我們出於恐懼，為子女抗爭、為自身抗爭。我們努力壓制自身的情感，因為想想我們被剝奪的一切、想想剝奪是如何全面進行、想想剝奪已經成了美國的本質而且代代相傳，真的會讓人發狂。但是在愛荷華州初選之後，另一條道路似乎出現了。也許身為美國人的我們，能夠忽略可怕的歷史，忽略國家犯下的罪行。也許不必聚焦種族，也能夠解決那些傷害黑人的問題。也許可以將黑人視為一個有特別巨大需求的社群，因為他們是美國人，所以值得幫助。為黑人建立更好的學校、提供更好的醫療、創造更好的就業機會，但原因不在於黑人經驗有何特殊，而在於黑人就只是普通老百姓。如果你只是稍稍掃瞄一下現況，如果你認真嘗試去相信，這似乎是順理成章。這套新理論萬事俱備，只欠一位領導人，他必須能言善道、年輕有為、形象清新。也許，這位新領導人已經降臨。

阿斯本會議發生了兩樁很有意義的事。我們到當地的第三天，肯雅塔工作的雜誌主編打電話來，告訴她雜誌要停止發行了。我們似乎大難臨頭。乍看之下，這趟旅行也成了我們最後一次暫時脫離封閉生活的壯舉。不過事實上，肯雅塔一直在計畫另謀出路。我和她都希望自己的人生更有意義，能夠致力於追求餬口維生之外的目標，能夠投入抗爭。我選定的主軸是種族，肯雅塔是性別。她在工作之餘擔任志工，幫助家庭暴力受害者，護送尋求人工流產的女性，讓外地來的人在我們家落腳。她對這些服務工作一直無法忘情，因為她的母親很年輕就生下她，她自己也很年輕就當了媽媽，在懷我們兒子的時候差一點送命。另一個原因是她有一些無法實現的夢想：她小時候想當醫生，但是和許多小女孩一樣，因為數學與科學欠佳而不能如願。也許她還為時未晚，當時她三十一歲，算是年輕，也許來得及改頭換面，結合夢想與使命。肯雅塔大學輟學，我也是如此，我們曾經想過要穩紮穩打，先半工半讀唸完大學，再進醫學院。不過當她的工作泡湯，我們認為那是老天爺給的徵兆。

緊接著第二樁很有意義的事發生了：我再一次拿到《大西洋月刊》的報導任務，心想這代表這家雜誌欣賞我，也許有朝一日會給我一份正職，讓我可以支持肯雅塔結合自己的使命與夢想，就像她長期以來支持我那樣。我的動機聽起來是為他人著想，其實未必。我這輩子看過太多女人全心支持男人的夢想，將自己的夢想交到男性手上，幾年之後卻不免懷疑，這麼做是否值得？我要追求夢想，但是不要這種方式。

因此那是愛，渴望回報一個曾經對我付出那麼多的人。但那也是一種需求，我想要從舊有的模式解放出來。我不希望一個好女人以陳舊、濫情的方式陪伴我，無論她是在我的後面、我的旁邊、我的前方或者我的周遭。

《大西洋月刊》指派的報導任務是蜜雪兒・歐巴馬（Michelle Obama）人物特寫。當時談蜜雪兒的選戰報導已經翻不出新意，牽強附會她的家庭與天才老爹一家，因此我決心要寫出不一樣的東西。在搭飛機回家途中，這趟任務的可能性讓我興奮不已。我從事寫作十年出頭，現在終於有機會來做自己夢寐以求的大人物特寫。想要做出特寫，作者必須與主人翁面對面，然而歐巴馬競選團隊意願不高。最後我寫出來的東西大部分是遠距離觀照，取材自蜜雪兒家人與朋友的描述，還有我自己到芝加哥南區的遊歷。這樣的寫作方式不甚理想，但是我不會怪罪任何人。新聞記者沒有任何特權，尤其沒有要求合作的特權。有時候我也擔心，合作會導致配合對方的要求，那是任何一個記者都不應該做的承諾。我對這篇人物特寫標題〈美國女孩〉（American Girl）的喜愛更甚於文章本身。我希望這篇特寫發出某種聲音、某種節拍，只是又和以往一樣，我聽得到，但是無法捕捉。如今我明白，那是整個過程的一部分，練習的一部分，每一次嘗試都讓我更能夠將腦海裡的聲音表達出來。〈美國女孩〉在我心中並沒有越陳越香，但它的確是一個轉折點，讓我日後得以繼續努力捕捉心中的音樂。

二〇〇八年一月，也就是前往阿斯本之前的半年，我在部落格網站「BlogSpot」開了一個帳號。當時我有層出不窮的想法，卻沒有地方可以安放。我的發表園地很有限，投稿過程很辛苦。開了部落格之後，我每天發表四或五則文章。有些只是鬆散的思緒，無疾而終；有些則成為基礎，讓我發展出較具規模的作品。在部落格的標題欄，我填上饒舌歌手杜姆（MF

Doom）的兩行歌詞：

他戴面具只是為了遮掩面容。
他很醜陋但是音樂美好流動。

剛開始只有兩個人讀我的部落格，一個是我父親，一個是我自己，我們會一起構思。父親定期給我一筆錢，為數不多但意義重大。那是一筆穩定的收入，因此對一個陷入「水深火熱」的家庭而言，有如救生圈。它其實更像一筆投資，讓我換取時間投注在部落格的公開場域鍛鍊技藝，也讓我能夠購買生活用品。部落格提供無限的寫作空間，一眨眼就可以發表。慢慢的，一些部落客開始連結我，我的部落格的讀者越來越多。到那年夏天時，我已經吸引一群忠實的評論者，閱讀我的作品並提供意見。這個部落格也引起《大西洋月刊》注意，他們提議接管，並且定期支付我一筆比較像樣的酬勞。

如果你從來不缺錢，那麼我如此在意錢的事情，一定讓你覺得怪異。但是如果你經濟困窘，卻還認為寫作的世界是一塊神聖淨土，完全不受塵世苦難的侵擾，你恐怕也很怪異。人們很容易誤以為，無論收入如何微薄，寫作維生都是一種特權。就我的情況而言，猖獗的臭蟲、停在路邊被鎖上車夾的汽車[4]、永遠拖欠兩個月的房租，讓我很難體會自己有何特權。

而且當時我界定自己的主要身分不是作家，而是一個大學中輟生，那意味著我已經放棄父母要求我努力營造的安全網。「大學中輟生」對黑人的意義尤其不同，這個身分是一道界線，一邊是有能力保障自己與家人的生活，另一邊是你被人擺布直到進入墳墓或者監獄。那時我似乎早已經逃離街頭生活的魔掌，但是每到夜晚，我會看到自己墜落，不是落入貧窮，而是落入恥辱。兒子薩摩里會吃苦頭，肯雅塔對我投注的心力會白費。我並不期望財源滾滾，我害怕的是拖累、辜負自己摯愛的人。因此當這份恐懼終於解除，我的心靈豁然開朗，觀察與思考的能力都大幅提升。

因此如果我要談論自己過去八年的旅程，就一定會談到金錢，談到金錢的匱乏、穩定與寬裕對我們生活帶來的巨大影響。我們在二〇〇一年搬到紐約，我和肯雅塔都是二十來歲，帶著年幼的兒子，相信雜誌作家在紐約會有源源不絕的工作機會。但是當時網路商業已經泡沫化，九一一恐怖攻擊事件已經發生，我們只有肯雅塔年薪兩萬八千美元的工作，以及一個才一歲大的孩子。接下來的六年我們歷盡艱辛。如今，一位黑人總統即將上台的希望不僅牽動了國家，也牽動了我們一家人。

4　編注：在美國，違規停車時有可能遭到執法單位以車輪夾伺候，得付完罰金後才能解鎖。作者舉這個例子來說明他沒有自己的停車位，必須四處找地方停車。

關於歐巴馬、關於蜜雪兒的事實，改變了我們的生活。光僅是這對夫妻的存在，就有如開闢了一座市場。這一點必須講清楚說明白，而且必須以這種醜陋、粗糙的方式陳述。才華與努力工作有時無關緊要，幸運與命運的作用才是不可置信、無可比擬。對此，我謹記在心。幸運與命運作用的當下，我就已經察覺。我想我本身並沒有什麼不同，但是周遭的世界起了變化。就好像過去幾年我一直將一把鑰匙插入錯誤的門鎖。如今門鎖換了，大門打開，我們反而不知所措。

那年秋天，我們前往加州。我拿到一筆優渥的獎助金，只需在主辦單位那邊待一個禮拜，想寫什麼任君選擇。這可以作為一種生活方式嗎？可以，至少第二年可以。我們把存款帳戶提領一空，買了機票，那年十月動身。在飛機上，我繼續構思〈美國女孩〉。主辦單位不僅熱忱歡迎我們，還簽了一張支票。非常幸運的，發票銀行就是我們平常來往的銀行。我們開車到銀行，存入支票，時間剛過中午，我們只覺得不可思議。加州很美，但我們一家人更美：又年輕又有錢。我們開車到一家高檔牛排館，從餐前酒到餐後酒什麼都點。我們彷彿回到一個神奇的時代，大家都還是原始人、都還是無法無天、都還野蠻，並且以野蠻自豪。我們看著彼此，相互敬酒，醉意盎然，荒唐可笑，彷彿說著：「黑鬼，我們做到了。」那是二〇〇八年的秋天，那是身為黑人的感覺，我們有生以來第一次，為自己的國家感到驕傲。一切都大放光明，一切都冉冉上升，一切都如夢似幻。

美國女孩

我第一次看到蜜雪兒・歐巴馬本人的時候，差一點把她當成白人。當時是二〇〇八年七月底，政治分析家正在對希拉蕊・柯林頓的女性選民何去何從議論紛紛。一方面為了彌縫黨內裂痕，一方面為了募款，蜜雪兒回到芝加哥主持一場為民主黨女性舉行的午宴。參與者都頗有身價，種族背景多元，大部分是中年人，穿著褲裝或者保守的洋裝。司儀介紹蜜雪兒的幕僚佩蒂・索莉絲・杜伊爾（Patti Solis Doyle），出身柯林頓陣營的她向賓客揮手。一位柯林頓長期支持者呼籲團結。幾個星期之前，蜜雪兒出席電視節目《觀點》（*The View*），穿了一件搶眼的黑白大花圖案洋裝，現在會場上也有一些女性穿著同一款洋裝爭奇鬥艷。蜜雪兒展現她著名的幽默感，修長的雙臂在空中揮舞，為自己的致辭劃重點。

那天早上我搭機飛抵芝加哥中途國際機場（Midway International Airport），開車行經湖岸大道（Lake Shore Drive），一路聽著威廉・迪馮（William DeVaughn）吟唱〈知足長樂〉（Be

Thankful for What You Got）。但是就在我欣賞密西根大道（Michigan Avenue）壯麗景觀的同時，腦海裡關於蜜雪兒的思緒還是不斷盤旋。我想到我妹妹凱莉先前打電話給我，興高采烈地說：「她總是落落大方，你一定要問她怎麼做到的！」我想到家住亞特蘭大的幾個阿姨，總是穿著姊妹會（Alpha Kappa Alpha）的粉紅色和綠色服裝，為蜜雪兒不久前才成為榮譽會員而喝采，對我說：「告訴她，她做了正確的選擇。」我想到在芝加哥遇見的一個男孩簡單扼要地形容她：「蜜雪兒是一個身高六呎、說話實在的黑人女性。」

我也想起去年二月看到的一幅圖像，她穿著一件灰色毛衣，表情嚴肅，圖說寫著「憤怒的黑人女性」。她在密爾瓦基的一場活動上說：「現在是我從成年以來，第一次為自己的國家感到驕傲，因為我感覺到希望終於再度降臨。」我第一次看到那段影片時，好像可以聽到陷阱門打開的聲音。就在那一刻，蜜雪兒成為她先生另一個面向的象徵。接下來的選戰有很長一段時間，媒體評論對於她到底愛國或者不愛國議論紛紛。

此時此刻，我在芝加哥市區希爾頓飯店寬敞的舞池等候，然而心頭想像的並不是艾達·威爾斯（Ida Wells）[5]或者斯托克利·卡麥克（Stokely Carmichael）[6]，我並不期待蜜雪兒向空中揮拳，拋甩甜豆派，或者呼籲大家購買《最後的召喚》（*The Final Call*）。但接下來發生的事，還是大出我意料之外：蜜雪兒娓娓道來自己的人生故事，有如一位年邁的碼頭裝卸工人，渴望重回早已消失的鄰里街坊。

「今天工作女性和工作家庭面對的情況，和我成長時期很不一樣，總是讓我感到驚嘆。」蜜雪兒告訴會場聽眾，「情況在這段短短的時間起了變化。在我成長期間，大家也知道我父親是藍領階層，他能夠外出工作，賺錢養活一家四口，母親則是家庭主婦，養育我和我哥。但是到了今天，像我們家那樣只靠一份薪水養家，根本是不可能的事。人們就是做不到，尤其像我父親那樣的輪班勞工，在今天更是不可能。」

在我觀察黑人公眾人物的這些年來，從來沒聽過有誰以如此美好的口吻回憶年少時光。寇斯比曾說：「只有一個族群從來沒有『美好的往日』，那就是美國黑人。」我們的自傳一定要提及夢想如何遇到挫折，一定要提及環境惡劣的公共住宅、到白人婦女家中刷地板的媽媽，這變成一個行之有年的規則。但是蜜雪兒不是理查·萊特（Richard Wright）[7]，她為現代女性唱了一曲藍調。

「我是女性上班族、我是人家的女兒、我是人家的姊妹、我是人們最好的朋友。然而我

5 編注：艾達·威爾斯（Ida Wells, 1862-1931），民權運動早期領袖，創辦全國有色人種協進會。曾任記者並報導一系列發生在美國南方、針對黑人的恐怖私刑。她因此遭到白人至上主義者的騷擾，並被迫搬離孟斐斯。

6 編注：斯托克利·卡麥克（Stokely Carmichael, 1941-1998），投身民權運動與泛非主義運動，於運動中創造了「黑人力量」一詞，成為黑人力量運動的領導者之一。

7 編注：理查·萊特（Richard Wright, 1943-2008），英國搖滾音樂人，前衛搖滾樂團平克·弗洛伊德（Pink Floyd）的創團成員之一。

最珍惜的角色，其實你們已經知道，就是母親。」蜜雪兒告訴聽眾，「在選戰過程中，在募款活動時，在開到某個地方的箱型車座位上，我擔心的是兩個女兒的情況，擔心她們是否安好，擔心她們有沒有穩定的環境。」

我們眼前的這位黑人女性，大學時代副修美國黑人研究，家鄉芝加哥出過「布萊克史東遊騎兵」（Blackstone Rangers）、「黑幫信徒」（Gangster Disciples）之類的犯罪組織，然而她的故事重點並不是美國夢如何虛無飄渺，而是我們如何從重視母親角色、人人都開雪佛蘭汽車（Chevrolet）、家家鍋裡有隻雞[8]的年代集體淪落。我原本以為蜜雪兒會談論奴隸制度、種族壓迫、公平正義與窮人苦難，結果我聽到的卻是女性在美國社會的神聖地位。我看到蜜雪兒向觀眾席上的母親揮手致意，跟她開玩笑。一如以往，我離開會場時心裡想的是杜波依斯所提出的「面紗」（veil）概念，也就是美國黑人如何透過暗色的濾鏡來看待其他同胞，以及這與蜜雪兒給人的觀感是如何的分歧。儘管她鋪陳出一個霍瑞修・愛爾傑（Horatio Alger）風格[9]的故事，將美國黑人混入另一個即將興盛的族群，但是許多美國人最在意的還是她姍姍來遲、不夠充分的「美國驕傲」表述。

人們一直在談論歐巴馬會是跨越美國種族鴻溝的解答，他是黑人卻擁有白人血統，根源從夏威夷延伸到肯亞，畢業於常春藤名校，還有芝加哥南區的背景加持。然而，歐巴馬並不是唯一一位入主白宮、擁有黑白兩個世界經歷的人。能夠不假思索就掌握偉大的美國論述並理解這種論述如何辜負美國黑人的，能在黑白兩個世界來去自如的，也同樣不只有歐巴馬一人。事實上，如果你要尋找一座橋樑，尋找一個人來連結美國黑人與所有美國人的心靈，並且促使我們以同樣的方式來看待美國夢，如果你要尋找大家的共同點，那麼沒錯，我們的確應該談論歐巴馬。但是我們必須先弄清楚，我們談論的到底是哪一個歐巴馬。

蜜雪兒．歐巴馬的美國人本質，根源在於她的家鄉芝加哥南區。我對這個地方的認識，來自我在霍華大學的大學生活。當時是一九九〇年代中期，我們多多少少都懷抱著「黑人榮耀」，無論是心向非洲抑或心向黑人社群，而且往往兩者兼而有之。但是芝加哥南區的孩子不會誇耀誰的幫派地位比較高，或者誰的街坊比較難混。他們不像紐約的同輩那樣大聲嚷嚷，只會反覆播放家鄉饒舌歌手凡夫俗子（Common）的專輯《復活》（*Resurrection*），直到CD跳針。他們在校園昂首闊步，似乎自以為見識高我們一等。芝加哥來的女孩特別迷人，講話帶著南區特有的抑揚頓挫，而且喜歡山姆．庫克（Sam Cooke）或艾爾．格林（Al Green）的音樂。十年前，我選擇一位芝加哥來的女孩作為伴侶，雖然她對家鄉（尤其是南區）黑人的膚淺浮誇嗤之以鼻，但她與這座神奇城市的連結仍然緊緊牽繫著我。

8　編注：家家鍋裡有隻雞（a chicken in every pot），美國俗諺，象徵財富與繁榮。

9　編注：霍瑞修．愛爾傑（Horatio Alger, 1832-1899），美國知名教育家與作家。曾寫過上百部出身寒微、但靠著自身努力而獲得成功的故事。在今天的美國，「一個愛爾傑式的故事」（a Horatio Alger story）具有「白手起家」的意思。

在芝加哥見到蜜雪兒的幾個星期之後，我舊地重遊，租了一部白色轎車，行經南區的幾條小路。我的嚮導是高齡九十歲的提繆爾・布萊克（Timuel Black），他是第二次世界大戰老兵，曾經引介金恩博士到芝加哥，晚年致力於美國黑人大遷徙（Great Migration）[10]的口述歷史。布萊克身形瘦削，活力充沛，鬍鬚灰白。他坐進我車子的時候，還戴著一頂支持歐巴馬與喬・拜登（Joe Biden）的帽子。接下來的三個小時車程，我們依循著他的記憶地圖漫遊南區，漫遊科提吉格羅夫（Cottage Grove）、海德公園大道（Hyde Park Boulevard）與蜜雪兒老家所在的南岸（South Shore）。布萊克七歲那年，查爾斯・林白（Charles Lindbergh）沿著格蘭德大道（Grand Boulevard）舉行慶功遊行，這條路後來改名「金恩大道」。布萊克指給我看重量級拳擊手喬・路易（Joe Louis）的房子，還有芝加哥黑人舊日的商業區「漫遊區」，也是芝加哥爵士樂的重鎮。

南區的廣大地域和多變特色，讓我嘆為觀止。平房旁邊就是豪宅，豪宅旁邊則是燒毀的公寓。每一座加油站都會有乞討者，等候施捨零錢。我問布萊克，他或者他的兄弟是否認為南區是「黑人區」？他搖搖頭，說南區有許多像他、像他父母一樣的人，努力工作的人。

芝加哥南區和紐約曼哈頓的哈林區、皇后區（Queens）的牙買加（Jamaica）、布魯克林的貝德福德—斯泰弗森特（Bedford-Stuyvesant）等地區有一個共同點，在一座白人居多數的城市，它們有如黑色的島嶼。但是如果南區真的是一座島嶼，它的面積可真不小。南區與哈林區不同，它並不是單一的行政區，而是包含了幾個較小的行政區，總面積佔芝加哥全市的六〇％。整體而言，南區可說是全美國最大的黑人聚居地區。

我們在珍珠餐廳（Pearl's Place）吃午餐，一間位於南密西根大道（South Michigan Avenue）的南方家常菜餐館。我們一邊吃雞肉大餐，布萊克一邊說明南區在美國黑人傳統中的地位，語氣滿懷驕傲，「我們過去很有開創的精神。我們叫不到計程車，因為計程車不肯開進黑人社區，我們就設立了計程車公司。廉價小巴士（jitney）就是在芝加哥誕生。白人開的殯儀館不肯為黑人辦喪事，我們就自己來。我們也開了這樣的餐館，讓黑人有地方吃飯。南區的人總是可以吃到美味的家常菜，得到家鄉人的陪伴。」

黑人對於芝加哥奮鬥史的回憶，融匯了淵源深厚的迷思與事實。芝加哥黑人的權力鬥爭，可以上溯至這座城市的創建者、十八世紀貿易商尚・巴普提斯特・波音特・杜塞堡（Jean Baptiste Point Du Sable）。他與歐巴馬一樣，都是黑白混血。美國北方最大的幾家黑人保險公司，像是卓越自由人壽（Supreme Liberty Life）、芝加哥大都會保險（Chicago Metropolitan Assurance），總部都設在芝加哥南區；國家海運銀行（Seaway National）、獨立銀行（Independence）等黑人銀行也是。美國十四家最大的黑人會計師事務所（CPA）有一半立

10 編注：指一九一六年至一九七〇年左右，有多達約六百萬名黑人至美國南部鄉村地帶遷往北部都市的現象。

足芝加哥。幾家攸關美國黑人定位的出版品如《芝加哥捍衛者》（*The Chicago Defender*）、《烏木》（*Ebony*）與《噴射》（*Jet*）也都是芝加哥的產物。

二十世紀美國最早的一批民選黑人國會議員，是來自芝加哥南區的迪普瑞斯特（Oscar De Priest）與他的繼任者米契爾（Arthur Mitchell）。在很長一段時間，他們是美國國會唯一的黑人議員。南區出身的賈克遜牧師與歐巴馬，是美國迄今唯二有勝選希望的黑人總統候選人。事實上，歐巴馬、法拉堪與賈克遜居住或工作的地方，彼此間的車程都在十分鐘之內。

二十世紀初期的芝加哥種族主義高漲、實行種族隔離。但是黑人選民雖然在南方遭到暴力壓制，在北方卻受到歡迎，因為如此才能為芝加哥惡名昭彰的工廠供應人力。而且當時芝加哥的產業欣欣向榮，《芝加哥捍衛者》對城市的描繪洋溢移民風格，吸引南方人：街道以黃金鋪成，願意工作的人都不會閒著。布萊克和他的同輩常常反用法蘭克・辛納屈（Frank Sinatra）的老歌：「如果你連在芝加哥也成不了氣候，你在任何地方都成不了氣候。」

蜜雪兒的祖父祖母正是為了追求更美好的生活，從南方來到芝加哥。芝加哥的黑人帶（Black Belt）由許多社區組成，因為限制性住宅契約而形成種族隔離，貧窮壓得居民抬不起頭，衍生出「低下階級」之類的詞彙。不過在貧窮匱乏之外，還有一群近似中產階級的黑人，讓社區能夠相互連結起來。蜜雪兒的母親瑪麗安・羅賓森（Marian Robinson）就是其中之一。

羅賓森回憶：「大部分的人都是在郵局之類的公家單位上班。我父親做室內裝潢。社區一位先生開雜貨店，但是必須自己下田收成。日子不好過，很多理由讓人們日子過不下去。許多人家租不起一整間公寓，只能分租。」

然而苦日子也形塑出一套價值觀，讓羅賓森傳給她的孩子。她說：「我們因此瞭解，儘管日子艱苦，該做的事還是要做。我們全家上教堂，我當過幼女童軍和女童軍，我們都要上鋼琴課。大人會帶我們去博物館、芝加哥美術館，一應俱全，我不知道他們是如何做到的。我的成長過程中還有奶奶和一位阿姨，阿姨會做我母親不願做或者不能做的事情。」

一九四八年，芝加哥的種族隔離居住政策「限制性契約條款」(restrictive covenants）被法院判決推翻，導致白人大舉離開。南區也受到傷害，但是與其他城市的受害地區不同，芝加哥的中產階級黑人並沒有跟隨白人遷到郊區。其結果就是，儘管南區淪為芝加哥的貧窮淵藪，它還是擁有一些穩定的勞工階級與中產階級社區。

例如蜜雪兒老家所在的南岸，就維持住基本的經濟組成結構。羅賓森回憶：「我們剛搬過去的時候，整個社區正在改變。當地的學校很不錯，那是人們移居的理由，我們也是因此才會搬家。我很喜歡南岸，能夠接受它的變化。有些人覺得學校太像白人的學校，有些人非常在意，認為學校應該聘請黑人藝術家。但我覺得最重要的是有學校可上，而且能夠學到必須要學的東西。」

另一方面，芝加哥有幾個被人忽略的特質，讓羅賓森與她丈夫獲益良多。南區幾乎可說是一個自給自足的黑人世界，充分反映整個芝加哥經濟與文化的複雜脈絡。有初入社交界的女孩在舞會上跳著方塊舞（cotillion），也有幫派分子與毒蟲。但最重要的是，南區有許多像佛雷塞．羅賓森（Fraser Robinson）的黑人男性，他們有工作，努力過日子。南區的多樣性與人口組成，讓羅賓森夫婦能夠保護兒女遠離街頭生活，也遠離直接且針對個人的種族主義。家庭生活也很重要，羅賓森一家人週末時愛玩桌上遊戲，蜜雪兒尤其喜歡「布萊迪一家人」（The Brady Bunch）。

蜜雪兒的哥哥克雷格．羅賓森（Craig Robinson）說：「我們的成長過程很幸運，有許多美好時光。我們家和其他人家一樣，充滿愛心也講究規矩，父母關心子女……這在當時一點也不稀奇。雖然不是每個人都能同時得到父母親照顧，但是情況比現在好得多，現在單親家庭到處都是。當時人們努力工作，在學校爭取好成績……你惹上麻煩會被人嘲笑。家裡總是有媽媽坐鎮。如果有人打破窗子，總會有人發現。這可以說是第二道防線。」

蜜雪兒如此受到保護的成長環境，可以解釋她在選戰中一些爭議性的言語和行為。例如她在普林斯頓大學的畢業論文〈普林斯頓大學教育出來的黑人與黑人社群〉（Princeton-Educated Blacks and the Black Community），就被某些人視為很有加維派（Garveyite）[11]戰鬥宣言的味道，主要證據似乎是她引述了斯托克利．卡麥克關於黑人分離主義的見解，以及她提到普林斯頓讓她「比以往更加覺察到自己的『黑人本質』」。

對於蜜雪兒話語的惡意解讀，其根據是對於種族隔離複雜性的誤解。事實上，對於許多成長經歷類似蜜雪兒的黑人而言，身處在一個運作正常、自給自足的美國黑人世界裡，種族認同的意識並不是那麼重要。你知道自己是黑人，但是與白人知道自己是白人的感覺大同小異。既然周遭都是和你一樣的人，你會把這種情形視為常規、標準，平平無奇。在客觀層面，你知道自己屬於少數族裔，但是唯有當你走到外面的世界、認清自己是如何與眾不同，你才能夠真正體會到自己是少數族裔。

我則是在生長種族隔離的西巴爾的摩，「黑人」對我而言是一種文化：伊特・珍（Etta James）[12]、跳掃帚[13]、電力滑步舞[14]。我瞭解種族主義的歷史、政治與嚴重傷害。但是一直等到我成為「唯一」、走進每個人都和我不一樣的房間，我才瞭解黑人特質是一種少數族裔特質。在許多方面，種族隔離對我形成保護。直到今日，我還從來沒有被白人罵作「黑鬼」。雖然我知道種族主義是我黑人自我認知的一部份，但我並沒有那種感覺，就像我並不覺得我

11 編注：馬科斯・加維（Marcus Garvey, 1887-1940），美國黑人民族主義的開創者之一，提倡泛非主義與黑人民族主義。

12 編注：伊特・珍（Etta James, 1938-2012），美國五〇、六〇年代著名藍調歌手，曾獲四座葛萊美獎。

13 編注：跳掃帚（jumping the broom）是美國黑人婚禮上的傳統習俗。

14 編注：電力滑步舞（Electric Slide）是一九七〇年代晚期開始流行於美國黑人社群的舞步，也成為美國黑人婚禮上最常見的一種舞蹈形式。

的美國人身分是由兩座大洋界定。然而在其他方面，種族隔離讓我在欠缺準備的情況下，發現自己的世界與外面的世界是兩回事。麗莎・蒙蒂（Liza Mundy）在《蜜雪兒傳》（*Michelle: A Biography*）中引述另一個芝加哥南區人，來說明這種困境：

> 如果你是在黑人社區長大，擁有溫暖的黑人家庭，你會覺察自己是黑人，但不會有特別的感受……一段時間之後，你會覺得自己擁有一個世界，非常舒適自在。一直到今天，還是有許多美國黑人一旦走出自己的世界，就會很不自在……美國社會絕對不會讓你忘記自己是黑人。

蜜雪兒在論文中嘗試探討，她是如何逐漸意識到種族是一個分歧的因子，她童年認知的世界與進入大學之後的世界迥然不同。從這個觀點來看，她在威斯康辛州的談話值得再做探討。一個黑人孩子如果雙親都在身邊、出身健全社區、不曾經歷種族主義，以美國為傲是順理成章的事。然而蜜雪兒談的是她成年之後的人生。一九六〇年代之後的種族隔離形同一道屏障，讓我們不會感受到自己與眾不同，但無法讓我們避開一些怪異、尷尬的經驗，像是白人會好奇地摸你的頭髮，你搞不清楚齊柏林飛船（Led Zeppelin）到底是個人還是團體。更核心的問題是，種族隔離無法讓我們避開威利・霍頓、希斯特・蘇亞與羅德尼・金恩（Rodney

King）[15]之類事件帶來的痛苦。

那天蜜雪兒站上密爾瓦基的講台，她其實是在渲染鄉愁。這並不是說她犯了什麼錯誤，她只是希望這世界能夠向她芝加哥南岸的老家看齊：人們好好過日子、生兒育女、努力工作、永遠不必擔心自己變成「另一種人」。

大部分黑人心中都有一個南區，一種家園的感覺，相信自己永遠不會離開。然而，為了在人世間競爭，我們必須前進。我們因此學習轉換語碼，開始以雙語溝通。我們把添柏嵐（Timberland）鞋子留到週末再穿，把貓笑話留在郵件收發室[16]。有些人完全放棄自我，變成一副面具；有些人矯枉過正，把每一次抗爭都搞得像蒙哥馬利公車抵制運動（Montgomery Bus Boycott）[17]。

---

15 編注：羅德尼・金恩（Rodney King, 1965-2012），加州黑人。一九九一年時因酒駕在高速公路超速而被洛杉磯警方攔阻臨檢。由於金恩拒捕，因而遭到四名警察以電擊槍與警棍壓制，過程被人拍下並透過電視台播放，引發軒然大波。隔年法院宣判四名警察無罪，引發洛杉磯暴動事件，最終法院判決其中兩名警察三十個月有期徒刑。

16 編注：此指美國社會對黑人普遍存在的刻板印象。在美國，添柏嵐（Timberland）特別受到黑人的歡迎。此外，美國社會也普遍認為黑人不喜歡貓、不養貓，故衍生了這類的笑話。郵件收發室則指的是黑人往往只能在企業中做最基層的工作。

17 編注：蒙哥馬利公車抵制運動（Montgomery Bus Boycott）發生在一九五五年的美國南部阿拉巴馬州的蒙哥馬利市，當時阿拉巴馬州的大眾交通工具仍因吉姆・克勞法而實施種族隔離，公車上區分白人座與黑人座。一九五五年十二月一日，羅莎・帕克斯（Rosa Parks, 1913-2005）在搭乘公車時，拒絕公車司機要她讓出黑人座給白人乘客的命令，並因此被逮捕。這件事成了蒙哥馬利公車抵制運動的導火線，數萬名黑人加入抵制活動，寧願步行也不願搭公車通勤。抵制活動持續了但是隨著黑人進入主流，我們越來越傾向走第三路：保持本來面目。轉換語碼的觀念意味著黑人缺乏作為美國人的正當性，而且不相信白人同儕能夠瞭解我們黑人。但是如果你對黑人認同感、南方人認同感、愛爾蘭裔認同感或義大利裔認同感一視同仁，看成美國這棵大樹的分枝而非另一棵樹幹，紮根在廣闊的經驗中，那麼你也將瞭解，黑人文化的林林總總與整個美國的特質密不可分。

流行文化已經為這種認知奠定了基礎。歐巴馬與年輕人、黑人、都會區民眾、嬉皮族（the hip）所建立的聯盟，最早是透過嘻哈音樂聚合的。傑斯（Jay-Z）與納斯（Nas）當大使可能會有問題，但也就是他們與他們的同儕，讓那些指稱歐巴馬與蜜雪兒做「恐怖分子擊拳」（terrorist fist jab）[18]的人成為舞台上的笑柄。種族隔離仍然真實存在，但是媒體的變化已經將黑人的慣用語彙融入整個美國的敘事。

二〇〇二年的時候，饒舌歌手冰塊酷巴（Ice Cube）製作並演出電影《哈拉大髮師》（*Barbershop*），票房意外大賣座，後來還拍了一部續集、一部外傳和一部短命的電視影集。《哈拉大髮師》的成功讓業界觀察家非常驚訝，因為故事情節完全是在一個黑人社區上演，而且也聚焦於所謂的「黑人議題」。其實，你可以在任何一個族裔的社區中，找到這部電影的角色。想想蜜雪兒敏銳的幽默感，她如何堅持要將丈夫視為凡人，還有這兩項特質如何在選戰中被嘲笑為缺乏第一夫人風範，而且讓她「憤怒女黑人」的扭曲形象更加深入人心。事實上，蜜雪兒如此形容自己的丈夫：「很有才華，但畢竟……是一個凡人」，這樣的話語，任何一齣電視情境喜劇裡的人妻都說得出來。

我在芝加哥看到蜜雪兒時，總覺得她像個白人，原因不在於她說話的抑揚頓挫、行為舉止或服裝，而在於她提出的激進主張：一個完全融入整個美國、拿下「杜波依斯面紗」的黑人社會。我的一位好友曾形容蜜雪兒「讓歐巴馬成為黑人」。但這種說法不夠透徹，她不但讓歐巴馬成為黑人，更讓歐巴馬成為美國人。

蜜雪兒的母親瑪麗安說：「我一直都是這樣講，蜜雪兒、歐巴馬和我兒子都沒有什麼不尋常。我所有的親戚、我所有的朋友以及他們的朋友，幾乎都有同樣的經歷，只不過他們並沒有家人正在競選總統。人們把蜜雪兒與歐巴馬看得非常特別，這讓我相當困擾，因為在黑人社區像他們這樣的例子太多了，他們和我們上一樣的學校，經歷過同樣的掙扎。」

我上一次見到蜜雪兒本人，是在丹佛市的「威斯汀塔博中心」（Westin Tabor Center）飯店，一個小房間裡面。當時我已經相信，她是道道地地的黑人。之前的幾個禮拜，我跟著她參加一場又一場活動，包括她到維吉尼亞州與軍人眷屬懇談、她與家人為軍人準備愛心包

超過一整年，直到聯邦最高法院在一九五六年判定大眾運輸工具種族隔離違憲。

18　編注：此指二〇〇八年，福斯新聞節目主持人希爾（E. D. Hill）指稱歐巴馬夫婦互相用拳頭輕碰的動作宛如恐怖分子彼此互相致意的「恐怖分子擊拳」（terrorist fist jab）。

裏、她對民主黨全國代表大會（Democratic National Convention）的西語裔黨團發表談話。然而我在這些活動中的觀察，都無法掩蓋我從芝加哥南區街頭的邂逅中，對她人格特質形成的印象。全美國沒有幾個地方像芝加哥南區這樣，黑人可以不帶一絲諷刺的意味說出「黑人的自傲」這樣的話。

那天，活動即將結束，她已經顯得疲累，我是最後一批訪問者。但她還是露出微笑，與我握手，拿起一個插著塑膠花的花瓶說：「我們為你準備了這個。什麼？你不相信這是我們特地為你買的？」我大笑，坐下來，開始問她的童年。

「我母親，或許還有其他幾個人，是少數能夠待在家中的母親，」蜜雪兒解釋，「我有許多朋友，雖然沒有人叫他們『鑰匙兒童』，但他們的爸媽都要工作……我們都就讀家裡附近的公立學校，我中午可以回家吃飯。學校有午休時間，而且校園對外開放……同學們會帶午餐來，坐在我家廚房地板上，和我媽說話。除了我媽之外，還有另一位媽媽也會這樣招待我們。」

就是這樣，像拼布一般，舊日的街坊鄰里、鄉愁與自豪，交織融入範圍更大的美國社會文化之中。蜜雪兒的回憶並沒有提到，芝加哥黑人的貧窮問題遠比其他族裔嚴重，但那的確不是她的世界，不是她的故事。從費德里克．道格拉斯（另一位黑白混血的黑人）的時代到今天，黑人領導者都以美國的社會良知自居。這種作法值得稱許（雖然有時帶有機會主義色彩），但是也不免將他們試圖要幫助的人邊緣化。典型的黑人政治論述利用出身卑微來迫使國家省視自我，牴觸美國做為「好人」的主導形象。最符合這種論述的是社會運動者、以譴責批判為職業者，而不是一般人。如果歐巴馬與蜜雪兒真的想要超越種族分歧，需要的不會是關於正義的論述，而是一個偉大、共同宗旨的神話。

總統大選勝選之夜，歐巴馬提到安・尼克森・庫柏（Ann Nixon Cooper），一位高齡一百零六歲、投票給他的黑人女性。但歐巴馬娓娓道來的她，除了誕生年代與奴隸制結束只隔一個世代、曾經見識過種族隔離，還經歷了女性爭取投票權運動、航空業與汽車業的興起、經濟大蕭條、塵暴中心事件（Dust Bowl）[19]與珍珠港事變。歐巴馬呈現的尼克森・庫柏並沒有杜波依斯所謂的雙重意識（doubly conscious）[20]，她只有一心一意。這是今日黑人美國正在走的第三條路。兩位來自芝加哥南區的黑人帶領我們上路，這也絕非偶然。如果你要找尋「後種族」(post-racial）美國的先驅者，如果這個形容詞不只是一個愚昧、缺乏內涵的花言巧語，你就看看蜜雪兒・歐巴馬這一類人物，他們對自己的身分認同很有把握。無論是黑人抑或白

19 編注：塵暴中心事件（Dust Bowl）是指美國在一九三〇年代發生的一系列沙塵暴侵擾事件。起因於北美大平原氣候乾旱、過度開墾與缺乏防止水土流失的措施，並使美國的農業和生態受到嚴重打擊。

20 編注：杜波依斯認為，美國黑人都具有所謂的雙重意識（double consciousness），也就是認知到自己同時具有美國人與黑人這兩個身分。

人，他們都不認為黑人特質是種族主義的未竟之業。

這些先驅者為美國黑人的生活提供了更深層的理解，更能夠體現我們生活經驗裡的中產階級尋常本質。在訪談尾聲，準第一夫人告訴我：「許多人從沒見過像蜜雪兒．歐巴馬這樣的人，但他們即將明白，美國各地有成千上萬的蜜雪兒與歐巴馬，只不過你不是住在他們隔壁，還沒有電視節目以他們為主角。」

現在有了。

CHAPTER

3

WE
WERE
EIGHT
YEARS
IN
POWER
AN
AMERICAN
TRAGEDY

我們忘了，還是有許多人
熱愛舊日的美國，
他們從分歧得到的不是哀嘆，
而是力量。

第三年回顧

我經常尋思，我為什麼會對這場悲劇後知後覺。重點並不是我應該要預測到美國人會選出川普當總統，而是我不應該對這場悲劇釋懷。政治情勢不斷變化，五光十色紛紛擾擾，要掌握這一切並非易事。我還記得歐巴馬如何讓我質疑自己，質疑自己與美國的基本關係。在這之前，我一直覺得自己被逼到牆角，美國黑人的境遇也是如此。難道我錯了嗎？看到郡農業博覽會（county fairs）的民眾熱烈歡迎蜜雪兒．歐巴馬，或者翻閱這個光鮮亮麗新執政團隊的迷人照片，我很容易就會認定自己錯了。看到連約翰．佩特森（John Patterson）都宣布支持歐巴馬，你很難不自我檢討一番，畢竟佩特森在一九五九年的阿拉巴馬州州長選戰中，是靠著「打壓黑人」擊敗較溫和的喬治．華萊士（George Wallace）[1]。看到那些當年與佩特森、華萊士攪和的人，如今似乎也相信時代已經改變，你很難不覺得你錯怪了自己的國家。學生非暴力協調委員會（SNCC）前任領導人巴布．摩西（Bob Moses）告訴一位記者：「我們似乎不斷演進，美國正嘗試接納自身最卓越的一部分。」而且這不只是象徵意義。歐巴馬的勝利不僅帶來一位黑人總統，也讓大部分黑人支持的民主黨成為國會的多數黨。許多傑出的知識分子預言，與白人的憎恨心態密不可分的「當代保守主義」已經日暮途窮，亞裔、西語裔與黑人的人口成長，將會讓共和黨一蹶不振。

以上是一種觀點，但還有另一種。我父親對我談到歐巴馬時說：「兒子啊，你要知道，要不是美國被搞得亂七八糟，人們也不會讓他當上總統。」當時美國經濟瀕臨崩潰，我們雙手沾滿了無數伊拉克人的鮮血，卡崔娜颶風更令美國社會蒙羞。從這個角度觀察，歐巴馬代表的後種族主義（post-racialism）新局面與美好感受，並非來自人們意識的提升，而是來自絕望。現在看來，情況更清楚了。各種慶祝活動、統計數字與報章雜誌紛紛宣稱，舊日的美國及其無數分歧已是過去式。然而我們忘了，還是有許多人熱愛舊日的美國，他們從分歧得到的不是哀嘆，而是力量。

1 編注：約翰．佩特森（John Patterson），一九五五年至一九五九年阿拉巴馬州檢察長。以強力打擊犯罪和堅決支持種族隔離制度而贏得三K黨的支持，在一九五九年的州長選舉中擊敗同樣保守傾向的喬治．華萊士（George Wallace, 1919-1998）。儘管華萊士在選前曾以相對溫和的種族政策立場獲得美國有色人種協進會的支持，但他在敗選後迅速改為支持隔離政策以拉攏白人選民，並在一九六三年當選阿拉巴馬州州長。

因此我們看到白宮草坪上放著西瓜的明信片[2]、把第一家庭畫成猿猴的漫畫[3]、「食物券總統」(food-stamp president)的說法[4]、指稱歐巴馬要推行反殖民與反伊斯蘭的政策。對於白人至上主義者，這些事物讓他們像戀物癖一樣物以類聚，讓他們集體奔赴一面古老的旗幟。如果我真的犯了某個錯誤，真的因為某個原因而未能預見悲劇的降臨，未能設想到悲劇的可能性，那應該就是我並沒有真正理解那面旗幟的可怕力量。

會有這樣的想法，也是因緣際會。歐巴馬的八年總統任期，正好涵蓋南北戰爭開始與結束的一百五十週年，那場戰爭也是美國歷來最重大的生存危機。一八六〇年的時候，北方合眾國政府相信戰爭很快就會結束，於是軍中繼續奉行白人至上主義。因此就連在北方，廢奴的理念也遭到譴責，黑人從軍無路。但是隨著戰火持續延燒，在堆積如山的死者之中奉行白人至上主義，就像在饑荒之中抓著珍珠不放。解放黑奴的理念終於得到接納，軍隊開始召募黑人，將他們送上前線。後來黑人也獲得參政權，進入中央與地方政府。然而到了一八七六年，戰鬥行動已經結束，軍隊不再需要黑人，於是美國又回到它白人至上主義的根源。密西西比州重建時期的州長阿德伯特・艾米斯（Adelbert Ames）寫道：

> 軍隊促成了一場革命之後，一個種族被剝奪了參政權……
>
> 黑人回到奴隸的狀態，二度奴役的年代……國家原本應該採取行動，但是它「厭倦了

每年秋天南方都要爆發動亂」……黑人政治生命的死亡，讓國家從「政治動亂」的疲憊解脫出來。各位可能會覺得我誇大其詞，但時間將會證明，我的說法完全正確。

因此，美國在二〇〇八年突然展現的跨種族精神，展現「自身最卓越的一部分」，其實了無新意可言。美國曾經做過同樣的事，之後突然間又退回自己最惡劣的一部分。想要掌握這種連結關係，看清歐巴馬的當選其實屬於一個人們熟知的循環，你就必須瞭解白人至上主義在美國的核心地位。我原本並不瞭解。我還記得孩提時代，有民族主義者聲稱美國是由奴隸建立，但他們的說法很少得到佐證，總讓我覺得是故作驚人之語，不必當真。我知道奴隸制度很惡劣，約略明白它曾經是美國不可或缺的一部分，相關爭議是南北戰爭的導火線之

2　編注：二〇〇九年歐巴馬執政時期，加州洛斯阿拉米托斯市的共和黨籍市長葛羅斯（Dean Grose）寄出一封電子郵件，當中的照片將白宮的草坪替換成西瓜田，宣稱「今年不會有復活節找彩蛋的活動了」，諷刺由黑人當政的美國將會揚棄傳統。在美國，「黑人喜歡吃西瓜」是一個流傳悠久的刻板印象，並被認為具有種族歧視的成分。這起爭議後來導致該名市長引咎辭職。

3　編注：二〇〇九年，一幅將蜜雪兒・歐巴馬合成猿猴的圖片在網路上廣傳，此照後來遭到Google撤除；但類似的照片仍層出不窮，二〇一一年加州一名共和黨黨工用電子郵件寄了一張圖片給朋友，圖中的歐巴馬變成一頭黑猩猩，還附上解說：「這樣你就知道他為什麼沒有出生證明了！」

4　編注：歐巴馬任內積極推行提供貧困人口食物券的社會福利政策，保守派領袖紐特・金瑞契（Newt Gingrich）因而在二〇一一年抨擊歐巴馬是「食物券總統」。在歐巴馬執政時間，領取食物券的人數來到新高的四千餘萬人。

一。但儘管是如此片段的認識，也違逆牴觸了流行文化中呈現的南北戰爭：一場暴戾的誤會、可怕的兄弟鬩牆。其實真正的南北戰爭是另一場漫長戰爭中轟轟烈烈的一章，早在第一個身上鎖著鐵鍊的非洲黑人踏上美洲海岸，漫長的戰爭就已展開。

一談到南北戰爭，從一般大眾的理解、通俗歷史與文化的詮釋、偉大電影的呈現到各種討論的潛台詞，都悍然不顧真實的理解。《飄》（*Gone with the Wind*）會成為美國文學最受歡迎的作品之一，《國家的誕生》（*The Birth of a Nation*）會成為美國電影眾望所歸的試金石，都不能視為錯誤。兩者都代表人們面對歷史真相時需要鎮靜劑與止痛藥，企圖逃避。短短五年之間，七十五萬美國軍人化為砲灰，超過美國在其他所有戰爭的陣亡數字總和，而且開戰理由是為了擴張「非洲奴隸」體制。南北戰爭的發動並非情非得已，而是躍躍欲試，主事者深信將人類當成財產是文明的基石，是上帝的意旨，因此將自己的子弟送進上帝的血盆大口，一個要求奴隸制度、摯愛白人的上帝。戰爭結束之後，這樣的上帝儘管落敗，但繼續高高在上，其信徒以私刑的活人獻祭與種族屠殺來榮耀祂。這樣的歷史打破了人們的迷思，因此被視而不見，而虛構也從此深入我們的藝術與政治脈絡之中，將惡行粉飾為壯烈犧牲，將掠奪扭曲為英勇義舉。這些虛構是如此強而有力，象徵它們的南方邦聯星條旗，直到今日仍飄揚在南方諸州，有如陰影般籠罩尋常人家的門廊與州議會大樓。

對於我們的國家迷思，歷史真相既是真實的存在，也會形成一種侵蝕作用。這場美國歷史上代價最慘重的戰爭，發動的目的完全違背了美國的立國宗旨。戰爭的源頭是幾個世紀以來的奴役，並且引發了一場更漫長、更全面的戰爭。想要瞭解這兩點，就必須改變「美國人是自由的燈塔」這一個廣為人知的觀念。人們要如何才能面對這樣的真相？並且從其中塑造出國家的認同感？

今日的美國人普遍認為，黑奴解放與民權運動具有救贖的意義，是一種艱難而且至今尚未完成的過程，試圖化解一種無意間形成的偽善：美國的創建者一方面蓄奴，一方面宣揚自由的福音。這個通行的理論是美國人論述的顯學，從左派到右派都是如此。它蘊含了最終解決的可能性，看似順理成章：想法正確的人們可以全心投入先人未竟之業，確保每一個美國人都享有自由，那麼或許就可以逃脫歷史幽靈的糾纏。這個通行的理論指出美國的歷史是進步的，美國的自立自強勢不可擋、而且必須如此，於是才有歐巴馬的崛起。對我而言，歐巴馬的崛起也是一個機緣，讓我看出這個理論的虛妄。

一開始，我的想法零零星星出現，沒有刻意思考，幾乎是盲目摸索。我開在《大西洋月刊》的部落格是我的工具，我的編輯不會對篇幅、風格或主題設限。因此我一開始就寫自己喜歡的主題，像是聲名狼藉先生（Biggie Smalls）、吉姆・舒特（Jim Shooter）、羅伯特・海登（Robert Hayden）與多克托羅（E. L. Doctorow），還有我想理解的各種事物。但是對於理解的渴望，讓我不甘於只當一個粉絲或者傳教士。這個部落格給人一種開放感，但是又不會開放過頭。我會主持網友的討論過程，禁止某些人發言，因為這是必要的。我期望能讓我增廣見聞的留言者多多益善，但是缺乏管理的發言空間最終都會充斥粗俗可鄙的酸言酸語，這種情況必須避免。我除了談拉其姆（Rakim）與《蜘蛛人》（*Spider-Man*），還會寫下我如何苦讀《利維坦》（*Leviathan*），或者如何重新思考霍華德．津恩（Howard Zinn），然後留言者會作出回應。我們相互討論，有時爭辯，我從其中學習。研究所的學生會以無名氏現身，提供問題脈絡、反對意見與說明澄清。我的部落格轉變成研討會，許多已過世與還在世的學者，例如貝瑞兒．塞特（Beryl Satter）、蕾貝卡．史考特（Rebecca Scott）、普利摩．李維（Primo Levi）、約翰．洛克（John Locke）便成為我的虛擬教授。後來整個過程變得自動自發，留言者會推薦其他書籍，我會一一讀過，然後再度展開討論。偉大的以實瑪利．瑞德（Ishmael Reed）說過，寫作就是戰鬥，我也心有戚戚焉。我的部落格也像體育館，留言者有如我的教練。他們推薦的書就像影片，為我提供新的角度、新的組合與新的可能性。這樣的模式並不完美，我覺得我的態度可以更和善一點，有時我會認為一些批評雖然言之有理，但是用心不良。但是現在部落格已經關閉，舊日的社群關門大吉，我覺得自己經常陷入一種危險，包括執筆寫作本文的當下：我讓自己攻擊的力道、出手的速度變弱了。

當初沉浸在閱讀與網路研討會的時候，我逐漸明白「美國的進步是上帝的意旨，奴隸制度的罪惡與民主的理想一定能夠達成和解」這樣的通行理論是一個迷思。想要確認自己是在什麼樣的時刻覺醒，就像要說出是在什麼樣的時刻墜入情網。但是如果一定要說，我會說那個時刻就是我讀到歷史學家艾德蒙・摩根（Edmund Morgan）黑暗史觀的《美國奴役・美國自由》（*American Slavery, American Freedom*）。摩根指出，奴隸制度當然違背美國立國的民主宗旨，但事實上是先有奴隸制度，美國民主體制才得以存在。奴隸制度為南方大部分地區帶來一個完全不受保護的勞動階級，他們可以一代又一代被驅策、被毆打、被買賣。從黑奴勞動榨取的利益、對於一般勞動問題申訴的壓制、從美洲原住民竊取大片土地並投入黑奴勞動力的能力，為白人的民主平等奠立了基礎。白人將膚色與頭髮質地視為分別彼此的特徵。摩根呈現了這個過程如何透過法律進行：來自歐洲的貧窮、受壓迫民眾一步一步拿到各種權利，在此同時，受奴役的非洲黑人及其後裔則一步一步被剝奪各種權利。

不只摩根，詹姆斯・麥克弗森（James McPherson）、芭芭拉・菲爾茲（Barbara Fields）、大衛・布萊特（David Blight）也都如此認為。這些學者帶領我探尋奴隸制度的歷史及其翻天覆地的崩解。我沉迷於其中，讓其他人難以忍受。家裡總是大聲播放談論南北戰爭的播客（podcasts），我會拖著肯雅塔與薩摩里前往蓋茨堡（Gettysburg）、彼得斯堡（Petersburg）、莽原（the Wilderness）等古戰場遺址，一路上播放有聲書。我特別前往田納西州（Tennessee），到過夏洛（Shiloh），到過唐納森堡（Fort Donelson），到過第十號島嶼（Island Number 10），每一站都讓我深受感動。戰事艱苦、傷兵截肢、人們活活燒死、勇氣表現與紳士風範……這些故事從古戰場的土地中冒出來，將我圍繞。但是這種神聖崇高的感覺有一個同伴：那些在古戰場傳誦的故事，那些由遊客（大部分是白人）詮釋的故事，其實並不完整，而且不是因為輕忽欠慮，而是非如此不可。南北戰爭的戰術一直被人們討論，但是除了少數例外，運用這些戰術的根本原因則無人談論。

然而當時我已知道原因，歷史著作說出了旅遊業不能說的祕密。南北戰爭發動之初，四百萬黑奴代表了難以想像的財政利益，相當於今日的七百五十億美元，他們經手的棉花佔美國出口總值六〇%。一八六〇年的時候，美國百萬富豪最集中的地區就是大型莊園林立的密西西比河谷（Mississippi River Valley）。

白人對奴隸制度的倚賴，從經濟領域擴張到社會層面。許多人也認為，要確保白人的權利就必須打壓黑人。曾經擔任密西西比州聯邦參議員、後來成為南方邦聯總統的傑佛遜·戴維斯（Jefferson Davis）寫道：「白人之所以人人平等，是以存在一個較低等的種姓階級為基礎。如果白人也會淪入這個由奴隸種族組成的階層，白人的平等性就無法存在。」戰前的喬治亞州州長約瑟夫·布朗（Joseph E. Brown）也有同樣的論調：

> 我們對貧窮的白人勞工一視同仁，以仁慈、體諒、尊重對待他的家人。他不屬於奴僕的階層，黑人絕對不能與他平起平坐，他感受到也認知到，自己屬於唯一真正的貴族階

> 層：白種人。他不必為主人擦亮靴子，雙膝只向上帝屈跪。他的勞動工資比世界各地的勞工都來得高，他養育兒女時會讓他們知道，他們絕對不是低人一等。只要他們循規蹈矩，這個社會的領導階層將會尊重他們、對他們一視同仁。

奴役除了奠定了白人經濟繁榮的基礎，也是白人社會平等的基礎，因此也成為美國民主的基礎。然而當時是一百五十年前，蓄奴的南方終於吞下敗仗。費德里克．道格拉斯的美國勝利、傑佛遜．戴維斯的南方邦聯挫敗，難道不是如此嗎？我們是一個在金恩博士夢想中上升的新國家，難道不是嗎？我從來不是那麼確定。但是我曾經對歐巴馬的潛力做出誤判，因此似乎也可以斷言，我犯錯的機會還蠻大的。

開始探索南北戰爭的那一年夏天，我讀完了《美國奴役．美國自由》一書。也就在那年夏天，哈佛大學教授亨利．路易．蓋茨（Henry Louis Gates）遭到逮捕。事發當天蓋茨剛結束一段長途旅程，回到家門口時發現門鎖打不開，試圖強行進入。有人看到這一幕，打電話報警。警察趕到，雙方交談，蓋茨被警員詹姆士．克羅利（James Crowley）逮捕，後來被以妨礙社會秩序的罪名起訴。這件事掀起一場不大不小的風波，歐巴馬總統也有評論，他表示任何人如果像蓋茨一樣在自家門口被逮捕，都會「非常生氣」，他也批評「劍橋（Cambridge）警方的作法實在愚蠢」，並且引述「一長串歷史案例」顯示「美國黑人與西語裔特別容易被執法單位攔檢」。我不知道當時為什麼我會以為，歐巴馬的談話會得到各方好評。一位來自美國最卓越學府、備受學界尊重的教授，受到雖然沒有濺血、但是明顯違反正義的待遇，然後一位新上任的總統為了替他辯護而發表溫和的批評。我不知道當時為什麼我會以為，美國社會對這樣的批評就算不能完全認同，至少會因此反躬自省。

結果並不是反省。歐巴馬因為批評警察而遭到譴責，各方怒火中燒，一度看似可能會打亂他的政策施行。歐巴馬急急忙忙打起退堂鼓，向警官克羅利道歉，邀請他與蓋茨到白宮喝啤酒。這種作法荒謬絕倫，蔚為奇觀，但是符合美國社會通行的理論，迎合救贖的精神，將人們被武裝警察拘捕的恐怖感與帶有那種恐怖感的所有歷史，化約為能夠用一杯啤酒解決的事情。

現在，關於南北戰爭的謊言和關於後種族主義年代的謊言，已經開始相互呼應唱和。我能夠看到醜惡可怕、陰魂不散的歷史從墳墓中伸出手來。美國史如果是一部傳記，對於黑人的桎梏會是其中的重要情節，不分奴隸與自由民。我現在還無法建立實質的連結，但是未來一定能夠做到。我的感受是，美國一直設法逃避這張歷史的帳單，逃避一場可怕的清算。我還沒有完全理解這張帳單的內容或者分量，也還沒有設想那個難以想像的情況：為了撥亂反正，必須採取的激進行動。

為什麼黑人對南北戰爭興趣缺缺？

七年級的時候，學校安排我們搭巴士從巴爾的摩前往賓州蓋茨堡，美國悲劇的神聖中心。當時是一九八〇年代中期，面對快克（crack，古柯鹼的一種）、週末夜特製手槍（Saturday night specials）[5]、未成年少女懷孕等問題一波波襲擊，美國各大都市貧民區的教育人員呼籲各方伸出援手，甚至需要已逝者的幫助。

當時有一些怪異的觀念甚囂塵上，黑人公開討論謀殺率直線上升、愛滋病毒泛濫的陰謀論。孩童因為喬丹鞋（Air Jordans）而遇害的事件接連發生，有心人很快就得出結論：這是一些邪惡術士的勾當，他們企圖扼殺黑人所有的希望。黑暗力量的詭計會讓我們失去記憶，使我們看不到自身過去的偉大，因此也與未來的榮耀無緣。人們認為，像是娓娓道來黑人的

5　編注：美國俚語，形容廉價粗製之小手槍，具有濃厚的犯罪意象，引申為「黑人在週末拿來互相殺害的小手槍」。

豐功偉業，凸顯黑人「歷史創舉」的真實的歷史，或許可以鼓舞那些生平無大志的黑人青年。

這樣的嘗試勇氣可嘉，動員從藝術到科學的每一個領域，例如藝術家菲麗絲・惠特蕾（Phillis Wheatley）與科學家查爾斯・德魯（Charles Drew）。自一九七六年把二月訂為「黑人歷史月」（Black History Month）之後，每年都會舉辦問答比賽，參賽者答對嘉瑞特・摩根（Garrett A. Morgan）[6]有哪些發明、索傑納・特魯思（Sojourner Truth）[7]說過哪些話、丹尼爾・海爾・威廉斯（Daniel Hale Williams）[8]的雙手有多神奇之類的問題，就可以得到獎勵。我上中學的時候，幾個班級會組成一個團隊，以我們這個長期受苦但成就輝煌的種族某位英雄（或者英雌〔shero〕，當時的術語）為隊名，例如我隸屬的馬歇爾隊（Marshall team）是取名自瑟古德・馬歇爾（Thurgood Marshall）。我們就連遠足也要講究意義，首選地點就是巴爾的摩的國家黑人偉人蠟像館（National Great Blacks in Wax Museum），欣賞杜莎夫人（Marie Tussaud）的門徒如何讓黑人先賢先烈栩栩如生。

由於對黑人歷史懷抱著視若圖騰的崇敬，我的蓋茨堡之旅照理說應該會像一道燈塔光束，犀利穿越記憶的海洋；畢竟那場企圖保障與擴張奴隸體制但未能得逞的戰爭，終極決戰就發生在蓋茨堡。黑人歷史曾經被視為具體實在、被視為黑人社群問題的解方，然而當我回顧那個年代、當我回想第一次造訪正宗美國聖地的經歷，一切都在雲裡霧裡。

我記得那天坐上一部遊覽車，車身很漂亮，不是那種討厭的乳酪黃。我記得在哈帝漢堡

（Hardee's）吃午餐，很開心暫時逃過我那素食老爸準備的皇帝豆與豆腐。我記得大砲與各種槍械的展示。但是談到我平常耳濡目染的歷史，卻沒有任何連結可言。事實上，每當我回想起人們如何千方百計為我的同學們灌輸先人遺業與歷史，蓋茨堡就會化為一個大洞，陷入南北戰爭的深谷。

我們當然知道費德里克・道格拉斯與哈莉特・塔布曼是何許人也，但一般而言，我們認為南北戰爭雖然是一場可怕的悲劇，卻有一個神奇的效應：讓黑人得到自由。傳承南北戰爭歷史的人不是我們，而是那些興高采烈穿上舊時代服裝、使用舊時代技術的白人。在那個時代，黑人仍是白人的財產。

我們的疏離異化既不是起因於獨立自主，也不是在無意中誤打誤撞，而是美國的立國宗旨。關於南北戰爭並非為黑人而戰的信念，緣起於美國長期尋求一種論述，設法讓白人彼此和解，迴避今日專業歷史學家普遍認定的事實：一群美國人企圖建立一個國家，其唯一的基

6　編注：嘉瑞特・摩根（Garrett A. Morgan, 1877-1963），美國黑人發明家與資本家。防毒面具的發明者，並替既有的交通號誌加入了黃燈的設計。

7　編注：索傑納・特魯思（Sojourner Truth, 1797-1883），美國黑人女權運動者，出身奴隸家庭，支持林肯的廢奴政策。其最著名的〈那麼我就不是女人嗎？〉（Ain't I a Woman?）演說在女權運動史上具有重要地位。

8　編注：丹尼爾・海爾・威廉斯（Daniel Hale Williams, 1856-1931），美國黑人外科醫生，也是歷史上首位完成心包膜外科手術的醫生。

礎就是將黑人作為財產，而包括許多黑人在內的另一群美國人則阻止了他們。在一般民眾的認知之中，顯而易見的真相被刻意忽視，取而代之的是一個較能安慰人心的故事：悲劇、失敗的妥協、個人的英勇行為。對於這類堂而皇之的論述、對於美國歷史的許多環節，黑人的真實狀況是一種困擾。

一八六五年四月，美國面對一個令人困窘迷惑的現實：二%的人口遭到毀滅，只因為有一部分公民不惜一切代價，要捍衛並擴展將其他人當成財產的權利。血流成河的場景駭人聽聞。開戰之初，南卡羅來納州聯邦參議員詹姆斯．契斯納特二世（James Chesnut Jr.）相信傷亡人數不會太多，聲稱他可以喝掉戰事中流下的每一滴血。五年之後，六十二萬美國人死亡。為了尤里西斯．格蘭特（Ulysses S. Grant）形容的「歷史上最惡劣、最無可辯解的開戰理由」造成如此慘重的死傷，在歷史上招致各方譴責。人們打敗仗之後還可以保留一些榮譽感，但是意識型態的挫敗就沒有那麼容易，尤其在一個以自由為立國宗旨的國家捍衛奴隸體制，挫敗更是理所當然。

在挫敗的南方邦聯，歷史記述者察覺這種歷史書寫的挑戰，戰後立刻開始工作，從文獻上消滅犯罪證據，也就是消滅黑人的相關記載。詹姆斯．麥克弗森在歷史論文集《大鞭撻》（*This Mighty Scourge*）之中提到，南方邦聯總統傑佛遜．戴維斯在開戰之前為退出合眾國辯解時，曾經以林肯（Abraham Lincoln）總統的激進政策為藉口。戴維斯聲稱林肯限制蓄奴的計畫將會導致「奴隸財產嚴重缺乏保障，價值一落千丈……數以億萬計的財富將化為烏有。」戴維斯的副手亞歷山大·史蒂芬斯（Alexander Stephens）則是否定人人生而平等的觀念，聲稱南方邦聯是：

> 奠基在一個相反的理念上……一個偉大的真理：黑人與白人並不平等。對黑人而言，充當奴隸、臣服於一個優越的種族，都是他自然、正常的狀態。

史蒂芬斯形容這樣的意識型態「從實體、理念與道德來看，都是偉大的真理」。然而戰爭結束之後，戴維斯與史蒂芬斯都改變了論調。戴維斯指稱「非洲裔奴隸體制的存在只是一樁事件」，並非開戰原因。史蒂芬斯則稱：

> 所謂的奴隸體制只是一個問題，讓那些水火不容的原則……一邊是聯邦體制，一邊是中央集權……終於彼此衝撞。

戴維斯後來寫道：

勞工與資方原本融洽相處，毫無芥蒂。但是後來誘惑者出現，有如伊甸園裡的蛇，以「自由」這個神奇字眼引誘他們……誘惑者把武器交到他們手中，訓練本性謙卑但容易激動的他們採取暴力、流血的行為，指使他們去攻擊自己的恩人。

在這些粉飾修正的歷史中，埋藏著高高在上的「敗局命定論」。這個說法深信南方其實並沒有失敗，只是在軍力上眾寡不敵；深信李將軍（General Robert E. Lee）則是當代的亞瑟王；也深信奴隸體制儘管是一個對南方有利的體制，但並不是南方的立國宗旨。「敗局命定論」不僅是歷史謊言，而且在北方看來是一個誘人的妥協。北方已經保全了合眾國，保障白人勞工不必與黑人奴工競爭，因此北方可以寬大為懷，容許南方這種膚淺粉飾，以及相伴而生對美國黑人的輕蔑。「敗局命定論」也適用於北方，讓它不必回答尷尬的問題，例如北方從南方棉花業得到的利益，以及從《逃亡黑奴法》（*Fugitive Slave Act*）上溯到美國憲法本身，北方長期採取的姑息與妥協策略。

這一套晚近出現、順理成章的歷史觀，在一九一三年蓋茨堡戰役五十週年紀念日的時候展露無遺。典禮中的演講者刻意避談南北戰爭起因，希望能夠營造歷史學家大衛・布萊特所謂的「無關政治的紀念」（a mourning without politics）。威爾遜（Woodrow Wilson）總統致辭時沒有提到奴隸體制，強調這場戰爭的意義在於「當年彼此對抗的人們，如今緊密攜手、相視而笑，展現出動人的勇氣與男子漢大丈夫的奉獻」。威爾遜出生於南方邦聯時期，也是戰後第一位來自南方的總統。就在他發表蓋茨堡戰役五十週年演說的時候，他也將黑人逐出聯邦政府體系，再次禁止黑人使用白人專用的洗手間。可以這麼說，威爾遜只是老戲重演：一方面要求美國白人與自身的歷史保持距離，一方面繼續發揚這段歷史最黑暗時期的精神。威爾遜的想法並不只是某種宣傳，而是受到多位美國最負盛名歷史學家啟發的觀念。詹姆斯．麥克弗森指出，美國歷史學界的巨擘如查爾斯．比爾德（Charles Beard）、艾佛瑞．柯瑞文（Avery Craven）、詹姆斯．藍道（James G. Randall）都盡可能忽略奴隸體制在南北戰爭扮演的角色。有的人歸咎於雙方無法妥協的經濟差異，南方是浪漫田園風瀰漫，北方是資本主義製造業當家；也有人指稱激進廢奴主義者的辛辣言論，才是戰爭的導火線。

這套順理成章的歷史論述，先在公眾記憶與歷史學界落地生根，之後更在大眾媒體發揮最大的影響力。《國家的誕生》、《亂世佳人》（*Gone with the Wind*）之類的電影顯示，美國主流社會比較有興趣的是南方邦聯據稱遭受的罪行傷害，而不是南方黑奴千真萬確遭受的罪行傷害。這樣的偏差延續至今，二〇一〇年勞勃瑞福（Robert Redford）執導的《共犯》（*The Conspirator*），凸顯瑪莉．蘇拉特（Mary Surratt）遭受的政治迫害，渾然不顧更多生活受到迫害的人們。AMC電視台新近播映的影集《地獄之輪》（*Hell on Wheels*），主題意象是一位南方邦聯的無辜婦人遭到北方劫掠者姦殺，彷彿暗示皮洛堡（Fort Pillow）大屠殺[9]從未發生。

連主流體系對南北戰爭最卓越的詮釋，也無法擺脫這套順理成章的歷史論述。肯・伯恩斯（Ken Burns）史詩規格的記錄片《南北戰爭》（*The Civil War*）錯誤地宣稱李將軍本人反對奴隸體制。的確，李將軍曾在一封信中表明，奴隸體制是一種「道德與政治邪惡」，但是他在同一封信中也強調，人們沒有必要抗爭奴隸體制，它的式微消亡應該交給「睿智而慈悲的天意」。在此同時，以林肯的話來說，李將軍仍然樂此不疲地「從其他人的血汗中榨取麵包」。

伯恩斯這部記錄片請來的旁白者薛爾比・傅特（Shelby Foote）也大有問題，他曾經盛讚奴隸販子、三K黨成員納珊・貝德福・佛瑞斯特（Nathan Bedford Forrest）中將是「歷史扉頁上出現過最迷人的人物之一」，並且將南北戰爭呈現為一場巨大、悲劇性的誤會。傅特說：「開戰的原因在於，儘管我們極為擅長妥協，但卻沒有做到。」但他絕口不提《密蘇里妥協》（*Missouri Compromise*）、《逃亡黑奴法》與《堪薩斯—內布拉斯加法》（*Kansas-Nebraska Act*），同時也無視於一個事實：任何更多的妥協都意味著要黑人繼續充當奴隸。

長久以來，黑人社群、我的社群一直非常清楚：南北戰爭是白人的故事，戰爭是白人打的，遵循白人的規則，黑人只能扮演定型角色（stock character）、充當道具。我們受邀聆聽南北戰爭的論述，但是從來都無法真正參與。原因在於，當我們以奴隸的口吻發言、表明我們肯定南北戰爭正如大部分美國人支持獨立革命，我們會撕裂這些南北戰爭的論述。因此當我們收到這種限制重重的邀請，我們會像大多數理智的人們一樣，只能敬謝不敏。

我研究美國黑人歷史的時候，南北戰爭永遠只是餘興節目。相對於布克·華盛頓、艾達·威爾斯、金恩博士的故事來說，南北戰爭是中央舞台之外傳來的幽微迴響，是籠罩邊緣的暗影。但是三年前，當我開始拜讀詹姆斯·麥克弗森的《自由的吶喊》（*Battle Cry of Freedom*），我發現的不是暗影，而是一場讓現代西方理念成熟的大霹靂。我們關於民主、平等、個人自由的崇高理念，美國開國先賢曾經一一闡明，但是這些觀念之所以神聖崇高，卻是靠著數千名逃往北方陣營的黑奴，其中一些人後來回到家鄉，有些是護士，有些是軍人。戰後南方第一代黑人政治領導人，主要都來自這個階層。

當時的我，著迷於戰爭在實現民主過程中扮演的核心角色；如今的我，則已成為南北戰爭的萬事通，而且是很特別的那種：仔細閱讀一場又一場戰役的歷史，巡禮兩方官兵廝殺的戰場，漫遊他們生長的小鎮。許多人離開後再也沒有回來。

這趟旅程從田納西州的巴黎（Paris）到維吉尼亞州的彼得斯堡，再從唐納森堡到莽原，是我畢生意義最豐富的旅程之一。儘管每到一個地方，我總覺得自己像是穿上別人的衣服，

9 編注：發生於一八六四年四月，美國南北戰爭期間的田納西州。南方邦聯軍進攻北軍駐守的皮洛堡，並殺害戰敗的北軍黑人戰俘。

渾身不自在。這些留下戰爭歷程的地方，幾乎都迴響著一股深沉的悲劇感。來到彼得斯堡，遊客中心放映著電影，哀嘆這座城市的陷落，以及里奇蒙（Richmond）如何步上它的後塵。來到莽原，公園巡查員（park ranger）詳細說明官兵死傷是如何慘烈。著名的南北戰爭史家布魯斯・卡頓（Bruce Catton）一語道盡這種悲劇感，他形容南北戰爭是「一場吞噬一切的悲劇，其代價之高昂，要幾個世代之後，人們才有辦法開始談論，這場戰爭是否值得」。

這些「人們」都是白人。

對於美國黑人，戰爭的起點不在一八六一年，而在一六六一年。那一年維吉尼亞殖民地（Virginia Colony）通過美洲第一批黑人法典（black codes），明文表述建立一個奴役社會，讓黑人淪為永遠不能翻身的奴隸，白人則集體晉升為貴族。這些法典同時也是對黑人的戰爭宣言。

接下來的兩個世紀，絕大多數美國黑人都被剝削勞力，忍受日復一日、隨時降臨的暴力。他們的主人以鞭笞、性侵他們為樂，他們的家庭在暴力中朝不保夕。僅只是南北戰爭爆發之前的四十年間，就有超過兩百萬美國黑奴被買賣轉手。除了強迫勞動、性侵、凌虐之外，奴隸體制還是一種無所不在的威脅，使你一部分或者全部的家人，註定要被世界遺忘。從任何一個方面來看，奴隸體制都是一場摧殘黑人家庭的戰爭。

美國黑人知道自己陷入戰爭，也做出相應的舉動：逃亡、激烈反抗、逃往英國、殺掉奴隸追捕者，以及一些沒有那麼壯烈、但是影響更為顯著的作法：拒絕工作、破壞工具、以自己的詮釋來扭轉基督教的上帝形象、偷偷拿回自己的勞動成果。此外，黑人也在自家世界的祕密角落，進行法律不容許的閱讀學習。南方白人也知道這是一場戰爭，於是將戰前的南方變成一個警察國家。一八六〇年的時候，南卡羅來納州與密西西比州的大部分民眾，以及其他南方地區的少部分民眾，出遠門都必須帶著通行證，而且經常受到奴隸巡捕的騷擾搜查。

因此不難想見，當你進入那個年代黑人的腦海，南北戰爭會以不同的方式展現。廢奴主義者瑪麗・利佛摩（Mary Livermore）在內戰回憶錄中，描述她在戰前與一名家事奴隸艾姬阿姨（Aunt Aggy）的生活經驗。有一回艾姬阿姨私下警告利佛摩，說她能夠聽到「戰車的隆隆聲」，而且有朝一日「白人將血流成河」。

戰爭爆發之後，利佛摩再度見到艾姬阿姨，後者對自己的預言記憶猶新，而且認為這場戰爭不是悲劇，而是天理昭彰。艾姬阿姨告訴利佛摩：

我一直知道，戰爭即將來臨。

我一直聽到車輪隆隆作響，我一直期待看到白人屍體堆積如山。感謝上帝，祂信守諾言，為祂的子民復仇，我知道祂會這麼做。

對黑人而言，不僅戰爭的概念有其意義，具體發生的暴力事件、黑人作為殺戮者與被殺戮者的行動，都非常重要。美軍有色人種部隊第三十三團（33rd United States Colored Troops）下士湯瑪斯・隆格（Thomas Long）告訴他的黑人同袍：

如果我們沒有從軍，一切都可能恢復舊日原狀……但是現在要走回頭路已經絕無可能，因為我們展現了精力、勇氣和與生俱來的男子氣概。

費德里克・道格拉斯回想南北戰爭爆發的前夕，寫道：

我承認我對北方與南方可能開戰，懷有一種滿足感。我被排除在「美國人」之外，我無法獲取公民身分，我不能稱呼自己的出生地為祖國，美國聯邦最高法院判決白人不須尊重我的任何權利，我渴望解除同胞受到的束縛桎梏；因此我已做好準備，面對任何足以改變現狀的政治動亂。

道格拉斯進一步認定，南北戰爭是一項超越美國獨立革命的成就：

當我們有三百萬人，美國獨立是一樁偉大的成就；但是當我們有三千萬人，挽救國家免於裂解崩毀，那成就更加偉大。

來到二十世紀，各種平權抗爭的發生，以及民主脫穎而出成為西方思想的理想，在在證明了道格拉斯是正確的。南北戰爭是現代西方第一場偉大的民主保衛戰，從婦女投票權到今日橫掃中東的革命，都受到它的影響。同樣是在南北戰爭之中，啟蒙運動振奮人心的原則理念，首度得到徹底的聲張，而且是透過可歌可泣的方式。

在我們這個時代，要表達被奴役者的觀點，指出南北戰爭其實是一場更漫長戰爭中的重要階段，一場解除束縛桎梏、捍衛民主政府的戰役，會破壞原本順理成章的歷史論述。這樣的觀點提醒我們，有幾位我們的建國先賢明白拒斥自己曾經誓言擁護的共和國，夢想要建立另一個國家。在這個國家中，奴隸體制不再是缺陷，而是其立國的基礎。這樣的觀點會指出，時至今日，奴隸帝國的圖騰（尤其是它的旗幟），在那些自我標榜的愛國者、水平低劣的「自由」擁護者的家中以及公共空間之中，仍然享有尊榮的地位。這樣的觀點會讓我們理解，生活在一個永遠不為奴隸體制道歉、但是不斷要為內戰道歉的國家，是什麼樣的況味。

這一年的八月，我重遊蓋茨堡。戰場之旅總是讓我惴惴不安，一次又一次，我攜家帶眷前往，但是到了目的地之後又會後悔。身為黑人，這些地方最容易讓我感到格格不入，因為它們多多少少都想對我視若無睹。然而，在我造訪過的南北戰爭戰場之中，蓋茨堡是最坦誠、最具前瞻性的一個。遊客中心放映的影片會在最開頭就介紹奴隸體制，將它呈現為整個南北戰爭的核心要素。近年來，蓋茨堡國家公園管理處也努力呈現蓋茨堡一個少為人知的歷史要素：自由黑人（free blacks）的社群。

南方邦聯軍隊進入賓州之後，經常綁架黑人並賣到南方。李將軍的部隊抵達蓋茨堡之後，當地的自由黑人不是躲藏就是逃亡。一八六三年七月三日清晨，南方將領喬治．皮克特（George Pickett）的部隊準備進行那場後來名留青史的衝鋒。北方合眾國軍隊就在附近集結，一位自由黑人農民亞伯拉罕．布萊恩（Abraham Brien）也住在當地，他把一幢房子租給梅格．帕爾默（Mag Palmer）和她的家人。戰事爆發前的那個晚上，帕爾默在回家的路上被兩個奴隸追捕者抓住（《逃亡黑奴法》通過之後，奴隸追捕者橫行北方，抓人時往往不分自由黑人與逃亡黑奴）。追捕者綁縛帕爾默的雙手，但是她在一位路人的幫助之下掙脫他們的控制，還咬斷一名追捕者的大拇指。

美國文學家威廉．福克納（William Faulkner）對於「皮克特衝鋒」（Pickett's Charge）有一段著名的描述：

> 對於每一個十四歲的南方男孩，只要他想要這麼做，他都可以體驗到那個時刻，

一八六三年七月那天下午兩點還沒有到來……千鈞一髮之際，事情還沒發生，甚至還沒開始……那個時刻甚至不需要一個十四歲的男孩去設想「這一刻」。

這些「南方男孩」與卡頓的「人們」一樣，全部都是白人。但是我，此刻站在布萊恩的家園，想像帕爾默曾在這個地方生活、看著皮克特的部隊衝鋒陷陣寫下歷史，瘋狂追求他們詭異的天賦權利：有權利趁著黑夜，毆打並桎梏一名女性。這才是所謂的「千鈞一髮」，一個緬懷過往的時刻，卻有著醜惡、難以形容的核心。

有些美國人仍然景仰當年對桑特堡（Fort Sumter）開火、引發大戰的軍人，或者認定他們是自己的祖先。對於這些美國人來說，南北戰爭的真實故事其實是一場罪有應得的失敗，作戰目的在今日遭到譴責撻伐。對於看似理直氣壯的北方，真實故事揭露了他們如何姑息討好奴隸主，懦弱且一廂情願地出賣黑人，而且在國家重建的年代不願貫徹當初開戰的理念。

對於現實主義者，南北戰爭的真實故事說明了一件事：與強大且難以遏制的邪惡達成看似明智的妥協，其實是問題重重。對激進主義者而言，戰後興起的白人恐怖主義（white terrorism）提供了教訓，讓人們知道革命性的變化需要付出什麼代價。有些美國白人很容易滿足於民權運動的非暴力特質並深深著迷，但他們必須認清一項令人不安的事實：美國黑人之所以能夠獲得自由，根本原因在於白人遭到殺戮。

對於黑人，我們有責任要「擁有」南北戰爭，讓它成為「我們的戰爭」。我到過那麼多古戰場，卻幾乎見不到黑人遊客，這點令人驚心。南北戰爭不但是整個現代美國的起源，更是黑人美國的起源。當我們面對這樣的事實，光是要求國家公園管理處與歷史的監護人擴大包容並不足夠，我們必須讓自身成為歷史的監護人。

「敗局命定論」的傳播者除了學術界人士與好萊塢高層，還包括南方邦聯官兵的後代子孫。現在美國各地的古戰場，遍布他們兢兢業業留下的印記，已難以磨滅。然而我們也有故事要說，而且我們的故事不會抹殺別的族群，也不會為爭議塗脂抹粉。想要讓南北戰爭成為「我們的戰爭」，光是發起行動抗議南方邦聯旗升起並不足夠。南北戰爭交給我們一項重責大任：我們必須從抗議轉為創造，召喚我們先人的雙手，讓他們也能夠留下印記。

CHAPTER 4

美國能有什麼做法
來反制種族歧視？
這也讓我想到麥爾坎·X，
他認為美國
終究無法克服種族問題。

第四年回顧

任何人只要好好想一想奴隸體制的影響範圍，都有可能陷入瘋狂。首先，想像一下其中的罪孽：一個世代又一個世代的人類身體遭到毀傷。然後，想像一下所有相關的罪行：本土恐怖攻擊、人頭稅、大規模監禁。接著再設身處地，嘗試想像自己生活在奴役罪行的餘孽之中，生活在那些被委屈的人、被掠奪的人之中，感受周遭罪行的重量，從人們閃閃躲躲的目光看到、從他們的竊竊私語聽到，並且觀察他們的反應。最好的情況是否認自己有力量來處理奴役的罪行，最糟的則是否認罪行曾經發生，儘管他們的人生根本就是圍繞著掠奪的罪行。其規模之大，連我們的姓名都成為表徵。這不是什麼思想實驗，這是我們黑人的歷史。沒有白人至上主義、沒有將劫掠而來的奴工囚禁在劫掠而來的土地上、沒有將奴工的勞動成果再劫掠一空，今日的美國根本不可能存在。

想想這一切，從人性的角度去同理那些私刑受害者、性侵受害者，再看看那些受益者如何毫不在乎地過日子，你會滿懷怒火。我自己就有這樣的感覺，例如當我走在首都華盛頓或者紐約的布魯克林，看著仕紳化（gentrification）[1]像風暴一樣侵襲這些地方。讓我憤怒的不僅是黑人被風暴席捲而去，更是因為我知道「仕紳化」其實就是經過粉飾的白人至上主義，是奴隸體制的利息、是吉姆．克勞法的利息、是房貸「畫紅線」（redlining）[2]與複利（compounding）帶來的利息。所有從這些利息受益的都市居民，都是在為「仕紳化」的罪行鼓掌喝采。「仕紳化」這個字眼一出口就是謊言。然而就算滿懷憤怒、就在我寫作的這一刻，我也很清楚自己並不比那些人優越。在某種深層的意義上，白人其實是被困住了，他們的白人特質來自世世代代的累積，想要消除就必須經歷更多世代。在我內心深處，在我人性的那一面，我充分體認到那樣做有多困難。世界上有哪一個族群曾經因為強烈的道德感而主動放棄權力？我能說我會與眾不同嗎？我們黑人會與眾不同嗎？

我瞭解人們不想面對這些事情。我也有一部分心思寧可不要知道歷史的代價，這個重大罪孽的代價。但是我註定要面對，就像有些人註定要迴避。我的註定來自環境：巴爾的摩，公園高地（Park Heights），伍德布魯克大道（Woodbrook Avenue），提歐加綠園道（Tioga

1　編注：仕紳化（gentrification，又譯縉紳化）是一種都市發展的現象，指原先舊社區所居住的低收入戶，由於都更、重建所導致的租金或地價上升，導致其被收入較高的居民取代。

2　編注：畫紅線（redlining）是指拒絕貸款給低收入戶或弱勢族群的歧視行為。

Parkway）。一九八六年前後，時空的某個角落，暴力的準則烙印在年輕的身體上。我們在電視上看到某些令人嚮往的童年生活示範，畢竟電視就是要傳遞美國人的嚮往。但是那種有著大草地、大車庫、無拘無束的青春生活，在我們看來卻非常陌生。電視螢光幕有如一扇窗，讓我們看到一場自己並未受邀的派對。事實上，這場派對的整個基礎正是排他性。

然而我們黑人也有派對，來自實實在在的已知世界，是一種比所謂的美國之窗更有活力、更有能量的即興演出。那也是我作家生涯的起點：嘻哈音樂。嘻哈是我最早接觸的音樂、最早接觸的文學。從嘻哈音樂開始，我體會到文字串連起來之後，能夠變得美麗、也應該變得美麗。一九八五年的某一天，我打開一張鐵椅子，坐在我爸媽的音響旁邊，放進一捲錄音帶，拿出一支筆與一本便條簿。接下來的一個小時，我反覆播放LL酷J（LL Cool J）〈我沒有收音機就活不下去〉（I Can't Live without My Radio）的第一段歌詞，在簿子上寫下每一個字。我相信歌詞之中有一些值得探索的東西，一些非比尋常而且罕為人知的東西。我必須掌握它，必須在紙上記錄它、消化它，讓它成為我的一部分。

我的收音機，別懷疑，總是震天價響
我是帶著收音機的人，人群會被我撼動

這已經不只是音樂與詩歌，這是咒語唸誦。當時我才十歲，充斥著那個年齡孩童都會有的無知和焦慮。有太多的事情我不知道，有太多的事情我無法控制。為什麼我會過這種生活？為什麼父親強迫我們在感恩節斷食？為什麼我上布恩老師的課就是無法專心？為什麼我會有一種感覺，從內心深處湧出，讓我被一個棕皮膚的女孩吸引，就好像被糖漿和糖蜜餅乾吸引一樣？周遭的一切讓我覺得自己無知、脆弱，淪為環境的奴隸。然後我聽到這位嘻哈歌手，就在某個地方，某個名叫「皇后區」的遙遠地方，他的生活環境不是電視夢，而是和我一樣的鋼筋水泥建築、遊樂場與週末夜特製手槍，實實在在的環境。也許他也曾經和我一樣，是一個奴隸，但是後來他抓起麥克風像抓起一根棒子，高舉向天，雷霆劈下，棒子變成大錘，奴隸化身神祇，祂能夠召喚雷霆，祂的聲音讓大地顫抖。這就是嘻哈音樂故事對我的啟示。人們如果像我過去那樣，經常覺得自己無知、脆弱、被環境奴役，嘻哈音樂會是他們的神話與傳奇，和《埃涅阿斯紀》(*Aeneid*)、《伊里亞德》(*Iliad*)與《奧德賽》(*Odyssey*)一樣精彩。

我對於寫作意義的最初體驗，也是來自嘻哈音樂。文法從來不是重點。只有學校老師與他們的電視夢才會在乎文法。在具體且真實的世界中，句子必須超乎常理，文字彼此串連，迫使聽眾不時哼唱，直到伴奏消失，依然回味無窮。這些句子或是小節，連結組成歌詞，帶有一種細微變化與情緒，反映出它們的奴隸與抗爭根源。句子可能散發著魔力，但這種魔力從來不會感情用事，而是誕生自奴隸對於無法掌握事物的匱乏感，以及對於掌握與渴望之間鴻溝的探索。

那就是我在一九九三年夏天的感受。我整個夏天都在研究納斯（Nas）的〈一種愛〉（One Love），試圖理解他的技巧。這首歌鋪陳了一個故事，場景是納斯和一個十二歲的小毒販，坐在一張長凳上吸大麻：

> 我像電影《麥克》（*The Mack*）一樣坐著，一身黑色軍服，
> 我們在凳子上冷得要命，他一口一口抽著快克。

納斯試圖給小毒販一點建議，教這位身上總是帶著槍的小毒販如何應付公共住宅區內頻仍的暴力。納斯的建議很美好，基本上來自奴隸體制一清二楚的事實。我期望自己也能這樣寫作，紮實、清晰，不會故作神聖，不會長篇大論。我甚至無法解釋為什麼會有這樣的期望。如果一定要解釋，我大概會含糊說出「真實」（truth）之類的字眼。現在回想起來，那時候的我已經從納斯與嘻哈音樂領會到一個重要訊息，一個美學概念。藝術不是特別安排的課外活動，不是勵志演講，不是只訴諸情感。藝術沒有責任一定要滿懷希望、保持樂觀，或者讓人們對這世界感覺良好。藝術必須反映世界所有的殘酷與美好，不是期盼去改變它，而是抱持某種苛刻自私的心態，盡可能不要捲入它的謊言，不要加入它的電視夢想，不要忽視周遭的

罪孽。

在歐巴馬執政的年代，在工作收入能夠讓我放慢腳步、進行研究之後，我發現嘻哈音樂的憂鬱美學與我鑽研的歷史，真的是天作之合。

我希望我的寫作像納斯、瑞空（Raekwon）或傑伊（Jay）一樣流動。剛進《大西洋月刊》工作的頭幾年，拜部落格寫作之賜，我做了充分的練習。就連那些看似輕而易舉的作品，我也曾苦心搜尋適當的字眼，儘可能避免那些窺伺著每一個句子的陳腔濫調，避免那些可能帶我回到感性濫情夢想的大道理。當時我一直在嘗試磨礪自己的語言，變成饒舌歌手鬼臉煞星（Ghostface Killah）所說的「用筆點火的縱火犯」。

這是我腦海中的聲音，我一直想將它釋放出來，讓它大鳴大放，讓它化為文字。我想寫的東西不只是要內容正確，同時還要隨著它的形式與流動，在情感上觸動讀者；不僅要得到理解，而且要有所感發。在腦海中，我可以聽到那樣的聲音。那是一首藍調，節拍比我聽過的任何一首歌曲都強烈。當時我並不知道，那樣的音樂是做不出來的，因為它只存在於想像，並不真實，它本身就是一個夢。而且那音樂，我腦海中的音樂，總是在不斷地變化。

那音樂也超越了嘻哈，我讀任何東西都會遇到它，就像此時此刻那些語句又回來了，像嘻哈歌手的作品一樣徘徊縈繞。我想到格蘭特將軍談起貧窮的南方白人：「他們也需要解放。」我想到伊迪絲．華頓（Edith Wharton）為她的英雄如此天真而嘆息：「噢，親愛的，那個國家在哪裡？」多克托羅描述他書中主角對自身職業如何雄心勃勃：「我報導，這是我的專業；我報導，就像一門火砲發出巨響。」喬治・艾略特（George Eliot）談到說故事人的使命：「我能夠運用的每一道光線，都必須照亮這匹布。」韋奇伍德（C. V. Wedgwood）為傭兵恩斯特・馮・曼斯菲爾德（Ernst von Mansfeld）蓋棺論定：「世界是他的牡蠣，刀劍是他最佳的開啟工具。」

我第一次感覺自己能夠將嘻哈音樂的精神轉換成文字，是為一本麥爾坎・X傳記寫書評。這還蠻有道理的，因為麥爾坎是我相當熟悉的人物，他對美國的分析來自於街頭巷尾，也正是嘻哈音樂的起源地，場景同樣的荒涼陰沉。就在寫作那篇書評的前後，我開始投入更為複雜的分析，經常想到麥爾坎對美國的深刻質疑：對於這個自己生長的國家，他始終無法真正認同。當時我必須回歸麥爾坎，因為儘管是那個時候，儘管我已投入歷史學家艾德蒙・摩根的世界，儘管舊日街頭的嘻哈樂聲告訴我悲劇可能發生，我還是期望能有不一樣的結局。我想，對我而言，沒有什麼是已經完結的了，對任何人也是如此。寫作者會嘗試傳達各式各樣的情緒、感情與內心波動。但是就像音樂，這種想法的複雜性是只可意會而難以言傳的。我只知道，即便是在此時此刻，當白人日復一日的義憤填膺，當白人特質的自殺意圖已經展露無遺，當他們展露那「如果美國不等於白人的夢想，就要毀掉美國」的強烈衝動，我還是希望自己錯了，希望自己的荒涼孤絕其實並無必要。

但是一直到了第四年，這場悲劇的各個面向才開始全然展現，第一幕的重頭戲就是將歐巴馬塑造為「外國人」。為這個運動取一個新名字（美國第一位白人總統應該會欣然贊同）「出生地質疑論」（birtherism），形同再一次加入說謊的行列，加入粉飾太平的遊戲，將這項指控的所有歷史基礎隱藏起來。「出生地質疑論」其實毫無新意可言，就是企圖剝奪美國黑人其他美國公民擁有的權利。而且也如同以往，這種作法能夠將選民組織起來。一大批共和黨人認定歐巴馬是肯亞人或「穆斯林」，換言之，歐巴馬是「他者」。共和黨政客以各種方式利用「出生地質疑論」，有人刻意提及，有人為它背書，有人大聲疾呼。歐巴馬本人對此則是興味盎然。他公布自己的出生證明，在華府舉行記者會，站在攝影鏡頭前談笑風生，表示美國應該關注更重要的議題。他不覺得這種剝奪其總統職位正當性的理論有多嚴重，不認為它真的會威脅他本人、他的政綱、他的貢獻。然而我沒有那麼樂觀，這個威脅讓我回歸我原本的質疑：美國能有什麼作法來反制種族歧視？這也讓我想到麥爾坎・X的信念，他認為美國終究無法克服種族問題。

我最後寫成的作品，聲音的效果要優於文字的效果，反映了當時我努力追求的節奏與聲音。但是文中對歐巴馬與麥爾坎所做的對比有些牽強，且對於我評論的那本傳記《麥爾坎・X：不斷翻新的人生》（*Malcolm X: A Life of Reinvention*），我的讚譽也言過其實。我長久以來對希望與變革的懷疑，讓我不斷回顧麥爾坎・X這位二十世紀最偉大的美國民主質疑者，儘管當時我也努力讓自己相信歐巴馬的願景。從這篇作品的處理手法、從嘗試調和這兩位美國黑人政治巨擘代表的意義，你都會看到我的努力。時至今日，我覺得我也是在嘗試調和自己的內心世界，一方面是童年歲月源自麥爾坎・X的懷疑，我在從事藝術創作之初感受到的懷疑；一方面則是希望，希望那種懷疑的必然結論儘管可以理解，但終究能夠避免。答案永遠在那裡，歷史這麼說，街道這麼說，音樂也這麼說。耳邊已經響起旋律，我很快就會聽到歌詞。

麥爾坎·X的遺產
——為什麼他的願景會由歐巴馬傳承

我母親十二歲那年，有一天從西巴爾的摩的公共住宅區走到一家位於北方大道（North Avenue）與德魯伊特山大街（Druid Hill）交叉口的美容院，那天是她有生一來第一次將捲髮變成直髮。當時是一九六二年，我母親是黑人、戴著眼鏡、瘦骨嶙峋、一口齙牙，而且還有全家最糟的頭髮。她的家庭美容故事非常奇幻，情節元素包括滾燙的金屬梳子、廚房火爐、我外祖母、熱氣騰騰、緊張退縮、尖叫與傷口結痂。

為了能夠擁有蓮納·荷恩（Lena Horne）一般的頭髮，直髮膏（relaxer）是完美的選擇。它的效果比直髮梳（hot combs）持久，而且更加徹底，幾乎每一綹頭髮都會服服貼貼，幾個星期都不成問題。直髮膏靠的是化學作用而非直髮器或高熱，似乎更為實際、文明、精緻。

那天，美髮師戴上橡皮手套，為母親抹上保護頭皮的凡士林，淋上鹼液，要母親忍受越久越好。終其童年，母親每隔三到四星期，就要忍受一次這樣的儀式。有時美髮師會不小心忘了使用凡士林，母親的頭皮就會痛上好幾個禮拜。但是在她回家的路上，黑人男孩會轉頭看她，嘴巴張得大大的，看著她的直髮傻笑。

母親後來上大學，離開外祖母的家。外祖母來自馬里蘭州的東岸地區，曾經當過女僕，後來上夜校學習護理，有了自己的房子。母親上大學是一九六九年，前一年金恩博士遇刺，巴爾的摩爆發暴動，母親在宿舍裡掛起休伊・牛頓（Huey Newton）的海報，捐衣服給巴爾的摩的黑豹黨（Black Panthers）支部，也在那裡認識了我父親：一位堅持己見、出身平凡、名聲不佳的異議分子。外祖母對母親和父親的交往很不能接受，認為他們違背了有色人種辛勤工作的基本精神。外祖母認為正是這種精神才讓她得以脫離公共住宅的環境，把孩子送進大學。母親的反抗最後化為一個荒謬的行動，一個十年前還難以想像的行動：二十歲的她不再把頭髮弄直，從此讓一頭密實的捲髮順其自然。

我年輕時代身處的社區，有許多像我母親這樣的女性。她們的髮型五花八門，舉凡雷鬼辮（dreadlocks）、奴比安辮（Nubian twists）、大得像行星一樣的爆炸頭（Afros），或是又長又細的鬢腳。她們會綁辮子、以珠子與紗線裝飾、整個往後挽成皇冠形狀、以大幅非洲布料包起來。無一例外，她們全都拒絕把頭髮弄直，而且原因要比毛囊與髮根更為重要。

這些女性和我一樣，屬於美國一個特殊的部落。身為黑人的我們相信，我們生於斯、長於斯的國家憎恨我們，千方百計要打擊我們。這個由移民建立、強調兼容並蓄的國家，看待黑人的觀點卻是扮黑臉（blackface）、小黑人桑波（Little Sambo）與人猿泰山（Tarzan of the Apes）。美國的歷史學家認定非洲是個人吃人的地方，美國的專家聲稱黑人應該為自己淪為奴隸感到慶幸，美國的流氓警察在塞爾馬（Selma）毆打我們，在北方的街道射殺我們。美國的憎恨是如此強烈，以至於連遭受鄙視的我們都被它的理由吸引，因此我們會漂白皮膚、墊高鼻子、弄直頭髮。

想要拒絕憎恨，想要清醒面對周遭醜陋的景象與內在的美好；想要覺察，想要保持我們自我形容的「自覺」，我們就必須拒絕欺騙的因素：他們的宗教、他們的文化、他們的名字。保持自覺也就是自我肯定，將黑人特質千姿百態的呈現都視為美好的事物。我們的濃密捲髮與豐滿嘴唇無比美麗，我們的祖先不是奴隸，而是被擄走的非洲王族。非洲則是所有人類文化的搖籃。我們一方面發掘舊日的風俗習慣，一方面憑空建立新的風俗習慣。以「寬札節」（Kwanzaa）取代「耶誕節」，以「柯求」（Kojo）取代「彼得」（Peter），以「將啵」（jambo）取代「哈囉」。自覺的教派紛紛出現，有些頌讚造物者天空之神「丹巴拉」（Damballah），有些琅琅唸誦希伯來文，有些以阿坎語（Akan）對話。自覺還只是萌芽階段，還沒有定於一尊。自覺讓我父親成為素食者，但是始終沒有讓他開始綁雷鬼辮，或者取一個非洲化的名字。重生的希望將我們連結在一起，有如治療世代羞辱的血清。一位領導人將我們連結在一起，他拯救我們免於自我憎恨、拯救我的母親不再忍受腐蝕性的鹼液。他在哈林區光天化日之下遭到殺害，有色人種因此才能夠換上新的顏色。

終其一生，麥爾坎・X涉足許許多多的領域，以至於在他遇害四十六年後的今天，美國的方方面面（遠超過我年輕時代那些自覺倡議者）仍然要為他的足跡所至爭議不休。對於這樣一位人物，一位從渾渾噩噩的罪犯到刻苦自律的戰士，從憤怒的種族主義者到反抗的人道主義者；一位此刻對宗教信條一板一眼，下一刻卻心胸開放；一位在生命末年轉而支持資本主義與社會主義，讓保守派與共產黨都難以將他據為己有。對於這樣的麥爾坎・X，我們應該如何看待？

扣人心絃但彼此矛盾的傳奇，始終圍繞著麥爾坎・X。有人說他是個滿懷恨意的教條主義者，透過宗教來看待一切事物的關係。有人說他是個自我救贖者，從皮條客般低賤的角色轉變為騎士精神的黑人典範。還有人說他是集體復仇情結的化身，是一個為非作歹之徒，其最厲害的地方不在於改變行為，而在於改變目標。這些面向、矛盾與麥爾坎・X層出不窮的公開論述有如恩賜，從肯伊・威斯特（Kanye West）到康乃爾・韋斯特（Cornel West），當代每一位黑人藝術家都受惠。

自我通曉事理以來，幾乎一直都隨身帶著與麥爾坎・X有關的護身符，像是鑰匙圈、錄音帶或T恤。在我成年的過程中，周遭除了黑人自覺者，還有一群嘻哈音樂世代的成員，他們在一九八〇年代與一九九〇年代晚期見證了麥爾坎・X的復興：從饒舌歌手救世王（KRS-One）重現麥爾坎・X的窗邊佇立，到史派克・李（Spike Lee）大格局的傳記電影。對於那些在貧民窟長大的人，麥爾坎・X帶來擺脫街頭生活的希望。對於那些在校時同學都是白人的黑人，麥爾坎・X早年與白人同學問題叢生的互動是一種慰藉。對我而言，麥爾坎・X具象化一個概念：為了奉獻於廣大的黑人群體，一個人可以日新又新。我二十歲那年開始獨立生活的時候，買了一張黑白的巨幅麥爾坎・X海報，海報上方寫著「絕不出賣」（no sell out）。

但是我的人生並不是喊著口號前進。成長於實質上種族隔離的環境，我一直要到開始工作之後才進入白人居多數的世界，才開始甘冒大不韙結交白人朋友、高唱白人音樂。二〇〇四年，我遷居麥爾坎・X的第二故鄉哈林區，他曾在位於一一六街與雷諾克斯大道（Lenox Avenue）的清真寺講道，住在基督教青年會時還是一個野心勃勃的哈林區皮條客。儘管這些地標讓我心有所感，但是那段哈林區歲月沒有留下什麼痕跡。我在新住處並沒有掛起那張巨幅麥爾坎海報，而是把它和我所有的自覺歲月塞進衣櫥裡。

二〇〇八年的總統大選之夜，我在兩位好友和他們小兒子的家中，和我女友以及我們的兒子一起渡過。兩位好友是跨種族戀愛，這既無關緊要、卻也是重點所在。那個時候，我朋友的膚色各式各樣，配對方式更是五花八門。對我而言，過去不可或缺的思考方式已經成為過去。那天晚上我參與了一場大戲，看著美國這個曾經在憲法中認可黑奴存在的國家，將它的大旗交到一個資歷有限、丰采迷人的黑人手中。

第二天，我看到黑人個個面帶微笑，心中的某種意識歸於死寂。我回想從馬丁·德蘭尼（Martin Delany）與費德里克·道格拉斯到金恩博士與麥爾坎·X的爭辯，心裡知道最終的結論已經出爐。看著一個黑人家庭贏得維吉尼亞、科羅拉多與北卡羅來納的選票與甚至是民心之後，向他們的國家揮手致意，準備入主白宮，誰還能夠像麥爾坎一樣堅持認定，黑人不是美國人？

批評家不會放過聲討麥爾坎·X的機會。大選結束後三個星期，生性好鬥、愛唱反調、先前宣稱歐巴馬不是黑人的史丹利·克勞奇（Stanley Crouch），在《紐約每日新聞報》（*New York Daily News*）批評麥爾坎·X「否定美國的可能性，歐巴馬十一月四日的勝利已經將麥爾坎的願景一腳踩碎。」去年，約翰·麥克沃特（John McWhorter）在《新共和》（*The New Republic*）雜誌的網站發表一篇文章，列出他最希望消除哪些人對黑人的影響力，榜首也是麥爾坎·X。

但是儘管被推入陰影之中，麥爾坎·X依然聳立。隨著歐巴馬的崛起，種族主義者布爾·康納（Bull Connor）[3]的世界開始崩毀，但是要到二〇〇八年十一月才萬劫不復。現在，我看到它的毀滅以各種荒謬但豐富的形式展現：威爾·史密斯（Will Smith）風靡大銀幕，他的兒子演出新版的《小子難纏》（*The Karate Kid*）；麥克・史提爾（Michael Steele）的胡言亂語；羅倫・希爾（Lauryn Hill）深受年輕世代期待的神祕復出。二〇〇八年種種之所以可能，既是因為黑人長期爭取公開彰顯自己的美國人身分，也是因為他們長期爭取公開彰顯自己的黑人身分。後者尤其要歸功於一個人，我們能夠看到美國第一家庭冠上非洲姓氏也要歸功於他。歐巴馬是美國總統，但這個美國是麥爾坎・X的美國。

一九五〇年春天，麻州《春田團結報》（*Springfield Union*）刊出一則新聞，標題是「本地罪犯入獄，聲稱自己是穆斯林：蓄鬚、拒吃豬肉、要求朝東牢房以便『向真主祈禱』」（Local Criminals, in Prison, Claim Moslem Faith Now: Grow Beards, Won't Eat Pork, Demand East-Facing Cells to Facilitate 'Prayers to Allah.'）。這場獄中抗爭行動的領導者，就是不久前改信伊斯蘭教的麥爾坎・X。他讓幾名囚犯也成為穆斯林之後，開始遊說獄方提供適合他們信仰的牢房與飲食，並威脅要寫抗議信給埃及駐美國領事。監獄廚師進行報復，拿處理過豬肉的餐具給麥爾坎使用。麥爾坎展開反擊，繫獄最後兩年只吃麵包與乳酪。

3 編注：布爾・康納（Bull Connor, 1897-1973），曾擔任阿拉巴馬州伯明罕市警察局長，支持種族隔離，積極反對一九六〇年代民權運動，曾指揮警力以水槍和警犬來鎮壓馬丁・路德・金恩領導的抗議示威運動。

這個事件在曼寧・馬拉布（Manning Marable）新近出版的傳記《麥爾坎・X：不斷翻新的人生》（*Malcolm X: A Life of Reinvention*）有詳盡的描述，它開啟了麥爾坎的政治生涯，讓他與「伊斯蘭國度」分道揚鑣，也開啟了最後導致他遇害的行動路線。麥爾坎發動監獄抗議，是為了推動體制內改革。他當初就是為了這種改革才投入伊斯蘭國度，並吸引數千人跟隨。但是伊斯蘭國度無法接受麥爾坎所採用的抗議與煽動作法。

布魯斯・培瑞（Bruce Perry）一九九一年的傳記《麥爾坎》（*Malcolm*）為了全面呈現傳主，採納了許多荒誕不經的故事。但是馬拉布這本新傳謹慎取材，區分事實與傳說。馬拉布筆下的麥爾坎受困於一樁不幸福的婚姻、被妻子與一名副手戴綠帽。他對伊斯蘭國度領袖以利亞・穆罕默德（Elijah Muhammad）拈花惹草的憤怒，既來自他的道德感，也因為一名女性當事人是他的舊情人。麥爾坎有時性情浮躁、粗魯莽撞。他晚年的行為，也為他刻苦自律的名聲蒙上陰影。他不時流露反猶太、性別歧視的傾向。沒有伊斯蘭國度提供一個架構，他的行事往往事倍功半。

儘管如此，麥爾坎一生的主要脈絡仍然保持完整：遭到白人至上主義者迫害的家庭、被殺害的父親、從罪犯轉型為種族倡議者。馬拉布新作最精彩的部分，在於勾勒麥爾坎變化多端的政治生涯。在他筆下，麥爾坎一直與伊斯蘭國度格格不入。以利亞・穆罕默德領導的這個組織，結合了馬科斯・加維的黑人分離主義與布克・華盛頓對抗議行動的鄙夷。在實際作法上，伊斯蘭國度的成員相當保守，強調道德改革、個人提升與創業精神。麥爾坎對改革有同樣的熱忱，但是也相信真正的改革有其激進的面向。

出獄之後，麥爾坎非常驚訝伊斯蘭國度成員人數如此之少，只在芝加哥與底特律有像樣的活動力。他很快就成為這個組織最得力的召募者，改造或重振費城、波士頓、亞特蘭大與紐約等地的清真寺。他激發的動力不僅要擴大伊斯蘭國度的規模，而且要讓它成為民權運動的主力。

麥爾坎活力充沛，讓他得以建立廣大的人脈，有交情深厚的路易斯・法拉堪，也有關係非常諷刺的喬治・林肯・洛克威爾（George Lincoln Rockwell）。他與菲力普・蘭道夫（A. Philip Randolph）以及芬妮・露・哈默（Fannie Lou Hamer）結盟，對沙烏地阿拉伯王室懷抱浪漫幻想，化身為在開發中世界代表美國黑人的大使。

人們很容易認為，麥爾坎的政治表現經不起時間考驗。儘管他後來否定了黑人至上主義（black supremacy），麥爾坎還是非常不信任美國白人，認為他們的意圖在白人狂熱分子的行為中表露無遺。麥爾坎對溫和派的政治操作沒有耐心，寧可採行激進的作法。從他早年譴責白人有如魔鬼，直到後來「選票或子彈」（The Ballot or the Bullet）之類比較細緻的言論，一以貫之的是一種摩尼教二元論（Manichaean）的世界觀。

但是對於如何明確描述麥爾坎的意識型態，馬拉布把問題弄得更加複雜。書中敘述隨著他試圖遠離伊斯蘭國度的教條，伊斯蘭國度也採取有計畫的行動來約束他。組織的幹部要求麥爾坎與其他傳教士，必須事先提交講道的錄音，由組織審核批准，以確保他們宣揚的是組織的意識型態，而不是代表更廣大美國黑人的政治訴求。他們多次責備麥爾坎脫稿談話，包括他似乎為甘迺迪（John F. Kennedy）總統的遇刺歡欣鼓舞。以利亞・穆罕默德在將麥爾坎停職時的說法，也表達了伊斯蘭國度的目標與政治傾向：「這個國家的總統也是我們的總統。」

麥爾坎似乎無法提出一套條理分明的理論，但馬拉布並沒有藉此評判他的重要性，這一點值得肯定。麥爾坎曾經前往非洲與中東旅行，在牛津大學與哈佛大學參與辯論，因此接觸大量的新理念、新想法，讓他深受撼動。麥爾坎從來沒有完全放下他對美國白人的不信任，不過他的確拓寬了自己的觀點，支持跨種族通婚，並且對自己冷淡對待白人感到後悔。然而麥爾坎從來不像金恩博士那樣，勾勒出完整的政治願景。金恩博士一直忠於自己的中心思想：對於非暴力抗爭的堅持。這也是他留名至今的原因。

雖然麥爾坎年紀輕輕就才華洋溢，但究極而言，他表達的美國黑人感性更多於理性。麥爾坎代表的美國黑人，父母親受盡二等公民的屈辱，看過抗議人士被警察毆打、被警犬狠咬，看過兒童在教堂被炸死，卻只能坐在家裡心懷怨憤。麥爾坎解析壓迫行為的殘酷算計，一個種族被迫交出自衛權，也就是西方法律與道德確保的權利、身為美國公民不可或缺的權利，只為了換取他們一個世紀之前就得到承諾的公民權。非暴力抗爭的事實與道理也許無可置疑，民權運動也的確讓美國脫胎換骨，但是民權運動卻要求美國黑人具備超乎人之常情的寬恕能力。馬拉布在書中引述狄克・葛瑞格里（Dick Gregory）的話，充分說明了這個困境：「我支持非暴力抗爭，但是它讓我有些許羞愧。」

麥爾坎的訊息深入人心，歷久不衰，從他被暗殺的奧杜邦舞廳（Audubon Ballroom）傳向白宮南草坪（South Lawn），強調一個種族有權利以自己的方式來保護自己、提升自己。在麥爾坎的年代，他的訊息不僅要人們拒絕交出保護身體安全的權利，也拒絕讓黑人罪犯欺壓無辜黑人。最重要的一點或許在於，他拒絕由其他人決定的審美標準，並且樹立了新的標準。在一九六二年的一場集會中，麥爾坎說道：

> 是誰教你要憎恨自己的髮質？是誰教你要憎恨自己的膚色？是誰教你要憎恨自己鼻子的形狀、嘴唇的形狀？是誰教你要憎恨自己從頭頂到腳底的一切？是誰教你要憎恨自己的族人？

麥爾坎真正批評的對象並不是特定的白人，而是一股逼迫黑人自我憎恨的系統性力量。

對於像我母親那樣的貧窮黑人女孩，麥爾坎說：「沒有問題，妳沒有問題。」擁抱接受麥爾坎．X就是擁抱自己、接受自己沒有問題，黑人藉此解除含（Ham）的神話詛咒[4]，重生為一個完整的人。

幾乎所有的美國黑人，都藉由某種型態或形式，受到這種重生效應的影響。在麥爾坎．X之前，我們今日全心接納的名稱「黑人」是一種侮辱。當時我們是「有色人種」（coloreds）或者「尼格羅人」（Negroes），稱別人為「黑人」會引發衝突。但是麥爾坎將「black」蘊含的惡意改造為某種神話要素：黑人力量、黑就是美、黑人的事外人不懂。

強調自我肯定、自由表現本來面目、大膽創新的嘻哈音樂，顯然是黑人意識的產物。作為當今最受歡迎的音樂形式之一，嘻哈也是第一種真正帶有一九六〇年代之後美國印記的流行音樂，樂迷年紀輕、涵蓋面廣。事實上，幫助歐巴馬進軍白宮的青年聯盟，一開始就是由嘻哈音樂的唱片製作人匯集。嘻哈音樂催生的明星，對於髮型也是全憑個人喜好。

麥爾坎雖然經常疾言厲色，但他最引人入勝的觀念卻是「集體自我創造」（collective self-creation）：藉由意志的力量，黑人能夠自我改造。馬拉布在傳記的尾聲提到蓋瑞．傅爾徹（Gerry Fulcher）的故事，描述這名白人警察如何心不甘情不願地成為麥爾坎的信徒。當時傅爾徹奉命監聽麥爾坎的電話，也認定麥爾坎是企圖殺害警察、推翻政府的「壞胚子」。但是後來他的想法發生變化，「我聽到的和我預想的完全不一樣」，傅爾徹回憶，「我還記得當時我自言自語：『他說的其實沒錯……他要黑人工作，他要黑人受教育，他要黑人進入社會體制，這有什麼不對？』」對於向來只能充當廉價勞工與白人家庭奶媽、沒有多少機會開創新局面的黑人，麥爾坎的願景扣人心絃。

讓這幅願景更具凝聚力的一個要素，是麥爾坎自己的故事，是他激烈熾熱的轉變：從一個無視道德的浪人，變成一個狂熱的衛道人士。「麥爾坎聰明過人，又很有紀律，」法拉堪在一九九〇年的一場演講中提到：

> 我從沒看過麥爾坎抽菸，從沒看過麥爾坎喝酒……他一天只吃一餐。他每天清晨五點鐘起床禱告……我從沒聽過麥爾坎說粗話，從沒看過麥爾坎對女性擠眉弄眼，麥爾坎就像一座時鐘。

法拉堪的感嘆也被一名聯邦調查局的線民印證，此人在一九五〇年代晚期滲透伊斯蘭國度，而且進入組織的最高層：

---

4 編注：含的詛咒（Curse of Ham），《舊約聖經・創世紀》中的典故。含是諾亞的兒子，因行為不檢點而遭到諾亞詛咒，含的兒子迦南被詛咒成為奴隸。這個典故在過去被美國南方奴隸主引用來合理化奴隸制度，甚至將含解釋成有色人種的祖先。

麥爾坎兄弟……是一位組織專家，一位不知疲累為何物的工作者……他無所畏懼，不受威嚇……他對於大部分的問題都能隨時提供解答，我們處理這個人必須小心。他不太可能違反任何政府命令或法律。他既不抽菸也不喝酒，非常講究道德。

事實上，根據馬拉布的詳細描述，麥爾坎在生命接近終點時又有了變化，不再極度講求道德。他會喝蘭姆酒與可樂，一天會吃第二餐。馬拉布懷疑他交過一兩個女朋友，包括一個改信伊斯蘭國度的十八歲女孩。但是麥爾坎讓自己在公眾心目中再生為道德的典範，而且就連馬拉布的描述也指出，麥爾坎非常著迷於追求自我創造。追求的過程結束於麥爾坎的遇害，凶手則是一群過去被他要求效忠的穆斯林。

儘管如此，一個自我創造出來、如軍人般講究紀律的麥爾坎形象卻活了下來。過去四十年來的美國黑人，總是以毒品、犯罪、失業、監禁率一飛沖天的扭曲形象被呈現。一些最顯眼的黑人公眾人物，像是麥可・傑克森、麥克・泰森（Mike Tyson）、艾爾・夏普頓、傑西・賈克遜與OJ辛普森（O. J. Simpson），多多少少都太過於人性化。麥爾坎與他們形成鮮明對比，高挑、瘦削、英俊、乾淨俐落。人們會把麥爾坎當成子女的楷模。以喬・拜登的用語來說就是「乾淨」，麥爾坎懷著一份不言自明的莊嚴職責，絕不讓人們因為他而蒙羞。

在不斷演進的黑人保守派之中，道德領導讓麥爾坎的影響力得以延續至今。他長期以來大聲疾呼，黑人本質不是敗筆瑕疵，而是從個人以至群體精益求精的使命。這樣的主張讓麥爾坎至今仍然能夠打動人心。麥爾坎對於白人種族主義的譴責，其中蘊含著一種更微妙、更能激勵人心的觀念，他似乎在告訴我們：「你可以超越自我預期、成為一個更好的人。現在，請你採取行動。」

奧西．戴維斯（Ossie Davis）當年為麥爾坎致悼辭時留下名言，形容他是「永垂不朽的黑人男子漢」、「手彩耀眼的黑人王子」。時至今日，只有一個人當得起這兩個榮銜：歐巴馬。進步派人士對這一點並不感興趣，因為他們最欣賞麥爾坎的地方是他的疾言厲色，而非道德訴求。但是黑人對歐巴馬的道德訴求心領神會，原因並不在於他們相信種族主義已經被擊退，而是在於他要黑人小孩關掉PlayStation的那番話，觸動了黑人心中深處一個非常美國的信念：靠著自己的雙手，他們可以讓自己變得更好，讓自己煥然一新。

就像麥爾坎，歐巴馬也曾經是一個浪子，直到在黑人社群的政治中找到自我。他曾與一個民族主義色彩的教會淵源深厚，但是最終擺脫它的侷限；就像麥爾坎，歐巴馬對黑人演說時，念茲在茲鼓勵他們自我創造，並且深刻援引自身的經歷。歐巴馬也在回憶錄中提到麥爾坎對他的影響：

他一次又一次的自我創造，對我而言意義重大。他的話語有一種突兀的詩意，他直率地要求尊重；他許諾一套一絲不苟的新秩序，講究軍事般的紀律，藉由純粹的意志力來打造。至於其他的事，像是藍眼珠惡魔（blue-eyed devils）[5]與世界末日，我認為都是次要，都是宗教性的包袱，麥爾坎在人生終點之前，已經安心放下。

去年夏天，我從哈林區搬到哥倫比亞大學（Columbia University）所在的晨邊高地（Morningside Heights），這是我住過第一個不是黑人居多數的地區，而且也不太能算是所謂的「貧民區」。晨邊高地的每個街角都有酒吧與餐廳，還有兩座農民市場、一家二十四小時營業的生鮮蔬果超級市場。遷居晨邊高地，代表我開始過著完全都會化的新生活。

過去兩年，我大量閱讀南北戰爭的相關文獻，發現自己必須面對某種型態的白人，例如亞伯拉罕．林肯、尤里西斯．格蘭特與阿德伯特．艾米斯（Adelbert Ames），黑人意識對他們避而不論，而且不無道理。同時我也發現，儘管林肯強烈駁斥黑人的平等性，但我仍景仰他；儘管格蘭特曾經蓄奴，而且主張將黑人運出美國，但我仍尊重他。如果我能看出格蘭特或者林肯的複雜性，那麼我能看到麥爾坎．X的什麼特質？

然後我又想到今天我和一般黑人享有的待遇，麥爾坎在《麥爾坎．X自傳》（*The Autobiography of Malcolm X*）中回憶，中學時期他是校內最優秀的學生之一，但是他犯了一個錯誤：告訴老師他長大後想當律師，老師回答：「對黑鬼來說，這願望不切實際。」對這樁往事，麥爾坎寫道：

> 我最大的弱點在於，我無法享有自己期望得到的學術教育……我真的相信我能夠成為一位優秀的律師。

最讓麥爾坎怒火中燒的是，儘管他才智過人、能力高超、求新求變，但是身為一個美國黑人，他的雄心壯志卻不能徹底發揮，自我創造的權利終究有其限制。但這種情況已經不復存在，歐巴馬儘管出身單親家庭，使用過非法藥物，但還是成為一位律師，他的自我創造更讓他登上總統大位。

對我們這些平凡之輩而言，也是如此。看看我自己的例子，我大學沒唸完，中學兩度被退學。我是非婚生子女，我的兒子也是如此。但我的父母親並沒有因此嫌棄我離經叛道，我母親是我認知的第一個美的形象。時至今日，沒有人會質疑我的黑人女友為什麼要保留天生的髮型，沒有人會質疑黑人自我創造的權利。麥爾坎．X最早的記憶是被白人至上主義者欺

5 編注：麥爾坎．X曾認為白人都是「藍眼珠的惡魔」。

凌，他的雄心壯志被種族主義者扼殺。他童年時一直被人叫「黑鬼」，以至於以為那就是自己的名字。除非是基於某種傲慢的心態，否則人們都應該感念，麥爾坎・X最重要的特質就在於他的偏見。

我將新公寓的東西清空之後，立刻做了一項改變。我把舊日的麥爾坎・X海報拿出來，剝掉氣泡布，掛在客廳西面的牆上。

CHAPTER 5

WE WERE EIGHT YEARS IN POWER

AN AMERICAN TRAGEDY

我還是想要集結自己的文字，
對著洶湧的浪潮吶喊，
因為吶喊就是反抗。

第五年回顧

我曾經相信正義確實存在於天地之間，相信善有善報，惡有惡報。就算我活著的時候看不到，也會很快實現。這個信念得自童年某個模糊的時刻，當我開始萌生很粗淺的是非觀念。我的天性不太會受到悲劇影響，我喜歡床邊故事、童話故事、天花亂墜的愛情故事。我願意信仰上帝，但就是無法做到，原因非常實際。九歲的時候，有個孩子只為了好玩而揍我一頓，我回家對父親哭訴，他的回答是，要嘛跟對方打，要嘛被我打。我父親的回答否定了上帝，讓我明白這世上唯一的正義，就是自己雙手打出來的正義。十二歲那一年，六個男孩跳下開往蒙道明商場的二十八路公車，把我推倒在地上，用腳踩我的頭。但那天下午讓我感受最深的並不是那六個男孩，而是那些不信上帝、不信《聖經》、若無其事走過的成年人。我躺在地上，腦袋被一腳又一腳踹著，心裡想著：這時候沒有人會來救我，我父親與警察都不會，更別說任何人的上帝。世界是殘暴的，想要逃避暴力，想要以孩子氣的軟弱來抗拒，只會讓人們把你當成獵物。就算我難以接受，這訊息一清二楚：有力就是有理，先揮拳的人佔上風。如果光是揮拳還不夠，你要拿刀、開槍，無所不用其極讓這個不信上帝的世界知道，你不是獵物。

過去我認為這與身為黑人有關，與街頭生活有關。後來我體會到，國家本身也可以是無神論者，國力的來源不是上帝，而是槍砲。街頭的行為法則也是世界的法則。一把鍍鉻的點三八口徑手槍就像一枚核子彈頭：危害安全、腐蝕人性、威脅所有文明。

人類歷史上沒有任何記錄能夠證明「神聖道德」（divine morality）存在，反面的例證卻是汗牛充棟。我們都知道好人經常遭遇悲慘厄運，罪大惡極之徒卻能享盡榮華富貴。沒有任何證據顯示，善惡報應能夠在此世或來生實現。殘暴的安德魯・傑克森（Andrew Jackson）總統殺人如麻、樂此不疲，他全力支持奴隸制度，死後卻成為美國民族英雄。艾德格・胡佛（J. Edgar Hoover）掌權的三十年間，下令殺害、恐嚇許多美國公民，只因為他們要求享有追求自由與幸福的平等權利，然而如今卻有一幢號稱追求司法正義的大樓以他來命名。阿道夫・希特勒（Adolf Hirler）將一整個民族推向滅絕的邊緣，但是生前不曾遭受懲罰，如今又在他曾經征服的國家找到徒子徒孫。歷史上的諸多戰犯至今還在踹我們的腦袋，沒有人會來救我們，我們的父親與上帝都不會。

對我而言，天地正義、集體希望與國家救贖，這些觀念沒有任何意義。只有在接受無神論之後，接受宇宙的非道德性（amorality）並非問題所在，而是本然如此之後，世間的真相才會透顯出來。宇宙的非道德性並沒有動搖我自身的道德性，反而強化了它。道德從此擺脫所有抽象、普世的意義，清晰化為可以理解的真實事物。生命短暫，死亡無可阻擋。因此我愛得認真，因為我無法愛到天長地久。因此我愛得直截，全心全意投入真實具體的事物：我的妻子、我的孩子、我的家人、我的健康、我的工作、我的朋友。

儘管如此，在這樣全心全意、無關神祇的愛之中，我還是發現了某種普世與靈性的特質。全心全意帶給我意義：我是一個致力於自我成長、改善自己家庭生活的黑人，個人的渺小故事讓我與一部史詩連結。我絕大多數的祖先都活在沒有希望的時代，他們不是哈莉特．塔布曼或者金恩博士，不曾面對即將來臨的劃時代變革，他們只是在重大事件之前、之後與之間努力求生。他們的勝利只屬於個人，並沒有改變歷史。他們是西莉亞（Celia），一個在一八五五年殺害主人的黑奴，儘管因此被處以絞刑，但她曾經有過短暫的自由時刻。棍棒在手中，屍體在身後，她阻止了奴隸主對她的侵犯。他們是瑪格麗特．嘉納（Margaret Garner），她在淪為奴隸之前殺死自己的孩子，死前告訴丈夫：「身為奴隸，不要再婚。」他們是艾達．威爾斯，反抗撲天蓋地的私刑歪風，儘管受害者並沒有那樣做，儘管國家因此而背棄她。對於美國的奴隸主，這些英雄的所作所為、軟硬兼施都沒有用。他們追求一個更美好世界的雄心遭到挫敗。這就是我的祖先的故事，也是我對自己的期許。雖然故事中並不是滿懷希望，但難道就因此不足為奇？就算西莉亞、瑪格麗特與艾達都無法幫助美國找到自己的道德感，他們還是守住了自己的道德感。那是他們所能掌控的一切。在他們渺小而短暫的一生中，唯一的擁有就是自己的良知、自己的故事。他們流傳後世的教訓並不是抽象的希望或不可知的夢想，而是即刻反抗的力量與必要性。

我就是在這個地方加入他們的行列。我瞭解美國的黑人奴隸體制，其實有兩層問題。第一層是實際發生的奴隸現象，以及因此而衍生的一切，從國家重建、吉姆．克勞法到大規模監禁。還有一層則是一套刻意打造的故事，要將奴隸體制崇高化、神聖化。黑人英雄們在問題的第二層挺身而出。西莉亞寧可選擇死亡，也不願接受那套故事、交出自己的身體。瑪格麗特在自己淪為附屬品之前，殺害了自己的孩子。艾達對著洶湧的浪潮吶喊，拒絕相信美國奴隸主講述的故事。身為作家，我是艾達的傳人。儘管是在一個世紀之後的今天，我還是想要集結自己的文字，對著洶湧的浪潮吶喊，因為吶喊就是反抗那套故事。反抗有其意義，雖然浪潮不斷湧來，而且可能永遠不會停止。奴隸主大可以對自己撒謊、對世界撒謊，但是他們絕對無法逼我對自己撒謊。我永遠不會忘記他們是撒謊者，他們為強姦、兒童奴隸與私刑辯護，告訴自己、我們與世界：黑人的本質蒙昧，我們的基因有瑕疵，我們的文化有缺陷；我們鼻子的形狀、我們嘴唇的寬度、我們說話的方式、我們的藝術品味都有問題；我們的女性不太雅觀、男性太過粗暴。他們讓我們以為，自己除了被強迫、被奴役、被私刑的噩運外還有更嚴重的問題。

對我個人而言，自由的意義就在於反抗。我還記得第一次聽到《對抗權力》（*Fight the Power*）這首歌的時候，尤其是查克．D（Chuck D）的歌詞批評貓王（Presley Elvis）與約翰．韋恩（John Wayne）都是種族主義者。事實上，約翰．韋恩是種族主義者，貓王不是，但這無關宏旨。那段歌詞流露一種對美國英雄人物的全然不敬、不屑，堅定指出掠奪者的通俗文化就是一種剽竊。查克．D也堅持，面對我們的奴隸主，不敬是天經地義。聽到這樣的歌詞，讓我感到自由。就算這世界註定要從懸崖邊墜落，我也不必非當推落者不可。更重要的是，當一群傻瓜堅稱墜落未必是因為重力，我也不必應聲附和。這樣的反抗是我的立足之地，和我的妻子、兒子、家庭、朋友一樣堅實。反抗無法挽救任何人或任何事，尤其無法挽救我，但那是我揮拳與動刀動槍的方式，我竭盡所能保有自由，拒絕接受奴隸主的謊言，讓他們知道我不是他們的同路人。

相信黑人無神論，以及拒絕相信夢想與道德訴求，有幾個顯著的優勢。首先，我們不必以為「白種人」這個群體會有興趣聽我們的故事，「白種人」群體不會感興趣。他們與其他民族一樣，基本上只關心自身，這也就是為什麼對於集體良知的訴求，如果沒有伴隨著迫切的生存威脅，結果往往讓人失望。然而我有力量對付這種失望，因為在反抗的過程中，我對白種人毫無期望可言。

沒有期望的心態，正好切合我的寫作生涯，因為作家也必須學會放棄懇求與期望。對作家而言，失敗是常態：開革與資遣、計畫被打回票、手稿被丟進字紙簍、負面的評論、不感興趣的編輯，這些事情異口同聲，要你趁著尊嚴還沒有喪失殆盡之前放棄。如果你要寫作，你就必須反抗這樣的異口同聲，反抗無人回應的計畫、沒人要看的作品。最重要的是，反抗眼前一張白紙散發出來的恐懼。正因如此，在寫作的時候，我發現黑人無神論與反抗相互融合，成為一種普遍適用的人生哲學。沒有人會來救我，沒有人會來讀我，我必須只為自己而寫作，斷絕任何期望，不會得到任何回報。

但回報還是有的。

當時，歐巴馬的第一個任期即將結束，我成為《大西洋月刊》的「黑人作家」（Black Writer）。這個頭銜既是我的身分認同，也是我的興趣。人們總認為黑人新聞工作者應該迴避「黑人」這個標籤，以免被「框限」，無法探討經濟、全球政策等更具「普遍性」的主題。然而我寫得越多就越瞭解到，與其說我被「框限」，不如說那些否定我所選擇節奏的人，其實才是劃地自限。有人相信種族議題（也就是白人至上主義的力量）的寫作是主流邊緣、狹隘侷限，這種觀念本身就是白人至上主義的一部分，認定美國立國基礎涉及的罪行，與其存在沒有多大關連。

當時我已認清，當我進行報導與寫作時，所在之處並不是美國社會的某個角落，而是它的核心，在它不可或缺的劫掠與它賴以維繫活力的文化核心。如果你真的想瞭解美國，瞭解它號稱根據啟蒙價值來建立社會的兩百年進程，那麼我想最適合的切入點，會是其中某一群人的觀點，美國社會排斥他們、劫掠他們，目的卻是落實那些啟蒙價值。我覺得我的角色並不是一種侷限，而是一種優勢。

所以我要充分發揮這項優勢，融匯貫通，來分析品評美國第一位黑人總統。我匯集了一些故事，將它們化為一個理論的線索，儘管我未必知道要如何編織這些線索。一個故事讓我特別有感：歐巴馬剛上任時的雪莉．謝洛德（Shirley Sherrod）丟官記。謝洛德是歐巴馬政府的政治任命，二〇〇九年，右派搧動家安德魯．布萊特巴特（Andrew Breitbart）公布她在全國有色人種協進會喬治亞州分會的演講影片，當時她講述如何因為過去自身遭受的種族歧視與欺凌，而對一名白人農民進行報復。歐巴馬政府立刻將謝洛德革職，絲毫不留情面。後來曝光的電郵顯示，相關官員額手稱慶，慶幸明快處理掉一場蓄勢待發的危機。謝洛德是民權運動界的知名人物，她的一位表親在一九四三年被私刑處決，她的父親在土地糾紛中被一名白人農民殺害，她曾經是學生非暴力協調委員會的成員，參與領導一九六一年奧巴尼運動（Albany Movement），後來在家鄉喬治亞州西南部爭取黑人農民權益。那則影片中的言論，違背了她長期以來反對暴力、促進種族融合的立場。第二天，真相大白，謝洛德完整演講內容公布，她談的不是報復的快感，而是她如何克制自己內心的報復衝動。

謝洛德事件讓歐巴馬政府相當難堪，但它同時也透顯出「白種人的無辜」（white innocence）的強大力量：無論美國遭遇什麼狀況，歸根究柢，我們都不可以怪罪白種美國人。謝洛德的憤怒或者報復，不論是否空穴來風，都必須先加以磨滅，以免引發關於「白種人的無辜」的尷尬問題。另一個類似的案例是歐巴馬批評那名劍橋的警官「行為愚蠢」，形同指稱他對於一位老人家在自家門口遭到逮捕的事件必須負一部分責任，結果引發強烈的抗議。另一方面，歐巴馬在他第一場關於種族議題的演講中，以同情的口吻談到貧民窟的白人居民必須關緊門窗，為「白種人的無辜」辯護，被肯定為政治上的高明舉動。但是他回憶自己外祖母的種族主義談話，卻被批評為犧牲了她老人家。

歐巴馬該如何應付「白種人的無辜」的力量？他是不是應該更直接談論那些令人痛苦的真相？實話實說會帶來什麼後果？我們可以論定，歐巴馬的談話與行動，都被他對於冒犯「白種人的無辜」的恐懼限縮擠壓。然而在美國這個白種人佔多數的國家，歐巴馬是第一位黑人總統，他的確應該畏懼「白種人的無辜」。可以這麼說，所有投票給歐巴馬的黑人之所以支持他，都是因為相信他會推動有利於黑人的政策。因此我們比別人更能理解，光是實話實說並不會帶來什麼改變。

歐巴馬的第一個任期即將結束，我們也看到他的崛起有著什麼樣的限制：那些限制美國各地黑人生活的力量，也限制了這位黑人總統的權力。歐巴馬代表我們的渴望與希望，但是永遠無法直接了當地處理我們痛苦的根源。每當他試圖這麼做（「那位警官行為愚蠢」、「如果我有兒子，他的模樣也會像特瑞方（Trayvon）[1]」），「白種人的無辜」就會伺機而動，威脅要打亂他的施政、威脅要摧毀他。歐巴馬的崛起還附帶另一項越來越明顯的代價：美國政府對於本國人民犯下的罪行，以及美國在葉門、阿富汗與伊拉克的轟炸行動，如今都是得到一位黑人的批准。如今黑人不只是美國生活最被隔離、權利最被剝奪的社群，還沾染了它所有的罪惡。既要承受讓人動彈不得的限縮，也要承受美國罪行的重擔。這就是我們的黑人總統，值得嗎？

在寫這篇文章的時候，我的答案是：值得。現在也還是如此，儘管原因可能只是我不知道還能如何回答這個問題。歐巴馬是世世代代的成果，代表一份與美國歷史同樣古老的黑人野心。從喬治・華盛頓（George Washington）擔任總統的第一天開始，在他維吉尼亞州廣大的莊園上，可能就有黑人知道，只要有機會，他們也可以當華盛頓，比華盛頓做得更好。我可以想像，儘管經歷了兩個世紀的桎梏、私刑、詐騙、劫掠與勒索，這樣的認知並沒有改變。如今我發現自己身處於一個特別的時代，一位坐上權力寶座的黑人，與他的黑人妻子、黑人女兒，隔著白宮草坪向全世界揮手。這也許只是半調子的勝利，然而我們在美國歷來所有的勝利，不也都是半調子的勝利嗎？黑奴解放不是演變為南方各地的二次奴役嗎？種族融合到頭來不是只限於少數幸運兒嗎？我們的勝利不是一直都如此嗎？

「黑人總統的代價」這個問題讓我著迷，也成為〈對一位黑人總統的恐懼〉（Fear of a Black President）這篇文章的核心問題。我在寫作時記憶最深的一點就是，在歷練了十五年之後，我終於感覺到能夠掌控文章的形式。這些年來，我嘗試融合我受過的影響，詩歌、嘻哈、歷史、回憶錄、報導，然後打造出某種原創且美好的事物。那篇文章讓我第一次有了成功的感覺，而且覺得自己理解其中的邏輯和原因。寫作還是辛苦，但理解帶來極大的喜悅。

外部事件接二連三發生。那篇文章讓我拿到國家雜誌獎（National Magazine Award）。那年我三十六歲，有個十一歲的兒子，而且生平首度在財務上有了穩定感。肯雅塔回到學校唸書，成為一位科學家。她還是會做兼職的工作，但是已經不是非做不可，後來更是完全可以不必。看著她的成長，讓我感到非常驕傲。她總是為我帶來新的事物，像是巴黎、法典前時期好萊塢（pre-Code Hollywood）[2]與多克托羅。現在她的能耐又多了奇妙的細胞與生物系統。看著自己所愛的人成長，感受到一種單純的魅力，對我而言這是一份驚喜。我從來不知道這是可以冀望的，我想原因在於這種情況很少發生，而且一旦發生，兩人往往漸行漸遠。直到現

1 編注：特瑞方的故事會於下一章中詳述。

2 編注：法典前時期的好萊塢（pre-Code Hollywood）係指有聲電影出現的一九二九年至「海斯法典」確立的一九三四年這段期間的美國電影界。一九三四年的海斯法典（Hays Code）成為日後美國電影製作時的道德規範守則，直到一九六八年才被電影分級制度取代。

在，我還不是非常確定。肯雅塔自我改造，從人文學科達人變成醫學院學生，而且她這麼做是為了服務自己的使命。看著這一切，我只能說自己三生有幸。這也是一種反抗，我們不必被人們的說三道四侷限。不僅如此，這還是我生命中一直缺少的事物：服務。

就在那一年，我同意接受一家報紙專訪，並且被稱為「美國最好的種族議題作家」，這個頭銜令我作嘔。

阿道夫．瑞德（Adolph Reed）的作品讓我念茲在茲，我經常想起他的一篇文章〈鼓聲說了什麼，布克？〉（What Are the Drums Saying, Booker?），指責在一九九〇年代成長的黑人知識分子，都成了「為白人說明難解的黑人黑暗之心」（the opaquely black heart of darkness for whites）的詮釋者。讀那篇文章的時候，我還是個大學生，對瑞德指責的那批知識分子同樣感到不滿。瑞德文章發表後的第二年，我開始認真寫作，打定主義不要當一個詮釋者。當時的我並沒有想到，寫作必然是某種形式的詮釋，將一個人的根源、專業甚至心靈的具體內涵，翻譯為某種語言，讓廣大的讀者能夠心領神會。幾乎所有在主流出版業發表作品的黑人作家，都必須考慮白人讀者。瑞德本人也不例外。他的發表園地不是《芝加哥捍衛者》，而是《村聲》，他詮釋黑人知識分子，但讀者大部分是白人。

然而不是每一位詮釋者都具有同樣的權威，而權威的程度也未必嚴格反映詮釋者的能耐。賦予權威的是一個階層，他們對於黑人寫作所知有限，也不是特別感趣。他們只是需要一個權勢者，來減輕自己的工作負擔。這是我的親身經驗。現在我經常接到節目製作單位、紀錄片拍片者、會議主辦單位與雜誌編輯的電郵，要求我詮釋黑人的生活，而角度往往超出我的專業範圍。彷彿只要主題與「黑人」相關，我就一定有話可說。因此有人要我去講述爵士樂的歷史、毛毛起義（Mau-Mau struggle）、米斯蒂・科普蘭（Misty Copeland）的重要性。我幾乎都敬謝不敏，但拒絕的還不夠徹底。一個來自其他黑人作家與讀者的問題，一個發自我內在的聲音，後來總是籠罩著我的作品：為什麼白人喜歡我的作品？這個問題最終可能會比我的作品還重要，或者只會是一種揮之不去的感覺。無論如何，我都已得到教訓：上帝也許救不了我，但反抗也是一樣。你要如何反抗一股堅持要將你據為己有的力量？如果這世界一心只想聽到不一樣的故事，那麼你訴說的故事又有什麼重要性？

對一位黑人總統的恐懼

關於歐巴馬總統的諷刺，在特瑞方·馬丁（Trayvon Martin）命案與後續爭議中表露無遺。歐巴馬宣稱他的總統事業，是一座中庸之道的里程碑。他的演說不時會加入來自保守派的理念，他經常引用雷根總統的名言，他對美國民眾代代相傳的智慧讚不絕口，相信民眾最高明的洞見會在城鎮廣場中展現無遺。儘管口號主打變革與進步，但歐巴馬是一個保守的革命分子，而最能夠彰顯他保守性格的地方，正是他最具影響力的領域：種族。

對於種族議題的保守傾向，反映在他的沉默：歐巴馬總統任內大部分時期，他拒絕談論種族如何糾纏影響美國的現況，尤其是他自身的總統事業。但是，二〇一二年二月，在佛羅里達州的桑福（Sanford），喬治·齊默曼（George Zimmerman），一個二十八歲的保險核保人，開槍射殺黑人青少年特瑞方·馬丁。當時齊默曼帶著一把九公釐手槍，以為自己正在追蹤一個可能的入侵者，其實對方只是一個穿著連帽衫的少年男孩，身上只帶著糖果與冰茶。地方當局原本拒絕逮捕齊默曼，相信他因為自衛而開槍的說詞。美國各地爆發抗議，彩虹糖與亞利桑那冰茶成為強而有力的圖騰。許多名流，像是傑米・福克斯（Jamie Foxx）、密西根州前州長珍妮弗・格蘭霍姆（Jennifer Granholm）與邁阿密熱火隊（Miami Heat）的球員，紛紛穿上連帽衫拍照存證。來自芝加哥的聯邦眾議員巴比・拉許（Bobby Rush）在眾議院譴責齊默曼的行為是種族定性（racial profling）[3]，發言途中也穿上一件連帽衫，結果被請出議事廳。

事件剛發生的時候，對於這場悲劇的反應跨越了黨派。保守派要嘛保持沉默，要嘛不慍不火地主張全面調查。任命特別檢察官的佛州州長里克・史考特（Rick Scott）正是共和黨籍，檢察官後來以二級謀殺罪起訴齊默曼。民權運動人士齊聚佛州，曾經反對種族融合的《國家評論》（*National Review*）刊出一篇專欄〈艾爾・夏普頓說對了〉（Al Sharpton Is Right）。一個到商店買彩虹糖與冰茶的年輕人不應該被社區守望相助員射殺，這一點似乎並沒有什麼爭議。

等到記者開始詢問白宮的反應時，歐巴馬應該已經做了相當充分的思考。他不僅是美國第一位黑人總統，還是第一位有資格教授黑人研究的美國總統。歐巴馬對理查・萊特、詹姆斯・鮑德溫、費德里克・道格拉斯與麥爾坎・X的作品了然於心。他的兩部自傳深切關注種

3 編注：又稱為種族歸納或種族相貌判定，指警察等執法機關在判定犯罪行為時將種族特徵列入判斷標準。關於這種作法是否違憲，在美國有很大的爭議與討論。

族議題。面對黑人聽眾，他能夠引述幾位重要但知名度不高的政治人物，例如喬治・亨利・懷特（George Henry White），他在一八九七年至一九〇一年間擔任聯邦眾議員，之後要到一九七〇年，南方才會再選出第二位黑人聯邦眾議員。但是在歐巴馬上任的前三年，除了極少數顯著的例外，他極力避免談論種族議題。等到特瑞方・馬丁遇害，歐巴馬終於開口：

當我想到這個孩子，我想到自己的孩子，我想到每一位美國的父母都應該能夠理解，為什麼我們必須對這樁案子進行全面調查，大家必須群策群力，從聯邦到州到地方，來調查清楚這場悲劇是如何發生……

但是我最想說的話，是要告訴特瑞方・馬丁的父母：如果我有兒子，他的模樣也會像特瑞方。我想他們有權利要求我們每一位美國人都認真看待這件事，我們要追根究柢，調查清楚。

歐巴馬說這番話的時候，特瑞方・馬丁案已經過了全國哀悼的階段，轉化為某種更為黑暗但熟悉的事物：被激進化炒作的政治材料。社會共識的假象很快就幻滅。保守派政治評論員拉許・林堡譴責歐巴表達的同理心。保守派網站《每日傳訊》（*The Daily Caller*）公布馬丁所有的推文（tweets），其中最粗魯部分似乎讓他犯下不可饒恕的罪行，只因他講話像個十七歲的男孩。白人至上主義網站《暴風前線》（*Stormfront*）弄出一張馬丁穿垮褲、豎中指的照片。《商業內幕》（*Business Insider*）網站也刊布這張照片，後來確知是偽造才撤下，但是沒有半句道歉。

保守派領袖紐特．金瑞契（Newt Gingrich）對歐巴馬的談話藉題發揮：「總統難道是在暗示，如果被射殺的是白人，模樣不像他的孩子，他就不會在意？」《國家評論》也原形畢露，聲稱真正的問題在於，我們之所以會在意一個黑人青年遭到殺害，唯一的原因在於凶手不是黑人。鼓吹自由放任主義（libertarian）的《塔奇雜誌》（*Taki's Magazine*）刊出一篇約翰．德比夏（John Derbyshire）的專欄，以馬丁案為借鑑，為自己的孩子提供種族主義的忠告。（例如，不要幫助落難的黑人，任何情況都不宜伸援；避免參加黑人的大型集會；交幾個黑人朋友來抵擋種族歧視的指控。）

「齊默曼才是真正的受害者」這個觀念，逐漸在社會蔓延，推波助瀾的除了他家人與法律團隊的公關行動，還有各種幫倒忙的愚蠢行為：史派克．李在推特上發布齊默曼的住址（更糟的是，他搞成了另一個同名同姓的齊默曼）、國家廣播公司（NBC）刻意剪輯齊默曼與警方調度員的通話，誤導聽眾以為齊默曼的確對馬丁抱有種族定性的偏見。那年四月，齊默曼設立一個網站，募集法律經費，短短兩個星期進帳超過二十萬美元。後來律師要他關網站，另外成立一個獨立管理的法律基金。儘管審判日程還沒有確定，但是到七月時，齊默曼的基金平均每天可募到一千美元。

對於支持齊默曼力量的勃興，其實不應怪罪史派克・李或者國家廣播公司某個製作人犯下大錯。早在歐巴馬總統發表談話之前，就有一個賣射擊場紙靶的網站拿馬丁當題材，做成穿連帽衫、拿一袋彩虹糖的樣子（不到一個星期就賣光）。歐巴馬談話之前，齊默曼人人喊打；歐巴馬談話之後，對那些以為種族主義歷史起始於一九八七年塔娃娜・布勞里（Tawana Brawley）性侵案[4]、終結於二〇〇六年杜克大學長曲棍球隊（Duke lacrosse team）事件[5]的人，齊默曼成為他們的主保聖人（patron saint）。

歐巴馬這位總統的諷刺之處在於，他藉由迴避具殺傷力的歷史性種族議題，藉由保持「乾淨」（拜登如此形容），成為美國歷史上最成功的黑人政治人物。然而他無法磨滅的黑人本質，卻讓他觸及的每一個議題成為爭議。這樣的諷刺，根源於他所領導的國家有著更巨大的諷刺。美國歷史上大部分的時候，我們的政治體系奠基於兩項相互衝突的事實：一項是我們口口聲聲對民主的熱愛，另一項則是反民主的白人至上主義，深深鐫刻在政府的每一個層級。因為要對抗這種弔詭，美國黑人在歷史上往往被侷限於抗議與動亂的領域。但是當歐巴馬矢言「我們要追根究柢調查清楚」，他並不是在抗議或者搧動，也不是在呼籲聯邦政府行使權力，因為他就是在行使聯邦政府權力。這權力染上了黑人膚色，在某些領域也被視為黑人的權力。

遣詞用字再怎麼修飾，也無法改變這一點。總統表明他是對「每一位美國的父母」發言，沒有用。他要求「大家必須群策群力」，不相干。他避免質疑調查當局或揣測案情，毫無意義。他以低調到不能再低調的方式表達自己與馬丁的關連「如果我有兒子，他的模樣也會像特瑞方」，還是無法讓反對者滿意。畢竟，聽到某個揮舞標語牌的示威抗議者高喊「我也是特瑞方．馬丁」是一回事；聽到全世界最強大軍隊總司令說同樣的話，是另一回事。

拜「黑人父親與白人母親、在世界各地的多種族社群中成長」這樣的個人背景之賜，歐巴馬對於美國的種族關係，擁有明顯的優勢。此外，他還展現了令人羨慕的靈活性，在美國黑人與白人之間優遊自如，找到一種能與兩個社群的主流溝通的語言。他在二〇〇四年民主黨全國大會（Democratic National Convention）上崛起為全國知名人物，以一場演說宣示美國要擺脫舊日的偏見與可恥的歷史。當時歐巴馬不談種族主義的影響，只強調親職教育的重

4 編注：一九八七年，年僅十五歲的美國黑人少女塔娃娜．布勞里（Tawana Brawley）在紐約宣稱遭人綁架、毆打與性侵，並指控四名白人男性犯案。此案獲得極大媒體關注，包括比爾．寇斯比與法拉堪等人都聲援布勞里；然而隔年陪審團卻在傳喚了一〇八位證人後，於長達一六〇頁的報告中，做出了她並未被性侵且很可能是捏造事實的結論。布勞里本人拒絕出庭作證，使得本案最後無疾而終。

5 編注：二〇〇六年，杜克大學長曲棍球隊（Duke lacrosse team）發生一起球員涉嫌性侵案。一名黑人女性舞者指控三名白人球員性侵，導致球隊教練被解職，同時在校園與媒體輿論上引發性別與種族議題論戰。由於此案疑點重重，包括 DNA 鑑定不符合等，三名涉案球員最後皆獲判無罪。

要，譴責那些形容黑人小孩愛看書是在「學白人」的人。他談到自己的父親來自肯亞、母親來自堪薩斯州（Kansas），並宣稱：「在全世界其他任何一個國家，我的故事都不可能成真。」他在聯邦參議員任內曾被問到，卡崔娜颶風的救災工作是否顯示種族主義的影響？他表示救災工作的確「愚昧無能」，但是「與膚色無關」（color-blind）。

種族主義不僅僅是一種單純的憎恨，它更常表現為對某些人的整體同情、對另外一些人的整體懷疑。美國黑人一直活在懷疑的眼光之下，因此才有「黑人必須要比別人的表現『優秀兩倍』」這句老話，因此才必須「告誡」年輕黑人男性遇到警察時要特別小心，因此歐巴馬才要堅稱卡崔娜颶風救災與種族無關；「學白人」之類的童言童語彷佛等同於美國最古老的政策方針：白人至上主義。一位美國黑人選上國家最高公職，人們聲稱這是彰顯了種族融合的勝利。然而當歐巴馬總統對特瑞方．馬丁的悲劇發表談話，他彰顯的卻是種族融合的極限：黑人想得到接納，不僅表現要「優秀兩倍」，膚色還要「一半黑」。而且就算都做到了，完全的接納還是可望不可即。這種現象還有更大的效應：只要是稍微會被種族影響、或者影響根本難以察覺的領域，歐巴馬的總統事業潛力都會遭到限縮。在此同時，在美國各地歐巴馬根源所在的社群，面對這種虛假的平等，卻只能敢怒不敢言。

歐巴馬的第一任期，共和黨在眾議院採取全面抵抗策略，參議院的阻撓議事（filibuster）也創下紀錄。如果這只是在政治或政策層面的反彈，如果這只是一般認定的美國日趨「兩極化」（polarization）的跡象，那倒也罷。然而歐巴馬國內政治地位面對的最嚴峻長期挑戰，一直都落在一個他與生俱來的事實：如果他有兒子，模樣也會像特瑞方・馬丁。還是總統候選人的時候，歐巴馬已經瞭解這一點。

「重點在於，從種族負面感受與歷史來看，黑人不可能當上美國總統，」歐巴馬的民調專家柯內爾・貝爾契（Cornell Belcher）在二〇〇八年大選之後，對記者葛雯・伊菲爾（Gwen Ifill）表示，「然而，一個極為傑出、才華洋溢、正好是黑人的年輕人，卻有可能當上美國總統。」貝爾契的公式承認反黑人種族主義的力量，並以對它視而不見的方式來擊敗它。他的一番話是歐巴馬年代的最佳寫照：一場不可以自我宣示的革命，一種深受種族議題影響、但是不可以承認其重要性的民主。歐巴馬治理的這個國家，一方面夠開明，讓黑人也能入主白宮；另一方面卻也很不開明，無法接受自己的總統竟然是個黑人。

在歐巴馬之前，「黑人總統」在美國黑人的想像中是個無所不在的笑話，一個代表所有不可能事物的幽靈。白人可以高談闊論自由與解放，但是不會容許黑人當上總統。他們受不了愛默特・提爾（Emmett Till）[6]稚氣的目光。當金恩博士把左臉頰也轉向白人，結果卻被

6 編注：愛默特・提爾（Emmett Till, 1941-1955）芝加哥出生的美國黑人，在十四歲那年到密西西比州探訪親戚，因為與一

白人轟掉。白人因為不滿「黑鬼的平等」（nigger equality）而射殺林肯，將艾達・威爾斯逐出孟斐斯（Memphis），在公車座位上毆打「自由乘車者」（Freedom Riders）[7]，在梅德嘉・艾佛斯（Medgar Evers）家的車道上像殺狗一樣殺害他。喜劇演員戴夫・查普爾（Dave Chappelle）曾開玩笑說，美國第一位黑人總統會需要一位「桑提亞哥副總統」（Vice President Santiago），因為唯有一位西語裔候任元首才能確保他性命無虞。每當黑人總統簽署法案的時候，也可能就一併簽署了自己的死亡證書。

就算白人能夠降低自身的暴力傾向，我們黑人也沒辦法。黑人因為錯誤的膚色而長期受苦受難，因此缺乏領導自由世界不可或缺的細緻特質。諧星李察・普瑞爾（Richard Pryor）一九七七年在電視喜劇中飾演黑人總統時，承認他「追求過很多白人女性」，開記者會開到場面大亂，因為一名記者要總統的媽媽去打掃他的房子。另一位諧星塞德里克（Cedric the Entertainer）則是開玩笑說，一位黑人總統如果遇到「陸文斯基醜聞」（Monicagate）[8]之類的事件，一定會把記者會搞得天翻地覆。查普爾曾經設想小布希總統如果是黑人，他要如何為推翻薩達姆・海珊（Saddam Hussein）的戰爭辯護，結果他扮演的「黑人版布希」（Black Bush）只會大喊：「那個黑鬼想殺掉我爸爸！」

這些鬧劇呈現了一位黑人總統可能的弔詭與問題。種族主義不容許黑人總統。而美國民主口是心非的論調也認為，對於講究精細的橢圓型辦公室（Oval Office）而言，黑人的本質太少數族群化、太粗糙。黑人鬧劇的幽默之下，潛藏著揮之不去的痛苦、歷史的疤痕，還有一種椎心刺骨的疑慮：深信「他們」永遠不會接受我們。因此，我們在哈林籃球隊（Harlem Globetrotters）與樂園谷（Paradise Valleys）的情境中想像一位黑人成為總統，就像一群身高五呎的控球後衛想像自己灌籃，只能證明了人世間有嚴重的不公不義，意義重大卻無法克服。

然而小鋤頭韋比（Spud Webb）[9]這樣的人物確實存在。

當總統候選人歐巴馬現身在黑人社群之前，會對他有信心的人應該不多。他的頭髮像歌手傑斯一樣一絲不苟、他熱愛即興籃球賽、娶了一個來自芝加哥南區的深膚色黑人女子，很難讓人相信他能夠吸引大批白人選民的支持。歐巴馬的黑人本質到底有多純正，是一個經常引發議論的問題。他二〇〇七年在黑人記者協會（National Association of Black Journalists）演

名白人女性店員談話，遭到女店員的家人以殘酷的私刑殺害。

7 編注：此指一九六一年美國民權運動者在聯邦最高法院一系列宣判「隔離政策」違憲的判決後，為了檢視南方各州實際執行的狀況，而紛紛搭乘跨州公車前往南方各州檢視與抗議。民權運動者也因此時常與南部各州白人至上主義組織、甚或警方發生衝突。第四章提及的布爾·康納（Bull Connor）便是在當年五月於阿拉巴馬州伯明罕市與白人至上主義者合作，襲擊並毆打這些自由乘車者。

8 編注：「陸文斯基醜聞」（Monicagate）指的是美國總統柯林頓與白宮實習生莫妮卡·陸文斯基（Monica Lewinsky）的性醜聞案件。此事引發了對柯林頓總統的彈劾案。

9 編注：美國前NBA籃球員，控球後衛。他身高不滿一七〇公分卻擅長灌籃，是NBA史上身材最矮的灌籃王。

講時自嘲：「我要為稍微遲到說聲抱歉，但那是因為你們一直在問我夠不夠黑。」然而，儘管歐巴馬當選後不太願意談論種族議題，他總是展現對黑人文化如魚得水，而且非常擅長駁斥美國黑人最糟糕的自我觀念。

美國社會對黑人男性有一個殘酷的迷思：我們讓黑人女性求偶無門，因為我們不是坐牢、早死、同性戀，就是娶了白人女性。由此而衍生的另一個迷思，則是認定成功與黑人文化之間只有負向關係。在歐巴馬入主白宮之前，我們無法想像一位會熱愛自己黑人身分的黑人總統。在《歐巴馬勇往直前》（*The Audacity of Hope*）一書中，歐巴馬形容他與蜜雪兒的初吻「有巧克力的滋味」，這句像是出自《本質》（*Essence*）雜誌的台詞，一語中的。

在歐巴馬競選總統時期以及當選之後，這些文化上的提示變得更重要了。歐巴馬不僅展現了黑人本質，他還運用黑人本質對美國黑人傳遞訊息、爭取支持，以一種我們自創的文化語言來表達。歐巴馬在阿波羅劇院（Apollo Theatre）哼唱艾爾．格林的歌，可以點名饒舌歌手陽極（Young Jeezy），定期出現在黑人雜誌的封面，比較傑斯與肯伊．威斯特的高下，在白宮和撫摸他頭髮的黑人小男孩合照。這樣的訊息傳遞往往有點過度情緒化，就像一個維吉尼亞州的政客對特定觀眾談話時，會特別加重自己的南方口音。如果你通常是政治訊息的話柄（例如希斯特．蘇亞、威利．霍頓），但很少成為接收者，這種文化親和性的展現會很有力量。而且拜歐巴馬成功之賜，展現的力量更上層樓。美國社會許多原本被認為是恐懼黑人的階層，都在二〇〇八年全面支持歐巴馬。歐巴馬打過不少勝仗，但他最大的成就應該是將黑人的想像擴展到涵蓋一個概念：一個人可以在深受黑人文化薰染之餘，同時具備許多其他特質：跨種族、常春藤名校、知識分子、保守性情、總統風範。

人們常說，歐巴馬當上總統之後，黑人父母親總算可以心安理得地告訴孩子：有志者事竟成。原因除了歐巴馬是靠選票入主白宮，還包括他的總統事業向全世界散發出一種輕鬆自在、近乎神祕的黑人特質。歐巴馬的家庭代表了黑人理想的自我形象，而我們極少在全國性的層面看到這種理想的展現。

今日的黑人終於享有一項長久被遏制的特權，看到我們最神聖的文化實務與主題，化身為全世界至高無上的公職。在美國的歷史中，這種文化權力向來只能由白人來行使，而且因為現象無所不在，人們甚至不會去評論它。擴展這種文化權力、超越白人專屬領域，對美國黑人而言是一項巨大的進展。另一方面，對於那些長期擁護白人獨佔權的人，歐巴馬總統的存在令他們困惑不安，甚至驚慌恐懼。那張黑人小男孩伸手撫摸總統捲髮的照片，不但對美國黑人傳遞了一個訊息，也對那些享有白人權力的人傳遞了另一個訊息。

在美國歷史上，擁有財產、當陪審員、選舉投票、擔任公職、當選總統的權利，向來被視為只限於能夠展現特定品格的人。公民權是一種社會契約，讓有品德的人轉化為利害關係人，誓言捍衛國家、抵抗外在或內在的威脅。一直到一百五十年之前，在美國人關於內在威脅的狂熱想像中，黑奴的反抗就是必須對付的頭號威脅之一。

美國創建初期，民主仍是一個尚無結果的實驗，開國先賢甚至沒有說清楚，是否所有的白人都有權管理這個脆弱的體制，至於黑人就更不用說了。因此美國國會在一七九〇年宣布：

> 所有已經來到或即將來到美國的自由白人，如果能在官員面前提出合格的證明並宣誓，表明他們願意在此地定居，願意宣誓效忠，並且在美國居住滿一整年，他們就可以享有所有公民權。

非常清楚，美國的公民權與白人身分從一開始就是天作之合。來到十九世紀，耶魯大學的歷史學與美國研究教授馬修．雅各布森（Matthew Jacobson）如此形容：「白人身分是公民歸化的先決條件，這一點已經毫無疑義。」一八五八年的伊利諾州聯邦參議員選舉，史蒂芬．道格拉斯（Stephen Douglas）與林肯辯論時主張「美國政府的建立，是以白人為基礎，」而憲法制訂者（the Framers）「在提及人類的平等時，並不涵蓋黑人、野蠻的印地安人、斐濟人、馬來人，或者其他劣等種族。」

南北戰爭結束之後，林肯的繼任者安德魯．強森（Andrew Johnson）總統雖然是北方合眾國的支持者，但他對於賦予黑人投票權非常不以為然：

在一個偉大的國家，對於什麼樣的人適合決定公眾事務的管理，相關的特質很少能夠同時兼具。白人應該感到榮耀，因為他們擁有這些特質，而且分量足夠，得以在美洲大陸上建立起偉大的政治體制，而且九十多年來保持穩定運作。在世界上其他地區，所有類似的實驗都失敗了。然而，如果事實還能夠作為證明、有憑有據的理性思考還存在，我們就必須承認，就世界諸國的進展而言，黑人的治理能力在各個種族中敬陪末座。沒有任何一種形式的獨立政府，能夠在黑人手裡獲致成功。另一方面，每當我們讓黑人自行治理，他們總是會淪落到野蠻的狀態。

認定黑人特別不配享有政治平等的想法，一路深入到二十世紀。一九四四年，美國政府開始考慮在軍中推動種族融合，一名西維吉尼亞州的青年寫信給該州的參議員：

我是一個典型的美國人、一個南方人，今年二十七歲……我忠於國家，對國旗快懷敬意。但是我絕對不會在那幅旗幟之下與一個黑人並肩作戰。我寧可死一千次，寧可看到星條旗被踐踏在泥濘中、再也無法升起，也不願看到摯愛的國土被種族雜種羞辱，他們是荒野中最黑暗的物種。

寫這封信的人並沒有加入軍隊，但倒是加入了三K黨。他就是羅伯特・伯德（Robert Byrd），二〇一〇年過世時，是美國歷史上任職最久的聯邦參議員。伯德對政治平等的排斥，在一九五七年得到威廉・巴克利二世（William F. Buckley Jr.）的附和，他認為要對治種族隔離的道德恥辱，就必須支持嚴格根據膚色來決定投票權：

如今浮現的核心問題，既不是國會的問題，也不是一個只需檢視人人平等的美國公民權清單就能回答的問題，而是南方的白人社群在自身並未佔多數的地區，是否有權採取必要措施，來確保自身在政治上、文化上的優勢？經過深思熟慮，答案是肯定的：白人社群有權，因為他們是目前的先進種族。

身為《國家評論》雜誌的創辦人，巴克利進一步強調：「絕大多數不投票的南方黑人，根本不在乎投票這件事。而且就算給他們投票權，他們也不知道為什麼要投。」認定黑人不應在美國政治前景扮演重要角色的觀念，影響了美國社會的每一個層面，讓白人身分得以轉換，進而壟斷美國社會的可能性。像伯德、巴克利這樣的白人，在他們成長的年代受到法律保障，在任何一個領域都不必與黑人競爭。黑人只能使用比較差的公立游泳池、比較差的廁所，讀比較差的學校。最高級的餐廳拒絕招待黑人。在美國許多地區，黑人雖然繳稅，但是不能進最頂尖的大學，也不能行使投票權。最好的工作、最富裕的社區都保留給白人。這是一種無所不在的積極「平權」措施，但目的不是追求平等。

奴隸體制、吉姆・克勞法、種族隔離等因素將白人凝聚為一群廣大的貴族，成員以顯著的非黑人膚色彼此連結。在伯德眼中，種族融合的軍隊代表白人身分理想的淪陷，並使整個以它為中心的社會也跟著賠葬。無論那些神聖的非暴力論述如何宣揚，種族融合都是對白人身分的猛烈攻擊。直到二〇〇八年都由清一色白人出任的美國總統，正是那個舊秩序最重大的象徵。

二〇〇八年大選投票夜，看著歐巴馬在維吉尼亞州、新墨西哥州、俄亥俄州、北卡羅來納州這些地方獲勝，任何人都可以輕易地下結論：作為一種國家力量的種族主義，已經遭到擊敗。這個想法的確不能等閒視之，歐巴馬的勝利彰顯了現今的美國與過往不可同日而語（事實上，巴克利後來修正了自己的種族立場；伯德任職國會的數十年，也都在彌補昔日過錯）。一個過去以白人身分作為公民權基礎的國家，如今選出一位黑人總統，這當然是勝利。然而將這場勝利當成種族主義的挫敗，恐怕是遺忘了種族主義之所以歷久不衰的原因，而且忽略了歐巴馬仍然搖搖晃晃的立足點。

二〇〇八年民主黨總統候選人黨內初選時，《紐約客》（*The New Yorker*）的記者喬治・派克（George Packer）前往肯塔基州，對當地人毫不掩飾的白人身分認同感到震驚。一名選民告訴派克：「我擔心他用人會偏重少數族群，壓制白人。這是我的想法。」這名選民並非特例。二〇一〇年布朗大學（Brown University）政治學家麥克・泰斯勒（Michael Tesler）與加州大學洛杉磯分校（UCLA）心理學及政治學教授大衛・希爾斯（David Sears）評估種族因素對二〇〇八年民主黨內初選的衝擊，重點放在兩項關於二〇〇八年選戰與選舉研究的數據，以及先前對種族憎恨與選民選擇的調查，比對兩者的資料。兩位學者在《歐巴馬的種族：二〇〇八年大選與後種族時代美國夢》（*Obama's Race: The 2008 Election and the Dream of a Post-Racial America*）一書中寫道：

> 會讓民主黨初選選民產生最嚴重分歧的因素，就是他們對於黑人的感受，其他因素的影響都遠遠不如。種族心態對於個人投票決定的衝擊……無比強大，影響程度甚至大到讓賈克遜牧師在一九九八年那場種族意味更強烈的初選選戰，相較之下都顯得小巫見大巫。

哈佛大學經濟學博士候選人塞斯・史蒂芬斯—大衛多維茲（Seth Stephens-Davidowitz）研究種族心態讓歐巴馬在二〇〇八年少了多少票。首先，他依據民眾在Google上搜尋種族主義字眼的頻率，作出各個地區的排序（頻率最高的地區包括西維吉尼亞州、賓州西部、俄亥俄州東部、紐約州北部、密西西比州南部），然後比較歐巴馬與四年前約翰・凱瑞（John Kerry）在這些地區的得票率。舉例來看，二〇〇四年凱利在丹佛（Denver）與惠陵（Wheeling，跨越俄亥俄與西維吉尼亞）兩個媒體市場（media markets）得票五〇％。從二〇〇八年民主黨聲勢大好來看，歐巴馬在這兩個地區應該都可以拿到五七％選票。但結果卻並非如此，在Google搜尋種族主義字眼頻率非常低的丹佛地區，歐巴馬確實拿到五七％；但是在搜尋種族主義字眼頻率偏高的惠陵地區，歐巴馬只拿到四八％。當然，歐巴馬也因為黑人身分而多拿了一些選票，但是史蒂芬斯—大衛多維茲加總計算全國各地的統計結果，結果顯示歐巴馬因為種族主義而損失了三％至五％的選票。

歐巴馬當選之後，備受期待的後種族年代並沒有來臨。相反地，種族主義反而變本加厲。在新興的茶黨（Tea Party）活動上，人們高舉標語牌指稱「歐巴馬將奴役白人」（Obama Plans White Slavery）。茶黨紅人、愛荷華州聯邦眾議員史提夫・金恩（Steve King）批評歐巴馬「偏愛黑人」。二〇〇九年，高唱白人衰亡論的拉許・林堡聲稱歐巴馬的總統任期會出現「白人小孩遭到毆打，黑人小孩在一旁歡呼『打得好、打得好、打得好』。大家都會說白人小孩罪有應得，他是天生的種族主義者，他是白人。」在「福斯好朋友」（Fox & Friends）節目中，葛倫・貝克（Glenn Beck）斷定歐巴馬已經露出真面目，「對白人或白人文化深懷恨意……我相信這個人是一個種族主義者。」貝克後來表示他不該稱歐巴馬是種族主義者，但在同一個星期，他又指稱總統的健保改革計畫是一種「賠償」。

想要反駁這類種族偏執的模式，有人會談到柯林頓年代，意識型態狂熱讓右派陷入瘋癲，民兵運動受到激發，總統被指控共謀殺害自己的律師文斯・福斯特（Vince Foster）。依據這種思維，歐巴馬的遭遇只是司空見慣的政治反對勢力運作，種族並沒有那麼重要，更重要的是黨派屬性等因素。但是這種論調認定黨派屬性與種族無關，假裝只有童妮・摩里森（Toni Morrison）注意到柯林頓對黑人選民的獨特魅力，忘記了柯林頓被迫要批判希斯特・蘇亞，也忘記了柯林頓的健保計畫儘管被右派貼上各種不堪的標籤，但「賠償」卻不在其中。

泰斯勒與希爾斯進行後續研究，探討種族在二〇〇八年總統選戰中扮演的角色。他們最近發表一項研究結果，主題是種族因素對於人們反對或支持健保改革有何影響。結果令人耳目一新：歐巴馬的選戰讓美國白人的觀點更趨激進，連對健保政策都不例外。泰斯勒在那年七月發表於《美國政治學期刊》（*The American Journal of Political Science*）的一篇論文中指出：「將健保政策描述為歐巴馬總統的計畫，或者將一模一樣的政策描述為柯林頓總統一九九三年的計畫，比較民眾對兩者的觀點，種族態度對前者的影響遠大於後者。」

葛倫・貝克與拉許・林堡選擇直接發動種族攻擊，其他人則選擇根本否認美國選出一位黑人總統這回事。四分之一的美國人（包括半數以上的共和黨人）認定歐巴馬不是在美國出生，當總統名不正言不順。十多個州的州議會推動《出生地質疑者法案》（*birther bills*），要求歐巴馬證明自己的美國公民身分，否則他的名字不得印在二〇一二年總統選舉的選票上。此外，一八％的共和黨人認定歐巴馬是穆斯林。這一切的一切，目的都是要否定歐巴馬總統地位的合法性。只要歐巴馬不是真正的美國人，那麼美國就還沒有出現黑人總統。

雖然歐巴馬繼續擔任總統，但是白人的憎恨情緒並沒有冷卻。事實上，共和黨總統候選人初選中，有人聲稱黑人家庭在奴隸年代的日子比較好過（如米雪・巴克曼〔Michele Bachmann〕、瑞克・桑托倫〔Rick Santorum〕）；有人認為歐巴馬身為黑人，就應該反對墮胎（桑托倫）；有人則譴責歐巴馬是個「食物券總統」（food-stamp president）（金瑞契）。

這種憎恨並不是共和黨的專利。今年稍早，西維吉尼亞州民主黨總統候選人初選，四一％選民投給一名白人重罪囚犯凱斯・賈德（Keith Judd），他在十個郡擊敗歐巴馬。該州聯邦參議員喬・曼欽（Joe Manchin）與州長艾爾・雷・湯布林（Earl Ray Tomblin）拒絕參加今年的民主黨全國大會，也拒絕承諾會把自己的一票投給歐巴馬。

西維吉尼亞州非常倚賴煤礦產業，人們常說歐巴馬之所以在當地不受歡迎，是因為他的政策。然而要記得，西維吉尼亞州也是史蒂芬斯—大衛多維茲的研究中，種族主義程度最高的州。此外，歐巴馬還沒當上總統之前，在西維吉尼亞州就已經不受歡迎。二〇〇八年的時候，民主黨總統候選人初選儘管已到尾聲，希拉蕊・柯林頓還是在西維吉尼亞州大贏歐巴馬四一%，該州的民主黨人有五分之一表明，種族因素會影響他們的投票。

今日我們親身經歷的現象，並不是某種新興、複雜化的白人種族主義，而是舊日種族主義的餘燼：美國社會最好的位置與機會，都與黑人無緣。歐巴馬總統事業遭到的反撲與種族因素密不可分，不熟悉美國政治的人面對這種狀況，可能會認為一定是歐巴馬鍥而不捨推動激進的種族改革，才會引發這種反撲。其實不然。賓州大學（University of Pennsylvania）政治學家丹尼爾・吉利昂（Daniel Gillion）長期研究種族與政治，他在檢視《總統公開文件》（*Public Papers of the Presidents*，總統公開談話彙編，內容包括聲明、記者會談話與行政命令）之後發現，歐巴馬擔任總統前兩年談論種族議題的次數，比一九六一年以來任何一位民主黨籍總統都少。歐巴馬的種族議題策略一點也不激進，他並沒有利用總統的地位來談論種族主義，反而是著重於歷史悠久的黑人自我打壓傳統，嚴厲抨擊黑人文化廣為人知的弊病。

歐巴馬的作法並不新穎，布克・華盛頓就是此道中人，他在吉姆・克勞法的年代面對眾多的白人恐怖分子，仍然支持種族隔離，並聲稱黑人在南方有很好的機會。道格拉斯・懷爾德（L. Douglas Wilder）也是如此，他在一九八六年成為維吉尼亞州史上第一位黑人州長，但是一直與賈克遜牧師保持距離，並曾在全國有色人種協進會的一場演講中說道：「親愛的布魯特斯（Brutus），該責怪的不是我們的星辰，而是我們自身……有些黑人不喜歡聽我說這些事情，不喜歡聽我談論價值……但該說的還是要說，我們太會找藉口了。」賈克遜本人甚至也會如此，他曾經指責「毒品問題日益嚴重、女孩未成年就當媽媽、暴力……正在剝奪我們的機會。」

這種策略有其效用。布克．華盛頓創辦的塔斯基吉大學（Tuskegee University）至今猶存；懷爾德成為美國自國家重建時期以來第一位黑人州長；賈克遜的參選影響了民主黨總統候選人提名程序，後來改採依各州初選得票比例分配黨代表票，這對歐巴馬的二〇〇八年黨內初選頗有幫助，讓他能夠在大州就算沒有奪冠、也能拿到黨代表票，在小州則以顯著的黨員票優勢囊括黨代表票。

然而，對於彷彿要求整個黑人社群都變成天才老爹一家人的種族融合，我們要如何應對？要求黑人必須比白人「優秀兩倍」的平等並不是真正的平等，而是雙重標準。對歐巴馬的總統事業而言，這樣的雙重標準既是陰影也是限制，警告他不可以坦誠面對美國與生俱來的醜惡胎記。

美國黑人還有另一項政治傳統，抗衡歐巴馬與布克．華盛頓公開奉行的傳統，不僅要質疑黑人文化，也要質疑整個美國的立國精神。這項傳統可以上溯到費德里克．道格拉斯，他在一八五二年如此形容自己的祖國：「此時此刻的美國人民，正在犯下驚人的血腥罪行，全世界沒有任何一個國家能夠比擬。」這項傳統由馬丁．德蘭尼與布克．華盛頓的死對頭杜波依斯、麥爾坎．X一脈相承，它的傳人包括金恩博士，他在越戰最慘烈時期形容美國是「今日全世界最惡劣的暴力販子」，也包括歐巴馬曾經跟隨過的牧師傑瑞米．萊特（Jeremiah Wright），他曾發表著名的「天譴美國」（God Damn America）布道。

哈佛法學院教授藍道．甘迺迪（Randall Kennedy）二〇一一年出版的《膚色的楚河漢界：種族政治與歐巴馬的總統事業》（*The Persistence of the Color Line: Racial Politics and the Obama Presidency*）在美國黑人愛國精神的脈絡中，檢視自己的父親與萊特牧師，藉此來探討這項政治傳統。甘迺迪的父親與萊特都是退伍軍人，曾因為美國的種族主義受到傷害並且激進化，成為自己國家大聲疾呼的批判者：只要是涉及美國的國際衝突，老甘迺迪一定支持其他國家。

老甘迺迪與萊特牧師對於美國立國精神深刻的不信任，是美國黑人歷史悠久的傳統。費德里克．道格拉斯在南北戰爭期間致力於保全合眾國，但是在那之前，他主張美國應該毀滅，一八四七年他對美國反奴役學會（American Anti-Slavery Society）發表演講時說：「我對美國沒有愛，我沒有愛國精神……我渴望看到美國政府儘快被推翻，美國憲法化成無數碎片。」

甘迺迪指出，發出這種譴責的道格拉斯，不但曾經承受奴隸制度的痛苦，而且在他生活的國家，白人經常選擇七月四日這個特別的日子，進行種族恐怖迫害行動：

一八四五年七月四日，費城的白人將獨立廳（Independence Hall）前方廣場的黑人驅離。之後的許多年，費城黑人想參加七月四日慶典都得冒生命危險。一八三四年七月四日，紐約市的白人暴民縱火焚毀百老匯大教堂（Broadway Tabernacle），原因是不滿教會領導階層的反奴隸制度、反種族主義立場，同情縱火者的消防員拒絕救火。一八三五年七月四日，新罕布夏州（New Hampshire）迦南（Canaan）的一群白人暴民，摧毀一家由廢奴主義者經營、招收黑人學生的學校。南北戰爭爆發之前，類似的事件此起彼落。

萊特牧師出生於種族隔離的美國，南方公開施行，北方暗中為之，傷害無處不在。萊特後來加入陸戰隊，誓言要報效國家，當時美國還有幾個州不允許黑人投票。他發展傳教事業的社區，數十年來深受工作與居住歧視之苦，還被毒品、槍械暴力與破碎家庭等問題壓得喘不過氣。他的世界代表著他的黑人信徒，人們從小就接受史蒂芬·道格拉斯、安德魯·強森與威廉·巴克利二世宣揚的否定黑人公民權（anti-black-citizenship）傳統，包括人頭稅（poll taxes）、州政府推行嚴苛的選民身分證明（voter-ID）法規。這個傳統要傳達的訊息是「你們不是美國人」，反制的訊息「天譴美國」其實由來已久，只有不熟悉美國黑人政治生活的人們才會感到驚訝。遺憾的是，美國許多地方都有這樣的人。

姑且不論萊特布道的時空背景，那些內容在二〇〇八年曝光，不僅讓歐巴馬的競選團隊尷尬，許多美國黑人也受到衝擊。人們普遍認為，黑人總是想要談論種族問題，一有機會就要教訓白人，讓他們知道自己大錯特錯、必須為過去與現在的罪行付出代價。然而，歐巴馬之所以快速崛起，原因之一就在於美國黑人已經人心厭戰。美國厭倦了舊日嬰兒潮（Baby Boomer）世代的論辯，不僅如此，黑人本身也不想再談積極平權措施與學生混合就讀接送（school busing）。我們普遍對種族融合感到失望，對我們推選的代言人感到幻滅。歐巴馬能夠在民主黨初選中贏得白人佔多數的州，讓人們開始傳言新的和平即將降臨，許多黑人對此迫不及待。

而且，就連那些相信「天譴美國」傳統的美國黑人，他們的心態也不是喜悅，而是深沉的痛苦與焦慮。老甘迺迪與萊特牧師都曾經從軍，我父親上越南戰場時的偶像是約翰韋恩，回來之後卻開始引述麥爾坎．X的名言。詩人露西兒．克利夫頓（Lucille Clifton）言簡意賅：

他們的行為似乎很不愛國
不
真相是
是他們發現

二〇〇八年，隨著歐巴馬的選戰越來越有模有樣，終於，我們的國家似乎也開始愛我們了。我們不需要自己的萊特牧師、自己的賈克遜牧師、自己的一九六〇年代極端事物，那些因素只會礙事。事實上，歐巴馬與萊特牧師劃清界線，幾乎不影響黑人對他的支持。

歐巴馬為美國黑人帶來一種順理成章的敘事，能夠與更廣大的美國敘事緊密結合。這種敘事的前情提要是克里斯帕斯·阿塔克斯（Crispus Attucks）[10]，不是逃離農場、加入英軍戰鬥行列的黑奴；是麻州第五十四步兵團（54th Massachusetts）[11]，不是奈特·杜納（Nat Turner）[12]；是堅毅有如聖人的羅莎·帕克斯（Rosa Parks）[13]，不是年紀輕輕就懷孕的克勞黛

10 編注：克里斯帕斯·阿塔克斯（Crispus Attucks, 1723-1770），黑人碼頭工人。曾經身為奴隸的他在一七七〇年的波士頓慘案（Boston Massacre）中成為第一位遭到英軍射殺的北美洲人。波士頓慘案後來成為美國革命與獨立的導火線之一，而阿塔克斯也成為黑奴解放運動和美國革命的重要象徵。

11 編注：麻州第五十四步兵團（54th Massachusetts）是南北戰爭期間的黑人部隊，指揮官是羅伯特·古爾德·蕭（Robert Gould Shaw）。一八六三年七月，該部隊對南方邦聯的華格納堡發起英勇且犧牲慘重的進攻，這件事激發了更多黑人兵團的組建，並被無數文學與藝術作品歌頌。該步兵團的故事在一九八九年被改編成電影《光榮戰役》（*Glory*）。

12 編注：奈特·杜納（Nat Turner, 1800-1831），維吉尼亞州南漢普敦郡的黑奴，因不堪受迫而在一八三一年領導一場奴隸起義，殺害六十餘名白人。兩天後起義被白人鎮壓，杜納被捕並被判處死刑。

13 編注：羅莎·帕克斯引發了「抵制蒙哥馬利公車運動」，見第二章編注37。

特・柯爾文（Claudette Colvin）[14]；是有如耶穌基督的金恩博士，不是心懷報復的麥爾坎・X。萊特牧師的出現可能會讓這種四平八穩的敘事四分五裂，因為它象徵種族融合無法跨越的關卡：黑人的憤怒。

針對歐巴馬的憤怒情緒往往帶有政治色彩，例如二〇〇八年希拉蕊・柯林頓支持者哈莉葉・克里斯欽（Harriet Christian）斥責歐巴馬是「不夠格的黑人男性」、二〇〇九年CNBC主持人瑞克・桑泰里（Rick Santelli）大罵政府幫「窩囊廢」補貼房貸、二〇〇九年九月聯邦眾議員喬・威爾森（Joe Wilson）在歐巴馬對國會演說時突然大喊「你說謊！」、二〇一〇年聯邦眾議院共和黨領導人約翰・貝納（John Boehner）在議場上針對歐巴馬健保（Obamacare）法案高喊「休想過關！」然而種族政治的準則卻要求歐巴馬絕對不能以類似方式回應。「黑人憤怒」可能發出的聲音與力量是如此令人戒慎恐懼，以至於歐巴馬還是新科聯邦參議員時，曾在全國性的電視節目上被要求表態，與哈利・貝拉方提（Harry Belafonte）[15]的憤怒言論劃清界線。這種恐懼後來還導致人們要求歐巴馬與路易斯・法拉堪保持距離，最極致的表現則是萊特牧師事件，以及要求他在總統任內完全不可表露對白人反對者的憤怒。

正因如此，「優秀兩倍」的迷思一方面造就了歐巴馬，一方面也困住了他。這種迷思主張，美國黑人儘管被奴役、被凌虐、被強姦、被歧視、淪為美國史上最嚴重本土恐怖活動的受害者，但就是不可以對加害者感到憤怒。當然，從歷史教訓來看，那些試圖揭露種族議題赤裸真相的人，絕大部分都不會得到正面回報。但是二〇〇八年的時候，歐巴馬本人曾以總統候選人的身分，呼籲讓真相浮上檯面。那是萊特牧師的「天譴美國」言論引發眾怒之後，歐巴馬在一場以「合眾國更上層樓」（More Perfect Union）為題的演講中說道：「我深信今日的美國，不能對種族議題視若無睹。」儘管如此，歐巴馬就任總統至今，對種族議題在實質上就是視若無睹。

無論其中涉及什麼樣的政治算計，這種忽視引發既廣且深的效應。最顯著的結果就是，歐巴馬因此無法直接處理美國的種族歷史，也無法對今日任何沾染種族色彩的議題，例如黑人大規模監禁（mass incarceration）與毒品戰爭，做出有意義的論述。有人呼籲歐巴馬對各州大麻合法化採取較寬容的立場，甚至直接表態支持。事實上，我們的黑人總統在這方面相當矛盾，他不願正視或者繼續支持嚴苛的毒品法律，儘管每天都有黑人青年因此前途蒙塵。他

14 編注：克勞黛特・柯爾文（Claudette Colvin），與帕克斯一樣因在公車上拒絕讓座給白人而遭逮捕，當年她十五歲；後積極投入民權運動，在美國有色人種協進會中扮演重要角色。她在十七歲那年未婚生下一名孩子。

15 編注：哈利・貝拉方提（Harry Belafonte），黑人歌手、演員與社會運動者。一九四九年出道的他是美國第一位個人專輯銷量突破百萬張的流行歌手，在七十年的音樂生涯中獲得三屆葛萊美獎。貝拉方提積極投入六〇年代的民權運動，同時也是馬丁・路德・金恩的密友。他在二〇〇六年時曾稱小布希是「全球頭號恐怖份子」。同年，美國國家廣播公司（NBC）主持人提姆・拉瑟特（Tim Russert, 1950-2008）在節目《與媒體見面》（*Meet the Press*）中拿貝拉方提這段話詢問時任伊利諾州參議員歐巴馬，歐巴馬表示此說「並不妥當」。

曾經公開談論自己年輕時吸過大麻，如果他是來自另一個社會階層，並且遭到逮捕，他的前途也會被同一套法律葬送。不過這樣的理性論述有正反兩面：如果像健保改革這麼專業的議題，都會因為總統是黑人而變成種族議題，那麼本來就具有濃厚種族色彩的毒品政策，歐巴馬一旦觸及恐怕就會局面大亂。

種族議題的政治效應並不侷限於美國國內。我與許多自由派人士一樣，非常訝異歐巴馬會推動使用無人機的祕密政策，尤其還涉及毫無限制地殺害美國公民。一位能體認美國黑人維繫公民權是如何辛苦、如何不時遭到政府暗中阻撓的總統，一位擁有寬廣世界觀的黑人總統，不應該這麼做。然而，歐巴馬的黑人身分與經歷背景，讓右派很容易就可以發動攻擊，聲稱他對恐怖主義立場軟弱。歐巴馬無法坦誠談論種族議題，也導致他無法坦誠談論任何議題。種族不只是歐巴馬故事的一部分，它也有如一個鏡頭，許多美國人透過它來檢視他所有的政治作為。

但是無論政治如何運作，完全屈服於政治只會對美國造成傷害。歐巴馬比誰都清楚，他曾經形容愛國精神不只是遊行活動，不只是大啖熱狗。二〇〇八年六月，他在密蘇里州（Missouri）獨立城（Independence）發表演講時說：「當我們的法律、領導人與政府違背了我們的理想，那麼美國民眾的異議也會是愛國精神不折不扣的展現。」與你在乎的人對話，不能只說他們想聽的話，更要說他們必須聽到的話。所有形式的愛都是如此，對國家的愛也不例外。

然而，在歐巴馬執政時期，想要表達這種愛國精神，最好保持低調、禮貌、畢恭畢敬。

今年春天，我飛往喬治亞州的奧巴尼（Albany），拜訪雪莉・謝洛德。她長期從事民權運動，完全可以代表歐巴馬頌揚的愛國精神。奧巴尼所在的多爾蒂郡（Dougherty County），貧窮率高達三〇%，是喬治亞其餘地區的兩倍。從機場開車往市區的路上，觸目所及的店家，包括發薪日貸款店（payday loans）、汽車貸款店（title loans）、保證不調查信用狀況的汽車經銷商，都印證了統計數據。

我到謝洛德辦公室的時候，她正準備寄一張生日卡給羅傑・史普納（Roger Spooner）。史普納是一位農民，謝洛德曾努力幫助他保住自己的農場。二〇一〇年七月，保守派評論家安德魯・布萊特巴特在自己的網站上發布一段影片，內容是謝洛德三月間在全國有色人種協進會的演講。影片經過刻意剪輯，讓當時任職農業部的謝洛德，像是在誇耀她如何歧視一名白人農民，藉此發洩種族報復狂熱。歐巴馬的死對頭經常為他貼上黑人憤怒的標籤，這段影片的用意就是要坐實兩者的關連。正因如此，謝洛德在農業部的上司在她長途開車的途中打電話給她，要她透過黑莓機遞出辭呈，並且告訴她：「妳今天晚上會成為葛倫・貝克節目的內容。」

葛倫．貝克後來果真做了一段以謝洛德為主角的節目，但內容卻是批判政府逼她辭官。那場演講的完整內容顯示，原來謝洛德談的是她如何擺脫種族憤怒，她提到的白人農民也與妻子後來一起出面，說明謝洛德如何鍥而不捨地幫助他們一家人。那位農民就是羅傑．史普納。

謝洛德是一位運動人士，從民權運動開始，後來轉而為史普納這樣的小農奮鬥。她的生涯與其說是一種選擇，不如說是身不由己。她的一位堂表兄弟在一九四三年遭到私刑處決，她的父親因為幾頭牛引發的紛爭，被一名白人親戚開槍射殺，而且儘管有三名人證，她家鄉貝克郡（Baker County）的大陪審團還是拒絕起訴嫌犯。後來謝洛德成為運動人士，加入學生非暴力協調委員會（Student Nonviolent Coordinating Committee），在家鄉附近進行選民登記工作。她的先生查爾斯．謝洛德（Charles Sherrod）是「奧巴尼運動」的領導人之一，當時還請到金恩博士。等到斯托克利．卡麥克接掌學生非暴力協調委員會，帶領組織轉向黑人民族主義，向來崇尚非暴力與種族融合的謝洛德夫婦也面臨重大抉擇。卡麥克原本主張非暴力，但是在從事民權運動時期，見識到太多的毆打與殺戮。謝洛德過往也深受種族暴力之害，似乎理所當然會加入民族主義的陣線，然而她與先生拒絕加入，離開學生非暴力協調委員會，繼續當金恩博士與非暴力主義的傳人。

後來謝洛德成就斐然，她是美國集體農場運動（farm-collective movement）的先驅之一，與夥伴共同創辦「新社區」(New Communities):一座佔地六千英畝的集體農場,從種植作物、製造蔗糖到提煉高粱糖漿無所不包。新社區在一九八五年關閉,主要原因是雷根政府的農業部拒絕核准貸款,儘管許多經營規模較小的白人農民都能拿到貸款。之後謝洛德為農場救援演唱會(Farm Aid)工作,與威利・尼爾森(Willie Nelson)成為好朋友,在家樂氏基金會(Kellogg Foundation)主持一項獎助計畫,柯林頓總統的農業部曾經考慮要延攬她。儘管如此,除了民權運動研究者與小農權益運動人士的圈子之外,謝洛德的名聲並不響亮。而且若不是美國第一位黑人總統的政府大動作將她革職,謝洛德到今天還是會默默無聞。

作為一位農業運動者,謝洛德發現美國農業部往往是黑人農民追求成功的絆腳石。對黑人農場而言,最大的傷害來自於地方官員在審核貸款時,會採取歧視性的作法。多年以來,謝洛德一直與這樣的歧視抗爭。歐巴馬當選之後,她進入農業部工作,昔日抗爭的對象如今成為她的部屬。如今她終於有機會,確保貸款過程能夠公平、沒有歧視。歐巴馬的當選帶來某些罕為人知但相當重要的變化,謝洛德出任公職正是其中之一。

然而這個政府卻屈服於再度興起、擅長搧動種族仇恨的右翼勢力,依據刻意誤導的影片,強迫謝洛德辭職。等到完整的演講影片出現,這個政府顯得荒腔走板。

不只荒腔走板,還懦弱無能。後來出現的一連串電郵顯示,白宮稱讚農業部長湯姆・維爾薩克(Tom Vilsack)的幕僚洞燭機先,搶在新聞鬧大之前採取行動,當時他們並沒有看到完整的影片。歐巴馬政府這麼容易退縮，顯示它對於任何帶有種族色彩的長期爭端，尤其是帶有黑人憤怒意味的爭端，避之唯恐不及。它的敵人清楚這一點，因此如果找不到黑人憤怒的真實案例，他們就會捏造。然後歐巴馬政府陷入恐慌，低頭臣服。

白人的暴力行為奪走了謝洛德的堂表兄弟與父親，白人的憤怒形成她的生活守則：不要與白人爭吵，不要與他們的目光接觸，入夜後不要走九十一號公路（Route 91）。白人的種族歧視摧毀了「新社區」，證據是「新社區」加入一場集體訴訟，指控農業部地方官員審核貸款申請時涉嫌種族歧視，後來拿到將近一千三百萬美元賠償（這也代表謝洛德被維爾薩克革職時，是她第二次被農業部直接冤枉）。儘管經歷了這一切，謝洛德還是依循「優秀兩倍」的準則，還是繼續宣揚非暴力與種族融合。導致她遭到革職的影片，出自一場面對黑人的演講，警告他們深陷憤怒之中會帶來什麼樣的危險。

謝洛德和我開車行經一條空曠的鄉間道路，我們把車停在一道青草蔓生的小徑旁邊，走出車門，站在一九六五年她父親被人射殺的地方。我們又開了幾哩路，進入牛頓市（Newton），停在一座大型磚造建築之前，這地方以前是法院，謝洛德父親遇害之後幾個月，她到這裡做選民登記，但是被警長粗暴驅離。一年之後，她母親在這裡對殺夫兇手提起民事訴訟（結果敗訴）。謝洛德的母親因此飽受白人恐怖分子騷擾，直到她挺著懷有亡夫遺腹子的大肚子，拿著一把槍站在門口，一一點名那群白人暴民，此後情況才見好轉。

我們回到車子裡，我問謝洛德，她為什麼沒有深陷在對殺父兇手的憤怒中，加入斯托克利．卡麥克的陣營？她說：「對我而言，很簡單。我一心想工作，我想贏。」

我再問謝洛德，她是否認為歐巴馬總統瞭解這個地方的特殊歷史，還有那些成就他政治生涯的抗爭與犧牲。她說：「我不認為他瞭解。他打電話給我的時候（革職事件之後不久），口口聲聲說他明白我們的奮鬥歷程、我們的抗爭目的。他說：『讀一讀我的書，你就會明白。』但是我讀過他的書。」

二〇〇九年，警官詹姆士．克羅利逮捕了哈佛大學黑人研究權威亨利．路易．蓋茨，地點在蓋茨位於麻州劍橋的自宅門口，原因只是蓋茨出言不遜。歐巴馬總統公開指責克羅利行徑愚蠢，但是遭到各方圍剿，爭議甚至危及「健保改革」這項他所期望的最重要政績。身為美國黑人男性，歐巴馬雖然是從菁英階層崛起，但是對於美國警察莫名其妙的對待黑人方式，他顯然感受頗深。然而他的表述方式讓右派人士怒不可遏，迫使他無法做到自己曾經讚揚的「為真相發聲」。當時他說：「我不知道各位是否注意到，現在沒有人在關注健保改革。」

謝洛德一生致力於改變美國社會，讓一個跨種族通婚生下的黑人，有可能名正言順地當上總統。她經歷過親人遇害、事業毀棄、名聲糟蹋。克羅利警官做了那種事，但是受邀踏入美國權力的殿堂，風光地與他逮捕的人以及自由世界領導人來一場「啤酒峰會」。相較之下，冤枉革職、名聲受損的謝洛德只得到一通簡短的電話。而且在某種深層的意義上，沒有她的努力，就不會有歐巴馬的事業。對此，謝洛德也相當感慨。她跟我談到，歐巴馬發表當選感言那天晚上，她與丈夫邊看邊哭。但是在她新近出版的回憶錄《希望的勇氣》（*The Courage to Hope*）之中，她寫到另一種眼淚：當她告訴母親自己被革職的時候，一生面對無比凶險的種族主義卻毫無懼色的母親，哭了。謝洛德自己則哭著問丈夫：「我的寶貝們會怎麼說？」她指的是四個年幼的孫女，「我要如何對孩子解釋，我被美國第一位黑人總統開除？」

二〇〇〇年的時候，一名臥底警探跟蹤一個名叫普林斯・瓊斯（Prince Jones）的年輕男子，一路從馬里蘭州（Maryland）郊區、華盛頓特區（Washington, D.C.）跟到維吉尼亞州北部，最後在他女友和他十一個月大女兒的住處附近將他槍殺。瓊斯是霍華大學的學生，母親是放射治療師。他也是我的朋友。跟蹤他的警察認定他是毒販，但真正的毒販是個綁辮子頭的矮個子，瓊斯卻是高個子、小平頭。警察是黑人，也綁辮子頭，穿著T恤，試圖打扮成毒販的樣子。這樣的計謀似乎生效了。警察聲稱瓊斯下車之後質問他，他拔槍並說「警察」，瓊斯回到車上，駕車反覆衝撞警察的私家車。這種行為實在不像我所認識的瓊斯，但就算警察說的是真話，設身處地，我如果被一部陌生的車子跟了好幾哩路，我一定會害怕；如果對方是一名身穿便服的男子，卻掏槍出來聲稱他是警察（這名警察始終沒有出示警徽），我一定也會驚慌失措。

那個名叫卡爾頓．瓊斯（Carlton Jones）的警察並沒有被起訴，儘管他殺害我的朋友，讓一個小女孩成為孤兒。整個美國社會似乎也無動於衷。幾個月之後，我搬到紐約市。九一一事件發生時，我完全沒有絲毫的愛國精神可言，對全國各地的哀悼儀式毫無興趣，我無法同情救災的消防員，對死亡的警察幾乎是懷著憎恨。在我生活的國家，我那位已經做到「兩倍優秀」的朋友，在距離家人幾步之遙的地方，遭到國家執法人員射殺。天譴美國，的確如此。

後來我成長了，我成為紐約人，我終於理解憤怒的限制。看著歐巴馬縱橫全國各地，接受白人群眾的歡呼，然後當選總統，我開始相信這個國家真的已經改變。時間與事件帶來改變，最大的進展發生在我從來沒有想像過的地方。當奧薩瑪．賓拉登（Osama bin Laden）喪命，我跟每個人一樣歡欣鼓舞。天譴恐怖組織「基地」（al-Qaeda）。

特瑞方．馬丁之死引發跨黨派的哀悼，讓我更加相信世界已經改變，已經和我朋友瓊斯遇害時不一樣。如同瓊斯，馬丁主要也是因為膚色而被懷疑為罪犯。如同瓊斯，殺害馬丁的人聲稱是自衛。而我也再一次不必費多少力氣，就能對死者設身處地，但是這一次，美國社會的反應似乎截然不同，似乎讓人欣慰多了。

然後，美國第一位黑人總統說話了，在網際網路上引發軒然大波。年輕人開始「特瑞方」，他們穿著連帽外套、拿著彩虹糖與冰茶，擺出死亡的姿態，嘲諷一個黑人男孩的死亡過程。

人們常說，在民主國家，什麼樣的人民選出什麼樣的政府。歐巴馬了不起的一點是，他很能夠安撫白人的種族意識。任何一個做過專業工作的黑人，應該都很熟悉其中奧妙，只是它從來不曾在這麼高的層級展現，它的限制也從未如此展露無遺。講話要悅耳動聽、對任何冒犯都不能動怒，這些要求代表一種奇特詭異、七折八扣的種族融合，也顯示了這個國家是如此幼稚，白人對黑人的接納有其先決條件：黑人必須符合艾爾・洛克（Al Roker）[16]的範本。

另一方面，這也可能動搖歐巴馬歷史性勝利的基礎。儘管我以及我所屬的社群，都對他的勝利滿懷敬意。誰真的能夠阻止一位黑人總統，將他的權力與象徵地位發揚光大？誰會剝奪那個黑人小男孩的權利，不讓他摸著總統濃密的捲髮，感受到自己得到肯定？

我回想起我第一次寫信給雪莉・謝洛德，要求進行一場專訪。這位黑人女士有非常充分的理由，可以對歐巴馬總統心懷不滿。但是她同意專訪的時候憂心忡忡，她說她不想對總統「造成任何傷害」。

16 編注：艾爾・洛克（Al Roker），美國黑人氣象主播、媒體人與演員。自一九九六年以來因為擔任美國國家廣播公司（NBC）氣象主播而廣為人知。作者以洛克的例子形容符合白人要求中的黑人模範：知性專業、和藹親切，最好還不沾政治。

CHAPTER 6

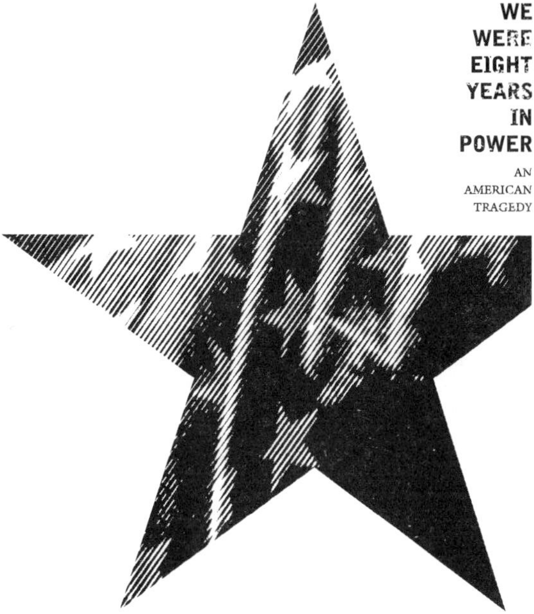

民權運動五十年之後，
黑人仍在每一項重要的
社會經濟指標墊底。
種族隔離的壁壘是如此厚實，
上層黑人比貧窮白人
更可能住在貧窮社區。

第六年回顧

在各式各樣的美國生活中，人們總是希望結局皆大歡喜，希望人類的毅力與才智能夠克服任何問題。對於白人至上主義的問題，尤其理當如此。有些白人雖然還無法完全理解祖先的虧欠，但是可以感受到那分重擔，他們會渴望能有某種魔法，讓奴役體制與隨之而來的一切神奇地消失。對於在重擔之下出生的黑人，他們必須能夠相信好日子即將到來，相信他們的生活、兒女的生活、孫兒孫女的生活不會像受到詛咒一般，永遠要扛那份重擔，一份白人只能間接感受的重擔。每當我對聽眾談到自己的寫作，也一定會感受到這樣的必要性。聽眾總會問我要如何才能懷抱希望，但我永遠不知道該如何回答。我熱愛、效法的那些作家，絕大部分並不關心所謂的「希望」。更何況，如果根本就沒有希望呢？有時我就是如此回答，聽眾的反應是保持禮貌，但不免驚愕、不免失落。

當時我已經被冠上「公共知識分子」之稱，在我看來，這頭銜不僅帶有膚淺的意味，還讓人們覺得你能解答任何問題。黑人公共知識分子未必要擁有智慧，但一定要能提出答案。有些人獨排眾說，堅持不順應這項公共知識分子的「傳統」，例如德瑞克．貝爾（Derrick Bell）[1]。另一個對這項傳統抱持異議的則是所謂的「非洲悲觀主義」（Afro-pessimism）[2]，我原本並不知道有這項運動，直到人們開始形容我有如這項運動的代言人。不過我最主要感受到的是一種期望：如果我寫到或者談到某些問題，我必須同時指出一條立即可行的出路，最好是能夠在聯邦參議院爭取到六十票支持。這種期望有一點瘋狂，就像要求醫師一旦診斷出疾病，就能夠立刻治療，而且藥到病除。然而這正是黑人公共知識分子的職責，他們不可以刺激聽眾、不可以提出讓聽眾輾轉反側的問題，只需要解讀大勢所趨並承諾救贖之道。這樣的工作不屬於作家與學者，屬於表演性質的預言家；前者需要私人的空間進行研究，後者則是為譁眾取寵而生。

對比我人生的短暫與整個美國歷史的漫長，想想有多少人花了一輩子時間搞出白人至上主義的問題，這意味我給出的任何解答可能都需要幾個世代的努力。不僅如此，我的解答在

1　編注：德瑞克．貝爾（Derrick Bell, 1930-2011），美國黑人律師與民權運動者，同時還是哈佛大學法學院第一位終身職的黑人法學教授，致力於提升學院內教職員的種族多元性。

2　編注：「非洲悲觀主義」（Afro-pessimism）這個理論認為，奴役黑人（與白人至上主義）乃是構成文明社會的重要部分。要摧毀這樣的奴役就意味著要去除大多數既有的社會政治制度。

此時此刻聽起來很瘋狂，但還是必須加以考量，就像「廢奴」也曾經在數十年間被貼上「瘋狂」的標籤，直到它真正發生一樣。要讓白人至上主義崩解的方式，只要是受制於眼前現實與政治的人們，都會覺得無法接受。然而探索式寫作的樂趣之一，就是能夠自由自在讓思考超越現實，檢視一些被蔑視為「瘋狂」的想法，儘管我曾經也是蔑視者之一。

歐巴馬這八年任期剛開始的時候，對於人們津津樂道但視之為骯髒字眼的「種族關係」，我的觀點和其他自由派沒有什麼差別。就像其他被迫面對這個「問題」的美國人，我明白民權運動五十年之後，黑人仍然在每一項重要的社會經濟指標中墊底。我也跟大部分人一樣，接受社會學家威廉．朱利亞斯．威爾森（William Julius Wilson）的理論：美國產業界高工資、低技術性的工作機會，造就了白人中產階級，而這類工作機會的衰退則導致大量黑人青年失業，政府也沒有拿出任何實際的作為來減緩變化造成的衝擊。這項變化引發了一連串不幸的現象，包括家庭貧困、街頭暴力與學校教育品質低劣。

我之所以會被這樣的思考模式吸引，是因為它吻合我一生中親眼看到的事件。回想我在青少年時期居住的巴爾的摩，似乎並沒有受害於「種族隔離」或者「白人至上主義」，這些奇特又簡單的字眼會讓人聯想起「只限黑人」的告示、三K黨的夜行軍（night rides）與帶有可怕綽號的凶惡警長。我親眼看到的病灶反而是男人在街頭閒晃、單親媽媽工作到深夜、中學同學充斥著小爸爸小媽媽、青少年很容易就可以拿到槍。白人至上主義無跡可尋，因為地方上根本沒有白人。我心中那種近乎民族主義的驕傲，也是一九八〇年代嘻哈音樂與我自身家庭的特色。我對「白人至上主義」懵懵懂懂，只以為那是歷史的錯誤。我知道黑人的資源之所以遠遠不如白人，與那個錯誤有關連。但是我的覺察並不精確，無法抵擋威爾森強而有力的理論；他的理論並非歷史事實，但是（套用歌手傑伊的話）卻可以在每一個金恩博士身上看到。

對於想要尋求立竿見影解決方案的人們，威爾森的理論也有幫助。如果白人至上主義不是最主要的傷害，如果去工業化與政府無所作為才是傷害黑人的元凶，而且受害者無所不在，那麼解決方案就無需考量種族主義，我們可以推動針對需要幫助者的計畫。對於種族主義的歷史餘燼，完全不必討論其根源就可以解決。的確，人們都認為種族主義是問題的「一部分」，但不會認為它代表整個問題，過度激烈的偏見指控會造成很大的傷害，不分膚色所有勞工與窮人的共同利益都會受影響。甘迺迪那句老話「潮水上漲，眾船並起」（a rising tide lifts all boats）的想法廣受接納，自由派也以此來回應任何關於「黑人綱領」（black agenda）或者「反種族主義」計畫的要求。任何帶有反種族主義色彩的計畫都會遭到攻擊，例如積極平權措施。而且發動者不限於保守派，連自由派也相信：美國黑人面臨的真正威脅不是來自種族，而是來自階級。

人們對於「潮水上漲」理論心悅誠服，它也的確提供了某些優勢。儘管倡議者往往是自我標榜的「新民主黨」(New Democrats)，但這種理論其實連結了一個年代久遠的左派夢想：將勞動者組成廣大的聯盟。對於有心參與選舉政治的人，「潮水上漲」理論讓他們永遠不必去衝撞仍然佔多數的白人選民，觸及他們從祖先開始累積的沉重罪行與各種特權。如果種族越來越不重要，就沒有必要去談論它。人們只需要敦促經常淪入殘酷騙局而「違反自身利益」的白人勞動階層，看清楚他們把自身與壓迫者綁在一起。

讓人不費吹灰之力就可以逃離歷史，這樣的承諾應該會讓我質疑「潮水上漲」理論。但真的引發我質疑的關鍵並不是這項理論本身，而是隨之而來的衍生理論。自由派知識分子(甚至包括黑人知識分子)有一項歷史悠久的傳統，堅稱黑人自身也要為種族落差負一部分責任。

在此必須要為左派說一句公道話，他們完全不接受這種論點。然而擁有權力的人不是左派，而是新民主黨。後者為了政治權變與某些正當信念，將他們的「潮水上漲」論調連結到另一個理念：黑人文化出了某些問題，因此對於五花八門的負面結果難辭其咎。因此而有種種說法，像是黑人男性工作意願低落、黑人男性鄙視婚姻、黑人青年沉迷於幫派饒舌等，這些文化力量比種族主義更能夠解釋一切。

我的人生似乎與威爾森的理論不謀而合，但是與所謂的「黑人病態」(black pathology)卻格格不入。從表面上來看，我出身的家庭可以被貼上「病態」的標籤。我的六個兄弟姊妹來自四個女人，有兩個是在同一年出生，還有兩個是我父親與朋友所生。後來，我們兄弟姊妹全都未婚生子。然而除了我之外，他們都是大學畢業，職業則有作家、工程師、電腦程式設計師、檢察官與公關專家。

我承認我的家庭比較特別，但是就我認識的黑人家庭而言，我看到的現象與其說是某種病態的文化，不如說是一種適應病態世界的文化。對於本來就已獲得社會尊重的人們，為了尊重而動刀動槍拚鬥很荒唐。然而我年輕時遇到的所有男孩與青年，都非常清楚自己的擁有少得可憐，自己對人生幾乎沒有掌控權。他們為了宣示自身立場而在麂皮彪馬球鞋（Pumas）上磨出記號、在某些街角踏入禁區、做出冷酷陌生的表情。當時流行的一句話是「我不是混混」（I ain't no punk），以它為格言的人很清楚自己不是什麼，但是沒有權力宣稱自己是什麼。

回憶錄不能當資料使用，然而就算沒有偏見的統計數據，也可能被解讀出錯誤的訊息。舉例而言，我記得許多人曾經爭論說，非婚生子女比例的上升，是否足以代表一個文化走向衰微？其實拿非婚生子女比例來大肆批判的人，往往做了錯誤的解讀。因為這個比例的分子是未婚女性子女人數，分母則是已婚女性子女人數。有一種可能的情況是，比較今日與三十年前，未婚黑人女性的子女人數持平，但是已婚黑人女性的子女人數下降，因此導至非婚生子女比例上升。我聯絡人口普查局，儘可能調閱這兩類女性的資料，結果發現，未婚黑人女性的生育率在一九八〇年代晚期達到高峰，後來一路走低，如今則降到一九六九年以來的新低點，更早的數字目前還不可考。二〇〇〇年代初期的數據也顯示，青少年懷孕人數出現大幅下降，黑人社群尤其顯著。知道這些事沒有什麼大不了，但卻更堅定了我反對輕率文化論證的立場。

「潮水上漲」論調最後還有一點讓我無法接受：它用帶有侮辱意味的方式談論白人民眾。認定白人數百年來因為受騙而「違背自身利益」，形同指稱他們世世代代都是如此容易欺騙，以致於被一種根本沒有好處的偏見愚弄。當有錢的好萊塢演員支持增稅，沒有人會說他們「違背自身利益」，因為人們認定多繳稅符合這些演員的世界觀。那麼是否可以推論，較貧窮的白人民眾有可能因為另一套不同的世界觀，支持富人減稅？真正的情況會不會是，白人民眾根本沒有受到愚弄，他們只是認同了一套並非全然經濟考量的「利益」，其力量足以壓制自由派與左派心目中天經地義的階級利益？

我知道這樣的利益確實存在，它的力量如此強大，引發了一場戰爭，其死亡人數超過美國歷史上其他戰爭的總和。我知道當那場戰爭結束時，為美國建國貢獻創業基金的奴隸體制也畫下句點。我知道那股造成無數人死亡的力量，並沒有隨著戰爭的結束而煙消雲散，而是催生出一整個世紀針對黑人的恐怖主義。我知道奴隸體制與隨後的恐怖主義，並不是美國歷史的偶發事件，而是美國歷史的核心要素。

我原本並不主張賠償。後來我讀了泛非洲論壇（TransAfrica）創辦人蘭道・羅賓森

（Randall Robinson）在一九九〇年代晚期探討這個議題的作品，從此認為黑人的困境與奴隸體制有密切關係，為奴隸罪行做出賠償有其合理性。但是當時我和許多人一樣，雖然在原則上認同賠償理念，但是認為它非常不切實際。幾年之後，我讀了肯尼斯．傑克遜（Kenneth Jackson）的《草原邊地》（*Crabgrass Frontier*），這本書探討美國郊區以及它們環繞的都市。我印象特別深的章節談到黑人家庭如何被聯邦住宅管理局（FHA）的貸款計畫排除，黑人也因此被戰後大部分的郊區住宅開發計畫排除。傑克遜認為，黑人居住的貧窮市區與他們不得其門而入的富裕郊區，兩者之間的關連既不神祕難解、也非自然形成，而是美國政府人盡皆知的行為。我知道住宅是美國家庭非常重要的財富來源，既然如此，黑人與白人的財富落差是否也與政府行為有密切關聯？

又過了一段時間，我讀了艾拉．卡茨涅森（Ira Katznelson）討論種族歧視的《白人的積極平權措施》（*When Affirmative Action Was White*），書中提到美國「新政」（New Deal）許多看似「不分膚色」的計畫也有類似的排斥效應，例如廣受好評的《美國軍人權利法案》（*GI Bill*）與社會安全、失業保險。這時我慢慢體認到，「潮水上漲」也會造成歧視。汗牛充棟的紮實研究著作與文章，都為我指出了方向。歷史學家告訴我，「新政」對於黑人的排斥，是羅斯福（Franklin D. Roosevelt）總統為了爭取南方各州參議員支持而付出的代價。至於黑人付出的代價，則是被禁止參加二十世紀最大規模、政府推動的財富建立機會。除了那些一望即知的現象之外，歧視的代價還有更多面向。由於美國的財富分配是依照種族的界線，也由於黑人家庭被排除在外，因此資源保留給白人，黑人只能陷入貧窮。黑人不僅更容易淪為貧民，而且不分階層都更容易生活在貧窮的社區。種族隔離的壁壘是如此厚實，導致上層階級的黑人比貧窮的白人更有可能住在貧窮的社區。

「潮水上漲」理論奠基於一個觀念：隔離但平等的階級階梯。因此美國有貧窮黑人也有相對應的貧窮白人階級，有黑人中產階級也有白人中產階級，有黑人菁英也有白人菁英。從這個角度來看，種族問題的成因只是太多黑人落在階梯的底層，太多人貧窮渡日，太少人更上層樓。只要能夠改變這種分布狀況，「種族」問題就會迎刃而解。但是，只要深入檢視真實細節，就會看出階梯並不平等。在美國，成為「黑人種族」的成員，會有特定、可量化的後果。貧窮黑人很難更上層樓，不僅如此，做到的人很容易跌回原點，原因在於黑人中產階級的階梯，不像白人中產階級有財務穩定性可以支撐。中產階級白人多半擁有世代累積的財富，像是父母親留下的房子、一筆不多不少的遺產、叔叔伯伯的贈予。相較之下，中產階級黑人多半背負世代累積的債務，舉凡入獄的父親、被逐出家園的侄兒、被迫要照顧姊妹子女的母親。這些狀況與黑人自身，都不可能與種族主義帶來的傷害劃清界線，不可能只靠更上層樓就能解決。種族主義並不是一種單一面向的影響，而是無所不在，從每一個層面傷害黑人社群，沒有任何一個階級能夠倖免。從這個觀點出發，賠償的正當性顯而易見，反對意見則薄弱不堪。奴隸體制的原罪並不只是奴隸體制，相反地，它是一連串罪行與掠奪的起點，形成的長期傳統延續至今。雖然賠償奴隸體制的主張起源於遙遠的過去，但現在我們已經看清，活生生的黑人也有權利提出賠償主張。

我在部落格經營的討論串與其他作品，彙集成〈賠償的正當性〉（The Case for Reparations）一文：批判政治尊重、理解歷史可能被否認但不可能被逃避、理解南北戰爭的長遠陰影、嘗試發掘我自己的聲音和語言，以及深信白人至上主義在美國已經根深柢固，在我有生之年、在我的孩子有生之年、甚至永遠都不可能擊潰。圓滿的結局不會出現，就算出現，也是起於偶然機運，而不是什麼人類道德的必然結果。我之所以抱持這樣的信念，原因在於儘管賠償的主張是如此久遠、正當性無可置疑、顯然是唯一的解決方案，但至今對美國政壇而言仍然是天方夜譚。想要抱持不一樣的信念，就形同相信一場延續數百年的掠奪情況會自行好轉，而且不必承認罪行的規模，也不必付出任何代價。今日美國政壇的主流想法正是如此，而且哪裡可能不是如此？做出賠償不僅要花錢，而且要深刻反省美國自身的成長歷程，影響不可能侷限於狹義的「種族」領域。舉例而言，美國外交政策的基礎是其國家形象，是全世界最古老的啟蒙主義共和國、自由世界的開路先鋒，如果美國承認自身的自由與啟蒙都是來自於一場掠奪，從建國之前延伸到此時此刻，美國的外交政策會受到什麼樣的影響？對美國人而言，賠償最困難的地方不在於花錢，在於承認自己最摯愛的神話並不真實。

這篇文章有兩個問題，必須在這裡指出。我很自豪能夠列舉我的理念、研究與理解的來源。但是貝瑞兒．塞特的著作《家庭財產》（*Family Properties*）對這篇文章的敘事背景助益良多，我卻沒有適當地註明。我希望在這裡說明，沒有塞特的著作就不會有這篇文章，而且她還熱心幫我追查許多芝加哥的人物，他們長期抗爭市政府的種族主義住宅政策。我之所以沒有註明，並不是想要抹殺或剽竊塞特的作品，純粹是因為應付緊迫的截稿時間而一時疏忽。儘管如此，我的作法還是糟糕、錯誤、不可接受。第二個問題是，文章中提到第二次世界大戰之後，世人對以色列提出的賠償。有鑑以色列對巴勒斯坦人的政策，我很清楚這樣的論述會引發強烈的反應。我如此論述是因為以色列一方面應該得到賠償，一方面卻利用賠償來施行完全錯誤的政策，這看似弔詭，但我不以為然。成為受害者並不會讓人因此高貴。愛爾蘭人飽受奧立佛．克倫威爾（Oliver Cromwell）迫害，逃往美洲大陸之後，卻很快加入對美洲黑人施暴的行列。美洲原住民契羅基人（Cherokee）一方面與美洲白人作戰，一方面也將黑人作為奴隸。那些黑人在南北戰爭之後獲得解放，投入征討大平原印第安人（Plains Indians）的戰役。我想強調的是，賠償的對象不會只限於道德完美無瑕者，也無法解決人類道德性的問題，而且被賠償者的道德問題從來不曾、也不應該成為評斷過往賠償努力的標準。但是我在文章中並沒有提出這個觀點。此外，關於以色列的論述是這篇文章中資訊最不完整的部分。我坐在舒適的椅子上，寫一個自己從來不曾造訪的地區、並不瞭解的民族。簡而言之，我的行為就像自己最鄙夷的「公共知識分子」。

〈賠償的正當性〉發表之後，我感覺到世人對我的態度有所改變。這是作者的名聲，不是喬治．克隆尼（George Clooney）的名聲，但還是令人不安。人們開始在街頭攔下我，不好意思直接搭訕的人，則是看著我竊竊私語，之後再上推特發文。在我經常待在那裡寫作的咖啡廳，人們會在我的桌邊佇足，說一些鼓勵的話，或者要我發表一點意見。有天早上，我搭一號地鐵到市區，戴著耳機，聽著嘻哈樂團「M.O.P.」，一位中年白人男性開始對我比手勢，我拿下耳機，聽他讚美這篇文章。不遠處另一位白人男性說他也讀過這篇文章，他說：「我受過很好的教育，但是我不知道你寫的那些事，我真的不知道。」

我內心還沒有成年的那個部分，喜歡這樣的關注與讚美；資深公民的那個部分，則是喜歡隨著名聲而來的財務穩定，那意味我可以還掉舊債，而且未來退休時沒有後顧之憂。但是我最能認同為「我」、感覺最真實的那個部分，則是非常羞愧。過去我熱愛寫作的隱匿性，在個人面貌與作品之間保持安全距離。這樣的距離正在消失。還有一個部分的我則讓情況變得更複雜，那個公民部分的我，欣慰看到賠償的論述有所進展，觸及那些從來不曾認真思考這個議題的人。

我上了一堂課，明瞭當嚴肅的寫作與適當的平台結合，可以達到什麼樣的效果。事實上，與其他曾經探討賠償論述的媒體相比較，《大西洋月刊》的地位有所不同。《大西洋月刊》被視為一家嚴肅、可敬的媒體，如果它讓賠償論述登上封面，人們就會認真看待。我並無意吹噓誇耀，事實上，這種情形很可悲，也說明了為什麼一些有憑有據的理念無法得到正視，因為那些擁有適當「名聲」的人還沒有為它們背書。如今我的感覺是既怪異又困惑，因為像我這樣起步就嘗到失敗、沒有學位也沒有亮眼資歷的人，有朝一日竟然也成為這樣的人。

賠償的正當性

你的兄弟，無論是希伯來男人，或是希伯來女人，如果賣身給你，要服事你六年。到第七年，就要讓他離開你得自由。你使他自由離開的時候，不可讓他空手而去，要從你的羊群、禾場、榨酒池中，多多地供給他。耶和華你的神怎樣賜福給你，你也要怎樣分給他。你要記得你在埃及地作過奴僕，耶和華你的神救贖了你。因此我今日吩咐你這件事。

——〈申命記〉（Deuteronomy）第十五章第十二節至第十五節

構成罪行的，是違法和不符合正當理性規則的行為，一個人因此墮落，並宣帶自己拋棄人性的原則而成為有害的人，除此以外，通常還有對某一個人所施的侵害，以及另一個人由於他的犯罪而受到損害。在這種情況下，受到任何損害的人，除與別人共同享有的處罰權之外，還享有要犯罪人賠償損失的特殊權利。認為這樣做是公道的其他任何人，也可以會同受害人，協助他向犯罪人取得相應的賠償。

——約翰．洛克（John Locke）《政府論》〈下篇〉（Second Treatise）

一次又一次，我們付出勞力與承受痛苦，卻沒有得到任何報酬。因此我們有權擁有土地，現在我們決心要爭取自己的權利。

——無名氏，一八六一年

一、那只是我眾多損失的其中之一

克萊德．羅斯（Clyde Ross）出生於一九二三年，十三個兄弟姊妹中排行第七，老家在密西西比州的克拉克斯代爾（Clarksdale）附近，那裡也是藍調的家鄉。羅斯的父母擁有四十英畝土地，辛勤耕耘，養了牛、豬與騾子。羅斯的母親到克拉克斯代爾採購的時候會駕一輛小馬車，就像開著凱迪拉克（Cadillac）一樣神采飛揚。這家人還擁有另一匹馬，披著紅色外套，後來給了羅斯。羅斯一家沒有什麼要求，只是和深南方（Deep South）所有黑人家庭一樣，他們迫切需要法律的保護。

一九二〇年代實施吉姆．克勞法的密西西比州，從各方面來看都是竊盜統治（kleptocracy）。當地多數民眾的投票權不斷遭到剝奪，原因是人頭稅伎倆與暴民私刑處決。從一八八二年到一九六八年，在密西西比州遭到私刑處決的黑人比任何一州都多。以三K黨成員身分為榮的密西西比州聯邦參議員西奧多．畢爾波（Theodore Bilbo）曾大言不慚地說：「你知我知，要讓黑鬼無法投票，最好的辦法就是在選舉前的那個晚上動手。」

州政府一方面剝奪黑人的投票權，一方面掠奪黑人的財產。許多密西西比州黑人農民負債累累，過著農奴般的生活，任憑棉花業大亨宰割，後者既是他們的地主，也是他們的僱主與主要交易商。為了換取農具和生活必需品，黑人必須預先以這一季收成的收入當抵押，而收入多少是由僱主決定。農民被認定負債（他們也經常如此）之後，債務會延續到下一季。如果有人敢抗議這種安排，不分男女，下場往往非死即傷。如果有人敢拒絕工作，依照密西西比州刑法，會因為「遊手好閒」的罪名遭到逮捕，懲罰則是強迫勞動。

雖然早已進入二十世紀，逃出密西西比州的黑人談到自身經歷，就像他們逃離奴隸生活的祖先。伊莎貝．威克森（Isabel Wilkerson）在二〇一〇年出版的《其他太陽的溫暖》（*The Warmth of Other Suns*）一書中，講述艾迪．伊爾文（Eddie Earvin）的故事，他是一位菠菜採摘工，在槍口威脅下工作，一九六三年逃離密西西比州，他說：「這種事不能談，你只能偷偷逃走。」

羅斯還是個孩子的時候，密西西比州政府聲稱他父親欠稅三千美元。老羅斯不識字，沒有律師，在地方法院沒有認識的人，也不可能期待警方會公平執法。事實上，羅斯一家人完全無法抗辯州政府的主張，法律也不會保護他們。後來政府沒收他們的土地，沒收他們的馬車，帶走他們的牛、豬與騾子。羅斯全家人為「隔離但平等」付出了代價，淪為佃農。

這樣的案例比比皆是。二〇〇一年《美聯社》（*Associated Press*）發布三篇調查報導，主題是竊佔黑人土地，從南北戰爭之前談起。報導記錄了四百零六位受害者，被竊佔的土地廣達兩萬四千英畝，價值數千萬美元。竊佔方式從合法詐騙到恐怖主義不一而足。《美聯社》的報導寫道：「從黑人家庭手中奪走的土地，有幾塊成為維吉尼亞州的鄉村俱樂部」，此外還有「密西西比州的油田」、「佛羅里達州的棒球春訓中心」。

羅斯天資聰穎，老師認為他應該轉到更具挑戰性的學校。密西西比州的黑人教育缺乏協助，但是西爾斯羅巴克公司（Sears, Roebuck）的大股東朱利亞斯・羅森沃德（Julius Rosenwald）推動一項雄心勃勃的計畫，在南方各地為黑人兒童建立學校。羅斯的老師認為他應該上當地的羅森沃德學校，但學校離家太遠，羅斯下課後趕不及回家下田。當地的白人學童有校車可搭，羅斯沒有，他因此失去接受更好教育的機會。

十歲那年，一群白人男子奪走了羅斯童年時期唯一的擁有，奪走了那匹披著紅外套的馬。一名白人男子說：「你們不能養這匹馬，我們要他。」他們只給羅斯父親十七塊錢。

羅斯告訴我：「我盡心盡力照顧那匹馬，盡心盡力，卻被他們奪走，送上賽馬場。我完全不知道那匹馬後來的下場，只知道他們沒有歸還。那只是我眾多損失的其中之一。」

損失持續累積。羅斯一家人淪為佃農，工資被地主當作不法收入。對於棉花田的收益，照理說地主應該和佃農對分，但是收成的棉花經常在計算時不翼而飛，分配比例也可以隨意改變。如果棉花一磅賣到五十分錢，羅斯一家拿到的可能是十五分錢，也可能只有五分錢。有一年，羅斯的母親答應花七美元幫他買一套西裝，讓他穿去參加教會的夏令活動。母親透過郵購買西裝，但是那年他們家每採一磅棉花只能拿到五分錢。郵差把西裝送來，羅斯一家付不起七美元，西裝被送回去。羅斯沒有參加那場教會活動。

這些早年人生經驗，讓羅斯明白自己雖然身為美國人，但是舉頭望去，看到的不是公正的司法，而是一個將武裝搶劫升級為治理原則的政權。他曾經想過抗爭，但父親告誡他：「不要出聲，不然他們會把我們全家殺掉。」

羅斯長大成人，被美國陸軍徵召入伍。徵兵官員開出條件，如果他待在家鄉並且繼續工作，就可以免服兵役，但他選擇戰爭試試運氣。羅斯派駐加州，發現自己逛商店不會被騷擾，走在街頭不會被欺負，進餐廳可以得到服務。

羅斯飄洋過海來到關島（Guam），投入第二次世界大戰，拯救全世界免於暴政。但是回到克拉克斯代爾之後，他發現暴政一路尾隨。當時是一九四七年，八年之後，密西西比州以私刑殺害艾米特・提爾（Emmett Till），將他殘破的身體丟棄到塔拉哈奇河（Tallahatchie River）。美國當時也正進入第二波黑人大遷徙，他們前往北方不只是要追求更好的薪資與工作，或者美好的未來與創業機會。他們也是要逃離南方巧取豪奪的軍閥，要尋救法律的保護。

羅斯加入大遷徙，一九四七年來到芝加哥，擔任金寶湯公司（Campbell's Soup）的試吃員。他有了穩定的薪資，結了婚，生了孩子。他的薪資支票歸他所有，沒有三K黨成員會剝奪他的投票權。走在街上遇到白人，他不必讓到一邊去，不必脫帽行禮，不必避免與對方目光接觸。他只缺一樣東西：房子。在艾森豪（Dwight Eisenhower）總統的年代，拿到這最後一個臂章，才能算是躋身美國中產階級的神聖行列。

一九六一年，羅斯與妻子在芝加哥西區欣欣向榮的北羅恩代爾（North Lawndale）買了一幢房子。北羅恩代爾長期以來都是猶太社區的天下，然而從一九四〇年代開始就有少數中產階級黑人進住。當地的重心是西爾斯羅巴克公司龐大的總部。北羅恩代爾的猶太人中心（Jewish People's Institute）積極鼓勵黑人搬進來，要讓當地成為「種族混居的試驗性社區」。當時全國各地都在為種族融合抗爭奮戰，北羅恩代爾似乎帶來了無限希望。然而一群強盜正潛伏在社區外的草叢中虎視眈眈，和克拉克斯代爾的竊盜掌權者一樣窮凶極惡。

羅斯搬家三個月之後，新家的鍋爐爆炸了，這種事情通常是屋主的責任。然而事實上，羅斯並不是屋主。他付錢的對象是房屋銷售者，不是銀行，而且羅斯並沒有申請正規的貸款。他的購屋方式是「契約購買」：一種吃定買方的協議，結合了所有的買屋責任與所有的租屋缺點，但是無法享有兩者的好處。羅斯房子的價格是兩萬七千五百美元，銷售者並非前任屋主，而是一種新型態的仲介，六個月之前以一萬兩千美元買下這間房子。進行契約購買時，銷售者會先扣住所有權狀，直到拿到所有價款，而且與正規的貸款程序不同，羅斯在這段期間拿不到產權。他只要欠繳一期款項，一千美元訂金、之前的月付款和房子全都化為烏有。

在北羅恩代爾推銷購屋契約的人，會以灌水的價格賣掉房子，然後把後續付款有困難的家庭趕出去，後者已繳的訂金與月付款就成為他們的利潤。然後他們會再找上一個黑人家庭，再如法炮製一遍。一九六三年，房地產投機客路．傅山尼斯（Lou Fushanis）的一位祕書告訴《芝加哥每日新聞報》（*The Chicago Daily News*），她的老闆「讓買主負擔他們繳不起的月付款，然後奪走他們的房子。有時一幢房子可以賣三到四次」。

羅斯曾經申請合法貸款，想在另一個社區置產，但是貸款審核官員告訴他不可能。事實上，像羅斯這樣的人就是借不到錢。從一九三〇年代到一九六〇年代，藉由法律與法律之外的手段，美國的合法房屋貸款市場將大部分的黑人排除在外。芝加哥白人更是無所不用其極，從「限制性契約條款」到炸彈攻擊，就是要讓自家的社區保持種族隔離狀態。

他們的作法得到聯邦政府大力支持。一九三四年，國會通過法案成立聯邦住宅管理局（Federal Housing Administration，FHA）。ＦＨＡ為民間房屋貸款提供保險，藉此降低利率與買房訂金。但是羅斯不可能申請到有保險的貸款。ＦＨＡ採用一套地圖系統，憑估各個社區的「穩定性」。地圖上的綠色區域為「Ａ級」搶手社區，一名估價員如此形容：「一個外國人或黑鬼都沒有」，是ＦＨＡ優先提供保險的對象。有黑人居住的社區會被評為「Ｄ級」，通常拿不到ＦＨＡ擔保的貸款，在地圖上以紅色標示，社區中黑人的人口比例或者社會階層則無關緊要。黑人被視為一種傳染病。這種「畫紅線」政策還不僅限於ＦＨＡ擔保貸款，原本就充斥著種族主義的整個貸款業都受到影響，讓黑人幾乎無法以合法方式申請到貸款。

都市研究專家查爾斯・亞伯蘭斯（Charles Abrams）曾經參與建立「紐約市住宅局」（New York City Housing Authority），他在一九五五年寫道：「政府讓營建業者與借貸業者財源滾滾，當然可以要求對方的作法不能帶有歧視性。但是ＦＨＡ卻反其道而行，採行有如擷取自《紐倫堡法》（*Nuremberg Laws*）的政策。」

梅爾文・奧利佛（Melvin L. Oliver）與湯瑪斯・夏皮洛（Thomas M. Shapiro）在一九九五年出版的《黑人財富／白人財富》（*Black Wealth/White Wealth*）一書中，確切描述了這種政策的災難性後果：

對於史上最大規模、以群眾為基礎的財富累積機會，美國黑人可望不可即。想買房子也有能力買房子的黑人，發現自己只能選擇位於市區中心的社區，自己的投資也陷入FHA估價員形容的「自我實現的預言」：新的投資不會進來，他們的房子與社區逐漸破敗，與FHA估價員看好的房子與社區相較，價值每況愈下。

在芝加哥與美國各地，追求美國夢的白人可以仰賴政府支持的合法信貸體系，而黑人則被趕到無所不為的貸款業者前面，被後者當成搖錢樹與獵物。歷史學家貝瑞兒・塞特在《家庭財產》一書中引述一位住宅法規律師：「就像在非洲，人們會出去獵殺獅子，同樣的刺激感，追逐與宰殺的刺激感。」

宰殺有厚利可圖，路・傅山尼斯死亡的時候，擁有超過六百件房地產，位於北羅恩代爾的不在少數。他的遺產大約有三百萬美元，其中有許多就是來自羅斯這樣的移居者，來自剝削他們破滅的希望。根據一項估計，在芝加哥購屋的黑人有八五%是「契約購買」。一九六二年，一名契約銷售者告訴《週末晚郵報》(*The Saturday Evening Post*)：「在芝加哥，這一行的老手如果一年沒賺到十萬美元，就算表現不佳。」

契約銷售者大發橫財，北羅恩代爾則淪為黑人區。

今日羅斯仍然住在北羅恩代爾，仍然擁有自己的房子。他高齡九十一歲，身邊都是他生存能力的見證：社區服務獎、子女穿學士服的照片。但是當我問起他的房子，聽到的情況卻是一片混亂。

「我們很羞愧，不想讓任何人知道我們當年那麼無知。」羅斯坐在餐桌前告訴我，他的眼鏡鏡片就像他的克拉克斯代爾口音一樣厚實，「我逃離當時情況很糟的密西西比州，來到這裡卻陷入另一場困境。我到底是有多笨？我不想讓任何人知道我有多笨。」

「我發現自己陷入困境的時候，心想：『怎麼會這樣？我才剛離開一團糟的密西西比州，離開無法無天的世界，來到芝加哥，結果竟然被人公然欺騙。』如果我像某些黑人一樣暴力，我可能會想傷害一些人。我心想：『天啊，我被困住了，我連自己的孩子都照顧不了。』我沒辦法好好養活孩子。你如果和那些白人抗爭，很容易就會墜入裂縫。這世界無法無天。」

話雖如此，羅斯還是起而抗爭。一九六八年，他加入剛成立的「契約買主聯盟」（Contract Buyers League），成員都是來自芝加哥南區和西區的黑人屋主，都被同樣一套掠奪體系鎖定為獵物。豪爾．柯林斯（Howell Collins）買房的契約價是兩萬五千五百美元，但是投機客當初買進只花了一萬四千五百美元。露絲．威爾斯（Ruth Wells）繳了一半的契約房價，正在等候貸款，卻突然收到一張無中生有的保險費帳單，契約銷售者事前根本沒有告知。契約銷售者詐欺客戶無所不用其極，他們恐嚇白人屋主讓他們低價收購；他們謊稱房子完全符合建築法規，讓屋主獨自應付上門的市政府檢查員；他們偽裝成房地產仲介商，但其實他們就是屋主；他們指引客戶求助的律師，本身也是詐欺圈套的共犯。

契約買主聯盟發動反擊，後來成員超過五百人。他們前往契約銷售者居住的高級郊區，到對方的左鄰右舍敲門，詳細說明契約交易的惡形惡狀，讓對方難以做人。他們拒絕繼續繳款，將月付款轉存到另一個託管帳戶（escrow account）。然後他們對契約銷售者提起訴訟，指控對方收購房地產再賣出的方式「從黑人身上獲取鉅額的不當利益」。

為了彌補他們「憲法增修條文第十三與十四條確保的權利與特權遭到剝奪」，聯盟要求「法律救濟請求」（prayers for relief）：被告必須償還他們依契約支付的所有款項、他們為改善房屋結構花費的款項，並加計六％利息，不過可以依據他們居住的時間長短，扣除一筆「合理、非歧視性」的租金。此外，聯盟還要求法院判定被告「行為刻意而且惡意」。

羅斯與契約買主聯盟不再呼籲政府平等對待，不再逃到別的地方、期望自身境遇改善，他們為自身社群遭遇的罪行，對社會提出指控。他們要求公開判決這項罪行，要求宣示犯罪者冒犯了這個社會，要求賠償犯罪者對他們造成的巨大傷害。一九六八年，羅斯與契約買主聯盟不再只是尋求法律保護，他們更要尋求賠償。

二、這是型態的差異，不是程度的差異

根據最新的統計資料，北羅恩代爾在幾乎所有社會經濟指標的表現都低迷不振。一九三〇年，當地人口十一萬兩千人，如今只剩三萬六千人。九二%人口是黑人，「種族混居」的美好描述已經徹底消失。北羅恩代爾的他殺死亡率高達每十萬人四十五人，是芝加哥全市的三倍。嬰兒死亡率是每一千人十四人，超過全美國平均值一倍有餘。四三%的北羅恩代爾民眾生活在貧窮線之下，是芝加哥全市的兩倍。四五%的家庭領取食物券，幾乎是芝加哥全市的三倍。西爾斯羅巴克公司的總部早在一九八七年就已遷離，也帶走了一千八百個工作機會。北羅恩代爾的兒童對自己的前途心知肚明：庫克郡（Cook County）的青少年臨時拘留中心就在北羅恩代爾隔壁。

對於各種讓芝加哥黑人飽嘗痛苦的趨勢，北羅恩代爾是一個極端的案例。這些痛苦是如此嚴重，讓芝加哥的黑人與白人有如生活在不同的兩個城市。芝加哥白人社區的個人平均所得幾乎是黑人社區的三倍。哈佛大學社會學家羅伯特・桑普森（Robert J. Sampson）在二〇一二年出版的《偉大的美國城市》（*Great American City*）一書中檢視芝加哥的監禁率，他比較監禁率特別高的黑人區（西加菲公園，West Garfield Park）與白人區（克里陵，Clearing），發現前者是後者的四十多倍。桑普森寫道：「雖然是區與區的比較，但差異之大還是令人震驚。

這是型態的差異，不是程度的差異。」

換言之，芝加哥深陷貧窮的黑人社區不只是貧窮而已，它們已形成一種「獨特生態」（ecologically distinct），特徵是高失業率、單親家庭多。桑普森指出，這種現象「不只是經濟地位低落的問題，而且不是芝加哥獨有的模式。」

今日美國黑人的生活優於半個世紀之前。「只限白人」告示的羞辱已經消失，黑人的貧窮率已經下降，黑人少女的懷孕率來到歷史新低，黑人少女與白人少女懷孕率的差距也大幅縮小。然而這些進步的根基並不穩固，斷層隨處可見。黑人與白人家庭的收入差距，仍然保持在一九七〇年代的水平。紐約大學（New York University）社會學家派屈克．夏奇（Patrick Sharkey）研究一九五五年至一九七〇年間出生的兒童，發現四％的白人兒童與六二％的黑人兒童生長在貧窮社區。同一份研究顯示，過了一個世代之後，兩者的數字幾乎沒有變化。而且，出生在富裕社區的白人兒童，成年後多半會留在富裕社區，黑人兒童則多半向下沉淪。

這樣的發現並不令人意外。黑人家庭不論收入多寡，在財富方面遠遠不如白人。普優研究中心估計，白人家庭的財富大約是黑人的二十倍，財富為零或者負值的白人家庭僅佔一五％，同樣情況的黑人家庭卻超過三分之一。實際的狀況就是，美國的黑人家庭努力工作，但是沒有社會安全網。當緊急醫療事件、離婚、失業等財務災難降臨，他們就會一蹶不振。

黑人家庭不分收入階層，都因為財富的弱勢而受到傷害。同樣的傷害也發生在居住環境，他們對社區的選擇受到限制。收入屬於中上階層的黑人未必能住進中上階層社區。夏奇的研究顯示，收入十萬美元的黑人家庭居住的社區，相當於收入三萬美元的白人家庭的社區。夏奇寫道：「黑人與白人居住的社區有天壤之別，因此我們不可能比較黑人與白人兒童的經濟成就。」

這種現象令人不寒而慄。貧窮黑人往往無法靠著努力工作脫離黑人區。那些能夠脫離的黑人往往滿懷恐懼，因為他們看到自己的孩子、孫兒有可能墜落回到原點。

就連那些看似進步的現象，也經不起透徹的檢視。曼哈頓研究所院（Manhattan Institute）在二〇一二年興高采烈地指出，種族隔離從一九六〇年代開始持續消退。儘管如此，美國黑人至今仍然是美國最被隔離的族群。

種族隔離以及被傷害者與被掠奪者的孤立，導致劣勢的集中化（concentration of disadvantage）。一個完全沒有隔離的美國，應該會看到貧窮以及所有相關效應的分布，在全國各地都不會特別偏向哪一種膚色。但事實並非如此，貧窮的集中與黑人的集中相互對應，有如引發一場損失慘重的大火。

美國黑人社群有一種想法認為，這些糟糕的數據有一部分起因於黑人文化的病態，對治之道則是自己要發揮勇氣毅力、表現優秀行為。二〇一一年，費城市長麥克・納特（Michael Nutter）談到黑人年輕男性的暴力問題，認為過錯在於家庭：「太多男人生了孩子又不想照顧，結果要政府來照顧。」他也把矛頭轉向那些沒有父親的孩子：「把褲子拉高，買一條腰帶，因為沒有人想看你的內褲、你的股溝。」這種想法和黑人政治一樣古老，同時也是錯誤的。長期迫使黑人屈服、根深柢固的種族主義，無法藉由要求受害者自愛自重來克服。美國種族主義的核心就是不尊重。而且從那些可怕的數據之中，我們看到了可怕的繼承。

羅斯與其盟友透過契約買主聯盟提出的訴訟，就是直接挑戰這種繼承。從根源來看，他們的訴訟起於芝加哥長期的種族隔離歷史，後者創造出兩個住宅市場，一個是政府的合法市場，另一個是無法無天、由掠奪者掌控的非法市場。訴訟一直拖到一九七六年才定案，聯盟被陪審團判決敗訴。爭取法律平等保護並非易事，爭取賠償更是此路不通。如果有人對那個陪審團的心態有任何懷疑，可以聽聽陪審團主席怎麼說。他在解散陪審團時被問到對判決的看法，表示希望可以藉此終結「厄爾．華倫（Earl Warren）在『布朗訴教育局案』搞出的亂七八糟名堂」。

聯邦最高法院似乎也抱持同樣心態，過去二十年來，他們接連推翻多項一九六〇年代的進步立法。自由派被迫採取守勢。二〇〇八年歐巴馬競選總統期間，有人問他兩個女兒瑪莉亞（Malia）與莎夏（Sasha）是否受惠於積極平權措施，他的回答是否定的。

這種對話是根據一個錯誤的比較：一般的美國白人家庭與獨特的黑人第一家庭。在向上流動的社會戰場上，歐巴馬與蜜雪兒都是贏家，但他們靠的是表現優秀兩倍、堅毅兩倍。瑪莉亞與莎夏享有的特權，遠遠超出一般白人小孩的夢想。這樣的比較並不完整。一個更應該問的問題是，拿她們來對比珍娜和芭芭拉・布希（Jenna and Barbara Bush）會有何結果？布希姊妹擁有累積了不只一個世代、而是好幾個世代的特權。不管歐巴馬的兩個女兒未來有何成就，代表的都是她們家庭的獨特毅力，而不是廣泛的平等。

三、我們繼承了豐厚的遺產

一七八三年，女性自由民（freedwoman）貝琳達・羅亞爾（Belinda Royall）向麻州政府聲請賠償。貝琳達生於今日的迦納（Ghana），童年時被人綁架、被賣身為奴。她熬過中央航路（Middle Passage）[3]的折磨，在艾薩克・羅亞爾（Isaac Royall）父子手中當了五十年奴隸。美國獨立革命期間，效忠英國的小羅亞爾逃離美國。貝琳達在當了半世紀奴隸之後得到解放，向建立不久的麻州州議會陳情：

> 向各位陳情的人，如今臉上布滿歲月的風霜，身體則因多年的壓迫而佝僂。但是根據本州的法律，對於這筆龐大的財富，她卻一絲一毫都無法分享，儘管她的辛勞與奴役造

就了這筆財富。

因此，陳情人要匍匐在各位跟前懇求。各位組成這個團體是為了擺脫政治附庸地位、獲取美德的獎賞、讓辛勤勞動能有公平的報酬。陳情人祈禱能從羅亞爾上校的遺產得到一筆津貼，讓她以及比她更脆弱的女兒，能夠免於最大的苦難，在來日無多、每況愈下的人生中得到一些安慰。

後來貝琳達從羅亞爾的遺產拿到十五鎊十二先令（shillings），這是黑人要求賠償最早期的成功案例之一。當時黑人在美國已經被奴役超過一百五十年，應該對他們作一些補償的想法，就算還不是全國人民的共識，至少並沒有被視為荒誕不經。

貴格會（Quaker）傳教士約翰．伍爾曼（John Woolman）在一七六九年寫道：「我們擔負著一項沉重的事實，作為一個文明社會，我們壓迫那些並沒有傷害我們的人。許多被壓迫者的經歷一旦公之於世，將會顯示我們對他們虧欠很多。」

依據歷史學家羅伊．芬肯賓（Roy E. Finkenbine）的記錄，在美國建立初期，曾經積極

3 編注：指由非洲到美洲的大西洋航線，奴隸們必須在船艙中忍受好幾個月極為苛刻的生活環境；他們被當作牲口對待，並受到傳染病、飢餓與處罰的威脅，數百萬黑奴被以此種不人道的方式運送到美洲。

考慮對黑人進行賠償，而且也有不少實際案例。紐約、新英格蘭（New England）與巴爾的摩的貴格會甚至規定「成員必須補償自己先前的奴隸」。一七八二年，貴格會傳教士羅伯特・普列桑茲（Robert Pleasants）解放了自己的七十八名奴隸，給他們三百五十英畝土地，在上面蓋了一間學校，讓他們可以受教育。普列桑茲寫道：「以正義對待受到傷害的非洲人，『統治人類王國』的人應該會接受。」

愛德華・科爾斯（Edward Coles）是湯瑪斯・傑佛遜（Thomas Jefferson）的門徒，因為繼承而成為奴隸主，後來帶著一大群奴隸前往北方，將伊利諾州一塊土地送給他們。約翰・蘭道夫（John Randolph）是傑佛遜的表親，透過遺囑聲明，在他死後，他所有的奴隸都會得到解放，年紀超過四十歲的還可以得到十英畝土地。蘭道夫寫道：「我將自由贈送並遺留給我所有的奴隸，真心懺悔自己曾經成為奴隸主。」艾瑞克・方納（Eric Foner）在《永遠自由》（*Forever Free*）一書中記述了一個故事，一名忿忿不平的農場主責備一名自由民（freedman）工作懶散：

農場主：「你這懶惰的黑鬼，害我損失了一整天的勞動。」

自由民：「主人，那你又讓我損失了多少天的勞動？」

來到二十世紀，賠償理念由各種型態的人物傳承，其中包括南方邦聯退伍軍人華爾特．沃恩（Walter R. Vaughan），他相信賠償可以振興南方經濟；黑人運動者卡利．豪斯（Callie House）、「母后」奧德莉．摩爾（“Queen Mother” Audley Moore）之類的黑人民族主義領袖；以及民權運動者詹姆士．佛曼（James Forman）。要求賠償的運動在一九八七年匯聚為一個傘式組織（umbrella organization）「美國黑人要求賠償全國聯盟」（National Coalition of Blacks for Reparations in America，N’COBRA），全國有色人種協進會在一九九三年正式為賠償要求背書。哈佛法學院教授查爾斯．歐格崔二世（Charles J. Ogletree Jr.）則是上法院打賠償官司。

然而，儘管倡議賠償的人士隨著時代而有所變化，國家的回應卻始終如一。《芝加哥論壇報》（*Chicago Tribune*）在一八九一年的社論寫道：「他們被教導要勞動。他們被傳授基督教文明，他們學會說高貴的英語，而不是什麼亂七八糟的非洲話。我們對當過奴隸的人並沒有虧欠。」

未必如此。黑人在當了兩百五十年奴隸之後，並沒有從此掌握自己的命運，反而是遭到恐嚇威逼。在深南方，第二次奴隸體制當道。在北方，議會、市長、社會團體、銀行與公民串聯起來，將黑人釘死在黑人區之中，讓他們忍受過度擁擠、付費過高、教育低落的生活環境。企業界歧視黑人，給他們最糟的工作與最糟的薪資。警察公然在街頭對黑人暴力相向。認定黑人性命、黑人身體與黑人財富都可以當作攻擊目標，這樣的觀念在整個社會仍然根深柢固。如今我們稍微遠離了數百年來的剝奪劫掠，並承諾「絕對不再重演」。但是我們仍然無法擺脫陰影。這就像我們積欠了一大筆信用卡債，矢言不再刷卡消費，然後覺得困惑：為什麼欠債沒有消失？那筆債務還在，利息日復一日累積，效應隨處可見。

今天只要談起賠償的議題，就會面對連珠砲一般的問題：誰可以拿到？拿到多少？誰來支付？然而如果爭執的焦點不是賠償的正當性而是可行性，那麼早已有人開始探討解決方案。過去二十五年，代表底特律地區的聯邦眾議員約翰．柯尼爾斯二世（John Conyers Jr.）每個會期都會提出法案，要求國會研究奴隸體制及其後續效應，並且提出「適當的補償措施」。

對於一個想知道賠償如何實際運作的國家，柯尼爾斯的法案提供了簡易的解決管道，它現在的名稱是《HR40，授權研究美國黑人賠償法案》（*HR 40, the Commission to Study Reparation Proposals for African Americans Act*）。我們大可以支持這項法案，要求對相關問題進行研究，評估可行的作法。但是我們對此不感興趣。

美國黑人要求賠償全國聯盟共同創辦人恩克齊．泰法（Nkechi Taifa）指出：「原因在於提出要求的是黑人。談論賠償的人被視為左派狂熱分子，但我們談的只是研究。柯尼爾斯也說過，我們研究各種問題，研究水資源、研究空氣，為什麼就是不能研究這個議題？這法案不會讓任何人拿到一分錢。」

無論聯邦眾議院當家的是民主黨抑或共和黨，柯尼爾斯法案從未交付全院表決。這顯示我們的焦點不是賠償是否可行，而是某種更本質的因素。如果我們認定北羅恩代爾與美國黑人的情況並非難以解釋，而是完全合乎預期，因為美國數百年來都將黑人視為攻擊目標，那麼我們要如何看待這個全世界最古老的民主國家？

揮手告別過去、與祖先的行為劃清界線，或者聲明祖先是後來才移民美國，都無法讓我們逃避問題。最後一個奴隸主早已死亡，但是最後一個熬過福吉谷（Valley Forge）營地苦難[4]的老兵死了更久。人們如果以老兵為榮，卻與奴隸主撇清關係，這是一種「半調子的愛國主義」。世代交替，國家延續。華盛頓率軍渡過德拉瓦河（Delaware River）的時候我們並不在場，但是伊曼紐・高特里布・洛伊茨（Emanuel Gottlieb Leutze）的畫作對我們仍然有意義。威爾遜總統帶領美國投入第一次世界大戰的時候我們並不在場，但是我們繼續支付老兵的年金。如果湯瑪斯・傑佛遜的天才關係重大，那麼他佔有莎麗・海明斯（Sally Hemings）的身體同樣不能等閒視之。如果華盛頓率軍渡過德拉瓦河關係重大，那麼他對逃亡女黑奴萬妮・賈吉（Oney Judge）的無情追捕同樣不能等閒視之。

4　編注：福吉谷（Valley Forge）位於賓州，是美國國父喬治・華盛頓麾下大陸軍的一處營地。一七七七年九月，由於英軍攻佔費城，華盛頓只得率領部隊到福吉谷過冬。在華盛頓於此重整旗鼓的半年間，由於環境艱困與物資嚴重不足，約有上千名官兵因營養不良而死去。福吉谷因此成為忍受苦難環境的象徵。

一九〇九年，塔虎脫（William Howard Taft）總統昭告全國，「明智的」南方白人可望將黑人視為「社會中有用的成員」。一個星期之後，黑人男子約瑟夫・戈登（Joseph Gordon）在密西西比州的格林塢（Greenwood）被私刑處決。私刑年代的高峰期已經過去，但是關於遇害者的記憶影響至今。事實上，美國有一種奇特但強大的信念，如果你用刀刺一個黑人十次，從你放下屠刀的那一刻開始，他的流血會停止，他的傷口會開始癒合。我們相信白人宰制只是歷史陳跡，是一筆只要不去面對就會消失的負債。

總還有別的方式。耶魯大學校長提摩西・德懷特（Timothy Dwight）在一八一〇年說道：

> 聲稱「把黑人帶來美洲的人是我們的祖先，不是我們」，這樣的說法並沒有幫助。我們繼承的豐厚遺產帶有各式各樣的負擔，我們也必須償還祖先的負債。償還負債尤其重要，因為當正義的宇宙審判者（Judge of the Universe）面對祂的僕人，他會嚴格要求我們償還。只給予黑人自由，然後就無所作為，將形同讓他們陷於詛咒。

四、奴隸體制讓我們免於某些弊病

美國的立國基礎是黑人被劫掠、白人享民主，這兩個特徵並不衝突，而且互補。歷史學家艾德蒙．摩根寫道：「共同建立美國、矢志追求自由與平等的那些人，若不是本身蓄奴，就是願意和奴隸主攜手合作。他們都會有些許不安，但並不認為自己要為此負責。他們大部分的人，都是從上一個世代繼承奴隸與對自由的堅持，也知道兩者有其關連。」

一六一九年，身體、家庭到勞力都被剝奪的非洲奴隸來到維吉尼亞殖民地，但他們並不是像他們的後代子孫一樣，從一開始就被赤裸裸的種族主義吞噬。有些人被釋放，有些人結婚，有些人與同樣受苦的白人契約勞工一起逃亡；有些人甚至團結起來反抗，在納撒尼爾．培根（Nathaniel Bacon）的率領之下，一六七六年一把火燒了詹姆斯鎮（Jamestown）。

黑奴與貧窮白人能夠合作？過了一百年之後，這樣的想法驚世駭俗。但是在英國殖民地建立初期，這兩個團體確實有許多共同點。造訪維吉尼亞的英國人發現，當地的主人「會以難以忍受的壓迫與艱苦的工作，折磨虐待他們的奴僕。」白人僕役會遭到鞭撻、受騙付出比契約規定更多的勞動，他們被交易的方式也與黑奴大同小異。

「艱苦的工作」源起於一個關於新大陸（New World）的簡單事實：土地一望無際，廉價勞動力卻有限。隨著殖民地人口的平均壽命增加，維吉尼亞農場主發現非洲奴隸是更具效益的廉價勞力。契約勞工在法律上仍然是英國王室的子民，因此享有某些保護。非洲奴隸則是以外國人身分來到殖民地，不受英國王室保護，因此成為美洲早期不可或缺的勞動階級。他們受到最大程度的剝削，只能進行最小程度的反抗。

接下來的將近兩百五十年，美國的法律將黑人降級為賤民（untouchables），將全體白人升格為公民。一六五〇年，維吉尼亞規定「除了黑人之外的所有人」都可以攜帶武器。一六六四年，馬里蘭規定嫁給黑奴的英國女性，會淪為丈夫主人的奴隸。一七〇五年，維吉尼亞議會通過一項法律，主人可以將不聽使喚的奴隸肢解，但是「除非得到治安法官（justice of the peace）的批准，否則不可以讓一個白人基督徒僕役赤裸接受鞭撻」。同一項法律還下令沒收「所有現在屬於黑奴，或者未來會屬於黑奴的馬、牛與豬」，交由地方教會販賣，收益用於協助「教區內的窮苦民眾」。當時的維吉尼亞應該還有人記得，二十九年前，黑人與白人聯手焚毀詹姆斯鎮。但是在十八世紀之初，北美洲已經劃分為兩個牢不可破的階級。

一八四八年，南卡羅來納州的資深聯邦參議員約翰・考宏（John C. Calhoun）在參議院議場宣稱：「美國社會的兩大部分不是富人與窮人，而是白人與黑人。白人不分貧富都屬於上層階級，彼此尊重，平起平坐。」

到了一八六〇年，南卡羅來納州與密西西比州的大部分居民、喬治亞州居民的將近半數，以及整個南方的大約三分之一居民，都落在卡宏分界線錯誤的那一邊。黑奴最多的州是維吉尼亞州。在某幾個郡，七〇%的人們都是帶著鎖鏈工作。將近四分之一的南方白人擁有黑奴，這些黑奴撐起了美國（以及大西洋兩岸的許多地區）經濟的基本面。在七個產棉花的州，白人收入的三分之一來自奴隸體制。一八四〇年時，黑奴勞動生產的棉花佔美國出口總額五九%。奴隸社會的網絡也向北方蔓延到新英格蘭的紡織工業，渡過大西洋來到英國，推動英國發生大規模的經濟變革，改變了世界歷史的軌跡。歷史學家艾瑞克·霍布斯邦（Eric J. Hobsbawm）寫道：「談論工業革命的人都是在談論棉花。」

美國藉由奴隸體制獲取的財富，除了黑奴耕種採收的成果，還包括奴隸本身。耶魯大學歷史學家大衛·布萊特（David W. Blight）指出：「一八六〇年的時候，作為財產的奴隸價值超過美國所有的製造業、所有的鐵路、所有的產能。奴隸是當時美國經濟規模最大的資產。」哈佛大學歷史學家華特·強森（Walter Johnson）則指出，買賣「身體就是金錢」的奴隸製造出更多的附屬財富。買賣需要貸款，貸款會付利息。保險公司承保奴隸突然死亡與利益損失。奴隸交易要繳稅，要公證。販賣黑人身體與拆散黑人家庭本身也成為一種經濟，為南北戰爭之前的美國帶來數千萬美元的收益。一八六〇年，密西西比河谷（Mississippi Valley）是全美國百萬富翁佔人口比例最高的地方。

冷酷的數字底下，是那些被拆散的生命。一位自由民回憶自己的奴隸生涯：「我一直很害怕摩爾太太會缺錢，然後就把我的妻子賣了。我們一直很害怕會永遠分離。我們深愛著對方，因此總是為殘酷的分離憂心忡忡。」

在戰前的南方，拆散黑人家庭是司空見慣的事。在南方某些地區，有三〇%的黑奴會被賣掉。二五%的跨州黑奴買賣會摧毀初婚（first marriage），超過五〇%會摧毀核心家庭（nuclear family）。

維吉尼亞州里奇蒙黑奴亨利・布朗（Henry Brown）在被賣掉之前，希望能找到一個白人主人同時買下他的妻子和兒女，但是這個希望落空了。

「第二天，我站在馬路邊上，有三百五十名奴隸會經過那裡。買下我妻子的人是個衛理公會（Methodist）牧師，準備前往北卡羅來納州。很快的，五輛載滿兒童的馬車經過，最前面的孩子向我伸出小手，大喊：『那是我爸爸，我知道他會來這裡跟我告別。』那是我最大的孩子！又過了一會兒，一群繫著鎖鏈的奴隸走過，我的妻子也在其中。我張望著，看著到她熟悉的面容，天哪，她是何等的痛苦。懇求上帝，不要再讓我忍受那一刻椎心刺骨的恐怖！她走到我面前時，我抓住她的手，想要和她道別，但是一個字也說不出口，言語的能力消失了，我沉默無語。我跟著她走了一段路，緊緊握著她的手，好像想挽救她的命運。但是我無法言語，只能默默轉身離去。」

在通訊方式還很原始、黑人缺乏行動自由的年代，拆散黑人家庭是一種謀殺行為。在這裡，我們找到了美國財富與民主的根源，也就是為了利益而毀滅一個人最重要的資產：家庭。這種毀滅不是美國崛起過程的偶然事件，而是它的原動力。美國藉由建立一個奴隸社會，為其偉大的民主實驗打造了經濟基礎。引發納撒尼爾．培根叛亂的勞動衝突遭到壓制，美國不可或缺的勞工階層淪為政治領域之外的財產，讓美國白人能夠鼓吹他們對自由與民主價值的熱愛。一位英國人士觀察戰前維吉尼亞州的民主，形容當地居民「能夠宣揚他們對自由與民主的熱愛，但卻是憑藉有龐大的一群人淪為他們的黑奴，而這些人在其他國家可能成為尋常百姓。」

五、無聲的掠奪

兩百五十年來對黑人的奴役，對黑人家庭與黑人群體的打擊，造成深遠的後果。擁有奴隸就像今日擁有房產一樣令人嚮往，不僅吸引已經是奴隸主的人，也會吸引期望成為奴隸主的人。就像今日的屋主會討論闢建天井或者油漆客廳，奴隸主也會交換關於繁殖勞工、壓榨勞力、施加懲罰的祕訣。就像今日的屋主可以訂閱《老房子》（*This Old House*）之類的雜誌，奴隸主也可以藉由《迪博評論》（*De Bow's Review*）等期刊，得知如何才能夠從奴隸身上榨取最大的利益。南北戰爭戰火初起時，黑人奴隸體制已被視為美國立國根基，主張廢奴者成為異端，可能被求處死刑。想像一下，如果今天美國總統主張要所有美國屋主交出自己的房產，民眾會有何反應？反應恐怕就是訴諸暴力。

約翰・威爾克斯・布思（John Wilkes Booth）在刺殺林肯總統之前寫道：「美國是為了白人而建立，不是為了黑人。我看待黑奴的觀點，傳承自我們高貴的憲法制訂者。我認為美國是上帝給予一個受尊寵民族最大的福祉之一，對他們與我們而言都是如此。」

南北戰爭之後，激進派共和黨（Radical Republicans）嘗試以某種普世的公平性來重建國家，但是卻被一場名為「國家救贖」的運動挫敗，後者是由「白線軍」（White Liners）、「紅衫軍」（Red Shirts）與三K黨領導，全力維持一個「為白人而非黑人而建立」的美國社會。恐怖主義從此席捲南方，艾瑞克・方納的大部頭戰後重建史詳細敘述黑人會在什麼情況下遭到攻擊：沒有向白人脫帽致敬、拒絕交出威士忌酒瓶、不服從教堂規定、使用「不恭敬的言語」、爭執勞動契約、拒絕「像奴隸一樣被綁縛」。有時候攻擊的原因更簡單：只是要「讓黑人的數量少一點」。

恐怖主義盛極一時。一八七七年，聯邦軍隊撤出南方，重建夢想消失。接下來的一個世紀，政治暴力肆無忌憚地加諸黑人，懷抱雄心壯志的黑人更會受到「特別對待」。黑人學校與教堂遭到焚毀，黑人選民與試圖動員他們的候選人遭到恐嚇、殺害。第一次世界大戰結束後，黑人退伍軍人返鄉後會被攻擊，因為他們居然敢穿著美軍制服。戰後大批官兵復員，黑人與白人退伍軍人要競爭僧多粥少的工作，引發一九一九年的「紅色夏天」(Red Summer)：一連串種族迫害行動在數十座城市爆發，從德州的隆夫由（Longview）到芝加哥、華盛頓。白人對黑人施加有組織的暴力，一路延燒至一九二〇年代。一九二一年，一群白人暴民將奧克拉馬州土爾沙（Tulsa）的「黑人華爾街」(Black Wall Street）夷為平地；一九二三年，另一群白人暴民將佛羅里達州紅木鎮（Rosewood）夷為平地。沒有人因此而受到懲罰。

暴民的行動代表著一種狂熱而暴力的偏見，甚至蔓延到美國政府的上層。「新政」在今日被視為典範，彰顯了一個進步政府能夠做的事：布設範圍廣闊的社會安全網，保護貧民與被傷害者，同時建立起中產階級。當進步派人士想要表達他們對歐巴馬的不滿，往往會列舉羅斯福總統的成就。但是這些進步派都避而不提的是，羅斯福的新政其實與催生它的民主體制一樣，都是奠基於吉姆．克勞法。

哥倫比亞大學歷史與政治學家艾拉．卡茨涅森寫道：「施行吉姆．克勞法的南方，是美國民主體制擺脫不了的合作夥伴。」這樣的合作在新政留下隨處可見的印記。一九三五年《社會安全法》(*Social Security Act*）涵蓋的公車計畫經過特別安排，以保護南方的生活方式。老年保險（限於社會安全制度）與失業保險排除了農場工人與家庭幫傭，兩項有眾多黑人從事的工作。羅斯福總統在一九三五年簽署《社會安全法》的時候，全國六五％、南方七〇％至八〇％的黑人不具備申請資格，全國有色人種協進會發動抗議，形容新設立的美國社會安全網有如「一個篩子，篩孔的大小正好讓大部分的黑人掉出去。」

廣受稱道的《美國軍人權利法案》也辜負了美國黑人，與全美國各地堅持的種族主義住宅政策如出一轍。法案〈第三條〉讓退伍軍人可以申請低利房屋貸款，看似不分膚色，但是黑人退伍軍人必須面對退伍軍人事務部（Veterans Administration）派駐在地方上的白人官員，以及那些多年來拒絕貸款給黑人的銀行。歷史學家凱瑟琳．佛瑞德（Kathleen J. Frydl）在二〇〇九年出版的《美國軍人權利法案》（*The GI Bill*）一書中寫道，有太多太多的黑人無法享有〈第三條〉的福利，「因此更準確地說，黑人不適用這個法條。」

到了冷戰時期的美國，房地產權成了一種灌輸愛國精神的方式，同時也是一種文明化、反激進化的力量。房地產開發商威廉．李維特（William Levitt）說：「人們一旦擁有房子和許多事務，就不可能變成共產黨，他有太多的事情要做了。」李維特推出著名的「李維鎮」（Levittown）社區，以多種型態的規劃成為現代郊區開發的先驅。

但是在李維特的全力配合之下，李維鎮從開發初期就實施種族隔離。賓州李維鎮第一對黑人夫妻黛西與比爾．邁爾斯（Daisy and Bill Myers）一家人搬進社區時，遇到的是抗議與焚燒的十字架。一名反對他們入住的鄰居說：「也許比爾．邁爾斯是個好人，但是我每看到他一次，就想到我的房子又跌掉兩千美元。」

這些鄰居的擔心不是杞人憂天。邁爾斯夫婦來自考宏所說的二元化社會錯誤的那一邊，拜政府住宅政策之賜，他們搬進某個社區之後，當地房價十之八九會開始下滑。

「新政」推行之前不久，一般而言，申請房屋貸款要先準備一大筆頭期款，而且必須在十年之內償還。一九三三年成立的房主貸款公司（Home Owners' Loan Corporation）與次年成立的聯邦住宅管理局規定，銀行要求的自備款不得超過一〇%，償還期限延長為二十至三十年。賓州大學歷史學家湯瑪斯．蘇格魯（Thomas J. Sugrue）寫道：「沒有聯邦政府對住宅市場的介入，大規模郊區化不可能發生。一九三〇年的時候，只有三〇%的美國人擁有房子。到了一九六〇年，比例已超過六〇%。擁有房屋成為美國公民身分的表徵。」

這個表徵與黑人無緣。美國房地產業者將種族隔離奉為道德誡律。全國不動產協會（National Association of Real Estate Boards）的執業守則，一直到一九五〇年都還警告：「對於任何顯然會破壞房地產價格的種族、民族或個人，房地產仲介絕對不可以促成他們入住社區。」一本一九四三年發行的手冊並特別註明，那些不受歡迎者包括老鴇、私酒販子、幫派分子，以及「一個有點財產、以為自己能讓孩子上大學就有資格住進白人社區的有色人種」。

聯邦政府也贊同這種作法。「畫紅線」的始作俑者並不是民間的業者協會，而是政府設立的房主貸款公司，它選擇性地核准貸款，堅持所有承保的房地產都必須加上限制性契約條款，也就是禁止將房地產賣給非白人。數百萬美元就這樣從國庫流向種族隔離的白人社區。

肯尼斯．傑克遜在一九八五年出版的《草原邊地》寫道：「這可能是史無前例，聯邦政府竟然接受市場的歧視性作法。在這之前，偏見是針對個人、個案處理，聯邦住宅管理局鼓勵種族隔離，將它提升為公共政策。城市的整個區域被排除在貸款擔保之外。」一直到一九六八年的《公平住宅法》(*Fair Housing Act*) 才正式將「畫紅線」視為違法，但是傷害已經造成，而且銀行業仍然持續「畫紅線」。

在法理基礎上，聯邦政府得到全體公民同等的忠誠信賴，公民則得到政府同等的待遇。然而一直到二十世紀中期，黑人都被排除在這樣的交易之外，必須為自身的公民權付出更高的代價、並只能得到較少的回報。掠奪是奴隸體制、考宏描述社會的核心特徵，但是在南北戰爭結束、奴隸體制廢除整整一個世紀之後，掠奪繼續以無聲、全面、潛伏的方式進行，甚至連「新政」自由派的目標與成就也無法擺脫。

六、製造出第二代黑人區

今日的芝加哥是美國種族隔離最嚴重的城市之一，而且這是精心規劃的結果。對於如何在每一個層面維繫白人至上，並且落實到街坊鄰里，由黑人毛皮交易商杜塞堡建立的芝加哥，多年以來都是先驅。芝加哥的種族隔離從一九一七年開始全力施行，當時芝加哥不動產協會（Chicago Real Estate Board）被大舉湧入的南方黑人嚇壞了，於是遊說當局依照種族來劃分整個市區。但是就在同一年，聯邦最高法院判決種族分區（racial zoning）的作法違憲，市政府被迫改採比較隱蔽的作法。

聯邦住宅管理局和房主貸款公司一樣，原本堅持訂定限制性契約條款，防止黑人與其他遭排斥的種族拿到房貸。一九四〇年代，芝加哥是全美最常使用這類條款的城市，大約半數的住宅區讓黑人不得其門而入。

今日人們經常以懷舊的眼光看待昔日的黑人區，醫師與律師旁邊住著肉品工廠工人與鋼鐵廠工人，再過去則是妓女和失業者。但是這樣的種族隔離懷舊之情，忽略了黑人區居民的真實困境，例如害蟲猖獗、縱火頻生，也忽視了昔日的黑人區之所以存在，就是為了要剝奪黑人，不讓他們享有白人的特權。

一九四八年，聯邦最高法院判決限制性契約條款雖然並不違憲，但是不能以法律方式執行。儘管判決如此，芝加哥還是另有辦法。當時伊利諾州議會已經授權芝加哥市議會，批准（也因此可以否決）所有市有土地上的公共住宅興建計畫。這項權利到了一九四九年就成為方便法門，剛出爐的聯邦住宅法規將數百萬稅款撥給芝加哥與全國各大城市。從一九五〇年開始，芝加哥公共住宅的地點選擇只有一個原則：種族隔離。到了一九六〇年代，市政府已經透過規模龐大的計畫，創造出歷史學家阿諾德·赫許（Arnold R. Hirsch）所謂的「第二代黑人區（second ghetto），範圍比昔日的「黑人帶」更廣，但是同樣隔絕。從一九五〇年到一九六〇年代中期，芝加哥的家庭公共住宅有九八％以上是蓋在純黑人社區。

政府對於種族隔離的接納，是被芝加哥白人劇烈的種族主義驅動。容易被黑人蠶食的白人社區紛紛成立街坊委員會（block association），唯一目的就是推行種族隔離。他們勸說白人鄰居不要賣房子，勸說買了當地房子的黑人賣掉。一九四九年，一個名為「英格塢天主教徒」（Englewood Catholics）的團體成立街坊委員會，宗旨是「維護社區品質」，換言之就是黑人不得入住。如果較文明的方式不能奏效，如果政府幫不上忙，如果私營銀行抵擋不住，芝加哥就會拿出美國白人的壓箱寶：種族暴力。一個一九四〇年代的芝加哥公民團體指出：「恐怖主義的模式清晰可辨，就發生在黑人區的周邊地帶。」一九四〇年七月一日、二日，數千名暴民集結在芝加哥的馬諾公園（Park Manor），企圖驅逐一位剛搬進去的黑人醫師。暴民對房子投擲石塊，縱火焚燒車庫，後來醫師只能搬走。

一九四七年，幾位黑人退伍軍人搬進芝加哥的芬伍德（Fernwood），接連三個晚上爆發暴動，成群的白人將黑人從電車上拉下來圍毆。兩年之後，一個黑人工會在英格塢（Englewood）集會時，謠傳當地有一幢房子「賣給黑鬼」，又有黑人（以及被認定同情黑人的白人）在街頭遭到痛毆。一九五一年，在芝加哥市中心西邊二十分鐘車程的西瑟羅（Cicero），數千名白人大舉集結，攻擊一幢只不過住了一戶黑人的公寓，向窗戶投擲磚塊與燃燒彈，讓整幢公寓燒起來。庫克郡的大陪審團拒絕起訴暴民，卻起訴了全國有色人種協進會協助那個黑人家庭的律師、公寓的白人屋主、屋主的律師與租賃仲介，罪名是共謀打壓房地產價格。又過了兩年，在距離芝加哥市中心三十分鐘車程的南迪陵（South Deering），白人以站哨阻擋、安裝爆炸物的方式逼走黑人住戶。

當恐怖主義不再得逞，白人屋主乾脆逃離。「白人群飛」（white flight）這個傳統講法暗示一種自然表達的喜好；其實不然，白人群飛是一項社會工程（social engineering）的勝利，由美國政府與民間部門共有的種族成見促成。任何一個沒有種族歧視的白人家庭，就算認定種族融合在理念與實務上都不是壞事，還是得面對美國住宅政策的冷酷現實：二十世紀中葉，當一個白人屋主聲稱一對黑人夫婦會讓他的房價下跌，他不僅是訴諸種族成見而已，他還精確地觀察到聯邦政策對市場價格的影響。對於任何一個黑人居住的地區，「畫紅線」政策都會讓投資斷絕。

七、許多人都有同感

北羅恩代爾與黑人區周邊地帶的房地產投機客，都知道白人的恐慌讓他們有利可圖。

他們訴諸「清空街區」的手法來嚇唬白人，讓他們在社區變成黑人區之前就先廉價賣掉自己的房子。他們會僱一個黑人女性，推著娃娃車在街上走來走去。或者僱人打電話到白人家裡，聲稱要找「強尼・梅伊」(Johnny Mae)。然後他們會勸誘白人屋主低價賣房，告訴他們隨著越來越多黑人搬進來，房價只會越跌越低，因此不如現在就脫手。白人出走留下的房子到手之後，投機客鎖定大遷徙時期湧入北方的黑人，或者渴望逃離黑人區的黑人。投機客再帶著不久之前藉由「清空街區」手法低價買進的房子，以「契約購買」方式賣給黑人。

為了要支應月付款、維持家中有暖氣，克萊德・羅斯必須到郵局兼差，之後再兼第二份差：送披薩。他的妻子到馬紹爾・費爾茲百貨公司（Marshall Field's）工作。他的幾個孩子不能繼續讀私立學校。他無法在家裡督導孩子課業。羅斯原本想留給孩子的金錢與時間，都被投機客剝削牟利。

羅斯告訴我：「金錢是一大問題。沒有錢，你無法搬家，無法教育孩子，無法給他們適當的食物，無法讓家裡像個樣子。他們覺得這個地區是適合他們的地方，能夠改變們的前途。我的孩子原本就讀這裡最好的學校，但是我卻無法讓他們繼續唸下去。」

麥蒂・路易斯（Mattie Lewis）在一九四〇年代中期從家鄉阿拉巴馬州來到芝加哥，當時她才二十一歲，聽朋友說她可以找到美髮師的工作。結果她進入西方電器（Western Electric）公司工作，一做就是四十一年。我在路易斯鄰居伊瑟爾・威瑟史普恩（Ethel Weatherspoon）

的家裡與她會面。過去五十多年，兩位女士在北羅恩代爾都擁有房子。兩個人都是以「契約購買」方式置產，也都曾經與克萊德．羅斯一起在契約買主聯盟打拚，向北羅恩代爾的契約銷售者、支持契約銷售的銀行甚至聯邦住宅管理局，要求恢復他們的權益。當天傑克．麥納瑪拉（Jack Macnamara）也在，他是契約買主聯盟一九六八年成立時的組織靈魂人物。我們這場聚會有一點重新聚首的味道，因為作家詹姆斯．阿倫．麥克弗森（James Alan McPherson）早在一九七二年就為《大西洋月刊》寫過契約買主聯盟。

威瑟史普恩的房子是在一九五七年購入，她告訴我：「當地大部分的白人開始搬走，他們真的會說：『黑人來了』，還會樹立告示牌：『不賣黑人』。」

搬到北羅恩代爾之前，路易斯和先生曾經嘗試搬到西瑟羅。他們從廣告上看到有一幢房子要賣，前去詢問，但仲介告訴她先生：「抱歉，我今天剛賣掉。」路易斯回憶：「我告訴先生：『你知道西瑟羅就是排斥黑人，一個也不要。』」

一九五八年，路易斯夫婦以「契約購買」方式在北羅恩代爾置產。他們很清楚契約並不公平，但路易斯是在吉姆．克勞法的鉗制中生長，認為美國社會「黑人努力工作，白人努力剝奪」的海盜行為是自然現象。她說：「我的心願就只是一幢房子，我沒有別的方法可以置產。當時的黑人拿不到貸款。我們心想：『這世界就是如此，我們做牛做馬到死，他們還是不會接納我們，這世界就是如此。』」

路易斯說：「想要買房子，你就得照他們的方式來。我下定決心要買房子，如果其他人都可以置產，我也要置產。我曾在南方為白人工作，也見識過北方白人的生活方式，我心想：『有朝一日，我也要過他們的生活。』我要各種櫥櫃，我要其他人們能夠擁有的各種東西。」

每當路易斯到白人同事家裡作客，就會感受到那種差異，她說：「我感受到我們是被剝奪的一群人。我看到一些東西時會說：『我家裡也想這麼做。』同事會回答：『那就去做啊。』但是我心想：『沒辦法，因為我們要額外付出許多代價。』」

我問路易斯與威瑟史普恩如何負擔買屋的月付款，路易斯回答：「你就是要繳款，就是要繼續工作。繳款期限一到，你知道自己非繳不可。」

「你要節省電費，節省你的伙食費。」威瑟史普恩插嘴說。

路易斯說：「你要節省關於孩子的花費，這是大事情。我最大的孩子想當藝術家，其他孩子有的想當舞者、有的想學音樂。」

路易斯與威瑟史普恩都和羅斯一樣，最後保住了房子。他們的官司並沒有拿到任何賠償，但是迫使契約銷售者出面談判，同意契約買主聯盟的部分成員取得正規的貸款，或者直接拿到房子的產權。當時那些買主已經被詐取了數千美元。和路易斯與威瑟史普恩談話時，我看到的只是全景的一小部分：像他們這樣能夠保住房子的人少之又少。當我們看到每一位特例、每一位巴拉克與蜜雪兒．歐巴馬、每一位威瑟史普恩與羅斯、每一位黑人倖存者，我們要知道還有無數黑人一去不返。

路易斯告訴我：「許多人都半路落隊了。一位女士要我收下她所有的瓷器，她說：『他們不會讓你留下這些東西。』」

八、黑人貧窮與白人貧窮不同

在一個春日的午後，我到北羅恩代爾拜訪比利・拉瑪・布魯克斯（Billy Lamar Brooks Sr.），他從年輕時代加入黑豹黨、協助契約買主聯盟開始，就熱衷於社會運動。我到布魯克斯在「好男孩基金會」（Better Boys Foundation）的辦公室與他會面，這個組織在北羅恩代爾相當重要，成立宗旨是要引導當地的孩子遠離街頭、就業求學。布魯克斯的工作對他有特別的個人意義，一九九一年六月十四日，他十九歲的兒子小比利（Billy Jr.）遭人槍殺。他告訴我：「一群人企圖搶劫他，我懷疑他被捲進一些事情……他一直在我心頭，每一天都如此。」

布魯克斯並不是混街頭出身的，但他成長的社區不可能不受影響。「那時我每星期上三、四次教堂，因為女孩都在那裡。」他笑著說，「但是上教堂也避不掉嚴酷的現實、生活的考驗。

你必須上學。我住在這裡，所以讀的是馬歇爾中學（Marshall High School），再過去就是埃及眼鏡蛇幫（Egyptian Cobras）的地盤，另一邊則是邪惡霸王幫（Vice Lords）管轄。」

布魯克斯已經搬離芝加哥西區，但是如今仍然在北羅恩代爾工作。「如果你有一幢不錯的房子，住在像樣的社區，你就比較不會受暴力影響，因為你的空間沒有被剝奪。你有一個安全的位置，不需要保護。」布魯克斯說道，「但是如果你在這種地方長大，居住環境很糟，他們拆房子的時候，不拆高樓大廈，卻以黑幫心態對付社區。你一無所有，一定要拿走一點東西，就算不真實的東西也好。你並不擁有街頭，但是在你心中，街頭是你的天下。」

我們走到他辦公桌後方的窗前，一群年輕黑人男子在一幅巨大的壁畫前面閒晃，壁畫也是紀念兩個黑人：「永遠懷念又名『Q』的昆丁，生於一九七四年七月十八日，死於二〇一二年三月二日。」另一名死者的姓名與面貌被敵對幫派噴漆掩蓋。閒晃的黑人男子喝著啤酒，偶爾會有一輛汽車經過，放慢速度，停下來。一名男子會走上前去，與車主打交道，然後車子駛離[5]。這些人年紀還小的時候，布魯克斯就認識他們。

布魯克斯說：「那是他們的街角。」

我們看著另一輛車開過來，短暫停留，揚長而去。布魯克斯說：「一點都不尊重，沒有羞恥心。他們就是幹這種勾當。從巷子到街角，再遠就不敢去了。有沒有看到那邊的老大？他幾年前差點沒命。還有那個喝啤酒的人……我每一個都認識。他們之所以覺得這地方安全，也是因為有這幢建築，因為他們太孬種，哪裡都不敢去。他們就是這種心態，佔地為王。」

布魯克斯讓我看一張照片，是他以前帶過的一支小聯盟（Little League）少棒隊，他檢視照片上一排一排的孩子，指出哪個後來坐牢、哪個已經死亡、哪個過得還不錯。然後他指著自己的兒子，說道：「這就是我兒子比利。」他大聲地自言自語：當年他帶著兒子到北羅恩代爾工作，是不是反而害死了兒子？他說：「一定有關連，因為他是我在這裡工作的一部分。我或許不該讓他曝光，但是不得不這麼做，因為我想讓他待在身邊。」

有一種迷思從白宮一路流傳，認為父親角色是黑人所有病症的解藥。但是比利有父親、特瑞方．馬丁有父親、喬丹．戴維斯（Jordan Davis）[6]有父親。堅守中產階級規範的黑人，還是逃不過被掠奪的境遇。堅守中產階級規範也讓威瑟史普恩成為投機客眼中的肥羊。契約銷售者對窮人沒有興趣，他們鎖定的是那些努力工作、存了一筆訂金、夢想擁有「房地產」這個美國公民地位表徵的黑人。羅斯之所以成為標靶，原因不在於什麼病態現象。路易斯也不是因為貧窮的文化，才淪為「追逐與獵殺的快感」的犧牲品。有些黑人永遠能做到比白人優秀兩倍，但是白人掠奪的速度要快上三倍。

5 編注：這個「打交道」往往涉及毒品交易。

6 編注：喬丹．戴維斯（Jordan Davis），一名於二〇一二年於街頭遇害的十七歲黑人高中生。因為音樂太大聲而在佛羅里達州的傑克森維爾（Jacksonville）遭到槍殺。

今日的自由派多半不認為種族主義是一種活躍、鮮明的罪惡，而是視之為白人貧窮與不平等的衍生物。他們忽略了一個長遠的傳統：美國如何積極主動地懲罰黑人的成功，並且在二十世紀中葉將懲罰提升為聯邦政策。儘管詹森（Lyndon Johnson）總統一九六五年在霍華大學演講時曾說：「黑人貧窮與白人貧窮不同。」但是他的顧問與他們的繼任者，從當時到現在都不願意透過制定政策，來面對這種差異。

那場演講之後，詹森邀集一群民權運動領袖，包括菲力普・蘭道夫與貝雅德・拉斯汀（Bayard Rustin）在內，討論「古老的暴力問題」。會議上提出一份策略文件，大家同意總統所說的「黑人貧窮是美國人民一種特殊、格外具破壞性的貧窮。」但是拉斯汀的團體持保留意見，希望推動「面對所有窮人、不分黑白」的計畫。

想要利用黑人苦難的道德力量，來處理範圍更廣大的不平等問題，這種傾向既來自同情，也來自務實，但是它也導致曖昧模糊的政策。例如，積極平權措施的確切目標，一直都難以界定。它是要彌補黑人遭遇的罪行嗎？聯邦最高法院說不是，在一九七八年的「加州大學董事會訴巴基案」（Regents of the University of California v. Bakke）之中，法院認為「社會歧視」（societal discrimination）是「一種難以捉摸的傷害概念，可能會因為上溯到過往而超越時代的限制。」積極平權措施是要提升所謂的「多元性」嗎？果真如此，它也只是稍微觸及了黑人特有的問題：數個世紀以來白人對黑人的掠奪。

積極平權措施造成的困惑，以及我們無法面對白人強迫黑人處於劣勢的歷史，都可以上溯到這項政策的起源。詹森政府勞工部的一名官員曾說：「積極平權措施並沒有確切、紮實的定義。當你想以某種方式達到成果，它就可以是積極平權措施，但是未必會涉及特殊待遇。」

然而美國就是建立在白人的特殊待遇之上，已經三百九十五年了，模稜兩可地支持某種容易接受、感覺良好的「多元性」於事無補。

今日的進步派很不願意拿白人至上主義來解釋任何事情。就實務層面而言，這種抗拒來自聯邦最高法院對一九六〇年代改革的負面觀感。《選舉權法》（*Voting Rights Act*）已經遭到掏空，《公平住宅法》可能會步上後塵，積極平權措施也來日無多。進步派以大範圍的階級鬥爭來取代反種族主義抗爭，就是希望藉由改變主題來建立一個聯盟。

「種族迴避」的政治操作固然誘人，但成績好壞參半。「依賴兒童家庭補助方案」（Aid to Families With Dependent Children）在制定之初排除大部分黑人家庭，但是到了一九九〇年代，它讓黑人受益良多。《平價健保法》（*Affordable Care Act*）不提種族，但是拉許·林堡仍然譴責它是種族賠償。此外，《平價健保法》對於醫療補助的擴張實際上是選擇性的，意味許多前南方邦聯諸州的窮困黑人享受不到好處。就像社會安全制度，《平價健保法》最終會照顧到那些被遺落者，然而在這段期間，黑人會受到傷害。

「想要搞砸一個新的公共事業振興署（WPA）[7]很簡單，只需要花點工夫製作一段黑人靠著鐵鍬抽菸的影片就行了。」社會學家道格拉斯．梅西（Douglas S. Massey）寫道，「掩飾種族問題會是糟糕的社會理論、糟糕的學術研究、糟糕的公共政策。」美國這個全世界數一數二古老的共和國，是以白人至上主義為基礎，對於這樣的事實視而不見，並假裝二元社會（dual society）的問題等同於資本主義失控的問題，這兩種心態都是以國家說謊的罪行來掩飾國家掠奪的罪行。謊言也無視於兩項事實：改善美國貧窮問題與終結白人至上主義是兩回事。縮小「成就差距」完全無助於縮小「傷害差距」，黑人大學畢業生的失業率仍然高於白人大學畢業生，無犯罪前科黑人求職成功率與有犯罪前科白人差不多。

芝加哥就和整個美國一樣，透過政策將活力充沛、雄心勃勃、力行勤儉的美國黑人降格為化外之民，讓他們成為合法竊盜理所當然的目標。其效應不僅影響遭到劫掠的家庭，也衝擊見證這一幕幕奇觀的社會。我們除了想像克萊德．羅斯為了保住房子而身兼三職的光景，還必須想到他在北羅恩代爾的鄰居，以及鄰居們的子女、侄兒與外甥們，想到他們看到這一幕會作何感想。想像你自己是一個年輕黑人，看著長輩行事中規中矩，下場卻是家當被丟到大街上，並被剝奪「房子」這項最珍貴的資產。

比利．布魯克斯形容，那個黑人男孩從國家接收到的訊息會是：「『你一文不值，你糟糕透頂，你唯一的用處就是為我們工作，你永遠不會擁有財產，你不會受教育，我們要把你送進監獄。』他們會告訴你，無論你如何努力，無論你如何累積，你都一文不值。『我們要剝奪你的努力所得，你永遠不會擁有財產，你這個黑鬼。』」

九、建立新國家

克萊德．羅斯還是個孩子的時候，哥哥溫特癲癇發作，被政府帶走，送往「帕奇曼農場監獄」（Parchman Farm），一座位於密西西比三角洲（Mississippi Delta）、佔地兩萬英畝的州立監獄。

「他是個溫和的人，」羅斯回憶自己的哥哥，「他對每個人都很好。發病之後，他無法控制自己。政府認定他是危險人物，把他帶走。」

帕奇曼農場監獄建於世紀之交，原本應該是個先進的、改革的「黑人犯罪」問題解決方案，結果卻成為密西西比州的古拉格集中營（gulag），讓密西西比三角洲的美國黑人聞

7 編注：公共事業振興署（Works Progress Administration, WPA）是美國在一九三五年開始推動羅斯福總統的「新政」時，為解決失業問題而新成立之政府機構。直到一九四三年因二戰導致勞力短缺而解散時，公共事業振興署已輔導數百萬美國人就業。

之色變。二十世紀初年，密西西比州長詹姆斯．瓦達曼（James K. Vardaman）為了自娛，會將黑人囚犯放到監獄四周的荒野，自己帶著獵犬獵殺他們。大衛．奧申斯基（David M. Oshinsky）在《比奴隸體制更惡劣》（*Worse Than Slavery*）一書中寫道：「在整個美國南方，帕奇曼農場監獄是懲罰與暴力的同義詞，而且名不虛傳……帕奇曼是最道地的農場監獄，是南北戰爭之後最接近奴隸體制的地方。」

後來羅斯的家人去接溫特，監獄當局告訴他們溫特死了。羅斯的家人要求領回溫特的遺體，監獄當局聲稱已經下葬。羅斯的家人再也沒有看到溫特的遺體。

這只是他們眾多的損失之一。

對於美國應該如何賠償那些替美國建國基礎貢獻勞力卻遭到排斥的人，長期以來都有學者討論。一九七〇年代，耶魯法學院教授波里斯．畢特克（Boris Bittker）在《黑人賠償的正當性》（*The Case for Black Reparations*）一書中提到，大略的賠償金額可以如此計算：將美國黑人的人口數乘以白人與黑人的人均收入差距。在畢特克成書的一九七三年，計算結果是三百四十億美元，可以用於一個分十年或二十年執行的賠償計畫。哈佛法學院教授查爾斯．歐格崔的構想範圍更大：一個職業訓練與公共事業工作計畫，以種族正義為宗旨，但是涵蓋所有種族的貧民。

頌揚自由與民主，卻忘記美國的起源是奴隸經濟，這只能說是一種半調子的愛國主義。

想要瞭解我們國家將黑人視為次等公民、次等美國人、次等人類的可恥歷史，如何留下經久不滅的影響，最具啟發性的統計數據就是財富差距。賠償的目的是要縮小這道鴻溝。然而，財富差距的創造是社會每個階層的合作結果，財富差距的縮小也是如此。

也許，在經過一連串的討論與爭辯（例如第三節所說的《HR40法案》提議）之後，我們會發現美國永遠無法完全賠償黑人。但是在討論的過程中，我們會對自己有更多的發現，那或許是最讓我們害怕的地方。賠償的構想會威脅更深層的事物：美國的傳統、歷史與國際地位。

早期美國經濟奠基於奴隸勞動。國會山莊與白宮是由黑奴建造，詹姆士・波克（James K. Polk）總統在橢圓型辦公室買賣黑奴。美國存在的先決條件是凌虐黑人父親、強姦黑人母親、販賣黑人兒童，而在這樣一個國家感嘆所謂的「黑人病態」或者批評黑人家庭的結構，都是一種虛偽。只要誠實檢視美國與黑人家庭的關係，就會發現國家不是黑人家庭的扶助者，而是破壞者。

破壞並沒有與奴隸體制一起終結，歧視性的法律將同等的公民義務與不同等的公民權益結合起來。這些法律在二十世紀中葉達到高峰，且即便是今天，聯邦政府透過住宅政策製造的財富差距也仍未消失。當我們想到白人至上主義，腦海往往浮現「有色人種專用」的告示，但其實我們應該想像的是海盜旗。

在某種層面上，我們一直在試圖理解這一點。詹森總統在他劃時代的民權演講中曾提及「黑人貧窮與白人貧窮不同」：

> 兩者有許多共同的原因與共同的解決方法，但兩者有其差異。這個差異深層、具腐蝕性且頑強，將痛苦的根源紮入社區、家庭與個人的本質之中。這些差異並不是種族的差異，而是完全要歸因於古老的暴力、過往的不公與當今的偏見。

我們引述林肯與傑佛遜的名言，因為他們談論我們擁有的遺產與傳統。我們會這麼做是因為體認到自己與過去的連結，或至少當這些連結讓我們感覺良好的時候。但是黑人歷史不會讓美國民主感覺良好，而是施以訓誡。許多人嘲笑賠償是個由極端左派分子與不用大腦的黑人民族主義者提出的愚蠢計畫，這種觀點看似訕笑，其實是偽裝。黑人民族主義者總是能夠看到美國不可告人、種族融合主義者不敢承認的一件事：白人至上主義並不只是狂熱民粹分子的產物，並不只是某種錯誤的意識，而是美國一種非常基本、不可或缺的力量。

因此我們必須想像一個新國家。在這個國家裡，賠償是我們必須付出的代價（賠償在此指的是完全接受我們的集體歷程及其結果），如此我們才能夠正眼看待自己。試圖戒除酒癮的酒鬼很可能一輩子都要與後遺症共處，但至少他本身不是一個醉醺醺的謊言。賠償讓我們不再沉溺於傲慢心態，正視美國的本來面貌：一個由會犯錯的人建立的國家。

賠償會不會使我們分裂？我們本來就已分裂。財富差距只是一個數字，代表我們只能感受卻無法言喻的事實：美國的繁榮來路不正、分配不公。現在該做的是掀開家醜、面對過往的幽靈、癒合美國人的心靈、驅除白人的罪惡感。

我的主張不只是彌補過往的不公不義，不只是施捨金錢、花錢消災、被迫行賄。我的主張是一場全國的反省檢視，將會導致精神的復興。賠償意味我們不會再繼續在獨立紀念日一面大啖熱狗、一面否認我們傳承的歷史事實。賠償意味我們不會再一面大喊「愛國精神」、一面揮舞南方邦聯的旗幟。賠償意味一場美國意識的革命，調和我們作為民主體制推動者的形象與我們的真實歷史。

十、我們會阻擋德國的「賠償」

面對這種挑戰，我們並不是史無前例。

一九五二年，西德開始為猶太人大屠殺（Holocaust）進行補償，當時的情況很值得我們借鑑。各方抗拒非常激烈，沒有多少德國人認為猶太人有權做任何要求。民調顯示，只有五%的西德民眾對猶太人大屠殺有罪惡感，只有二九%民眾認為應該給予猶太人賠償。

歷史學家東尼・賈德（Tony Judt）在二〇〇五年的《戰後歐洲六十年：一九四五—二〇〇五》（*Postwar*）一書中寫道：「其他的人分為兩派：大約五分之二認為只有『真正犯下罪行』的人才有責任、才須賠償。』另外二一%認為『對於第三帝國（Third Reich）時期發生的事，猶太人本身也要負一部分責任。』」

德國人對於歷史的迴避，不僅呈現在民調之中。有些電影被禁映，因為它們指出除了希特勒之外，德國對納粹大屠殺還有更大的社會責任。艾森豪總統親自為條頓（Teutonic）民族神話背書，聲稱：「德軍官兵為祖國戰鬥，勇敢而光榮。」賈德寫道：「在整個一九五〇年代，西德官方鼓勵人民寬心看待德國的過往，德意志國防軍（Wehrmacht）英勇作戰，納粹只是少數，而且已經得到應有的懲罰。」

戰後德國第一位總理康拉德・艾德諾（Konrad Adenauer）贊成賠償，但是他領導的政黨立場分歧，為了推動協議法案過關，他必須倚賴反對黨社會民主黨（Social Democratic）的支持。

在以色列的猶太人，賠償問題引發激烈、惡毒的反應，從強烈譴責到暗殺計畫不一而足。一九五二年一月七日，以色列國會（Knesset）集會討論與西德簽定賠償協議，後來成為總理的梅納罕・比金（Menachem Begin）站在一大群民眾前方，強烈譴責那個掠奪猶太人生命、勞力與財產的國家。比金聲稱所有德國人都是納粹，都犯下謀殺罪。他的譴責也波及當時才立國不久的以色列，他鼓勵民眾拒絕納稅，聲稱以色列必須將反對接受德國賠償的鬥爭視為一場「至死方休的戰爭」。當有人提醒他，在一旁虎視眈眈的警察帶著據稱是德國製造的催淚瓦斯，貝金大喊：「同樣的毒氣也窒息殺害了我們的父母親！」

然後比金帶領群眾宣誓，永遠不要忘記大屠殺的受難者，否則「我的右手從此作廢，我的舌頭整個裂開。」他帶領街頭的群眾走向國會，警察從屋頂發射催淚瓦斯與煙霧彈，但是這時風向改變，將煙霧吹向國會，湧進被石塊砸破的窗戶。情勢一片混亂，比金與總理大衛・本古里昂（David Ben-Gurion）相互辱罵，兩百名民眾與一百四十名警察受傷，近四百人遭到逮捕，國會因此停擺。

接著比金在議事廳發表一場措辭激烈的演說，譴責國會準備採取的立法行動。他說：「今天你逮捕了數百人，明天你可能要逮捕數千人。無所謂，他們會繼續示威，會進監牢，我們與他們同行。如果有必要，我們與他們一起犧牲性命。但是無論如何，我們會阻擋德國的『賠償』。」

大屠殺倖存者擔心，接受賠償形同讓德國花錢洗雪污名、拿關於死難者的記憶當抵押品。此外，他們一心想復仇。梅爾・德沃澤基（Meir Dworzecki）是愛沙尼亞（Estonia）集中營的倖存者，他說：「如果我知道六百萬德國人與六百萬猶太人一樣灰飛煙滅，我的靈魂會得到安息。」

本古里昂對抗這種情緒，但方法並非拒絕復仇，而是冷靜的算計：「如果我不必和德國人打交道就能拿到他們的財產，就像開著吉普車、帶著機關槍到倉庫搬貨，我願意做。那就像我們有能力派遣一百個師，告訴他們『儘管拿』，但是我們做不到。」

關於賠償的討論引來以色列好戰分子一連串的炸彈攻擊。有一起發生在首都特拉維夫（Tel Aviv）的外交部，另一起則鎖定艾德諾總理本人，還有一起的目標是海法（Haifa）的港口，當時以賠償款購買的物資都是從那裡上岸。西德最後同意支付以色列三十四億五千萬德國馬克（deutsche marks），相當於今日的七十億美元。個人要求的賠償隨之而來：心理創傷、冒犯猶太人的榮耀、法律事業中斷、人壽保險、集中營囚禁……等等。一七%的賠款用於購買船隻，「到一九六一年底時，以色列的商船有三分之二是以賠款購買，」以色列歷史學家湯姆・塞格夫（Tom Segev）在《第七百萬》（*The Seventh Million*）一書寫道：「從一九五三年到一九六三年，以色列對電力系統的投資有三分之一來自賠償款項，發電量在這段期間增為三倍，賠償款項也負擔將近一半的鐵路建設投資。」

與德國簽定協議之後的十二年間，以色列的國民生產毛額（GNP）增為三倍，以色列銀行（Bank of Israel）估計，其中一五%以及四萬五千個工作機會要歸功於賠償款項的投資。

但是塞格夫認為，德國賠償的影響遠超過這些數字，「其心理與政治的重要性無可置疑」。賠償無法彌補納粹的謀殺暴行，但是的確促成了德國人面對自我，同時可能也指出了道路，讓一個偉大的文明證明自己名實相符。

對於賠償協議，本古里昂如是說：

這在世界民族關係史上是首開先例，一個偉大的國家只因為道德的壓力，對其前任政府的受害者做出賠償。這也是歷史上第一次，一個數百年來在歐洲各國飽受迫害、壓制、劫掠與剝削的民族，終於有迫害者與剝削者承諾要歸還一部分的贓物，甚至以集體賠償彌補被迫害者一部分的物質損失。

對美國而言，除了道德壓力之外，賠償訴求還有其他的動力。我們無法逃避自身的歷史，所有我們對於健保、教育、住宅與經濟不平等的解決方案，都受到我們避而不談的因素影響。克萊德．羅斯告訴我：「今日黑人之所以遙遙落後，原因不在於今日，而在於過往。」二〇〇〇年代初期，查爾斯．歐格崔到奧克拉荷馬州的土爾沙，見到一九二一年摧毀「黑人華爾街」種族暴動的倖存者，對他們而言，過往並非過往，「這些黑人男性與女性有的跛腳、有的失明、有的坐輪椅，怵目驚心，」歐格崔告訴我，「我不知道他們是何許人，也不知道他們為什麼要找我。但他們說：『我們想委託你，幫我們打這場官司。』」

奧克拉荷馬州議會授權成立一個委員會，提出一份報告，承認了一個被壓制許多年的事實：暴動確實曾經發生。但是相關訴訟在二〇〇四年敗訴。控告安泰（Aetna，曾為黑奴交易提供保險）、雷曼兄弟（Lehman Brothers，共同創辦人曾經蓄奴）等企業的類似訴訟也都失敗。這樣的結果令人沮喪，但是賠償推動者指控國家犯下的罪行，並不僅限於幾個城鎮或者幾家公司。罪行的被告是美國人民自身，涵蓋每一個層面，並以各種型態呈現。對於一樁涉及全體美國人民的罪行，代表他們的立法機構必須公之於世。

約翰・柯尼爾斯的《ＨＲ４０法案》就是讓罪行公之於世的管道。沒有人知道相關辯論會帶來什麼樣的結果。也許沒有一個數字能夠準確代表美國黑人數個世紀以來遭受的劫掠，也許數字龐大到難以想像，遑論計算與支付。但是我相信，公開處理這些問題的過程，與最後得到的答案一樣重要，甚至更為重要。自問是否虧欠自家最脆弱的民眾，代表美國的進步與人性；拒絕面對問題，代表美國不僅忽視過去的罪行，而且忽視現在與未來的罪行。比任何一張開給美國黑人的支票更重要的是，做出賠償代表美國的成長：走出童年自以為無辜的迷思，獲取不讓開國先賢汗顏的智慧。

二〇一〇年，普林斯頓大學博士候選人賈可布・魯伊（Jacob S. Rugh）與社會學家道格拉斯·梅西發表一項研究，探討美國近年的法拍屋危機（foreclosure crisis），發現背後因素之一正是一個古老的病根：種族隔離。就算考量信用程度等因素之後，黑人屋主還是比白人屋主更容易求助於次級房貸（subprime loans）。數十年來美國政府的種族主義住宅政策，結合了美國企業的種族主義住宅實務作法，將黑人集中在同樣的社區。如同半世紀前的北羅恩代爾，這些社區的居民都遭到主流金融機構排斥。當次級房貸業者尋找獵物時，他們發現黑人就像關在圍欄裡的鴨子。

「高度種族隔離化為次級房貸創造了一個如魚得水的市場，」魯伊與梅西寫道，「導致高風險貸款與房地產法拍，不成比例地集中在種族隔離城市的少數族裔社區。」

過往的劫掠讓今日的劫掠更有效率，美國銀行業對此心知肚明。二〇〇五年，富國銀行（Wells Fargo）舉辦一系列的「建立財富策略」研習會，聲稱自己是「美國少數族裔房屋貸款最重要的提供者」，邀集多位黑人公眾人物共襄盛舉，教育黑人如何累積「世代財富」。但是這一系列的「建立財富」研習會實際上幹的是掠奪財富的勾當。二〇一〇年，美國司法部以歧視罪名起訴富國銀行，指控他們不考慮黑人客戶的信用，刻意引導他們申辦條件苛刻的貸款。這不是什麼魔術、巧合或者運氣問題，而是種族主義的具體表徵。據《紐約時報》報導，檢方取得的書面證詞顯示，富國銀行的貸款業務主管稱呼黑人客戶是「土人」（mud people），自家的次級房貸是「黑人區貸款」（ghetto loans）。

「我們鎖定黑人客戶，」富國銀行前任貸款業務主管貝絲・賈可布森（Beth Jacobson）告訴《紐約時報》，「富國銀行的房貸業務設了一個新興市場部門，專門針對黑人教會，原因是認定黑人教會領袖很有影響力，能夠說服信徒申辦次級房貸。」

二〇一一年，美國銀行（Bank of America）同意賠償三億五千五百萬美元，擺平旗下國家金融服務公司（Countrywide Financial）的歧視官司。第二年，富國銀行以超過一億七千五百萬美元的代價，了結自家的歧視訴訟。但是傷害已經造成。二〇〇五年至二〇〇八年間拿到富國銀行貸款的巴爾的摩的屋主，到了二〇〇九年，有一半的房子沒有人住，其中七一%位於黑人佔大多數的社區。

CHAPTER

7

WE
WERE
EIGHT
YEARS
IN
POWER
AN
AMERICAN
TRAGEDY

在美國，
當黑人就是會遭到劫掠，
當白人就是會受益於劫掠。
強盜行為不是美國的偶然，
強盜行為就是美國的本質。

第七年回顧

到了第七年的時候，我覺得我已經釐清一些事情。對我而言，〈賠償的正當性〉了結了一場內心的辯論，是一個存在迷思的最終破解。美國的故事（也就是我的故事）並不是勝利的篇章，而是一場重大的悲劇。清教徒與革命派人士逃離壓迫，夢想一個自由的世界。為了讓夢想不再只是想像，讓理論化為現實，他們嚴厲壓榨黑人，拿起當初他們逃離的壓迫大棒。如今我已明白，區隔美國黑人與白人的界線並不是外表，不是文化，甚至也不是遺傳。事實上根本沒有界線可言，也沒有任何必要的區隔。我們並不是一個銅板的兩面，我們不是彼此的負片（photonegative）。在美國當黑人就是會遭到劫掠，當白人就是會受益於劫掠，有時甚至直接參與劫掠。全國對話、愛的呼籲、道德訴求、「體諒」與「多元性」的倡導，都無法撥亂反正。種族主義就是道道地地的強盜行為。強盜行為不是美國的偶然，強盜行為就是美國的本質。

這種表述方式有一點荒謬感，有如什麼重大的宣示，而不是我所認識的每個黑人都揮之不去的感受。我也有那樣的感受。只不過美國黑人通常不會享有自身「感受」被當一回事的奢侈待遇，尤其是那些不符合廣大美國社會對「種族關係」迷思的感受。在那個迷思裡，美國的種族關係被視為如同兩個鄰居為了籬笆而發生的不幸爭執。強盜行為的理論不但不為這個迷思背書，而且直接發動攻擊。因此光只是「感受」這個迷思的虛假、感到被它冒犯並不夠，我還必須見證它的錯誤，盡可能地鉅細靡遺。

我這麼做並不是期望去說服那些粗陋神話的信徒，讓他們知道自己錯了。至少，我不可能說服太多人。我這麼做是為了自己，好確知自己並沒有瘋狂，確知自己刻骨銘心的感受與親眼見證的同胞遭遇都是真實的。我這麼做是為了某些人，他們知道自己遭到劫掠，儘管他們無法從恐怖的經驗演繹出完整的故事。我無法保護他們不被劫掠，但是在我們的四周有一種運作機制，為神話背書、為幻象做證。有些黑人也會相信幻象，因為它被打造得有模有樣。但是大多數的黑人會仔細端詳它，在某個特別的日子、從某個特別的角度、以某個特別的觀點，然後就看透了它的機關陷阱，就算有時只是驚鴻一瞥。我最想做的是投射一道強烈的光芒，照亮整個舞台，訴諸所有我能夠引據的權威，告訴我的同胞：他們是對的，他們並沒有瘋狂，幻象的確是騙人的把戲。

大部分的黑人文學（或者說，我感興趣的黑人文學）也有相同的目標。與其說我的目標是別出心裁或者另闢蹊徑，不如說它屬於一個更大的群體，我嚮往加入一群夢想粉碎者濟濟多士的行列。無神論對我而言相當重要，但是先人傳承感（sense of ancestry）與它相比毫不遜色。後者可以回溯到我還是一個年輕民族主義者的時期，有如灌溉蘆薈的汁液。我跪在地上喃喃唸著艾許（Ashe），穿著泥染布（mud cloth）的男人與包著頭巾的女人高喊麥爾坎・X、杜桑・盧維杜爾（Toussaint L'Ouverture）、哈莉特・塔布曼、雅阿・阿散蒂娃（Yaa Asantewaa）的名字。後來我漸漸感覺到，民族主義最終只能是一種夢想。但是我必須承認，就算我離開了那個世界，那個世界也沒有離開我。民族主義給我一種不受白人想法影響的政治意識。種族融合的主張有一點弱點：追根究柢，它有賴於足夠的白人配合，無論其動機是自身利益抑或某種道德感，前者的歷史例證少之又少，後者更是絕無僅有。這個道理不難理解。如果真有一種權力會完全因為某種利他的正義感而屈服，我只能說我還沒見識過。民族主義也有自己的幻想：獨立建國，或者在美國內部打造一個分離的社會。然而，兩者都是行不通的。一個獨立國家的社會幾乎必然重蹈既有權力的覆轍，引發完全一樣的問題。黑人會製造出更多被歧視的人，不是自家人就是某個倒楣的群體。至於在美國內部打造一個分離的社會，土爾沙與黑人華爾街的廢墟已經充分證明問題所在。那些迫害黑人獨立生存空間的事件，還只是極端案例。要在美國內部打造分離的社會，就必須倚賴美國的財富創造機制，然而美國的財富創造從來就是根植於政府政策，根植於願意貸款的銀行業，根植於願意撐開保護傘的司法體系。因此，主張分離主義的民族主義自曝其短，與種族融合一樣問題重重，因為兩者終究都必須倚賴白人的善意。

但是就算民族主義不是出路，它帶來的先人傳承感與傳統仍然有療癒作用。它告訴我奈特．杜納並不是孤軍奮戰，而是投入了一場與劫掠一樣古老的反抗運動。劫掠造就了西方世界，也會與西方世界一起灰飛煙滅。先人傳承感並不會讓我對美國懷抱希望，甚至連對黑人的終極命運也同樣不抱希望，但是它為我帶來了目標與意義。霍華大學也教授先人事蹟與傳統，告訴我追隨阿蘭．洛克（Alain Locke）、柔拉．涅爾．賀絲頓（Zora Neale Hurston）、童妮．摩里森與阿米里．巴拉卡（Amiri Baraka）的道路是有意義的。要成為一位黑人作家，就會被徵召去面對自由與民主最重大的問題。有些黑人作家追尋最個人層面的自我，會抗拒徵召、逃離傳統。其他的黑人作家，包括我在內，追尋的是意義與使命，會奔向徵召、奔向傳統。

需要目標、需要社群、需要使命，都是人性之常，在我們的政治之中根深柢固。政治不只是健保、賦稅與農業補助，它也是一種意義的追尋。歐巴馬執政八年，這種追尋的困擾一直揮之不去。二〇〇八年選戰期間歐巴馬對支持者帶來的意義，已經有許多論述。當時人們認為一個新美國正冉冉上升，擺脫昔日那些師出無名的戰爭與劣跡斑斑的歷史，並且終於能夠實現其立國憲章的承諾。過去關於嬰兒潮世代與雷根民主黨人（Reagan Democrats）的辯論已經燃燒殆盡，千禧年美國（millennial America）從它的灰燼中誕生，帶來一個乾乾淨淨、沒有磨擦的未來。然而這樣的願景在為一個群體帶來意義的同時，也攻擊了另一個群體的意義。後者有自身的願景，其基礎是數百年來白人男性毫不掩飾的主宰掌控。無論人們如何談論這種主宰掌控以及它的劫掠天性，它都提供了一種有條有理的敘事，讓人們得以建構目標與社群。「只限白人」的告示並不是裝飾，它是要讓一個特定的部落知道，無論他們的生活狀況如何，這世界有一個部分（事實上是最好的部分）都會保留給他們。喬治・華萊士「今天就種族隔離」（Segregation Now）演說[1]中最重要的一句話，並不是他的戰鬥口號，而是他表明戰鬥口號是為誰吶喊。華萊士的演說不僅代表南方白人，更是為「地球上有史以來最偉大的民族」發聲。在這一點上，華萊士並沒有離經叛道。人們普遍相信，美國這個建築在劫掠之上的國家得天獨厚、獨具一格，就連侵略行為也可以被轉化為解放，而這個觀念為美國人的政治生活賦予意義。歐巴馬的出現打擊這個意義及其背後的神話，至於歐巴馬現象的基礎則是過去五十年來，為了擴大美國社會與公民權而發起的行動。

當反同性戀人士聲稱同性婚姻會改變婚姻的定義，他的確反同，但是並沒有說謊。他對婚姻體制的定義就包含排斥異類的權利，而且婚姻體制對他而言非常重要，為他的人生賦予意義。有些州的州長要求申請健保給付者必須接受毒品檢測、提出工作證明，他們並不是在追求什麼健保政策，而是在給予一個群體肯定與意義，同時對另一個群體宣戰。這是白人至上主義與生俱來的恩賜，也是它能夠興盛數百年的關鍵之一。

我希望自己的意義紮根於先人傳承之中，能夠優於白人至上主義。我希望我們講述的故事帶來意義，但是不必貶抑其他人。我的先人傳承並不在於血統，血統對我而言無關緊要。黑人文學的先人傳承之所以會吸引我，原因不在於種族關係，而在於它直接將我推向我們這個年代（尤其是我的年代）最深層的問題。

對黑人來說，生活在被其他人當作目標的沉重壓力之下，並淪為他們國家神話中隨時可丟棄的道具，究竟要付出什麼樣的代價？我遇過最直接的案例就是我的朋友普林斯．瓊斯，他在我從霍華大學輟學之後不久，被一名警察殺害。當時沒有智慧型手機記錄事發經過，沒有人提出告訴，行凶的警察繼續任職。普林斯死了，我只覺得這世界一點也不在乎。這件事讓我怒火中燒整整十年，但是現在我已經明白，他的遇害直接連繫到劫掠的機制。不僅如此，我從其中看出先人傳承，它是一系列事件中的一樁，一路上溯到美國建國初期。在普林斯之前是申姆．渥克（Shem Walker）[2]、瑞琪亞．波伊德（Rekia Boyd）[3]與塔米爾．萊斯（Tamir

1 編注：華萊士改變種族政策立場而在一九六三年當選阿拉巴馬州州長後（見第三章編注40），於州議會宣誓就職時，說出了著名的「今天就種族隔離，明天也種族隔離，種族隔離直到永遠。」（segregation now, segregation tomorrow, segregation forever）。

2 編注：申姆．渥克（Shem Walker, 1960-2009），美國黑人，二〇〇九年七月在紐約布魯克林的母親家門外遭警察射殺，得

Rice）[4]。後來我又想到，為了理解這樣的先人傳承，我應該回到自己最關注的領域：黑人寫作。也就是在這個時候，我再次回到詹姆斯．鮑德溫。

我第一次讀《下一次將是烈火》（*The Fire Next Time*）的時候，還是霍華大學一個十九歲的學生，對這部作品似懂非懂。但就算本書的艱澀拒斥著我，它的美卻仍與我深深相連。後來我讀了更多的鮑德溫作品，身為一位年輕作家與新聞工作者，我不僅仰慕他的清晰、他對浪漫感性的輕蔑，我還在他的作品中感受到美國黑人生活的傳承、破除幻象與粉碎夢想的衝動。我也感受到要以他的風格寫作、懷抱同樣的目標，就像繼承一件傳家寶與一種傳統。我所連結的鮑德溫散文之美，對於粉碎夢想並不是附屬因素，而是核心要素。他的文字美感並不只是風格或者裝飾，而是一種無與倫比的能耐，清晰看穿眼前的事物，然後以同樣的清晰將這樣的視野呈現在世人面前。

我想到他在十四歲那年，在他土生土長的哈林區，開始感受到周遭紛亂湧現的危機：

罪的代價隨處可見，在每一個酒汁浸染與尿液濺灑的川堂、在每一聲救護車警鐘、在皮條客與妓女臉上的每一道疤痕、在每一個被拋入險境的無助新生兒、在大街的每一場刀槍械鬥、在每一則悲慘的新聞中。一個堂表姊妹，六個孩子的母親，突然間瘋狂，孩子像包裹一樣分送各處；一位無比堅強的阿姨，辛苦工作多年之後，下場是在一個狹窄的小房間中，被死亡緩慢而痛苦地折磨；某人聰明的兒子親手把自己轟入永恆；另一個兒子變成搶匪，被送進監獄。那年夏天充斥著可怕的臆測與發現，這些事情還不是最糟的。

很美，但是並不神祕。美來自鮑德溫對哈林區細緻的描寫，從潮濕骯髒的川堂到身形萎縮的垂死阿姨，也來自他精準無比的遣詞用字：孩子「像包裹一樣分送各處」，「聰明的兒子親手把自己轟入永恆」。美來自這些文字的刻意安排組合，從音節開始，化為一場合唱。沒有那些細節，就無法在讀者心中描繪景象；沒有精準的遣詞用字，描繪就不會鮮明生動；沒有音節齊聲合唱，景象無法縈繞讀者心頭。從我第一次讀到這些文字之後，它在我心頭縈繞了二十年。鮑德溫的美就像所有真正的美，風格與內容無法分割。不是蛋糕上的糖霜，而是其中的雞蛋，賦予蛋糕質地、色彩與形狀。

年四十九歲。

3 編注：瑞琪亞・波伊德（Rekia Boyd, 1989-2012），美國黑人，二〇一二年三月在芝加哥公園因手中的手機遭誤認為槍枝而被射殺，年僅二十二歲。

4 編注：塔米爾・萊斯（Tamir Rice, 2002-2014），美國黑人，二〇一四年十一月在克里夫蘭因手上的玩具槍而遭到警察射殺，年僅十二歲。

鮑德溫烘焙各種材料得心應手。他也會從回憶召喚變化：

我的朋友現在都已「都市化」，生活忙碌，或者像他們所說的「對抗大人物」。他們越來越不在乎自己的外表、穿著，不在乎自己做的事。現在你會看到他們兩個一組、三個一組、四個一組，出現在川堂，一起喝葡萄酒或者威士忌，交談、咒罵、爭執，有時還會哭泣……

他援引分析：

美國白人有很多功課可以做，學習如何接納、愛自己與其他人。當他們能夠做到的時候（不會是明天，甚至可能永遠做不到），黑人問題將從此消失，因為再也沒有人需要黑人問題。

他引用報導：

以利亞臉部的核心特質是痛苦，他的微笑可以作為見證。如此古老、深沉、黑人特有的痛苦，只有當他微笑時才會變得個人化與獨特。人們會好奇，如果他能唱歌，歌聲會如何？他轉身面對我，還是帶著微笑，說道：「我有很多話要跟你說，但是我們先坐下來。」我笑了。他讓我想到我父親，如果我和父親能成為朋友，我們的關係或許就會像以利亞與我。

歐巴馬上任第七年，我重讀《下一次將是烈火》，很清楚地感受到沒有人會像鮑德溫那樣寫作，也沒有人想模仿他。我心想，人們把美交給詩人與小說家，交給從來都逃不出客廳的散文。我想把這份美要回來。我打電話給我的經紀人葛洛莉亞．路米斯（Gloria Loomis），告訴她我的感覺，她說：「鮑德溫獨一無二，沒有人能夠像他那樣寫作。」

我打斷她的話：「葛洛莉亞，我想嘗試。」

當時還有一件重要的事：我見到了歐巴馬。當時我仍然對他相當尊敬，但是也寫了幾篇批評他的部落格文章，包括他對「政策不分膚色」的堅持，以及他嚴厲責備黑人缺點的習慣。歐巴馬會定期邀請與他立場不合的記者到白宮，做一番爭辯。我也不時被召見，通常是在寫了批評他的文章之後。第一次被召見的時候，我戰戰兢兢，事後感覺自己沒有盡到職責。第二次被召見，我回應了第一次的窘境。我回想自己在巴爾的摩的生活，回到街頭，堅持「我不是混混」。第二次前往華府與白宮之前，肯雅塔看著我問道：「鮑德溫會怎麼做？」嗯，我想他的作法會比我優雅一點。那天的白宮會議我遲到，穿著牛仔褲，身上被雨淋濕。我與總統長篇大論爭議健保議題，還有密西西比州的弱勢民眾。我沒有說謊，但是這場辯論也有表演性質。我試圖向自己證明，我不會被權力壓垮或者誘惑。情境非常荒謬，但仍是與全世界最強大國家第一位黑人總統的對話。

我離開白宮，來到聯合車站，準備搭車回家。我打電話給編輯克里斯·傑克森（Chris Jackson），告訴他會議的情況：「克里斯，你應該來看看，我是會議室裡除了總統之外唯一的黑人，那些傻瓜看著我們，心裡大概想著：『這兩個黑人在吵架！』」但是接下來我又談起了鮑德溫，以及他在《下一次將是烈火》展現的美。我談到我如何一口氣讀完這本書，想像以同樣的風格營造一篇文章會遭遇多大的挑戰，一篇讓人幾個小時讀完、幾年無法忘懷的文章。我告訴克里斯這是一個非比尋常的時刻，黑人總統與「黑人的命也是命」運動的年代，很像鮑德溫在反抗種族隔離的年代寫作。克里斯告誡我：「這條路上散布著許多《下一次將是烈火》的仿冒品。」但他仍然鼓勵我嘗試。

今日引述鮑德溫的名字，就像同時引述一位先知與上帝的名字。除了實際作品之外，鮑德溫本人也被神聖化。因此年輕作家會來到他早已荒廢的故居，就像朝聖者前往聖地。而且年輕作家們還建構出一整個文類，來記錄自己的朝聖旅程。神聖化可以理解，鮑德溫的崇高地位既來自他的作品，也來自他的形象。我們不僅擁有他的文字之美，也能感受到他存在的力量。對此我不能免疫，當肯雅塔問我「鮑德溫會怎麼做？」的時候，所召喚的先人正是「傳奇人物鮑德溫」(Baldwin the Legend)。

但是我想要的魔術只存在於書頁上。當我仔細檢視、開始研究，我看到的並不是魔術，而是一套運作機制，無比優雅、無比奇妙、想像力無比豐富，幾乎是一種超自然的感覺。我現在要與年輕作家對談，你們的英雄並不是神祕主義者，也不是魔法師，而是一個凡夫俗子，做著打字與修改的工作，而且經常為此苦惱。我知道這種感覺，因為我也曾經追逐，追逐納斯的作品，追逐多克托羅的作品，追逐黑色思想（Black Thought）的作品。從《路上的沙痕》（*Dust Tracks on a Road*）到《約拿的瓜藤》(*Jonah's Gourd Vine*)，我追逐柔拉・涅爾・賀絲頓的作品。從《上校》（*The Colonel*）到《石頭博物館》（*The Museum of Stones*），我追逐凱羅琳・福歇（Carolyn Forche）的作品。

因此當我開始寫作《在世界與我之間》（*Between the World and Me*）的時候，我的心態並不謙卑，而是要以這部作品留下印記。如今面對當時的心態，我自嘲一番，想以一則笑話來軟化回憶。我想告訴你們，我的寫作動機無甚高論而且源於內在。我不是為了這個世界而寫，而是根本不管這個世界。這種看待事物的觀點，低估了那個造就今日之我的世界，無論是它對我的排斥或者對我的接納。也許我是為寫作而生，但很有可能的是，我天生就不太可能做其他的事。我的路徑與其說是命中註定，不如說是從媒妁之言的婚姻發展為一個充滿愛的家庭。有了那個家之後，我也明白它可以將我連結到更廣大的黑人作家，連結到夢想粉碎者傳統。我寫作《在世界與我之間》一部分的原因，就是要向他們致敬，向我的先人致敬。我知道在有些文學傳統之中，作家創作時是要打破傳統、弒殺你的長老、推翻你的先人，據說鮑德溫就是如此。然而，我是民族主義者出身，也就是說，我被教導要尊重傳統，相信自己是站在長老的肩膀上，而不是站在他們的對立面。與其說我想寫出什麼原創、新穎的作品，不如說我想寫出讓黑人讀者感覺既原創又古老、既古典又激進的作品。

在我兒時的家，黑人書籍觸目可及。我還是個幼兒的時候，父親會播放「最後的詩人」(The Last Poets）的作品來安撫我。到了青少年時期，我會播放拉其姆的歌曲來安撫我自己。上大學之後，我讀桑妮雅．桑切斯（Sonia Sanchez）的詩作讓自己保持理智。黑人寫作以各種方式挽救了我。《在世界與我之間》內頁題詞引用的理查．萊特、阿米里．巴拉卡與桑切斯都是見證。童妮．摩里森對這本書的推薦，是我唯一期待的推薦，原因不僅在於對她作品的仰慕，更是因為她一路走來，始終代表黑人作家傳統。

我對於這個傳統的理解，或許也和世代特質相關。我想到嘻哈音樂如何將某個年代的放克（funk）以及靈魂音樂與另一個年代的歌詞冶為一爐。我想到嘻哈音樂不可或缺的鼓聲，它的傳承要跨越海洋，回到我們古老的黑人自我。我想到我在寫作《在世界與我之間》時一直聽肯德里克・拉馬爾（Kendrick Lamar），驚嘆他如何融合新舊元素。我的先人傳承與這些音樂家不同，但是在同一個平面擴展延伸。為了加入這個傳承、加入這個譜系、與鮑德溫連結，我必須嘗試創造出對得起這個傳統的作品，能夠留下印記，能夠像傑伊所說的，不只是「發光」，更能夠「照亮整場演出」。

《在世界與我之間》問世，衝上暢銷書排行榜，拿下幾個獎項，催生出許多打鐵趁熱、冷飯重炒的評論，以及如組合屋般、急於速成的思考。一個夢想實現了，但那並不是我的夢想。我並不想在地鐵上被人認出來，但我的確希望得到黑人作家傳統的認可。因此愉悅是存在的，或許是一種自戀式的愉悅，能夠與童妮・摩里森、桑妮雅・桑切斯一起參加活動，能夠回到霍華大學討論《在世界與我之間》。我很榮幸地能夠將這本書獻給一群人，對他們而言，普林斯・瓊斯不是某種理論或者文學手法，而是全世界其他人都無法取代的家人。

《在世界與我之間》遮掩了我另一篇作品，它就算不是在追逐鮑德溫的過程中誕生，對我而言仍然相當重要。《大西洋月刊》向來自豪於能夠處理當今的「重大議題」，從過去到現在，大規模監禁都是美國國內最重要的道德議題。當時我已經讓主編有足夠的信心，可以表明自己的寫作興趣並放手去做。在《在世界與我之間》寫作進入尾聲的時候，我花了許多時間報導另一個故事，試圖仔細理解大規模監禁如何傷害黑人家庭。這份報導工作令我感到興奮，因為我相信「家庭」已經淪為道德撻伐的素材，撻伐者最熱中的是羞辱人們，而不是幫助家庭。

撻伐者津津樂道的人物是丹尼爾・派屈克・莫乃漢。在探討大規模監禁這個議題之前，我研讀莫乃漢在詹森總統時代的報告《黑人家庭：國家行動之必要》，以及一連串的後續反應。後來我看了更多關於莫乃漢的事蹟，包括他作為一位自由派專家以及他在尼克森總統任內的表現。我想我察覺了許多偏見與成見，讓大規模監禁成為解決黑人社群社會問題的可行方案。在我看來，這不能簡化為只是保守派種族主義者的主張，自我標榜的自由派也是問題所在。我相信對於他們支持的黑人問題解決方案，如果將對象換成白人，他們會敬謝不敏。

這篇〈大規模監禁年代的黑人家庭〉時運不濟，在《在世界與我之間》出版之後幾個月發表。但是從許多方面來看，它是我追尋答案的終點。我過去難以理解的一個問題，也就是膚色界線的問題，如今豁然開朗。答案在於劫掠。對於這個答案，黑人打從心底認同。我的探索即將結束，這趟旅程就算沒有帶給我希望，至少它帶來了清晰的視野。

大規模監禁年代的黑人家庭

「身為奴隸，不要再婚。」

——瑪格麗特．嘉納，一八五八年

「法律所在，罪行隨之。」

——亞歷山大．索忍尼辛（Aleksandr Solzhenitsyn），一九七三年

一、城市下層階級的行為將讓城市瓦解

丹尼爾．派屈克．莫乃漢兼具大使、參議員、社會學家與八面玲瓏的美國知識分子等多

重身分，但以他自身的觀點來看，他卻是一個破碎、病態家庭的產物[5]。他一九二七年生於奧克拉荷馬州的土爾沙，但是在紐約市長大成人。十歲那年，莫乃漢的父親約翰拋家棄子，讓全家陷入貧窮。他的母親瑪格麗特再婚、又生了一個孩子、離婚、搬到印第安納州投靠親戚、回到紐約當護士。莫乃漢的童年糾結著貧窮、再婚、搬家與單親媽媽等問題，與他日後讚嘆的美好美國家庭生活大相逕庭。他在一九五〇年代的日記中寫道：「我的人際關係顯然有一種三心兩意的特質。我很愛父親，但是必須選邊……儘管深愛父親，還是選擇母親。」在同一本日記中，莫乃漢對自己進行分析，就像他日後分析其他人：「我的母親與父親都辜負了我……多年來，我發現自己非常倚戀父親的替代者，他們只要稍稍拒絕我，就會讓我無比痛苦。之所以如此，唯一的原因就是我壓抑了自己對父親的情感。」

青少年時期的莫乃漢求學之餘，也在曼哈頓的碼頭打工，補貼家計。一九四三年，他考進紐約市立學院（City College of New York），進考場的時候，背包裡放著一具碼頭工人用的卸貨吊鉤，要讓人們「知道他絕不是個娘娘腔」。莫乃漢在學院讀了一年，進入海軍服役，海軍送他到塔夫茨大學（Tufts University）唸書，他取得學士學位，留校拿到碩士，繼續攻讀博士，到倫敦政經學院（London School of Economics）做研究。一九五九年，莫乃漢開始為歐文・克里斯托（Irving Kristol）的雜誌《報導者》（*The Reporter*）寫文章，主題從組織犯罪到汽車安全無所不包。一九六〇年甘迺迪當選總統，莫乃漢廣泛的好奇心終於派上用場，進入聯邦政府勞工部擔任助理。當時的莫乃漢是個反共的自由派，深信政府有力量能夠研究、解決社會問題。同時莫乃漢也成為社交名人，不再擔心自己被當成「娘娘腔」。來到倫敦，他培養出對葡萄酒、上等乳酪、訂製西裝的熱愛，展現有如英國貴族的姿態風範。莫乃漢身高六呎五吋，是一位出身平凡但文質彬彬的公僕，反應敏捷、多彩多姿、口若懸河，讓華府的菁英階層傾慕不已，在國會助理、政治人物與新聞記者之間如魚得水。歷史學家詹姆斯·帕特森（James Patterson）在他研究莫乃漢的專著《自由有所不足》（*Freedom Is Not Enough*）中指出，莫乃漢念茲在茲「年輕人的樂觀精神」（the optimism of youth），深信政府與社會科學的結合是制定政策的正道，「他日後各式各樣的政治經驗，都是在試煉這種年輕人的信念。」

詹森總統執政時期，莫乃漢一直待在勞工部，但是他對詹森的「向貧窮宣戰」（War on Poverty）計畫越來越失望。莫乃漢認為，這項計畫的推動管道應該要透過一個既有的社會體制，透過父親當家作主的家庭。公共政策必須透過由政府撥款創造工作機會的方式，來支持父親的角色。莫乃漢相信失業問題，尤其是男性的失業，是阻礙貧民社會流動的最大障礙。可以這麼說，莫乃漢是個「保守派的激進分子」，對「啟蒙計畫」（Head Start）之類的服務計

5 作者注：本文關於莫乃漢的生平，有許多部分取材於詹姆斯·帕特森（James Patterson）的《自由有所不足》（*Freedom Is Not Enough*）一書。帕特森此書對莫乃漢非常同情，我並不十分認同，但此書對於瞭解莫乃漢人物特質而言頗具價值。

畫與「依賴兒童家庭補助方案」之類的傳統社會福利計畫不屑一顧，但是勾勒了一個透過輔導男性就業、保障最低家戶收入來協助家庭的全國性計畫。

莫乃漢受到民權運動影響，將焦點放在黑人家庭。他認為，人們對於民權相關法案的立法工作有一種不切實際的樂觀，並且因此忽視了一個迫切的問題：有工作在身、性情堅強的黑人男性太少了。莫乃漢相信這種欠缺能夠充分解釋美國黑人社群的相對貧窮問題。他開始尋找可行的方式，在詹森政府內部推廣自己的觀點。他後來回憶：「我覺得我必須撰寫一份關於黑人家庭的報告，向人們解釋問題要比他們所知的更為嚴重。」莫乃漢和他為數不多的幕僚只花了幾個月時間，就做出一份報告。一九六五年三月，他將這份報告印製了一百份。

這份報告的標題是《黑人家庭：國家行動之必要》，並沒有經過官方簽署，原本性質屬於政府內部文件，只準備發布一份，其他九十九份束之高閣。報告與民權運動的樂觀情緒唱反調，認為聯邦政府低估了「持續三個世紀、有時嚴重到難以想像的惡劣待遇」以及「美國血脈中的種族主義病毒」對黑人家庭造成的重創，而且這兩項因素未來也會持續肆虐黑人：

> 美國黑人能夠存活至今，本身就是非比尋常。如果是比較次等的民族，可能早已滅絕，而且的確某些民族已經滅絕……但是我們不能因此假定美國黑人社群，對於過去三個世紀難以置信的苦難，並沒有付出可怕的代價。

莫乃漢認為代價顯而易見：「黑人家庭飽受歧視、不公不義與連根拔起的打擊與騷擾，如今正水深火熱。雖然許多年輕黑人努力上進、締造了前所未有的成就，但是有更多黑人落後的情況越來越嚴重。」黑人的非婚生子女日益增加、隨之惡化的是對社會福利的倚賴。另一方面，黑人男性的失業率也居高不下。莫乃漢相信，這些問題的核心都是黑人家庭的結構在白人壓迫之下產生變異：

> 黑人社群被扭曲成母權結構（matriarchal structure），與美國社會其他部分格格不入，嚴重阻礙了整個族群的進步，對黑人男性形成無比沉重的負擔，許多黑人女性也因此受到拖累。

莫乃漢相信，母權結構剝奪了黑人男性與生俱來的權利，他寫道：「從公雞到四星上將，趾高氣揚都是雄性動物的本質。」而且扭曲黑人家庭也將扭曲黑人社群。在《黑人家庭：國家行動之必要》最著名的段落中，莫乃漢將黑人社群形容為病人：

> 一言以蔽之，黑人青年深受黑人社會病態混亂現象的威脅，恐怕大部分都受困其中。

許多逃離的人只能顧及自己這一代，他們的子女可能必須再次接受一連串的考驗，這種情形今日已屢見不鮮。而且，在美國白人為黑人打造的世界中，這還不是最糟的狀況。

儘管對事態發展憂心忡忡，《黑人家庭：國家行動之必要》是一份很奇特的政府報告，因為它只描述危機，卻沒有提供處理危機的政策。這其實是刻意為之。莫乃漢對於政府該怎麼做有很多想法：保障最低收入、訂定政府輔導就業計畫、鼓勵更多黑人男性從軍、加強提供避孕資源、推動都市郊區種族融合。但是這些想法都沒有被列入報告。莫乃漢後來回憶：「報告的初稿有納入一系列的建議，但後來刪除。因為提出建議會模糊報告最受關注的論點：一場危機即將爆發，應對之道的成功或失敗，最重要指標將是家庭的穩定性。」

詹森總統首次向國人介紹這份報告，是一九六五年六月在霍華大學舉行的一場演講，撰稿人則是莫乃漢與前任總統甘迺迪的幕僚理查．古德溫（Richard Goodwin），內容特別強調「黑人家庭結構的崩解」[6]。詹森完全不諱言崩解是如何發生：「對於這種狀況，最重要的是，美國白人必須承擔責任。」家庭崩解「源起於數個世紀以來對於黑人男性的壓迫與迫害，源起於長年以來的貶抑與歧視，打擊了黑人男性的尊嚴、傷害了他養家活口的能力。」

對於詹森演講的主旨，當時媒體的著重點並不是承認白人責任，而是記者瑪麗．麥格羅瑞（Mary McGrory）所形容的「黑人家庭生活的敗壞」。《莫乃漢報告》正式公布之前，二手、三手報導就已出現，更強化了這種詮釋觀點。當年八月十八日，作品見於多家報紙的專欄作家羅蘭德・伊凡斯（Rowland Evans）與羅伯特・諾瓦克（Robert Novak）寫道，《莫乃漢報告》揭露了「黑人家庭生活的崩解」，「破碎家庭、非婚生育率、女性當家」的比例居高不下。這類報導深入人心。一個星期之前，一名黑人馬基特・佛瑞（Marquette Frye）在洛杉磯因酒後駕車遭到逮捕，引發連續六天的暴動，造成三十四人死亡、一千人受傷與數千萬美元的財產損失。與此同時，犯罪率開始攀升。只看報紙但無緣閱讀報告的人們，很容易就會認定詹森已經承認：對於莫乃漢提到的黑人家庭深受「病態混亂現象」之苦，政府的任何作為都徒勞無功。莫乃漢撰寫這份報告的目的是要號召政府各部門支持，全力解決那些拖累黑人家庭的結構性社會問題。（他後來寫道：「凸顯家庭議題有助於號召保守派團體，支持相當激進的社會計畫。」）然而《莫乃漢報告》的論點卻被另眼看待，讓黑人家庭落居必須為自我辯護的守勢。

莫乃漢本人也要負一部分責任。這份報告用詞誇張、略去政策建議、暗示黑人女性是阻礙黑人男性當家作主的絆腳石、發布過程不必要的遮遮掩掩，多多少少都抵消了報告作者的

6 作者注：對於《莫乃漢報告》的政治背景與撰寫過程，李・倫瓦特（Lee Rainwater）與威廉・楊希（William L. Yancey）合著的《莫乃漢報告與爭議政治》（*The Moynihan Report and the Politics of Controversy*）提供了理解的鎖鑰，研究紮實而且打鐵趁熱，該書出版於《莫乃漢報告》問世之後兩年。本書蒐羅了豐富的原始文獻，並彙集當時各方對報告的正面與負面評論。

用意。民權運動人士、種族平等大會（Congress of Racial Equality）共同發起人詹姆斯・法默（James Farmer）從左翼批判這份報告是「幫助白人逃避良知的大規模學術行動」。首先提出「怪罪受害者」（blaming the victim）概念的心理學家威廉・萊恩（William Ryan），也以這個概念來撻伐《莫乃漢報告》。那年夏天，莫乃漢離開詹森政府，競選紐約市議會（New York City Council）議長，結果失敗，自由派對這份報告的攻擊彈如雨下。當時莫乃漢寫信給民權運動領袖羅伊・威爾金斯（Roy Wilkins）：「現在我成了全國家喻戶曉的種族主義者。」

然而事實上，這場爭議讓莫乃漢成為那個年代最著名的公分知識分子之一。一九六六年夏天，《紐約時報》為莫乃漢做了專題報導。一九六七年秋天，底特律暴動之後，《生活》（*Life*）雜誌稱莫乃漢為「種族危機的理念斡旋者」，並且宣稱「陷入困境的國家向莫乃漢求助」。一九六五年到一九七九年間，《紐約時報雜誌》（*The New York Times Magazine*）為莫乃漢做了五次專題報導。他自己的作品則散見於《大西洋月刊》、《紐約客》、《評論》（*Commentary*）、《美國學者》（*The American Scholar*）、《週末晚郵報》、《公共利益》（*The Public Interest*）等報刊。然而儘管正面報導所在多有，莫乃漢還是在一九六八年寫給詹森總統幕僚亨利・麥克佛森（Harry McPherson）的一封信中提及，他「感到十分難過，因為無法影響（華府的）任何人」。

這段期間，民權運動逐漸退潮，激進的新左派（New Left）開始崛起。一九六七年九月，莫乃漢憂心國內政局穩定，發表了一場演講，呼籲自由派與保守派團結起來「面對威權傾向的左派與右派勢力威脅，努力保存我們的民主體制。」尼克森總統對演講內容相當肯定，第二年邀請莫乃漢到白宮任職。當時的莫乃漢對於自己遭到的攻擊忿忿不平[7]，而且和尼克森一樣，對於一九六〇年代末期的激進氛圍大感驚駭。

但是莫乃漢仍然對家庭深感憂心，尤其是黑人的家庭，他開始推動對全美國的家庭提供最低收入。一九六九年八月，尼克森在一場電視演講中提出莫乃漢建議的「家庭援助計畫」（Family Assistance Plan），同年十月正式提交國會。對莫乃漢本人而言，這是一大勝利，因為他從「向貧窮宣戰」以來就主張，政府必須援助家庭，而非個人。那年十一月他接受《紐約時報》訪問時說：「我覺得我終於擺脫了一個議題……它打亂了我的人生。過去漫長的四年，我蒙上各種惡名。你最希望能夠景仰你的人們，反而憎恨你，把你當成過街老鼠。如今我可以說：『總統已經做到，我可以解脫了。』」

但是莫乃漢其實並沒有解脫，家庭援助計畫在參議院遭到封殺。一九七二年他在《公共

7 作者注：對於詹森總統卸任之後的莫乃漢，有兩本書可以參考：史蒂文．魏斯曼（Steven R. Weisman）主編的《莫乃漢：從書信看一位美國前瞻者》（*Daniel Patrick Moynihan: A Portrait in Letters of an American Visionary*），史蒂芬．赫斯（Stephen Hess）的《教授與總統：莫乃漢在尼克森的白宮》（*The Professor and the President: Daniel Patrick Moynihan in the Nixon White House*）。前者蒐集的第一手資料讓讀者可以超越文字迷障，直探人物本質；後者則以同情的筆調回顧尼克森與莫乃漢在白宮共事的過程。

利益》發表一篇文章，當時他已經離開白宮，成為哈佛大學的教授。莫乃漢在文章中譴責那些未能支持他的「貧窮專家」，以及那些無法瞭解他的「上層階級」騙子。他強調他的悲觀預測已經成為現實，犯罪情況日益嚴重，出身貧窮與女性領導家庭的兒童越來越多。莫乃漢發出嚴峻警告：「城市下層階級的行為將讓城市瓦解。」但是美國已經想到一個簡單的解決辦法。

從一九七〇年代中期到一九八〇年代中期，美國的監禁率上升了一倍，從每十萬人一百五十人增加到每十萬人三百人。從一九八〇年代中期到一九九〇年代中期，監禁率再度翻倍。二〇〇七年，這數字來到破紀錄的每十萬人七百六十七人，之後微幅下滑，到二〇一二年時降為每十萬人七百零七人。以絕對數字而言，從一九七〇年代到今天，美國各級監獄的人口增加為七倍，從三十萬人上升到兩百二十萬人。今日美國人口佔全世界不到五%，囚犯人數比例卻高達二五%。二〇〇〇年，二十歲至四十歲的黑人男性每十人就有一人遭到監禁，是白人同儕的十倍。二〇一〇年，二十歲至三十九歲的黑人男性高中輟學生三分之一遭到監禁，他們白人同儕只有一三%。

我們的監獄國家體制（carceral state）將大批美國公民放逐到灰色的荒原地帶，他們不再享有政府對其他公民應有的承諾與保護。在這些公民服刑期滿之後，放逐還會持續很長一段時間，讓他們的居住與就業權益朝不保夕。而且放逐並不是針對犯罪率上升的善意回應，而是我們面對莫乃漢最為關切、起源自「持續三個世紀、有時嚴重到難以想像的惡劣待遇」的問題時，刻意選擇的作法。美國一年要燒掉八百億美元的矯正體系，其實是一項社會服務計畫：為一整個階層的民眾提供健保、食物與收容所。

隨著民權運動逐漸沉寂，莫乃漢放眼望去，看到的是美國黑人在三百五十年奴役與劫掠的影響之下艱難度日，他相信對治這些效應要靠政府的行動。結果政府也的確行動了，只不過卻是對數百萬黑人進行大規模監禁。

二、我們監禁的罪犯太少了

灰色荒原（The Gray Wastes）其實是還算新近的事物。這個詞指的是我們的監獄國家體制，一個由大小監獄構成的龐大地下國度。二十世紀中期，美國的監禁率一直徘徊在每十萬人一百一十人上下。現在，美國的監禁率大約是瑞典的十二倍、義大利的八倍、加拿大的七倍、澳洲的五倍、波蘭的四倍。與美國最接近的對手是俄羅斯，獨裁者弗拉基米爾·普京（Vladimir Putin）每十萬人囚禁四百五十人，但是與我們的每十萬人囚禁七百人相比，實在是小巫見大巫。

中國的人口大約是美國四倍，但是美國監禁的囚犯比中國多五十萬人。國家科學研究委員會（National Research Council）去年發布一份權威性的報告，結論是：「簡而言之，無論是從歷史標準抑或相對標準來看，美國的監禁率都是史無前例。」

何以致之？犯罪似乎是顯而易見的元凶：從一九六三年到一九九三年，謀殺案發生率上升至兩倍、搶劫案發生率上升至四倍、重傷害案發生率上升至四倍。但是犯罪與監禁的關係其實沒有那麼如影隨形。從一九六〇年代到一九七〇年代初期，儘管暴力犯罪情況惡化，但是監禁率反而下降。從一九七〇年代中期到一九八〇年代晚期，監禁率與暴力犯罪率一齊上升。從一九九〇年代初期到現在，暴力犯罪率下降，但是監禁率還是持續上升。

監禁率的上升與犯罪無關，但是與刑事司法政策相關[8]。

芝加哥大學（University of Chicago）經濟學家德瑞克．尼爾（Derek Neal）發現，在二〇〇〇年代初期，一系列打擊犯罪的法律出爐，導致法院比以往更容易判處被告監禁。尼爾比較各州的資料，發現從一九八五年到二〇〇〇年，因為持有毒品而遭長期監禁的比例幾乎增加至兩倍、走私毒品案增加至三倍、非加重傷害案增加至五倍。

監禁率與監禁時間的大幅增加，或許能以冷酷的現實主義觀點辯護，前提是大規模監禁政策確實能夠壓制犯罪。一九九〇年代強力打擊犯罪時期，某些政客與政策制定者正是如此聲稱。「如果你向許多政治人物、報紙總編輯與所謂的刑法『專家』詢問美國的監獄問題，他們會說問題在於我們把太多人送進監獄，」司法部一九九二年一份報告寫道，「然而事實真相正好相反，我們監禁的罪犯太少了，民眾也因此受到傷害。」

歷史並不青睞這種論調[9]。二十世紀晚期犯罪率的起起落落，其實是一個國際性的現象。美國與加拿大的犯罪率幾乎是同步升降，但加拿大的監禁率卻保持穩定。兩位研究人員麥克・湯瑞（Michael Tonry）與大衛・法林頓（David P. Farrington）寫道：「如果要說一九九〇年之後，量刑大幅加重與監禁率上升導致美國犯罪率下降，那麼又是什麼原因導致加拿大犯罪率下降？」這謎團並不是北美洲的獨有現象。二十世紀下半期，北歐國家的犯罪率也是先升後降。而在犯罪率上升期間，丹麥、挪威與瑞典的監禁率維持穩定，芬蘭則是下降。湯瑞與法林頓寫道：「如果懲罰會與犯罪情況連動，芬蘭的犯罪率應該大幅上升。」結果並非如

8　作者注：更多資訊可參看德瑞克・尼爾（Derek Neal）與亞明・瑞克（Armin Rick）的研究報告《史密斯與魏爾契報告之後的監獄勃興與黑人進展停滯》（*The Prison Boom & the Lack of Black Progress after Smith and Welch*），這是一份充滿技術細節的報告，但若要理解現況是如何造就，本書仍是不可或缺的。

9　作者注：更多資訊可參看麥克・湯瑞（Michael Tonry）與大衛・法林頓（David P. Farrington）合著的《跨越空間與時間的懲罰與犯罪》（*Punishment and Crime Across Space and Time*）。對於大規模監禁如何影響犯罪的相關計算，請參看布魯斯・韋斯登（Bruce Western）的《美國的懲罰與不平等》（*Punishment and Inequality in America*）第七章〈監獄勃興是否導致犯罪率下降？〉（Did the Prison Boom Cause the Crime Drop?）除了相關數據，韋斯登的論述也是不可或缺，讓我能夠理解大規模監禁的運作機制、它如何影響年輕黑人男性的生活。

此。加州大學柏克萊分校（UC Berkeley）與澳洲雪梨大學（University of Sydney）的研究人員在二〇〇一年研究加州嚴峻的「三振法」（Three Strikes and You're Out），該法對於第三次犯下殺人、搶劫等「可三振罪行」（strikeable offense）的被告量刑從二十五年起跳，然而研究結果卻發現加州重罪發生率只因此降低不到二%。哈佛大學社會學家、美國監獄問題權威學者布魯斯・韋斯登（Bruce Western）檢視了近年州級監獄的成長情況，發現從一九九三年到二〇〇一年之間，州級監獄人口增加六六%，結果重罪發生率只下降到二%到五%，但是花了納稅人五百三十億美元。

監獄人口的膨脹也許對降低犯罪率沒有顯著幫助，但是對於莫乃漢最關切的族群，卻造成很大的傷害。一九七〇年代出生的黑人男性，每四人就有一人會在三十五歲之前入獄；如果是中學輟學生，每十人就有七人。哈佛大學社會學家迪娃・裴潔（Devah Pager）寫道：「對於美國最被邊緣化的族群，監獄不再是罕見或極端的事件。如今它已成為這個族群成年過程中正常、可預期的標記。」

監獄國家體制的出現，對黑人家庭的生計造成深遠的影響。傳統的官方就業與貧窮統計數據通常會忽略被監禁的人口，韋斯登重新計算美國二〇〇〇年的失業率，納入被監禁的年輕黑人，結果發現年輕黑人的失業率是二四%至三二%；如果是沒有大學學歷者，更高達三〇%至四二%。就連在景氣繁榮的一九九〇年代，美國幾乎每一個族群的經濟地位都得以改善，黑人男性還是遙遙落後。對於美國黑人的薪資與就業狀況，唯有官方統計將其中最脆弱的成員略去之後，才能製造出「有所進展」的假象。

黑人男性受到的影響也波及他們的家庭。到二〇〇〇年時，超過一百萬黑人兒童的父親被囚禁在監獄中，而這類父親大約有一半也是出身類似情況的家庭。父母親入監可能導致兒童行為問題與青少年犯罪，男生尤其容易受影響。

國家科學研究委員會的報告指出：「州級監獄的父親囚犯之中，超過一半是家庭主要收入來源。」囚犯的家人如果想維繫家庭，收入減少的問題會更嚴重，因為做母親的必須花更多的電話費、探監旅費與法律費用。父親出獄回家之後，負擔並不會消失，因為前科紀錄會造成他們就業困難[10]。這種種現象，都會讓兒童受害。

許多囚犯父親出獄之後還是一蹶不振。據估計，洛杉磯與舊金山（San Francisco）的假釋出獄者有三〇%至五〇%淪為無家可歸。在就業機會渺茫、見不到子女、沒有居住之地的情況之下，就算身體離開了監獄，他們也很難掙脫再度入獄的陷阱。許多人都沒有能夠掙脫。

一九八四年的時候，七〇%的假釋出獄者做到在假釋期滿之前未被逮捕，因此完全自由；

---

10 作者注：更多資訊可參看國家科學研究委員會的《美國監禁情況的擴增》（*The Growth of Incarceration in the United States*），這份報告可說是一部「灰色荒原」地圖集，負責撰寫的委員會包含幾位相關領域最頂尖的學者，可以回答關於大規模監禁的任何問題。讀者可以把它當成一般報告來閱讀，但它也是一部百科全書。

一九九六年，這個比例降到四四％；二〇一三年，只剩三三％。

從規模到任務，「灰色荒原」都與早年的監獄體系不同。一九七〇年代，隨著美國黑人大規模入獄服刑，矯治（rehabilitation）的理念基本上已被打入冷宮，應報（retribution）理念成為主流，認為監獄是要懲罰而非矯正受刑人。舉例來看，一九九〇年代，南卡羅來納州的監獄裁減獄中教育計畫、禁止使用空調、拿走電視機、停止獄中體育活動。接下來的十年，國會多次嘗試通過《基本配備監獄法案》（*No Frills Prison Act*），要求各州矯正體系必須「避免監獄出現過度舒適的狀況」，才能拿到聯邦政府額外補助的經費。一位刑事司法研究者當時指出，這種「刑罰傷害」（penal harm）運動的目標之一，是要找出「讓受刑人感到痛苦的創造性策略」。

三、九點以後不要去沖澡

上一個冬天，我前往底特律，一探「灰色荒原」究竟。密西根州（Michigan）的監禁率是每十萬人六百二十八人，與美國各州平均值相近。我開車來到底特律東區，訪談一位我姑且稱之為「佟雅」（Tonya）的女士。她因為殺人與持有槍械而服刑十八年，五個月前才出獄。

她的笑容相當活潑，聲音帶有一種尖銳感，流露出獄中生活的影響。對她而言，暴力並非起於街頭，而是源於家庭。「我在祖母家被虐待，我上學時告訴老師，」佟雅娓娓道來，「我的鼻子上有傷，因為有人在我的鼻子上按熄菸頭，告訴老師之後，社福單位把我送到一個臨時寄養家庭……寄養家庭的主人也會虐待我，所以我逃離她，從此流落街頭。」

佟雅開始吸食快克。有一天晚上，她和幾個朋友開派對，她們吸快克、吸大麻、飲酒。派對進行了一段時間，主持人說有人偷了她家裡的錢，一名女子指控說是佟雅幹的，衝突爆發。佟雅開槍打死指控她的女子，後來因為殺人罪被判刑二十年、持有槍械再加判兩年。審判過後，真相大白，派對主人自己把錢藏了起來，但是因為嗑藥太亢奮，忘了這回事。

牢房的門關上，囚犯發現自己被放逐到監禁的國度。對於漫漫長年、高牆圍繞、獄卒、獄友，每個人的反應會不太一樣。有些囚犯會強烈作嘔，有些人只想睡覺，自殺的念頭，深沉的羞恥，對獄卒和獄友的憤怒，完全無法置信。囚犯會試圖與家人、舊日的社交關係保持聯絡。剛開始的時候，朋友與家人也會努力配合。但是打到監獄的電話費相當昂貴，許多囚犯所在的監獄遠離家鄉。

「剛開始，大概每四個月會有人來看我一次，」佟雅告訴我，「之後可能一整年都沒有人來，因為距離實在太遠了。我開始失去親人，失去母親、失去兄弟……因此我很難再得到探望。」

隨著探望與電話日漸稀疏，受刑人開始面對現實：他或她是個不折不扣的囚犯。囚犯必須建立新的人際關係，必須瞭解新的規則。他們要搞清楚五花八門的縮寫、說法與術語：PBF、CSC、ERD，「只用字母、不用數字」。如果囚犯夠幸運，會有人保護他（也許是室友，或出身同一個地區的年長囚犯），讓他避開苦難、設法存活。理查·布瑞斯福（Richard Braceful）二十九歲那年因為持械搶劫遭判刑，被關進密西根州中部卡森市監獄（Carson City Correctional Facility）的第一天，晚上十點鐘時，他準備去沖澡，但是被室友攔下，問他：「你要去哪裡？」布瑞斯福回答：「我要去沖澡。」他的室友是個坐了十四年牢的老鳥，這時擋住他的去路：「你不能去沖澡。」布瑞斯福覺得情況不對，爭鬥即將爆發，但是室友告訴他：「別緊張，晚上九點之後不要去沖澡，因為你一走進淋浴間，就會有性掠奪者、性侵犯跟進去。」布瑞斯福和老鳥室友坐下來，室友看著他說：「這是你第一次坐牢，對不對？」布瑞斯福回答：「是的。」老鳥告訴他：「聽好，你要這麼做：接下來的幾個星期，你就跟在我身邊。我在這裡待了十四年，我會照應你，直到你搞清楚如何在這地方行走來往，不會受到傷害。」

密西根州的監獄會依照安全風險程度，對囚犯進行分級，等級越低的人權利越多，例如放風時間。第五級是最高安全風險，即將出獄的囚犯會被列為第一級。第四級囚犯有許多是被判無期徒刑，很少人殘刑在五年以下。無期徒刑囚犯如果能被列為第二級，代表他或她已經證明自己不會對其他人造成威脅。但是這樣的受刑人少之又少，因為安全風險較高的受刑人很難避免拿到「罰單」，也就是因為違反監獄規定而被記缺點，常見原因就是打架。布瑞斯福已經出獄，去年十二月我到底特律訪問他時，他告訴我：「很難做到連續十年不拿到罰單，人們總是會挨刀子，總是會打架。監獄裡就是有人會看著你說：『他是個小個子，我要欺負他。』」

一旦這種狀況發生，囚犯只有兩條路可走：捍衛自己或者「鎖上自己」，後者就是向獄卒報告自己受到安全威脅，然後獄卒會將報告者單獨監禁，以策安全。「我只有這兩個選擇，」布瑞斯福說，「但是如果你鎖上自己，每個人都會知道，等到你出來，你會更慘。」

「因為你成了獵物。」我說。

「完全正確，」布瑞斯福回答，「所以你要打架，如果戰況激烈，你要找個可以刺人的東西，你要製作武器，你要想點辦法。」

密西根州受刑人平均服刑四．三年，是全國之最，然而大部分囚犯最後還是會告別監獄。重獲自由的幸福感、與家人團聚的喜悅，可能很快就被「如何確保自由身」的這項挑戰沖淡。轉換過程可能很不容易。佟雅告訴我：「我驚慌失措，」回憶服刑十八年之後離開監獄的光景，她說：「我習慣住在單一的囚室，而不是多個房間的房子。囚室裡總是有別的人在，可能是室友也可能是管理人員，總是有人。如今我卻卻得住在這樣的環境？我會守著電話，要人們打電話給我。感覺很可怕，到今天還是如此。我疑神疑鬼，心裡會想：『那個人不太對勁。』一位朋友告訴我：『妳離開社會很久，超過十年，要花兩年時間才能重新適應。』」

許多出獄受刑人面臨居住與就業的困難挑戰。琳達．范德瓦爾（Linda VanderWaal）告訴我：「他們很容易就淪落到無家可歸。」她是密西根州一家社區工作計畫機構的副主任，負責協助出獄受刑人重返社會。范德瓦爾還說，要替無家可歸的出獄受刑人安排住處，每到冬天就格外困難。好不容易有地方住的人，往往也會有繳不出房租的困難。

在實質上，監獄國家變成一個授予資歷（credentialing）的機構，就像軍隊、公立學校或大學，然而監獄授予的是負面資歷。哈佛大學社會學家迪娃．裴潔的《標記：大規模監禁年代的種族、犯罪與就業》（*Marked: Race, Crime, and Finding Work in an Era of Mass Incarceration*）提到，大部分雇主都不願意僱用有前科的求職者，「這些雇主其實並不那麼關心求職者前科的細節資訊，或者前科對其應徵工作的影響。他們將前科視為一種指標，代表這些求職者不宜僱用、不能信任。」

出獄受刑人被排除在許多類型的工作之外，從化糞池清潔工、理髮師到房地產仲介不一而足，各州情況也不相同。而且在他們能夠應徵的有限工作之中，黑人與白人並不平等。裴潔在進行研究時召募了四位測試者，讓他們偽裝成求職者：一名白人男性與一名黑人男性扮演沒有前科的求職者、另一名黑人男性與一名白人男性扮演有前科的求職者。結果顯示，黑人與白人都會被監獄帶來的負面資歷傷害，但是黑人受傷比白人重。令人驚訝的是，負面效應影響所及還不只是有前科的黑人。沒有前科的黑人求職要比有前科的白人更為困難。裴潔寫道：「高監禁率讓全體黑人男性蒙上犯罪的陰影，甚至讓那些（佔多數）不曾犯罪者也被牽連。」真實情況就是，美國的就業市場將從未犯罪的黑人男性視同罪犯[11]。

出獄受刑人當初面對監獄時必須接受文化涵化（acculturate），如今面對外在世界也必須進行文化再涵化（re-acculturate）。然而，有助於一個人在獄中求生存的心態，面對外在世界卻會格格不入。加州大學聖克魯茲分校（UC Santa Cruz）教授克雷格．海尼（Craig Haney）研究監禁對認知與心理的影響，寫道：

> 擺出強悍的姿態，絕不為個人問題求助，因為擔心被人利用而不信任他人，遇到小小的挑釁也要強力反擊。這些作法在許多監獄情境中都很有幫助，然而在監獄之外的所有地方卻會引發問題。[12]

11 作者注：迪娃．裴潔的《標記》一書也讓我們瞭解大規模監禁的效應如何擴散到監獄之外，甚至擴散到出獄受刑人之外的群體，讓許多人因為被認定曾經坐過牢而受到影響。改革派如今面對一項巨大的挑戰，他們不僅要改革監獄體系，還要處理我們政策造成的廣泛二度傷害。

12 作者注：引自克雷格．海尼（Craig Haney）的《改革懲罰：監禁痛苦的心理極限》（*Reforming Punishment: Psychological Limits*

琳達・范德瓦爾告訴我，想要在一個原本就遭到扭曲的就業市場工作，文化再涵化的過程不可或缺，她說：「我很不願意這麼講，但事實就是如此。眼神的接觸、走路的樣子……人們從你進門面試的那一刻就開始評判你……我們真的會練習眼神接觸、微笑、握手、坐姿。」

在美國，迷失於「灰色荒原」的男男女女並不是隨機挑選。包括心理疾病、文盲、毒癮與貧窮等一系列的風險因子，都會升高一個人被打入大牢的機率。夏威夷大學馬諾阿分校（University of Hawaii at Manoa）美國研究副教授羅伯特・柏金森（Robert Perkinson）指出：「今日大約有一半的監獄囚犯是功能性文盲，五分之四的刑事案件被告屬於極端貧窮。[13]」二〇〇二年，六八%的監獄囚犯有物質倚賴或物質濫用的問題。我們可以想像，如果是在另一個國家，人們會透過政府教育、公衛計畫等管道來因應這些弊病，但是美國決定以刑事司法來處理。在監獄床位持續增加的同時，公立精神醫院的床位持續減少。「灰色荒原」從我們之中吸納了社經狀況最不利的一群人，因此它最感興趣的就是黑人。

四、黑人性好犯罪的本質

想要理解「灰色荒原」，首先得理解其居民與其說被視為人類，不如說被視為罪犯。在美國人的想像之中，這些居民，也就是黑人，是最典型的為非做歹之徒。黑人的罪惡本質甚至被寫入美國憲法：憲法第四條的「勞役逃犯條款」（Fugitive Slave Clause）宣稱，任何一個「必須服勞役或勞動的人」如果從一州逃往另一州，都應「根據有權得到此勞役或勞動之當事人的要求而將他交出」。打從美國建國之初，勞動的權利、不受虐待的權利、子女不被販賣的權利，都與黑人無緣。

逃亡躲藏的罪行被認為與黑人其他的犯罪傾向都有關連。支持奴隸體制的知識分子為它辯護時，聲稱它是「上帝的命令」，並且得到「基督的批准」。一八六〇年，《紐約前鋒報》（*The New York Herald*）報導了逃亡黑奴在加拿大的所作所為，聲稱「他們一樁又一樁的罪行，讓

---

to the Pains of Imprisonment）。

13 作者注：引自羅伯特・柏金森（Robert Perkinson）的《強硬德州：美國監獄帝國的崛起》（*Texas Tough: The Rise of America's Prison Empire*），一部關於當代大規模監禁、讀來令人坐立不安的歷史。關於大規模監禁的社會與與經濟學研究已經汗牛充棟，歷史研究則有待補強。我期待看到一部對監禁、犯罪與種族主義進行長時間觀察的著作，太多論述都只上溯到一九六〇年代。無論如何，柏金森此書是一部非常重要的文獻，讓我們知道今天的狀況是何以致之。

我們只能將他們當作黑人罪犯來起訴。」黑人一旦沒有奴隸體制的照顧，很快就會淪為作惡多端之徒，以「邪惡黑人特有的野蠻凶殘」來為非作歹。這篇報導還說，黑人特別容易犯下強姦罪，「當他們被慾望沖昏頭，他們要比森林中的野獸更惡劣。」在惡名昭彰的威利・霍頓事件近一百五十年之前，黑人就被視為一個動輒犯罪、無法教化的族群。藉由這種方式，黑人的罪惡本性讓白人的壓迫理所當然。當然，其實並沒有被白人視為壓迫，而是「我們共和國殿堂的基石」[14]。

為了強化「共和國殿堂」，某些行為對白人而言合法，對黑人而言卻成了犯罪。一八五〇年，一名密蘇里州男子羅伯特・紐森（Robert Newsom）買了一個年紀才十四歲的女孩希莉亞（Celia），接下來的五年，他一而再、再而三地強姦她。希莉亞因此至少生了一個孩子，當她再度懷孕，她懇求紐森「不要在她不舒服時強迫她」，但他拒絕。一八五五年六月的某一天，紐森告訴希莉亞「當天晚上要到她的小屋」。紐森果然出現，企圖再一次強姦希莉亞，她拿起一根「與溫莎椅上半部差不多大小」的棒子，將紐森活活打死。法官不接受希莉亞的自衛說法，判決她犯下謀殺罪，必須執行死刑。希莉亞在監獄中又產下一個孩子，但是孩子死產。不久之後，希莉亞遭到絞刑處死。

希莉亞身為黑人、奴隸、女性的地位，讓她的自衛行為變成罪行。哈佛大學法學教授藍道・甘迺迪寫道：「許多司法管轄區讓黑奴淪為『罪犯』，方法是禁止他們從事各種白人可以自由從事的活動。」這些活動包括：

> 讀書識字、不必持有通行許可就能離開主人的土地、在白人女性前面從事「不恰當」的行為、在沒有白人監督的情況下進行宗教集會、在人行道上遇到白人迎面而來時沒有讓路、在公開場合抽菸、拄著手杖走路、發出大聲的噪音、受到攻擊時自衛。

南北戰爭之前的維吉尼亞州，對黑奴有二十三條罪名可以判處死刑，對白人只有一條。奴隸體制的終結，為白人至上主義帶來生存危機，因為勞動市場的開放意味黑人加入，要與白人競爭工作與資源。更可怕的是，黑人男性也會爭取白人女性的青睞。戰後的阿拉巴馬州找到解決方法：大量製造罪犯。找不到工作的黑人會被視為遊民、送進監獄，然後獄方

14 作者注：引自《棉花王道與支持奴隸體制的論點》（*Cotton Is King, and Pro-Slavery Arguments*），對於瞭解支持奴隸體制知識分子的觀點，這是一部非常重要的文獻。蜜雪兒．亞歷山大（Michelle Alexander）在《新時代的吉姆．克勞法》（*The New Jim Crow*）主張奴隸體制、吉姆．克勞法與大規模監禁之間有所關連，並因此遭到批評。老實說，我原本也是質疑者之一，但是完成這項研究之後，我真的要為亞歷山大喝采，因為她嘗試將大規模監禁連結到美國歷史。我並不完全同意她書中的論點（例如，我認為犯罪與黑人困境關連性的建立，要比她所說的更早），但是我相信《新時代的吉姆．克勞法》問對了問題。我並不認為大規模監禁與犯罪率上升完全無關，但是我們對犯罪猖獗有各式各樣的因應作法。唯有當人們認定特定族群根本不應享有自由，大規模監禁才會成為可行之道。

將他們租給以前的奴隸主當勞工。遊民相關法律表面上不分膚色，但藍道・甘迺迪指出：「在施行上主要是針對黑人，甚至完全是針對黑人。」有些遊民法律在國家重建時期廢止，但是到了大蕭條時期，經費拮据的邁阿密（Miami）市政府還是會拘留黑人「遊民」，強迫他們做清潔工作。

紐約公立圖書館（New York Public Library）修姆堡黑人文化研究中心（Schomburg Center for Research in Black Culture）主任哈利爾・吉布蘭・穆罕默德（Khalil Gibran Muhammad）寫道：「從一八九〇年代到二十世紀的前四十年，人們解釋當代都市地區黑人不平等、黑人高死亡率現象時，最常引述、最歷久不衰的理由就是黑人的罪惡本質。」黑人在本質上就是性好犯罪的粗胚，因此要保護白人公眾，光靠文明人的法律還不夠[15]。南方白人至上主義作家辛頓・羅安・赫爾波（Hinton Rowan Helper）在一八六八年聲稱，美國社會必須保護自己，不要被「黑人性好犯罪的本質」污染。一名醫師一八八六年在《紐約醫學期刊》（*The New York Medical Journal*）發表文章指稱，黑人「天生就不知節制」，很容易沉溺於「各種慾望的放縱之中，包括食物、飲酒、菸草與感官的愉悅，有時甚至嚴重到三分像人、七分禽獸。」

根據流傳至今的神話，強姦是黑人最具代表性的罪行。十九世紀維吉尼亞州歷史學會（Virginia Historical Society）祕書菲利普・亞歷山大・布魯斯（Philip Alexander Bruce）曾經斷言：「對於黑人男性，白人女性具有一種奇特的誘惑力，會讓他們不計任何代價、克服各種阻礙，只為滿足慾望。」這些惡劣的行為的特質是「一種魔鬼般的死纏爛打」，迫使黑人男性攻擊白人女性，「邪惡與殘暴超過自然史上最野蠻凶猛的動物」。

黑奴解放之前，黑人很少遭到死刑處決，原因是白人捨不得損壞自己的財產。但是南北戰爭結束之後，私刑處決案例開始攀升，世紀之交來到最高峰，到第二次世界大戰前夕都一直居高不下。一九六〇年代民權運動鼎盛，私刑歪風才終於銷聲匿跡。這股殺人浪潮的依據，正是一個熟悉的原型，也就是密西西比州聯邦眾議員約翰．藍金（John Rankin）在一九二二年所說：「黑人罪犯的陰影就像一把達摩克利斯之劍（the sword of Damocles）[16]，懸掛在每一個白人女性的頭頂上。」私刑處決雖然是法所不容，但是在美國從地方、州到聯邦政府都予以支持。「我帶領暴民私刑處決奈爾斯．巴頓（Nelse Patton），並且引以為傲。」密西西比州

15 作者注：沒有哈利爾．吉布蘭．穆罕默德（Khalil Gibran Muhammad）的著作，本章節不可能寫成。穆罕默德的《黑人本質的天譴》（*The Condemnation of Blackness*）以史筆描述從十九世紀晚期到二十世紀，社會科學家、知識分子與改革派如何宣揚「黑人的犯罪本質」（black criminality）。相關辯論並不是在冷靜、客觀的氛圍中進行。對黑人的指控是一種武器，用以維繫他們不配享有平等權利的主張。統計學家費德瑞克．路維希．霍夫曼（Frederick Ludwig Hoffman）在一八六九年聲稱「黑人的犯罪本質超過美國任何一個人數眾多的種族」時，他是在論證黑人不應享有投票權。霍夫曼相信黑人不夠資格成為「較高層級的公民，後者的首要職責是遵守法律、尊重他人的生命與財產。」穆罕默德的作品讓我們看到大規模監禁的心理基礎與論述基礎是如何建立。又是一本不可或缺的作品。

16 編注：比喻擁有強大的力量、財富或權勢，卻因害怕失去、害怕末日的到來而戰戰兢兢。

聯邦參議員威廉・范・安伯格・蘇利文（William Van Amberg Sullivan）在一九〇八年九月九日，也就是巴頓被私刑處決的第二天宣稱：「我指揮暴民的每一個行動，確保巴頓被私刑處決。」一九九〇年三月二十三日，南羅來納州聯邦參議員「乾草叉班恩」・提爾曼（"Pitchfork Ben" Tillman）在參議院對同僚宣稱，滿懷恐懼的黑人並不是私刑處決的受害者，而是「他們自身火爆性格的受害者」。私刑處決是明智合宜的自衛作法，提爾曼說：「如果有黑人敢於對我們的妻子女兒發洩慾望，我們一定以私刑處決對付。」一九〇四年，密西西比州州長詹姆斯・瓦達曼為南方各州不願花錢推展黑人教育辯護，提了一個最簡單的理由：「（犯罪）統計數字說明了一切。」

美國黑人領袖在請求政府遏阻私刑處決歪風的同時，也不得不承認瓦達曼的流言有其道理[17]。一八九七年杜波依斯在一場演講中指出：「要解決當前通稱為『黑人問題』（Negro problem）的種族磨擦，第一步也是最重要的一步在於，矯治黑人本身的不道德、犯罪與懶惰，這些遺毒都是來自奴隸體制。」杜波依斯的說法預示了我們今日的「體面政治」（respectability politics），他在一九〇四年聲稱：「時至今日，仍有許多罪證確鑿的案例，是美國黑人男性對女性犯下的暴力攻擊，從而讓每一個黑人低頭蒙羞。這樣的罪行必須不計一切代價遏阻。私刑處決非常惡劣，不公不義與種族階級令人無法忍受。但是要解決這兩個問題，我們就必須停止為它們提供可怕的理由。」當時的黑人知識分子領袖、霍華大學教授凱利・米勒（Kelly

Miller）是日後呼籲黑人必須「優秀兩倍」的先聲，他在一八九九年指出，光是「每一百個黑人之中有九十五個」奉公守法並不夠，「那九十五個人還必須團結起來，壓制那為非作歹的五個人。」

在這種白人壓制迫害、黑人領導癱瘓的氛圍中，聯邦政府於一九一四年首度對毒品宣戰[18]，通過《哈里遜麻醉藥品稅捐法》（*Harrison Narcotics Tax Act*），限制鴉片類藥物與古柯鹼的銷售。立法宗旨是老生常談。美國藥師協會（American Pharmaceutical Association）毒品成癮委員會（Committee on the Acquirement of the Drug Habit）在一九〇二年作出結論：「美國

17 作者注：進行這項研究時最痛苦的經驗，是檢視黑人對私刑處決的反應。瑪莉・丘吉・泰瑞爾（Mary Church Terrell）指稱，犯下傷害罪的黑人都是「無知、外貌可憎、殘暴無人可比」。阿拉巴馬州一名鄉村學校校長威廉・愛德華茲（William J. Edwards）譴責貧窮的黑人「往往凶殘危險」，很容易就成為「最低級的罪犯」。愛德華茲認為「對於某些黑人罪犯，再怎麼嚴刑峻罰也不為過。」然而，白人至上主義者並不會區分好黑人與壞黑人。「美國黑人對於黑人犯罪本質的評估，不太可以讓南方白人安心，」歷史學家羅伯特・瑟斯頓（Robert W. Thurston）在《私刑處決》（*Lynching*）一書中寫道，「當然，白人根本也不會注意黑人領導人的想法。」瑟斯頓的作品為我這部分的論述提供了原始資料。

18 作者注：人們在討論毒品戰爭時，通常只上溯到一九七〇年代，卻不知道其實那至少是我們在二十世紀的第三場毒品戰爭。大衛・馬斯托（David F. Musto）的《美國痼疾：麻醉藥品管控的由來》（*The American Disease: Origins of Narcotic Control*）對於瞭解這個主題非常有幫助。讓人難過的是，美國發動毒品戰爭的原因，從來都不只是為了公眾健康。馬斯托探討的絕大多數案例，都顯示出某種對外來者的恐懼：黑人與古柯鹼、墨西哥裔美國人與大麻、華裔美國人與鴉片。我也必須提到凱瑟琳・佛瑞德的《美國毒品戰爭，一九四〇年—一九四三年》，我把這本書列入書單，但可惜未能閱讀。我非常看重佛瑞德的作品，希望將來能夠一睹為快。

許多處境不幸的女性與某些地方的黑人，使用古柯鹼的情形怵目驚心。《紐約時報》也發表了一篇醫師寫的文章，聲稱南方受到「沉迷於古柯鹼的黑人」的威脅，古柯鹼讓這些黑人變成神槍手，而且「大到足以『射殺美國任何獵物』」的子彈也奈何不了他們。另一名醫師漢彌爾頓・萊特（Hamilton Wright）有「美國麻醉藥品法律之父」之稱，他向國會報告時指稱，古柯鹼對於「南方黑人較低賤的成員」會產生「鼓勵」的作用。如果有人不確定「鼓勵」是什麼意思，萊特說得很清楚：「權威研究顯示，南方與其他地區黑人犯下的強姦罪行，古柯鹼往往是主要誘因。」

黑人特別容易犯罪的觀念流傳已久，影響廣泛，連政府對黑人領導階層的觀感都受到影響。掌管聯邦調查局近半個世紀的艾德格・胡佛，騷擾了三個世代的黑人領導人。一九一九年，他攻擊馬科斯・加維是「其種族中最激進的分子」，並且千方百計將加維打進大牢、遣送出境。一九六四年，他攻擊金恩博士是「美國最惡名昭彰的騙徒」，追蹤他、在他的旅館房間、辦公室與家中裝竊聽器，直到他逝世的那一天。胡佛還認定黑豹黨是「美國國內最嚴重的安全威脅」，並授權對其領導階層進行一場高壓、致命的行動，最終導致佛瑞德・漢普頓（Fred Hampton）在一九六九年十二月遭到暗殺。

今日人們嚴厲檢視胡佛，認為他逾越了主流的法律與秩序理念。但是胡佛對付金恩博士的行動，甘迺迪與詹森都知情，這兩位總統表面上都是金恩博士的盟友。此外，胡佛的作法也符合將黑人領袖入罪的美國傳統。在「地下鐵路」（Underground Railroad）[19]的年代，支持奴隸體制的人士認定它是一個跨州犯罪集團，專門偷竊財產。哈莉特·塔布曼也被指控竊取了價值不菲的人類身體，罪大惡極。費德里克·道格拉斯曾對他的聽眾說：「站在各位前面的是一個小偷與強盜，我從我主人那邊偷走了這顆頭顱、這些四肢、這具身體，然後帶著它們潛逃。」

在道格拉斯那個年代，為黑人權利挺身而出就等於默認了黑人的犯罪本質。在金恩博士的年代也是如此，在今日仍然是如此。前紐約市長魯迪·朱利安尼（Rudy Giuliani）在「會見新聞界」（Meet the Press）節目上討論密蘇里州佛格森市（Ferguson）的麥可·布朗（Michael Brown）遇害案，他回應黑人對執法當局的批判時和許多人異口同聲，而且與他的先人如出一轍：「你們為什麼不想辦法降低犯罪率？……要不是你們七〇%到七五%的時間都在自相殘殺，白人警察也不必介入。」

但是就連在朱利安尼當過市長的老家，犯罪與警政工作的關係也不像他形容的那樣一清二楚。一九九四年朱利安尼當上紐約市長，他任命的警察局長威廉·布拉頓（William

19 編注：地下鐵路（Underground Railroad）指的是在十九世紀美國境內的秘密路線網路或避難所。這些秘密路線被用來幫助黑奴逃往自由之地。這個詞也被用來指稱那些協助黑奴逃亡的廢奴派人士。

Bratton）在警政工作上積極推動「秩序維持」策略，主要作法則是「攔截搜身」（stop-and-frisk）：警官可以根據「行為鬼鬼祟祟」之類的模糊理由攔截路上行人，加以盤問，搜查有無槍械與毒品。哥倫比亞大學法學教授傑佛瑞・法根（Jeffrey Fagan）研究發現，黑人與西語裔比白人更容易被警察攔下，就算「依據管區犯罪率調整攔截率」並且「考慮其他會影響警察行動的社會與經濟因素」之後也是如此。儘管朱利安尼為警察高強度執法辯護的一個理由是黑人會「自相殘殺」，但法根發現在二〇〇四年到二〇〇九年之間，紐約警察在攔截搜身時發現槍械的比例不到一%，而且白人還多於黑人。儘管如此，黑人遇到攔截搜身的機率還是比平均值高出一四%。朱利安尼的繼任者麥克・彭博（Michael Bloomberg）繼續執行這項政策，結果在二〇一三年被聯邦最高法院判定違憲。

如果朱利安尼與彭博治下的紐約市警政工作，是受到種族主義成見污染的犯罪防治，那麼在美國其他地區，犯罪防治根本就演變為公開的搜刮劫掠。麥可・布朗案發生之後，司法部對佛格森警察局展開調查，發現他們以不成比例的作法下重手，對黑人開罰單、逮捕黑人。佛格森警方眼中的黑人「與其說是必須保護的市民，不如說是犯罪胚子與收入來源。」原因並不在於佛格森警方特別邪惡，而在於市政府要想辦法掙錢。司法部調查報告的結論指出：「佛格森執法當局的作法決定於市政府，後者的關注焦點不是公眾安全需求，而是收入。」《華盛頓郵報》幾個月前的相關報導就已預示了這些發現[20]，報導指出聖路易（St. Louis）有幾個經費拮据的小型地區政府，歲收至少四〇%來自各式各樣的罰鍰：交通違規、放音樂太大聲、草地沒修剪、穿著「垮褲」等等。這不是什麼公共安全政策，而是執法單位負責為地方政府搜刮財富。

的確，黑人社區的犯罪率長期偏高，畢竟他們受到常規化的歧視，並且深陷貧窮。歷史學家大衛・奧申斯基在《「比奴隸體制更惡劣」：帕奇曼農場與一九〇〇年至一九三〇年間吉姆・克勞司法體系的苦難》（*"Worse Than Slavery": Parchman Farm and the Ordeal of Jim Crow Justice that from 1900 to 1930*）一書中指出：「密西西比州的凶殺案之中，六七%的凶嫌是黑人，八〇%的被害者也是黑人。」美國黑人一方面抱怨白人恐怖分子的暴力罪行，一方面也苦於法律無法保護他們避免日常發生、街坊鄰居對街坊鄰居的暴力，而且至今仍然如此。「守法的黑人指出，有些犯罪成性、狡獪危險的黑人，靠著向白人搖尾乞憐來逃避懲罰。」諾貝爾經濟學獎得主貢納爾・默達爾（Gunnar Myrdal）一九四四年的名著《美國的困境：黑人問題與現代民主》（*An American Dilemma: The Negro Problem and Modern Democracy*）寫道，「這種人對黑人社群形成威脅，侵害黑人的黑人嫌犯被從輕發落，這其實也是一種歧視。」

20 作者注：《華盛頓郵報》的記者拉德里・巴爾科（Radley Balko）值得一提。他關於當代警政工作問題的寫作與報導，讓我對這個議題的理解大為增進。

黑人社區的犯罪現象向來被視為黑人的問題。唯有當它威脅到白人族群，才會被視為社會問題。以兩次大戰之間的紐奧良（New Orleans）為例，佛羅里達大學（University of Florida）歷史學家與犯罪學家傑佛瑞・阿德勒（Jeffrey S. Adler）觀察到，當時黑人犯罪發生在「街頭與當地商店、酒吧」（而非黑人家庭與社區）的比例上升，於是引發白人長期的恐懼與憤怒。路易斯安納州（Louisiana）的地區檢察官因此承諾：「殺害黑人的黑人凶手必須嚴懲」。當局偵辦殺人案一個常用的手法，就是以死刑威脅黑人嫌犯，迫使他們認罪換取無期徒刑。正因如此，儘管一九二五年至一九四〇年間，路易斯安納州的暴力犯罪率持續下滑，監禁率卻上升超過五〇％。阿德勒寫道：「比較州級監獄一九四〇年的輕罪犯與一九二五年重罪犯，前者人數是後者的兩倍。」在安哥拉州立監獄農場（Angola State Penal Farm），「白人囚犯在這段期間增加三九％，黑人囚犯增加一四三％。」

當時掃蕩犯罪的戰火愈演愈烈，主要原因在於白人對於社會控制的焦慮感。一九二七年，聯邦最高法院判決城市的種族分區計畫違憲，紐奧良的黑人人口持續增加。某些政府官員受到與日俱增的壓力，要讓羅斯福的「新政」惠及黑人。紐奧良一名地區檢察官在一九三五年宣稱：「白人至上的地位在本州受到史無前例的威脅。」[21]

兩次大戰期間路易斯安納州監禁率的暴增，正好遇上白人普遍認為舊秩序岌岌可危。之後的數十年間，這種現象在美國全國各地大規模複製。

五、任何社會所知最惡劣的世代

美國對於犯罪的回應無法與一項歷史過程脫鉤，那就是將黑人的奮鬥抗爭（個人與集體）等同於黑人的為非作歹。因此不難想見，在民權運動期間，犯罪率上升不斷被連結到黑人境遇的進展。喬治亞州民主黨籍聯邦眾議員以利亞・佛瑞斯特（Elijah Forrester）反對艾森豪政府一九五六年提出的民權法案，理由是「種族隔離一旦廢除」，黑人犯罪就會猖獗[22]。佛瑞斯特還聲稱：「在華府，公園已經成為白人的禁區，因為白人在那裡會有遭到攻擊、搶劫的危險。」除非種族隔離立即恢復，否則「十年之內，白人在美國的首善之區連白天都有安全風險。」北卡羅來納州聯邦眾議員貝索・惠特納（Basil Whitener）當時則是將全國有色人種協

21　作者注：路易斯安納州大規模監禁的相關資料來自傑佛瑞・阿德勒（Jeffrey S. Adler）的《減少犯罪、加重懲罰：二十世紀初期美國的暴力、種族與刑事司法》（*Less Crime, More Punishment: Violence, Race, and Criminal Justice in Early-Twentieth-Century America*）。這本書再一次顯示，有些我們認知中的「全新」現象，其實早有往例。紐奧良地區檢察官誓言要嚴懲「殺害黑人的黑人凶手」，不禁讓人聯想到以往對於「黑人對黑人犯罪」的譴責。

22　作者注：本文第五節有許多部分取材於娜歐米・村川（Naomi Murakawa）的《第一民權：自由派如何建立監獄化的美國》（*The First Civil Right: How Liberals Built Prison America*）。我對此書的副標題並不完全認同，但村川列舉了一些對民主黨非常不利的事證，有些至今仍然存在。如果喬・拜登決定再次競選總統，他必須回答當年為何主張增加監獄。村川發掘出來的一些言論，尤其是民主黨人談到明知某項法案不應通過，卻仍投下贊成票的事情，不只顯示了人性的怯懦，也揭穿所謂「大規模監禁是用心良善的錯誤」的說法根本就是謊言。

進會貶為一個誓言要「幫助黑人罪犯」的組織。

一九六六年，尼克森接棒進行指控，將犯罪率升高與金恩博士倡導的公民不服從（civil disobedience）運動掛鉤，聲稱法律與秩序的敗壞「可以直接歸因於一個腐蝕人心信念的散布：每一個公民都擁有與生俱來的權利，可以決定自己要遵守哪些法律、何時才要遵守。」至於對治之道，尼克森認為重點不在改善導致犯罪的因素，而在於把更多人關進監獄。他在一九六八年說：「想要解決美國的犯罪問題就要將定罪率提高一倍，這遠比將『向貧窮宣戰』經費提高三倍來得有用。」

當上總統之後，尼克森履行承諾：在他的第二任期，監禁率開始歷史性的攀升。尼克森特別痛恨毒品，形容海洛英毒販是「今日的奴隸販子，活死人的人口販子。政府要追緝他們到天涯海角。」

尼克森對於打擊犯罪議論多於實質。「尼克森還沒當選總統，我就開始鬼扯他的犯罪政策，」白宮法律顧問約翰．狄恩（John Dean）在任職白宮時期的回憶錄中寫道[23]，「而且的確是鬼扯，我們都知道。」事實上，如果以犯罪率下降幅度來衡量政策成功與否，那麼尼克森的打擊犯罪是一敗塗地，每一種類型的暴力犯罪，謀殺、性侵、搶劫、重傷害，到尼克森下台時都不降反升。尼克森打擊犯罪的真正目標別有所圖。一九七二年總統大選期間，他的幕僚約翰．埃利希曼（John Ehrlichman）描述他們選戰的催票策略，「我們要打種族主義牌⋯⋯

尼克森關於學校與住宅政策的聲明與談話中，總是暗地裡訴求那些憎惡黑人的選民。」尼克森另一名幕僚霍爾德曼（H. R. Haldeman）則說，對於社會福利，總統相信「問題完全在於黑人」。當然，民權運動不容許這種言論，霍爾德曼在日記中寫道：「關鍵在於設計出某種體系，以不言自明的方式認可這一點。」不過體系的建立不必從頭開始，當尼克森宣稱毒品是「頭號人民公敵」或者宣稱「對日益威脅我們城市、家庭與生活的犯罪因子開戰」，他不必對「威脅」指名道姓。數百年來世人已將黑人與罪犯、道德敗壞畫上等號，尼克森不必多費工夫。

一九六八年總統選戰期間，尼克森在彩排一部選戰廣告時被人錄音：「問題的核心是如何在學校維繫法律與秩序。課堂要有紀律，我們的孩子才能學習。」然後他可能開始自言自語：「這麼做就像一拳打在鼻子上，關於老師，關於法律與秩序，關於那些該死的黑人與波多黎各人團體。」

隨著監禁率上升、刑期拉長，矯治的理念被打入冷宮，讓位給隔離監禁（incapacitation）。強制最低刑期（mandatory minimums，對被告刑期設立最低期限）在一九八〇年代通過立

23 作者注：引述自約翰・狄恩（John Dean）的回憶錄《盲目的野心》（*Blind Ambition*）、約翰・埃利希曼（John Ehrlichman）的回憶錄《權力的見證》（*Witness to Power*）與霍爾德曼（H. R. Haldeman）的《霍爾德曼日記》（*The Haldeman Diaries*）。我真希望能夠宣稱這些材料是我自己找出來的，但是我不能。我最早是在羅伯特・柏金森的《強硬德州：美國監獄帝國的崛起》看到狄恩的談話，在蜜雪兒・亞歷山大的《新時代的吉姆・克勞法》讀到埃利希曼與霍爾德曼。

法，功臣除了史壯・瑟蒙（Strom Thurmond）之類的保守派，還包括泰德・甘迺迪（Ted Kennedy）之類的自由派。保守派相信強制量刑（mandatory sentencing）可以避免法官對被告從寬發落，自由派則相信它可以避免種族主義影響法官。但是這些改革不僅提出量刑標準，還限縮了其他的懲罰選項（例如假釋），並且整體而言延長了犯人的服刑期限。改革之前，囚犯通常只需服刑四〇%至七〇%；改革之後，延長為八七%至一〇〇%。此外，自由派希望落空，種族偏見並未消失，因為後來量刑取決於法官，他們藉由選擇起訴的罪名來決定刑期長短。地區檢察官有連任選舉的考量，為了凸顯自己保護公眾的決心，會特別強調他們讓多少罪犯身陷囹圄、長期不見天日。

除了檢察官之外，還有其他人急於對犯罪問題表達強硬立場。一九八〇年代與一九九〇年代的民意代表，針對快克古柯鹼氾濫成災，爭相劍拔弩張。他們叫陣的目標不做第二人想。當時莫乃漢已經從白宮官員成為紐約州聯邦參議員，但他最關心的事並沒有改變，一九八六年，他在參議院表示：「我們不能忽略一樁事實，當我們討論美國的毒品問題時，焦點要放在毒品對於城市貧民窟年輕男性的影響。」當時對於毒品的執法政策或許是如此，但是毒品的使用卻是另一種光景：多項調查顯示，黑人與白人吸食毒品的比例相近。莫乃漢顯然從雷根年代末期以來，就對自己一九六五年那份報告最嚴重的扭曲深信不疑。人們不再談論最根本的原因，取而代之的是某種更陰暗的觀念。讓莫乃漢憂心忡忡的貧民窟年輕男性「浪費生命、一蹶不振」，他們形成的威脅將會「導致全國各地的社區與城市全面崩解」。

莫乃漢放棄學術、只重空談，得到許多社會學家、政治分析家響應。著名社會學家、「破窗」（broken windows）警政理論共同創始人詹姆士・威爾遜（James Q. Wilson）訴諸抽象的道德化論述與套套邏輯（tautology），聲稱：「使用毒品是一種錯誤，因為它是不道德的。而它之所以不道德是因為它會奴役心智、摧毀靈魂。」其他人更進一步，《華盛頓郵報》專欄作家查爾斯・克勞塞默（Charles Krauthammer）寫道：「城市貧民窟快克泛濫成災，催生出最新的恐怖現象：一種生物學意義的低等階層，一整個世代生理病變的古柯鹼嬰兒，從一出生就註定了在生物構造上低人一等。」就是以這種方式，「黑人性好犯罪的本質」的說法至今仍在美國白人心中陰魂不散。

一九九五年，曾經擔任聯邦參議員羅伯・甘迺迪（Robert F. Kennedy）幕僚的自由派律師亞當・瓦林斯基（Adam Walinsky）為《大西洋月刊》寫了一篇封面故事，他援引莫乃漢一九六五年的報告，做了悲觀的預言。瓦林斯基寫道，美國對於黑人家庭的政策「催生出一批非常暴力的年輕男性，其人數之多，超過任何文明社會的容忍限度，而且在未來二十年的每一年都會一發不可收拾。」至於解決之道，瓦林斯基主張終結種族主義、建設優質學校、擴大警察編制。然而他的論調卻是殺氣騰騰：「面對街頭無所不在的青少年惡棍，我們因恐懼而退縮。更重要的是，當我們思考採取必要的強力集體行動，我們也退縮了。」

就在《大西洋月刊》刊出那篇文章的同時，暴力犯罪率已經開始直線下降，但是思想界領袖沒有即時掌握事實。一九九六年威廉・班奈特（William J. Bennett）、約翰・華特斯（John P. Walters）與約翰・迪尤利奧（John J. DiIulio Jr.）合作出版《死亡記數：道德匱乏……以及如何贏得美國對抗犯罪與毒品的戰爭》（*Body Count: Moral Poverty . . . and How to Win America's War Against Crime and Drugs*），在關於美國打擊犯罪年代的著作中，這可能是最惡名昭彰的一本。三位作者錯誤地預期，「貧民窟兒童」將掀起一股新的犯罪浪潮，他們在成長過程中「幾乎完全未受教化，而且發展出導致終身陷入文盲、毒癮、暴力犯罪的性格特質。」作者也指稱美國受到所謂的「超級掠食者」（super-predators）威脅，足以動搖國本。「美國今日死於犯罪者的人數居高不下，但日漸高漲的年輕人犯罪與暴力浪潮還會雪上加霜，」作者警告，「一群新世代的街頭罪犯正撲向我們，是歷來任何社會遇過最年輕、最龐大、最惡劣的罪犯世代。」迪尤利奧在《紐約時報》寫道：「監禁是一種解決方式，而且成本效益相當高。」美國政府也表示認同，接下來的十年裡，美國的監禁率繼繼節節高升，支持者的理由在一九九六年與一八九六年沒有什麼不同。

許多美國黑人也都認為犯罪是個大問題。賈克遜牧師在一九九三年坦承：「我活到這把年紀，最痛苦的經驗就是，走在街道上，身後傳來腳步聲，擔心有人想搶劫，回頭一看是個白人，這才鬆一口氣。」他描述的是一種對於暴力犯罪的深刻恐懼，糾纏黑人社會至今。認為高犯罪率是一系列壓迫性種族主義政策的必然結果，這樣的主張並無法保護這些政策的受害者。同樣的道理，指出人們對於犯罪的恐懼其來有自，並不代表這種恐懼足以作為公共政策的基礎。

一九八〇年代與一九九〇年代的毒品法律，對於降低犯罪率收效甚微，但是卻在黑人社區讓監獄經驗成了常規。「造成當代監獄種族差異最直接的犯罪型態，就是毒品犯罪。」哈佛大學社會學家迪娃・裴潔寫道：

從一九八三年到一九九七年，美國黑人因為毒品犯罪而入獄的人數激增超過二十六倍，白人只增加七倍……到二〇〇一年時，州級監獄的毒品案罪犯中，黑人是白人的兩倍有餘。

二〇一三年全國有色人種協進會發表一份報告，指出過去十年因大麻遭逮捕者不斷增加，這情況基本上可以解釋為「黑人被逮捕率上升的結果」。我們必須再次指出一個重點：許多調查顯示，黑人與白人使用毒品的比例相近。到了二十世紀尾聲，對黑人年輕男性而言，進過監獄是比上大學、從軍更稀鬆平常的經驗。

一九九〇年代中期，民主與共和兩黨都支持以逮捕、監禁來打擊犯罪，其決策過程不是慎思明辯，而是興致勃勃。柯林頓還是總統候選人的時候，飛回老家阿肯色州（Arkansas），親自主持瑞奇・雷・瑞克特（Ricky Ray Rector）的處決過程。瑞克特是個有心智障礙、動過腦葉切除術（lobotomy）的黑人，在一九八一年殺害了兩個人。柯林頓後來說：「再也沒有人會批評我對犯罪問題立場軟弱。」拜登當時是德拉瓦州的資淺聯邦參議員，很快就成為民主黨打擊犯罪的急先鋒，他曾經說道：「坦白講，我的目標之一，就是不要讓威利・霍頓這種人出獄。」拜登將民主黨形容為一個鐵面無私的政黨，他在一九九四年說：「讓我為各位定義什麼是民主黨的自由派，民主黨的自由派做出六十樁新近的死刑判決……民主黨的自由派做出七十樁加重刑期判決……民主黨的自由派支持新增十萬名警力，民主黨的自由派支持增建十二萬五千間牢房。」

在德州，民主黨人安・理查茲（Ann Richards）一九九一年接任州長時主張以矯治為重，但最後還是跟隨全國趨勢，限縮法官量刑與假釋委員會的權限，支持強制最低刑期，擴大檢察官的量刑權。一九九三年，德州否決一項七億五千萬美元的教育經費法案，但是通過另一項十億美元的法案來興建更多監獄。根據羅伯特・柏金森的《強硬德州：美國監獄帝國的崛起》（*Texas Tough: The Rise of America's Prison Empire*），理查茲州長任內推動了「德州歷史上規模最大的公共工程計畫」。在紐約州，另一位自由派州長馬里歐・郭謨（Mario Cuomo）也面對監獄人口爆炸的情況。由於選民否決增加經費來興建監獄的法案，郭謨就挪用了城市開發公司（Urban Development Corporation）的經費，這個機構的設立宗旨是要為貧民興建公共住宅。它後來還是做到了成立宗旨，只不過是以興建監獄的方式做到。在自由派健將郭謨任內，紐約州增加的監獄床位超過他所有前任州長的總和。

這是一種最細緻的刑罰福利體制。去工業化（deindustrialization）導致美國貧民與勞工階級就業困難，而且不分種族。監獄則儼然成為一種解決方式：為白人提供工作，把黑人像貨物一樣集中存放。「大規模監禁擴大了美國白人與黑人的收入落差，」密西根大學（University of Michigan）歷史學家海瑟・安・湯普森（Heather Ann Thompson）寫道，「因為監禁體制的基礎設施絕大部分都位於白人鄉村地區」。根據迪娃・裴潔的統計，美國的監獄每年釋放大約六十萬囚犯，相當於一九七〇年全美監獄人口的總和，「可以在全美國速食業的每一年開出的每一個職缺塞進五個人」。

犯罪率節節高升的黑暗預言並沒有實現。就如十九世紀對於「禽獸黑人」的想像，所謂的「超級掠食者」也只是一種迷思。這樣的理解並不完全是後見之明，歷史學家娜歐米・村川在《第一民權：自由派如何建立監獄化的美國》（*The First Civil Right: How Liberals Built Prison America*）一書中指出，許多民主黨人非常清楚自己的所作所為是在操弄恐懼換取政治利益，但還是照做不誤。一九八六年國會表決《反毒品濫用法案》（*Anti-Drug Abuse Act*）的時候，西維吉尼亞州聯邦眾議員尼克・拉哈爾二世（Nick Rahall II）承認他對強制最低刑期有意見，但是「你怎麼可能投下反對票？」科羅拉多州女聯邦眾議員派翠西亞·施洛德（Patricia Schroeder）指責同僚利用這項法案為自己的選情加分，結果她自己也投下贊成票。向來是自由派的佛羅里達州聯邦眾議員克勞德·裴波（Claude Pepper），批評這項法案「現在你可以用附加修正案的方式通過英式車裂（hang, draw, and quarter）。」然後投下贊成票。

一九九四年，柯林頓總統簽署一項犯罪防治法案，以補助方式鼓勵各州興建監獄、減少假釋。對於自己曾經是導致美國監獄人口爆增的關鍵人物，柯林頓最近表示悔意，他在今年（二〇一七）七月對全國有色人種協進會表示：「我簽署了一項法案，讓問題更加惡化。現在我必須認錯。」但是二十年前他為自己的行動辯護時，強調的是「幫派火拚」與「無辜旁觀者」在街上遭到殺害。從二十年前到現在，這些都是真實的問題。然而柯林頓就連在試圖解釋自己的政策時，都忽略了必須否定這些政策背後的假定：將特定族群的大批成員送進監獄完全是一種用心良苦、合理、與種族主義無關的犯罪防治措施。就連在通過法案的當時，民主黨人就與二十五年前的共和黨人尼克森如出一轍，都知道這項法案不只是關於犯罪。柯林頓的幕僚布魯斯·瑞德（Bruce Reed）與荷西·瑟達三世（Jose Cerda III）都曾勸他要掌握這個議題，「自從尼克森在一九六八年從民主黨手中偷走這個議題以來，人們對犯罪現象的關切從來沒有這麼高漲。」

六、感覺就像我和他一起坐牢

一九七三年十二月十九日，巴爾的摩，十六歲的歐代爾．紐頓（Odell Newton）和朋友坐進一輛計程車，行經半個街區，開槍射殺開車的司機愛德華．閔茲（Edward Mintz）。馬里蘭州檢方以第一級殺人罪等罪名起訴他，法院判他無期徒刑。如今他已在監獄中度過了四十一年，從各種角度來看都已洗心革面。他一再表示對自身罪行的悔憾，他在過去三十六年也沒有違反任何規定。

一九九二年迄今，馬里蘭州假釋委員會（Maryland Parole Commission）三度建議假釋歐代爾。但是在馬里蘭州，無期徒刑犯的假釋必須得到州長批准。在歐代爾犯下罪行的一九七〇年代，州長通常都會批准假釋。但是在當今這個刑罰講究殘酷的年代，馬里蘭州基本上已經斷絕了無期徒刑犯的假釋之路，就連歐代爾這樣的未成年犯也一樣。二〇一〇年聯邦最高法院做出判決：對謀殺罪之外的未成年犯處以不准假釋的無期徒刑違憲。兩年之後，聯邦最高法院判決對謀殺罪未成年犯也不得處以不准假釋的無期徒刑。但是法院迄今尚未裁定這兩項判決能否溯及既往。根據馬里蘭州修復式正義計畫（Maryland Restorative Justice Initiative）與美國公民自由聯盟（ACLU）馬里蘭州分部二〇一五年的一份報告，馬里蘭州的無期徒刑犯有一五％是在未成年時犯案，比例居全國之冠，其中絕大部分（八四％）是黑人。

今年夏天，我拜訪了歐代爾的母親克拉拉、姊姊賈姬與兄弟提姆。克拉拉住在巴爾的摩郊區，那天她剛開了來回七個小時的車，到馬里蘭州東海岸區（Eastern Shore of Maryland）的東區監獄（Eastern Correctional Institution）探望兒子回來，整個人憂心忡忡。歐代爾得了肝炎，體重掉了五十磅，眼圈附近長了瘡。

我問克拉拉，如何能夠維持定期探視兒子？她解釋說，家人會輪流前往，「全家人都很辛苦。你回家了，想到他在監獄中的樣子，你會哭。有一回我特別難過，體重也開始掉……心裡一直想著，一切都會沒事吧？他會不會熬不過去？他會不會死掉？」

克拉拉在維吉尼亞州的威斯摩蘭（Westmoreland）長大成人，十五歲生了大女兒賈姬，第二年與賈姬的爸爸約翰．厄文．紐頓（John Irvin Newton Sr.）結婚。一家人後來搬到巴爾的摩，約翰到一家麵包店工作。克拉拉告訴我：「我們努力過日子，撐起一個家。」她和約翰結婚五十三年，直到約翰在二〇〇八年過世。

歐代爾生於一九五七年，四歲的時候大病一場，差一點夭折。家人帶他去醫院，醫生在他喉嚨切開一個洞，幫助他呼吸。後來歐代爾被轉送到另一家醫院，醫生診斷出他罹患鉛中毒，原因是他經常把嘴巴靠在窗台上。

「我們沒有控告任何人，我們什麼都不懂，」克拉拉告訴我，「後來終於知道可以提告時，歐代爾已經十五歲，他們說沒辦法了，因為我們拖太久了。」

在監獄中，歐代爾好幾次嘗試想拿高中同等學歷（G.E.D.），但是都沒考過。「我之前唸小學時，老師說我應該去唸特教班，」歐代爾在二〇一四年寫信告訴他的律師，「我不太確定童年的鉛中毒對我的分析能力有什麼影響。」

一九六四年，歐代爾一家人搬到艾德蒙森村（Edmondson Village）一幢比較像樣的房子。歐代爾九年級的時候，克拉拉開始懷疑他的學習能力不如班上其他孩子。賈姬告訴我：「直到他快要上高中時，我們才確知他有學習遲緩。學校就只是放牛吃草，照樣讓他升級。」克拉拉則回憶，差不多就在那時候，歐代爾「交了一些壞朋友」。但是克拉拉直到看了兒子第一封從監獄寄來的信，才知道兒子的心智能力有多糟。那封信看起來像是「一個托兒所或者幼稚園的小朋友」寫的，克拉拉告訴我，「他根本不太會拚字，我不知道，他年紀那麼大了，不應該寫出那樣的東西。」

歐代爾如今五十七歲，大半輩子都在州監獄中度過。他的服刑不只影響他一個人。如果說像歐代爾這樣的男男女女是被放逐到灰色荒原的窮鄉僻壤，那麼他們的家庭就像被困限在一個軌道上，繞著國家的監獄體制運轉，被一股重力牢牢抓住。首先，這個家庭要為家人坐牢花一大筆錢。歐代爾的爸媽為了付兒子的律師費，拿房子做二次抵押，後來又做了三次抵押。此外，長途開車前往監獄探視也要花不少錢。這些監獄往往蓋在白人居多的鄉村地帶，遠離囚犯的家鄉。還有打電話的費用、獄中生活用品的費用。林林總總加起來，這些經濟因素很容易會讓家庭關係變質。

情緒的負擔也無可避免，混合著憤怒與悲傷。上一個冬天我到底特律訪問派翠西亞・勒奧（Patricia Lowe），她的兒子愛德華・史潘（Edward Span）十六歲就入獄，因為劫車等罪名被判刑九年半到十五年。我見到派翠西亞時，愛德華已經服刑三年，讓她又擔心又傷心。愛德華最近開始打電話回家要一大筆錢，派翠西亞擔心他是被其他囚犯勒索。在此同時，派翠西亞也忿忿不平，她一直努力扮演母親的角色，但兒子卻帶給她這麼大的負擔，「他從來不吃學校的午餐，我一大早起來，幫他做潛艇堡、三明治、沙拉、菠菜、炸雞，」派翠西亞說，「我們家是有一些問題，但是誰家沒有？他的惡劣行為沒有藉口可言。有些事就是不能做，你應該要懂事，我都跟你說過，你太讓我傷心了，你不能這樣對待我。」

但是傷心無法避免，「感覺就像我和他一起坐牢，就像我在監獄中跟他一起度日如年。」愛德華十七歲時被移出青少年感化院，進入成人監獄。還在青少年感化院的時候，愛德華就常常夜裡無法成眠，「他很害怕進監獄，」派翠西亞告訴我，「他打電話回家說他沒事，但是我知道事情不對勁，因為他也會打給一個女性朋友，說他晚上睡不著覺，擔心自己的安全。」

歐代爾的兄弟提姆進入索茲斯柏立州立學院（Salisbury State College），一九八二年拿到社會學學位，兩年之後進入馬里蘭州政府，擔任矯正官。接下來的二十年，紐頓家的兩個兒子，歐代爾在州監獄坐牢，提姆卻為州政府工作。因此提姆也得以近距離觀察，馬里蘭州的監獄體制如何變得越來越嚴厲。過去囚犯服完刑期，可以進入出獄前輔導機構，現在他們得在監獄更久一點。獲釋的標準越來越嚴苛。在此同時，監獄人滿為患，提姆告訴我：「他們就是一直塞人、塞人，同時不讓囚犯回家。」原本只關一個人的牢房，現在要關兩個人，「如果你被關在一個八呎寬、十呎長、只夠一個人活動的牢房，卻要和另一個人擠在一起，就會發生更多衝突。」提姆說，「然後他們大幅刪減監獄的大學課程，同時也縮短囚犯戶外活動的時間。」

擁擠的空間、縮水的課程與資源，都屬於一個全國性的運動，要對囚犯祭出更嚴峻的懲罰與更漫長的刑期。就法規而言，馬里蘭州有兩種無期徒刑，有假釋可能的無期徒刑與無假釋可能的無期徒刑。一九七〇年代，九十二名無期徒刑犯得到馬里蘭州的州長假釋，但是從馬文・曼德爾（Marvin Mandel）一九七九年卸任之後開始減少，到一九九三年完全停止，當時一名獲准參加監外作業（work release）的無期徒刑犯羅德尼・史托克斯（Rodney Stokes）殺害女友並自殺。一九九四年當選的民主黨籍州長帕里斯・格連登寧（Parris Glendening）宣稱：「無期徒刑就是無期徒刑。」格連登寧的共和黨籍繼任者羅伯特・艾利奇二世（Robert L. Ehrlich Jr.）只為五名無期徒刑犯減刑，只准許一人保外就醫。

二〇〇六年馬丁・歐馬利（Martin O'Malley）（目前正在角逐二〇一六年民主黨總統候選人）擊敗艾利奇二世，繼任州長，但是他對無期徒刑犯的態度更為嚴厲，對假釋委員會的建議案完全不肯放行。馬里蘭州議會知道這個體系已經崩壞，於是在二〇〇一年修法，州長對假釋委員會的建議案，如果沒有在一百八十天內否決就自動生效。但是此舉於事無補，法案通過之後，歐馬利幾乎否決了每一項建議案。

這並不是什麼打擊犯罪或者保護公民的良好政策。馬里蘭州假釋委員會建議假釋但被州長否決的無期徒刑犯，平均年齡約六十歲。這些老年男女早已過了所謂的「犯罪更年期」，大部分對社會都不再構成威脅。儘管如此，馬里蘭州假釋委員會的建議還是往往落空。從二〇〇六年到二〇一四年，面對逾二千一百名有申請資格的無期徒刑犯，委員會只建議假釋約八十人。這八十人符合已經非常嚴格的規定，但仍然幾乎全部被州長打了回票。今日假釋委員會還是會提出假釋建議案，但是被置若罔聞。因此法官在判刑時對於有無假釋可能的考量，已經沒有任何意義。

從一九八八年二月到一九九三年六月的五年多時間裡，歐代爾參加監外作業計畫，州政府的家庭假（family-leave）政策也讓他能夠探訪家人。歐代爾監外作業僱主的報告對他讚不絕口，一位僱主在一九九一年寫道：「他的性格沒有任何問題。」另一位僱主則說：「能夠僱用紐頓先生是我的榮幸，未來任何時候我都願意再次僱用他。」和家人在一起的時候，歐代爾會常常出去吃飯，或者請外燴到家裡來、開派對。照理說，家庭假有如一座橋，讓歐代爾最終能夠獲釋。但是這項計畫在一九九三年五月暫停運作，因為一名殺人犯利用探視兒子的機會逃亡，幾個期後又發生史托克斯殺人再自殺案。從此，無期徒刑犯假釋無望，監外作業也畫下句點。多年來，歐代爾的家人相信他走在回家的路上，然後看著這條重返自由之路斷絕，只留下極深的挫折感。「他們是如此對待想要重新做人的人，祭出新的法律，」他的姊姊賈姬告訴我，「這就像我用一個價錢買了一間房子，你來簽約的時候卻告訴我：『噢，不，我改變主意了，我要加價一萬美元。』」

我問歐代爾的家人，如何應付這樣的處境？「你只能祈禱，再祈禱！」他母親告訴我。

歐代爾服刑這段期間，有權決定是否假釋無期徒刑犯的州長大多是民主黨人，近數十年來，他們對無期徒刑犯的態度至少和共和黨人一樣嚴厲。歐代爾在寫給母親的信上說道：「格連登寧政府與歐馬利州長的政策，讓『可假釋無期徒刑』成了『不可假釋無期徒刑』，這麼做是不對的。」

七、我們的價值體系成了生存對抗生活

歐代爾．紐頓生於一九五〇年代晚期，他那個世代讓撰寫《黑人家庭》報告的莫乃漢憂心忡忡。但是歐代爾擁有莫乃漢最重視的城堡，擁有一個穩定的家庭，結果還是逃不過牢獄

之災。我們不能因此下結論說家庭無關緊要，但家庭不能獨立於外部環境而存在。歐代爾出生的年代，政府公然支持歧視性的住宅政策，巴爾的摩更是這方面的開路先鋒：市政府早在一九一〇年就開始依種族做都市分區。當時的市長巴瑞·馬胡爾（J. Barry Mahool）曾說：「黑人就應該被隔離在孤立的貧民窟。」聯邦最高法院一九一七年裁決都市種族分區違憲之後，巴爾的摩市政府另闢蹊徑，透握限制性契約條款、公民協會（civic associations）、畫紅線……千方百計繼續隔離黑人。[24]

這些作法阻礙了黑人購買比較好的房子、搬進比較好的社區、累積像樣的財富。此外，這些作法將黑人侷限在原本的社區，確保這些被歧視因此貧窮的人們，只能與其他一樣貧窮的人們待在同樣的社區。因此，就算社區中有人功成名就，甚至賺了大錢，他或她透過社交、婚姻或社區組織來增進自身成就、財富與社會資本的能力也將大受影響[25]。最後，種族分區將黑人打入城市中最老舊、狀況最糟的區域，讓他們很容易受到鉛中毒影響，歐代爾·紐頓就是如此。一位律師曾在三十年間處理超過四千件鉛中毒案例，最近接受《華盛頓郵報》訪問時說：「我的客戶將近九九·九%都是黑人。」

家庭越堅固、越穩定越好，這一點不證自明。但另一個不證自明的觀念是：家庭不可能不受外界影響，家庭是一種存在於更大型社會結構中的社會結構。

哈佛大學社會學家羅伯特·桑普森長期關注犯罪與都市生活，他指出美國的黑人區「物以類聚」現象。監禁、單親家庭、輟學與貧窮的比例都偏高，而且彼此相關。這些因素加總起來，形成桑普森所謂的「多重剝奪」（compounded deprivation）：整個家庭、整個社區遭到層出不窮的剝奪，他們必須設法在許多彼此糾結、相互加強的危害之中找尋出路。

黑人面對的危害最是複雜難解。桑普森與同仁在一項近期的研究中，檢視兩種類型的剝奪：個人的貧窮與社區的貧窮。不難想見，他們發現黑人特別容易陷入這兩種貧窮。但是，黑人就算免於個人的貧窮，還是比貧窮的白人或西語裔更難離開貧窮的社區。此外，黑人就算他們在年輕時一度掙脫，到了中老年也比其他族群更容易再度陷入多重剝奪[26]。

---

24 作者注：我第一次注意到這個問題，是在理查・羅斯坦（Richard Rothstein）《從佛格森到巴爾的摩：政府推動種族隔離的後果》（*From Ferguson to Baltimore: The Fruits of Government-Sponsored Segregation*）。羅斯坦的作品相當精彩，對於政府住宅政策的運作機制理解入微，令我深感羨慕。從他與泰莉・葛羅斯（Terry Gross）的對話可見一斑。

25 作者注：本節有許多內容借重於見解獨到的羅伯特・桑普森，以及當代社會學對於社區動態發展的關注。桑普森討論過的多重剝奪，在這裡很能夠清楚說明「輕易比較黑人與白人」的困難之處。此外，許多人談論白人中產階級與黑人中產階級時，似乎認定兩者社經地位平起平坐，或者兩者唯一的差異在於親子對談的方式；然而其實兩者是在生活在不同的世界中。更明確地說，拜各種政策之賜，黑人中產階級的世界遠比白人中產階級貧窮。因此，會訝異於黑人與白人中產階級表現如此不同的人，其實就像訝異於生活在地球與月球上的人類體重會如此不同。

26 作者注：取材自羅伯特・桑普森與克莉絲汀・柏金斯（Kristin L. Perkins）的論文〈成年過程的多重剝奪：種族與經濟不平等的交會，一九九五年—二〇一三年的芝加哥市民〉（Compounded Deprivation in the Transition to Adulthood: The Intersection of Racial and Economic Inequality among Chicagoans, 1995-2013），刊登於《羅素・塞吉基金會社會科學期刊》（*Russell Sage Foundation Journal of the Social Sciences*）。

「不僅是貧窮，還有住宅市場的歧視，還有次級貸款，還有毒癮問題，這些問題一直尾隨著你。」桑普森最近告訴我，「我們試圖把問題切割開來，『貧窮的人也可以擁有其他的性格與特質。』這是美國夢的迷思：只要有動機、夠勤奮，任何人都可以逃離貧窮。但是資料告訴我們，當你在生活中遭遇這麼多重的攻擊，想要超越環境會變得相當困難，甚至讓你無技可施。」

去年十二月，一個空氣清新的星期四早晨，我坐上一部運動休旅車，與卡爾．泰勒（Carl S. Taylor）與尤瑟夫．邦奇．夏庫爾（Yusef Bunchy Shakur）同行，前往他們的故鄉：底特律的西區。夏庫爾是一位社區運動者，寫過兩本書，記述他為何會進監獄、獄中生活經驗，以及如何重返社會。泰勒是密西根州立大學（Michigan State University）的社會學家，研究都市社區與暴力，並且擔任密西根州監獄與少年觀護所的顧問。泰勒與夏庫爾二十四歲的年齡差距，反映了他們對底特律的觀感差異。四十二歲的夏庫爾想到的是一個受到去工業化摧殘的城鎮，失業率居高不下，社會體制一蹶不振，幫派取而代之。夏庫爾說：「社區土崩瓦解，我們的價值體系成了生存對抗生活。毒品、幫派、缺乏教育都成為迫切問題。還有監獄與監禁也是。」

泰勒今年六十六歲，他回想當年比較讓人樂觀的底特律，黑人專業人士隔壁住著黑人工人、黑人幫傭與黑人幫派分子，街道上都是酒吧、工廠與餐廳。泰勒指著車窗外一排荒廢的房子，說道：「以前這些房子都有人住，每個人都有工作，街頭街尾都有小型工廠。還有一家脫衣舞酒吧。傳奇的『閒聊夜總會』（Chit Chat Lounge）也在這裡，摩城唱片（Motown）的歌手與爵士樂手會在那裡演奏。」

我們停在海瑟塢（Hazelwood）與第十二街荒涼的轉角。「我以前住在那邊第一間房子，現在已經用木板封起來，」泰勒指著街道，比手畫腳描述早已消失的商店與街坊，「那地方有一家藥房和農產品店。有位黑人女士開了一家窗簾布幔清洗點，以前的黑人家裡有窗簾布幔的！這裡有一家假髮店和美容院，為應召女郎服務，上教堂的女士們不會光顧。我曾經住在這裡，當時只覺得這地方生氣勃勃。」在全美各地的黑人城市，吉姆．克勞法藉由住宅種族隔離與職業歧視劃設了界線。界線之內的地區，一種秩序落地生根。這個世界是壓迫的產物，但也受到其成員愛戴。說來諷刺，讓泰勒津津樂道的往日時光與黑人社區，也讓一九六五年的莫乃漢大感憂心。泰勒並沒有對莫乃漢的報告著墨甚深的社區問題視而不見，但在他的描述中，這些問題與更廣大的社會背景密不可分，因此帶有一種莫乃漢警訊所缺乏的人性特質。

「那是個美好的年代，美好的生活，」泰勒說，「只是當暴動爆發，一切立刻改變。」

一九六〇年代漫長、燠熱的夏天，都市暴動此起彼落，底特律和許多城市一樣，暴動是被警方執法點燃。一九六七年七月二十三日，底特律警方突襲臨檢西區一家下班客常去的酒吧。接下來的幾天，黑人社區怒火延燒。與其他城市一樣，這場暴動代表「美好生活」的終結。事實上，「美好生活」就算曾經存在，也早在暴動爆發許久之前就已開始衰敗。紐約大學歷史學家湯瑪斯・蘇格魯在《都市危機的起源：戰後底特律的種族與不平等》（*The Origins of the Urban Crisis: Race and Inequality in Postwar Detroit*）一書中寫道：「從一九四七年到一九六三年，底特律流失了十三萬四千個製造業工作，但是達到工作年齡的男性與女性人數卻越來越多。」從一九四〇年代結束到一九六〇年代開端，底特律經歷了四次嚴重的經濟衰退。汽車業先是轉移到美國其他地區，後來更轉移到世界其他地區。工作機會流失也意味購買力衰退，影響藥房、雜貨店、餐廳與百貨公司[27]。蘇格魯寫道：「到了一九五〇年代末期，底特律工業界的狀況已經完全改觀。」

底特律的黑人居民不僅要面對白人居民感同身受的結構性問題，他們還得面對無所不在的種族主義。當經濟狀況風雨飄搖，黑人通常要屈就最低薪的工作。他們下班後回到市內最貧窮的社區，大部份只能用低廉的工資來支付價格過高、品質低劣的住宅。那些想要遷往白人社區的黑人，則會遭遇到限制性契約條款、種族歧視的房地產掮客、街坊委員會等種種阻礙，此外還有白人居民會訴諸蘇格魯描述的「騷擾、大規模抗議、站哨阻擋、焚燒芻像、砸破窗戶、縱火、破壞、人身攻擊。」有些黑人經濟狀況比同胞好一點，有些受過比較像樣的教育，但是他們全都被困住了。關鍵不在於層出不窮的病態現象，而在於層出不窮的結構性危害。

一九六七年的怒火反而模糊了這些危害。但是結構性問題與去工業化浪潮為當代美國帶來了所謂的「黑人問題」。到了一九七〇年代，負責解決黑人問題的主要政府機構就是刑事司法體系。我們一邊開車行經底特律各地，夏庫爾一邊描述在一九七〇、八〇年代成長期間認識的黑人男性，「十個裡面大概有七個父親曾經入獄，大概有兩個母親已經遇害。他們的爸媽大部分都沒有高中學歷。」夏庫爾的論調很像莫乃漢，但是他瞭解黑人家庭是與一個更廣大的世界互動，「當你在成長過程中只知道毒品、只知道賣淫，這些事都會正常化。」他也以上了大學、進了研究所、成為教授的泰勒為例，「談到像泰勒這樣的人，他反而不太正常，因為他距離我的世界太遙遠了。我第一次跟醫生講話，是他忙著縫合我槍傷的傷口；我第一次跟律師講話，是他送我進監獄；我第一次跟法官講話，是他將我定罪。」

在美國遭到監禁的黑人與大多數美國人不同，他們不僅出身貧窮的社區，這些社區從遙遠的過去到現在都受到各種危害。對美國黑人而言，危害是世代性的問題，監禁則是我們確

27 作者注：最讓我不滿的一個現象是，許多關於種族與種族主義的討論，都把美國歷史當成從一九六〇年代才開始，關於底特律問題的討論就是一個明顯的例子。有一種通行的論述聲稱，底特律曾經是一個卓越的城市，但是被種族主義毀掉。蘇格魯的《都市危機的起源：戰後底特律的種族與不平等》是一部傑作，將這個觀念打回原形，並且呈現底特律長期衰敗的歷程。

保危害得以持續的機制。監禁將你趕出就業市場，監禁讓你連領取食物券養家活口的資格都沒有，監禁讓住宅歧視以審查犯罪前科的形式持續，監禁讓你更容易淪為街友，監禁讓你更容易再度坐牢。「監獄興盛現象讓我們瞭解到，美國的種族不平等是如何陰魂不散，儘管人們對美國黑人的社會進展非常樂觀。」哈佛大學社會學家布魯斯・韋斯登寫道，「監獄興盛現象並不是造成美國黑人與白人不平等的主要原因，但是它封殺了向上流動性，削弱了種族平等的希望。」

如果世代性的危害像一個陷阱，是所有美國黑人的誕生之地，那麼監禁就是陷阱上方封閉的門。「我們的資料顯示，美國的黑人與西語裔、白人大不相同，」羅伯特・桑普森告訴我，「就算依據婚姻狀態、家族犯罪前科等資料做了調整，我們還是看得出明顯的差異。無論有沒有我們認定具有保護作用的特質，美國黑人遭遇的多重剝奪仍然是一大挑戰。」

這也包括莫乃漢最重視的一項特質：家庭。

八、黑人貧民的暴力行為越來越明目張膽

近年來莫乃漢時來運轉，《黑人家庭：國家行動之必要》發表五十週年之後的今天，一

群社會學家、歷史學家與作家將它視為一篇預言。在他們眼中，勇敢、無辜的莫乃漢犯了一個過錯：他說實話。因為熱愛黑人家庭而直言不諱是莫乃漢的原罪，導致他被一批心胸狹隘、頑冥不靈的左派分子與黑人權力（Black Power）煽動者釘上十字架。今年春天，《紐約時報》專欄作家紀思道（Nicholas Kristof）寫道：「自由派殘酷地譴責莫乃漢是個種族主義者。」在莫乃漢新一代徒子徒孫看來，美國女性當家的家庭比例上升與城市貧民窟問題難以解決，都讓莫乃漢得到平反。依據社會學家威廉・朱利亞斯・威爾森的講法，自由派學者因為害怕關於黑人家庭的「惡毒攻訐與激烈論戰」，盡可能迴避相關爭議。保守派人士則乘隙而入，拿起莫乃漢的放大鏡來檢視黑人家庭，但是完全剝除了結構性的相關因素，並且將良性福利國家（benevolent welfare state）的夢想打入冷宮。

許多社會學研究的確證實了莫乃漢對於黑人進步的質疑，以及他對於種族隔離導致貧窮集中化的警告。對於民權運動的立法缺失，莫乃漢的觀察也大抵正確[28]。此外，莫乃漢指出一九六五年哈林區雙親家庭比例降低，會衝擊一般黑人生活，他的擔心也是有憑有據。麥爾坎・X之類的民族主義領袖都曾呼籲強化黑人家庭，並且因此得到不少支持。

28 作者注：我在這裡應該感謝彼得—克里斯欽・艾格納（Peter-Christian Aigner），他正在寫作一部莫乃漢傳記。雖然艾格納的書尚未出版，因此我無法引述，但他對於莫乃漢的獨到見解仍然非常重要，引導我接觸《黑人家庭：國家行動之必要》相關背景的資料與思考。

但是如果要說莫乃漢以往的批評者忽視了他的整體論述與意圖，那麼他今日的辯護者也顯現了一種天真無知。《黑人家庭：國家行動之必要》的問題之一在於性別歧視，它不僅強調家庭的重要性，也為父權體制搖旗吶喊，主張為了賦權黑人男性、不惜犧牲黑人女性。莫乃漢在一九六五年致函詹森總統：「男人必須有工作。我們一定要做到讓每個身體健全的黑人男性都有工作，就算必須讓某些女性失業，也絕不罷休。」莫乃漢顯然並不在意他的論調是在支持一種社會秩序，一種女性被賺錢養家的男性牢牢綁住的社會秩序[29]。「家庭」意味著丈夫有權強暴妻子，意謂著婚姻暴力純粹是家務事而非法律問題。

莫乃漢的辯護者也忽略了他在一九六九年進入尼克森白宮之後的紀錄。當時他可能是記取自己在詹森政府的教訓，因此特別迎合尼克森對菁英階層、大學生與黑人的厭惡，並且煽動尼克森對犯罪問題的擔憂。莫乃漢在一份寫給尼克森的備忘錄中強調，黑人社區「有許多犯罪行為」其實展現了仇視白人的種族主義：「對於白人的仇恨、報復如今是個可被接受的藉口，讓人為所欲為。」莫乃漢和他將黑人罪犯化的前輩一樣，聲稱教育對於化解仇恨沒有多少幫助，「受過良好教育的年輕黑人，一樣會厭惡美國白人。」

詹森在莫乃漢引導之下表示，對於黑人社區的問題，「美國白人必須負起責任」。但是莫乃漢曾在一封致尼克森的備忘錄中寫道：「黑人下層階級通常會自我作賤。」他還說：

> 黑人貧民的暴力行為越來越明目張膽，尤其可以從一九六〇年代中期的暴動看出來。他們賦予黑人中產階級無與倫比的武器，讓後者拿來威脅美國白人。對許多人而言，這是一種如癡如醉的經驗，「做這件事，否則城市亂象一發不可收拾。」……就像十九世紀愛爾蘭城市有建築合同與警察貪污，未來世代的黑人也有福利機構、啟蒙計畫與黑人研究計畫。當然，他們在這方面非常精明。

在同一則備忘錄之中[30]，莫乃漢還語帶威脅地提及，對於黑人與白人兩個種族，「在一些非常值得尊重的群體中，人們又開始討論兩者之間先天的能力差異。」莫乃漢聲稱他並不相信黑人與白人的智力有先天差異，但仍然認為這是「一個可以討論的問題」。

一九七〇年代初期，美國犯罪率的確開始攀升，但是當時莫乃漢已經改變立場。根據尼克森年代的莫乃漢，中產階級黑人並不是勤奮工作、力爭上游的美國人，而是勒索保護費以

---

29 作者注：更多相關資料包括一九六七年《時代》（*Time*）雜誌選擇莫乃漢作為封面人物，稱他為「城市學家」（urbanologist）。在討論如何處理城市黑人的問題時，莫乃漢說：「當這些黑人大兵從越南回來之後，我要帶著一個房地產仲介、一個長得像黛安・卡洛（Diahann Carroll）的女孩和一份工作清單會見他們。我會設法讓一半的人進入小學，教導那些只聽過女性使喚教訓的孩子。」這段話從頭錯誤到尾。

30 作者注：尼古拉斯・勒曼（Nicholas Lemann）在《應許之地：大遷徙與它如何改變美國》（*The Promised Land: The Great Migration and How It Changed America*）一書中引述了莫乃漢這則難堪的備忘錄。

換取美國城市安全的幫派分子，至於那些「自我作賤」的貧窮黑人則是倒楣的工具，有如一把利刃頂住無辜美國白人的喉嚨。藉由認定美國黑人是文明禮節社會的化外之民，是一個由罪犯組成的種族，莫乃漢加入了將黑人罪犯化的悠久傳統。在這麼做的同時，莫乃漢從根本動搖了他自己在《黑人家庭：國家行動之必要》宣示的目標。對於一個「掠食者種族」，人們要建立的不是社會安全網，而是牢籠。

無論莫乃漢在一九六〇年代受到什麼樣的口誅筆伐，他的觀點仍然主宰了當前自由派的政治論述。歐巴馬對於黑人父親與黑人家庭的文化批判，就有莫乃漢的聲音。柯林頓的八年總統任期，莫乃漢的思維貫穿其間。一九九三年在孟斐斯，柯林頓總統告訴一群黑人教會領袖：「我們如果想要……修復美國的社區、重振美國的家庭，我們就必須提供架構、價值、紀律與隨著工作而來的報酬。」柯林頓提出一套政策，從「工作、家庭、犯罪」這三個陣線出擊，但是政府對三者的投入並不一視同仁。柯林頓的兩個任期中，監禁率一飛沖天，但是沒有什麼證據顯示犯罪率因此下降，反而有大量證據顯示它阻礙黑人男性就業、加速柯林頓與莫乃漢最感嘆的家庭崩解。柯林頓與莫乃漢（還有歐巴馬）為了鞏固黑人家庭，試圖結合政府社會計畫與黑人區病態文化批判（也就是歐巴馬所說的「既要（社會計畫）／也要（文化批判）」觀念），他們相信美國人能夠同時接受對於黑人文化與對於白人種族主義的批判。然而，這種想法低估了美國歷史的沉重。

對美國黑人而言，自由被剝奪是歷史常態。奴隸體制延續將近兩百五十年，接下來的一百五十年則涵蓋償債奴工（debt peonage）、囚犯勞工（convict lease-labor）、大規模監禁與吉姆．克勞法。後者呈現鮮明的地區對比。吉姆．克勞法時期，南方黑人生活在一個警察國家之中，他們的監禁率並不是很高，但這是因為無此必要，南方各州對於黑人的社會控制幾乎是滴水不漏。後來隨著黑人向北方遷徙，警察國家也向北方擴張。哥倫比亞大學研究監禁的社會學家克里斯多福．穆勒（Christopher Muller）指出，在北方各大城市，歐洲移民努力爭取其白人身分得到肯定，因此有動機壓迫黑人：「第一次大遷徙之前，歐洲移民提升政治影響力的主要途徑，就是在執法單位等地方政府部門取得主導者地位。」到了一九〇〇年，北方的黑人監禁率約莫是每十萬人六百人，只比今日的全國監禁率略低一籌。

二十世紀初年南方的黑人監禁率低於北方，顯示監禁體制作為一種控制體系是如何運作。吉姆．克勞法是南方的控制體系，大規模監禁則在北方獨擅勝場。一九六〇年代民權運動勝利、推翻吉姆．克勞法之後，南方也採行北方的策略，其監禁率青出於藍遠勝於藍，大規模監禁成為全國性的社會控制模式。事實上，灰色荒原的人口雖然持續增加，但其人口特質一直沒有改變：一九〇〇年，北方黑人與白人監禁率的差距是七比一，與今日全國監禁率的差距不相上下[31]。

九、現在有人建議黑人有權要求損害賠償

一九九五年小布希就任德州州長的第一年，州政府幾乎每星期就新增一座監獄。在小布希任內，德州的監獄預算從十四億美元增加到二十四億美元，監獄床位從十一萬八千床增加到十六萬六千床。將近十年之後，已經當上美國總統的小布希瞭解到，他和美國其他人士犯下了錯誤。在二〇〇四年的國情咨文演說上，小布希說：「今年，將有大約六十萬囚犯從監獄重返社會。長久以來的經驗告訴我們，這些人如果找不到工作，如果無家可歸，如果孤立無援，他們很容易就會再次犯罪、回到監獄。」

如今我們進入二〇一六年總統大選，兩大政黨都有參選人呼應小布希的呼籲。從以民主黨社會主義者（Democratic Socialist）自居的伯尼・桑德斯（Bernie Sanders）（「在我看來，投資於就業與教育遠比投資於監獄與監禁更為合宜」）到主流進步派希拉蕊・柯林頓（「如果沒有我們目前施行的大規模監禁，數百萬人將免於貧窮」）到右翼茶黨的泰德・克魯茲（Ted Cruz）（「對於非暴力的毒品犯判處強制最低刑期，導致監獄過度擁擠，而且既不公平、也無成效。」）如今各方已形成共識，規模龐大的監禁體制必須拆解，長期推動刑事司法改革的運動人士，從強硬打擊犯罪的一九九〇年代一路奮鬥過來，很欣慰看到像科克工業（Koch Industries）這樣的放任主義右派（libertarian right）掌管的企業集團，會與美國

進步中心（Center for American Progress）這樣的自由派智庫攜手合作，開始推動去監禁化（decarceration）。

但這是一樁浩大工程。想要將美國的監禁率降低到其他已開發國家的水平，必須推動規模驚人的改變。一九七二年的時候，美國的監禁率是每十萬人一百六十一人，只略高於英格蘭與威爾斯的每十萬人一百四十八人。如今想要回到一九七二年的水平，美國各級監獄的人口必須減少八〇%。一般人常認為，減少監獄人口的不二法門就是釋放非暴力的毒品犯。但這觀念是錯誤的，因為以二〇一二年的資料來看，州立監獄的囚犯有五四%是暴力犯罪。賓州大學政治學家、《被逮：監獄國家與美國政治的封鎖現象》（*Caught: The Prison State and the Lockdown of American Politics*）一書作者瑪莉・戈特蕭克（Marie Gottschalk）指出，一個常見的迷思是「我們的監獄關了一大堆人，其中一部分是好人，我們輕而易舉就可以分辨好人與壞人。」戈特蕭克認為，判別非暴力罪犯與暴力罪犯往往沒那麼容易。一個亮出彈簧刀的大麻藥頭算不算是暴力犯？在持械搶劫案中開車接應的人呢？一個有重傷害罪前科的輕罪毒品犯該如何歸類？二〇〇四年一項研究發現，「毫無疑問的低階毒品犯」在州立監獄不到六%，

31　作者注：大規模監禁的歷史數據引述自克里斯多福・穆勒（Christopher Muller）二〇一二年的論文〈北向遷徙與美國監獄種族差異的上升，一八八〇—一九五〇〉（Northward Migration and the Rise of Racial Disparity in American Incarceration, 1880–1950）。

在聯邦監獄不到二%。

去監禁化還會引出另一個難以解答的問題：我們如何界定暴力犯罪？暴力犯罪應該受到什麼樣的懲罰？我們依據什麼樣的道德理念，將歐代爾．紐頓這樣的人永遠放逐到灰色荒原？從美國目前的無期徒刑犯比例來看，這種道德理念是美國獨有。美國每十萬人大約有五十人正在服無期徒刑，戈特蕭克指出，這樣的比例「在瑞典與其他斯堪地那維亞半島國家，相當於所有囚犯（包括尚未受審的被拘留者）佔總人口的比例。」如果說監獄的存在目的之一是保護民眾，那麼無期徒刑犯的高比例現象沒什麼道理，因為這類囚犯（包括暴力罪犯）到後來會老到無法犯罪。在政治場域，主張為暴力罪犯減刑往往是自討苦吃。在許多國家，對暴力罪犯判刑十年也會被民眾認為是過嚴苛。但是據戈特蕭克觀察，美國監獄充斥著「無期徒刑犯與很可能老死獄中的實質無期徒刑犯」，反而讓美國政治人物與其選民認為歐洲司法當局量刑太輕。因此，解決美國大規模監禁問題的起步絆腳石，並不在於我們不知道該如何對付暴力犯罪，而在於我們的政治根本不願面對這個問題。

灰色荒原之所以是道德敗壞，原因還不只是人數眾多。一九七〇年的時候，美國的監獄體系規模遠小於今日，但儘管如此，黑人被監禁的比例還是比白人高出數倍。我們沒有理由可以假定，縮小規模的監獄體系會是一個比較平等的體系。明尼蘇達大學（University of Minnesota）刑法學教授理查．佛瑞斯（Richard S. Frase）檢視明尼蘇達州的監獄體系時發現，相對合理的司法政策讓該州成為全國監禁率最低的幾個州之一，但是經濟差距卻也讓該州的黑人與白人監禁率落差在全國名列前茅。對於明尼蘇達州黑人犯罪率高於白人的現象，改變刑事司法政策並沒有什麼幫助。為什麼明尼蘇達州的黑人犯罪率高於白人？因為該州種族犯罪率的巨大落差，反映了另一個令人憂心的巨大落差，佛瑞斯寫道：「明尼蘇達州黑人家庭的貧窮率是白人家庭的六倍有餘。若以美國全國而言，黑人家庭貧窮率是白人家庭的三．四倍。」[32]

明尼蘇達州的經驗教訓在於，監禁率的巨大落差與美國黑人、白人社經地位巨大落差有深層關連。兩者都會自我增強，因為貧窮的黑人更容易陷身牢獄，牢獄經驗則會導致貧窮。美國各地的相關法律雖有不同，但是都衍生自我們對於懲罰性刑事司法的偏好：限制或禁止毒品重罪犯領取食物券、禁止有前科者申請公共住宅，而且導致了自我增強的效應。對於有前科者與全體黑人的嚴重歧視，也是如此，也會自我增強。美國最被歧視的族群，也是被監禁比例最高的族群。大批美國黑人入獄，形成罪犯本質的印記，讓他們之後承受的一切都得罪有應得。

32 作者注：佛瑞斯在二〇〇九年發表研究論文〈如何解釋明尼蘇達州監獄人口長期的種族落差？〉（What Explains Persistent Racial Disproportionality in Minnesota's Prison and Jail Populations?）。我在瑪莉．戈特蕭克（Marie Gottschalk）的《被逮：監獄國家與美國政治的封鎖現象》（*Caught: The Prison State and the Lockdown of American Politics*）發現這篇文章。

究極而言，大規模監禁是一個盤根錯節的問題。想要認真對抗自由被剝奪造成的落差，就必須對抗資源的落差。想要對抗資源的落差，就必須面對歷史，面對劫掠與黑人大規模監禁都被視為正常現象的歷史。我們現今關於刑事司法改革的討論，都假裝我們可以與其他的問題脫鉤，假裝我們生活的其他層面不會受到打擾，假裝我們可以從美國種族主義政策的織錦畫中單獨抽出大規模監禁的線頭。

莫乃漢的見識更上層樓。他的一九六五年報告《黑人家庭：國家行動之必要》對黑人母親與黑人父親的論述引發軒然大波，但是這份報告如果涵蓋莫乃漢對於這個主題的所有觀點與政策建議，它會有如一顆政治核彈。莫乃漢在一九六四年寫道：「現在有人提出建議，黑人有權要求優惠待遇來作為損害賠償，以彌補他們過去被視為非我族類而遭受的不平等待遇。」[33]莫乃漢的論點簡單明瞭，只是在政治上行不通。黑人數個世紀以來遭受白人社會惡劣對待，遺毒影響至今。僅只是終結惡劣待遇還不夠，國家還必須做出補償。莫乃漢寫道：「如果我們不在短期內消除不平等待遇，美國黑人恐怕在長期內也無法爭取到平等的地位。」

對於今日政治人物提出的大規模監禁解決方案，我們放眼望去，還是會看到莫乃漢在一九六五年觀察的現實，而且在過去五十年來的監獄國家體制下雪上加霜。對於大規模監禁造成的「損害」、監獄政策導致數十年來黑人男性薪資停滯、二十世紀種族主義色彩強烈的毒品戰爭與因此嚴重受創的黑人社區，我們該如何看待？後民權運動年代的共識是終結傷害，但補償不在我們的視野範圍。每當舊日的傷口惡化，就有人會開出江湖郎中的藥物，古老的恐懼與侵蝕人心的觀念冒出水面，像是「女性當家」、「超級掠食者」、「生物低等階層」等。這也是莫乃漢的一部分，但並不是他的全部。

若我們想要對監獄政策進行深入的改革，若我們不僅要縮小監獄人口規模，更要讓監獄人口組成更近似美國的人口組成，我們就不能只單純考量判刑制度的改革，不能假裝過去五十年來的刑事司法政策不曾造成真正的傷害。因此，想要真正改革我們的司法體系，我們就必須改革體制性結構、改革社區、改革相關的政治問題。羅伯特・桑普森主張推動「社區積極平權措施」(affirmative action for neighborhoods)的改革，希望同時進行投資以幫助長年貧窮社區及社區中的貧苦民眾。在美國，有一個階層的人民受到遠比其他階層更嚴重的剝奪，而且在我們監獄人口中佔了超高的比例。太熱切地拉出一根線頭，只怕會扯下整幅織錦畫。

莫乃漢的報告也許省略了任何關於黑人「優惠待遇」的建議，但這個問題並沒有消失，甚至比起以往更具急迫性。黑人在經濟與政治領域遭到邊緣化，導致他們在尼克森總統幕僚

33 作者注：關於莫乃漢對「不平等待遇」的觀點，可參看一九六四年四月二十日，他寫給勞工部長韋拉德・沃茲（W. Willard Wirtz）的備忘錄。

所說的「鬼扯」犯罪政策之中首當其衝，也因此被送進灰色荒原的血盆大口。如果犯罪率再次上升，我們沒有理由相信黑人、黑人社區、黑人家庭不會再一次被送進血盆大口之中。事實上，大規模監禁的經驗、將大批人民像貨物一樣集中存放並剝奪其權利、將剝奪轉化為透過政府工作與私人投資進行的財富轉移、以赤裸裸的種族主義動機來進行毒品戰爭。對於美國古往今來的兩難困境，這些因素都只會強化其最熾烈的核心：「過往不平等待遇」的問題、「損害賠償」的困難，以及賠償的問題。

CHAPTER

8

WE
WERE
EIGHT
YEARS
IN
POWER
AN
AMERICAN
TRAGEDY

記住，
當你遇上最美好的事情，
下一刻你的國家
可能遇上最糟糕的事情。

第八年回顧

「他不可能當選。」我與歐巴馬總統第一次談到唐納德・川普時，他這麼告訴我。當時我們已經進行過幾次不列入記錄的談話，都有其他人在場。《在世界與我之間》出版之前，我透過一位共同的朋友，送了一本樣書給歐巴馬，他也讀了。幾個月之後，歐巴馬邀我到白宮共進午餐，他和藹可親，但是用意明確，對於我批評他教訓黑人青年「拉上你的褲子、認真工作」很有意見。我告訴他，我也是聽類似的教訓長大的，但是這種說法往往沒有考慮黑人男孩的敏感性與內心世界。我很坦誠地討論他的莫爾豪斯學院（Morehouse College）演講，當時他告誡黑人畢業生不要為自己找藉口，我向他解釋為什麼這場景讓我惱怒。我想我並沒有說服他。但是他的願意聆聽，還是讓我相當佩服。他待人以誠，也接受別人的坦誠表達。

但是那天我印象最深刻的一件事，還是他認定川普不可能當選總統。我也必須承認，我與他有同感。在我看來，白人就算只為了保護自己的族群，也會讓川普吃閉門羹。如果要說我與歐巴馬有何差異，那就是我認為川普沒有勝選的機會，他則認為川普沒有勝選的能耐。如今回想當天情景，依然觸目驚心：兩個深知美國發展潛能的人，完全不相信它會走上回頭路。

但是歐巴馬的心態不難理解。他是同時透過黑人與移民的觀點來看美國，仍然對美國感到驚奇。他的偶像是林肯，出身伊利諾州的窮鄉僻壤，就算稱不上白人至上主義者的天敵，也被其信徒認定必須為了捍衛白人至上主義而殺害。

我也曾擁有那樣的驚奇感。八年之前，我從驚濤駭浪之中脫身。當人們來到陸地上，環顧周遭的世界甚至國家，自然而然會只看到它的優點、忽略它的陰暗面，這並不只是浪漫想法。我熱愛法國文化，但是很慶幸自己不是法國人，他們關於美德的特殊理念，對分數與測驗的重視，嚴格的社會階層化，都不可能造就今日的我。在我看來，美國的混亂特質反而讓我如魚得水，讓我能夠來到紐約，打出作家的名號。雖說如果有哈佛的學歷會錦上添花，但那並非必要條件。美國的混亂，或者更恰當地說是紐約的混亂，意味任何事都可能發生。往往是最壞的事，但有時卻是最好的事。我覺得（儘管並不確定），美國同時拿掉了天花板與安全網，才會產生一位黑人總統，而我也才會在過去八年做出一些成績。

我從一間就業輔導辦公室起步，從拒絕失敗起步，開始在便條本上寫起某個不久之後身敗名裂的娛樂圈人物筆記。後來為了娛樂我父親與我自己而開始寫部落格，匯集了一群博士後研究生、書呆子與女性主義者當我的啟蒙者，憑藉著他們的智慧闖進一個奇特的世界，得到一些獎項、獎助與讚譽。我不是做作消極，而是要努力提醒自己，這世界上有許多人才華洋洋溢，卻還是蹣跚前行、載浮載沉。讚譽會讓你遺忘這一切、讓你相信自己天賦異稟。但其實你應該自覺無比幸運，你的生活與寫作是在一個最不可思議的年代，一個黑人當總統的年代。

我嘗試記錄這個故事，嘗試記住自己只是這個故事的一部分。我嘗試記住，當你遇上最美好的事情，下一刻你的國家可能遇上最糟糕的事情。儘管如此，你還是可以讓自己遺忘，迷失在自己的故事中，遺忘這一切都是一場混亂。我想當時我們都沒有認清事實。川普並不是空穴來風，他是八年瘋狂事態的產物，來自叫賣「歐巴馬鬆餅」（Obama-waffles）[1]與高喊「你說謊」（You lie）[2]，來自「白人奴隸」（WHITE SLAVERY）的旗幟與「歐巴馬手機陰謀」（Obama-phone plots）[3]，來自黑猩猩迷因（chimpanzee memes）與白宮有西瓜（watermelon-at-the-White-House）笑話。聯邦眾議院前任議長約翰．貝納指稱歐巴馬「沒做過真正的工作」，但據說貝納還算是個講理的人；紐特．金瑞契說歐巴馬是「食物券總統」，但據說金瑞契還算是個聰明人。我不能聲稱我預見了白人會選出川普這樣的總統，他們也的確做到了，但是我並不感到訝異。

我想瞭解關於歐巴馬的許多事，其中之一就是他為什麼這麼做。在我們那場午餐會面的前兩年，我多次探詢是否可以訪問他。我們只在幾場他主持的簡報會議上，進行過幾次不列入紀錄的交談。但是隨著他的總統任期即將結束，我希望他願意進行一場長時間的訪談。〈對一位黑人總統的恐懼〉這篇文章讓我自豪，但也讓我困擾，因為它的理念性質多過報導，而且它的寫作基礎並不是直接來自它分析的對象。身為一位寫作者，我永遠有兩個面貌：散文家（essayist）與專題作家（features writer）。散文家的我會居高臨下自己的作品，主導驅動整個敘事。專題作家的我，則是透過我的主題來追隨敘事。然而從事專題寫作，最好要有接觸主題的門路。如果沒有門路，我往往會漂移向散文的領域。我覺得自己最能發揮所長的地方，就是結合報導與散文寫作。因此在我心目中，〈賠償的正當性〉是本書寫得最好的一篇，其次則是後續這篇〈我的總統是黑人〉，因為我終於獲得訪談總統本人的門路。這個過程並不容易，在歐巴馬總統任期最後一年，必須要有記者寫一篇「歐巴馬與種族問題」的大手筆文章，但是由於我先前對他的批評，總統的團隊中有人質疑我並不是適當人選。不過那天午餐快結束時，歐巴馬告訴我他願意再次與我對談，場合可以是公開的論壇，以那天下午我們談話的方式進行。他考慮的時間點是卸任總統之後，我則希望更早一點。

1 編注：參見本書頁四一三。
2 編注：參見本書頁四一七。
3 編注：參見本書頁四五一。

歐巴馬同意為〈我的總統是黑人〉接受訪談。對我而言，這篇文章不僅代表歐巴馬總統年代的結束，也代表我自己一個年代的結束。《在世界與我之間》讓我得以受邀作客白宮，也成就了〈我的總統是黑人〉的寫作機緣。挑戰並不在於訪問總統本人，而在於像我過去的寫作過程一樣，找尋一個安靜的寫作空間。此外，我還必須設法從這世界抽離，忽視所有過去我（不應該）看到的對我作品的批評，同時不要忘記了自己的聲音。這與我的部落格寫作時代非常不同，當時我在眾聲喧嘩中悠遊自在，各種互動對我而言都是磨礪。寫〈我的總統是黑人〉的時候，我不再像人群中的一個學生。倒不是說我不再接受批評與對話，我只是將那些互動的範圍限縮到我認識且尊敬的人。也許，在轉變的過程中，我失落了某些東西。然而我逐漸體會到，失落也是旅程的一部分。

在此同時，〈我的總統是黑人〉汲取了我過去在部落格的所有對話、所有我因為互動過程而讀到的書。就這個意義而言，我並沒有完全失落。這篇文章也是我第一次在寫作過程中，並不覺得自己是在回應那些從一開始就挑戰我的問題。我相信關於膚色界線的問題，答案就在我們眼前。對一個族群進行世世代代的劫掠，一定會產生某些影響。我也瞭解為什麼除非發生極端的外在事件，這個答案永遠不可能被接受、被處理。因為這個答案嚴重破壞了美國的自我認同。因此，〈我的總統是黑人〉寫成之後，我不再需要論戰，我可以退下，我已得到平靜。

當我想到接下來該做什麼，我想到的是盡全力留在原處，我想到的是寫作〈我的總統是黑人〉時感受到的自由，氣定神閒地，讓故事順其自然開展，而不是由我個人與我的想法來主導寫作。當然，作家的想法與主觀不會消聲匿跡，就連小說家與詩人也是如此，但是我寧可讓想法與主觀退居幕後，以弦外之音的方式運作。故事有一種與生俱來的美好本質，優秀的故事比明白的議論擁有更強大的說服力。在一個不把你當人看世界，不斷吶喊「我是人」反而是貶抑傷害。

我永遠不會忽略人生倏忽即逝，永遠不會忘懷反抗本身就是成果，因為反抗幾乎都以失敗終結，至少在許多反抗者一生之中是如此。我也永遠不會忘記，無論我個人獲致什麼樣的勝利，就算是族群或國家的勝利，層面更廣的美國與世界歷史，恐怕也不會有好的結局。我們的故事是一齣悲劇，這說法聽來怪異，但我不會因此消沉，反而會全神貫注。畢竟我是一個無神論者，因此不相信任何事物會是絕對必然，包括堅強的信念在內。如果我們證明了故事並非悲劇，希望真的存在，我相信唯一的彰顯方式，就是永遠記住證明過程付出的代價。沒有任何人會來拯救我們，包括我們的父親、我們的警察、我們的神祇。最惡劣的狀況確實有可能發生，我的目標是像饒舌歌手所說的，絕不要一副以為不可能發生的樣子。我的野心則是在寫作的過程中，一方面反抗悲劇，一方面無視於它的可能性。我要不斷向浪潮吶喊，一如我的先人。

我的總統是黑人

「他們是一群糟糕透頂的人。」我隔著草坪大喊。「你遭遇的一切都是罪有應得。」

——史考特·費茲傑羅（F. Scott Fitzgerald）《大亨小傳》（*The Great Gatsby*）

一、愛會讓你犯錯

歐巴馬總統的任期步入尾聲，他與第一夫人蜜雪兒舉辦了一場告別晚會，當時沒有人能夠全然體會那個場合的意義。那時是十月下旬，二十一日，星期五。在那之前的好幾個星期，以及之後的連續兩個星期，歐巴馬都在為民主黨總統候選人希拉蕊·柯林頓助選。希拉蕊選情看來不錯，在關係重大的維吉尼亞州與賓州，民調都顯示她頗有進展，據說就連共和黨重鎮喬治亞州與德州也開始動搖。那一陣子歐巴馬心情似乎很好，輕鬆自在，經常開共和黨對手的玩笑，對鼓噪鬧場的人則是一笑置之。十月二十八日在奧蘭多（Orlando）的一場造勢大會上，他上了舞台，準備要以邊跳舞邊走的方式與一位女學生會合，但現場播放的蓋普樂團（The Gap Band）名曲〈了不起〉（Outstanding）要比那位女學生年紀還大，歐巴馬說：「這是經典老歌！」露出將他推上美國第一位黑人總統寶座的笑容，然後繼續舞動。距離新任總統就職日（Inauguration Day）還有三個月，但歐巴馬的幕僚已經開始倒數計時，心情是既驕傲又渴望，就像每年五月初的學校應屆畢業生。他們不知道自己畢業後要進入什麼樣的世界。我們沒有任何人知道。

這場告別晚會由黑人娛樂電視台（Black Entertainment Television, BET）主辦，是總統伉儷在白宮主持的一系列晚會的壓軸。賓客要在傍晚五點半到場，六點鐘的時候，財政部大樓後方出現兩列隊伍，祕勤局人員一一核對身分。排隊的賓客大多是黑人，也流露黑人特有的幽默，一位賓客形容前進較快的隊伍是「頭髮好看的那一隊」，還有人說祕勤局可能要求我們接受「棕色紙袋測試」（brown-paper-bag test）[4]，引發陣陣笑聲。祕勤局當然沒有這麼做，

4 編注：這是一個美國黑人社群中帶有歧視色彩的笑話，宣稱唯有膚色比牛皮紙等棕色紙袋還淺的人，才有資格獲得某種特權或機會。

但安檢的確非常嚴格。幾位賓客被請到臨時圍欄，等候進行第二次身分查核。

戴夫・查普爾上場，很酷地解釋一旦川普跌破眾人眼鏡當選，會帶來什麼樣的危險與喜劇效果：「我們從來沒有哪個總統鬧出『妹妹門』（pussygate）醜聞。」語畢，哄堂大笑。幾個星期之後，查普爾在紐約音樂廳（The Cutting Room）的一番話受到許多人批評，他說他的一票投給希拉蕊，但內心五味雜陳：「總有一天她的肖像會被鑄在硬幣上，但她的行為不值一枚硬幣。」但是在那個冬寒料峭的十月夜晚，一切都讓人覺得理所當然、盛大堂皇。夕陽西下，冬天終於名副其實，穿著小禮服的女士們開始顫抖，男士們風度翩翩地遞上自己的外套。然而當娜歐蜜・坎貝兒（Naomi Campbell）穿著無袖禮服走過安檢區，她依然氣勢萬千。

賓客要交出手機，以防有人暗中錄音錄影並洩漏給外界（結果百密一疏，第二天就有一位賓客在推特上傳影片，自由世界領導人隨著德瑞克〔Drake〕〈熱線響起〉〔Hotline Bling〕翩翩起舞）。經過重重安檢，賓客終於來到白宮的東廂（East Wing），然後被引導至戶外，登上一排橘色與綠色相間的接駁車。歌手與演員賈奈兒・夢內（Janelle Monae）也來了，但先映入眼簾的是她著名的髮型，她對朋友開玩笑說，今晚「坐在巴士後面」特別有歷史意義。她坐在從前方數來的第三排，一路哼哼唱唱。接駁車把賓客送到白宮南草坪，一座巨大的帳篷前方。噴泉散發著藍色光芒，白宮有如矗立遠方的幽靈。我聽到帳篷內開始演奏艾爾・格林的〈讓我們長相廝守〉（Let's Stay Together）。

「各位看得出來，今晚會是一個什麼樣的夜晚。」歐巴馬上台開場，「不會只是一般的熱熱鬧鬧！」

觀眾大聲歡呼。

「這是ＢＥＴ的晚會！」

觀眾歡呼聲更響亮了。

歐巴馬將晚會置入白宮的音樂傳統，提到甘迺迪總統時期的賓客，曾在白宮音樂會上扭腰擺臀，「算是他們那個年代的抖臀舞（twerking）」，但是他也強調：「今天晚上不會有抖臀舞，至少我不會跳。」

歐巴馬夫婦熱中音樂，品味廣泛。過去八年，他們在白宮主持過瑪維絲．史黛波（Mavis Staples）、巴布．狄倫（Bob Dylan）、東尼．班奈特（Tony Bennett）、阿拉巴馬盲眼男孩（The Blind Boys of Alabama）的演唱會。饒舌歌手凡夫俗子（Common）二〇一一年應邀演出，引發右翼媒體一陣叫罵，但演出照常進行，十月這場盛會他再次上台，而且成為全場焦點。觀眾跟著他一齊唱他的暢銷曲〈光明〉（The Light）的副歌（hook）。後來他介紹福音歌手尤蘭妲．亞當斯（Yolanda Adams）上台，代替約翰．傳奇（John Legend）與他合唱奧斯卡獎最佳主題曲〈榮耀〉（Glory），觀眾的歡欣也化成狂喜。

迪拉索（De La Soul）那天晚上也來了，這個嘻哈三人團逐漸成熟，不再是一群孩子氣的街舞男孩（B-boys），留著有如黏土動畫人物岡比（Gumby）的掃把頭。他們在台上悠遊來回，慵懶而優雅，就像你親愛的叔叔在靈魂列車舞者（Soul Trainline）之間穿梭，小心翼翼地扭臀。看著他們讓觀眾如癡如醉，一種勝利感油然而生，但是我把它藏在心中。勝利屬於嘻哈音樂，這種藝術形式誕生於混亂動盪的布朗克斯區，如今在白宮全面綻放，連綿不絕，自由發揮。亞瑟小子（Usher）帶領觀眾呼喊回應：「大聲說，我是黑人，我驕傲。」吉兒・史考特（Jill Scott）展現她歌劇女伶般的實力。與迪拉索同一年代的ＢＢＤ三人組（Bell Biv DeVoe），在表演時顯然寫下了歷史先例：當著總統的面唱道「千萬別相信大屁股和笑咪咪的人」。

歐巴馬的白宮與嘻哈社群擁有真誠的連結。歐巴馬一家人與碧昂絲（Beyonce）、傑斯頗有交情，饒舌錢斯（Chance the Rapper）與法蘭克海洋（Frank Ocean）都曾出席白宮國宴，去年歐巴馬還邀請史威茲・畢茲（Swizz Beatz）、巴斯達韻（Busta Rhymes）、路達克里斯（Ludacris）等人討論刑事司法改革等議題。有一回，歐巴馬來到白宮玫瑰花園（Rose Garden），將一大疊單字卡交給《漢彌爾頓》（*Hamilton*）創作者與饒舌歌手林—曼努爾・米蘭達（Lin-Manuel Miranda），讓他用卡片上的字詞自由創作，歐巴馬只說了一句「下音樂」來開場。歐巴馬五十五歲的年紀，比幾位嘻哈音樂前輩阿非利加・班巴塔（Afrika Bambaataa）、ＤＪ庫爾・赫克（DJ Kool Herc）、庫提斯・布洛（Kurtis Blow）都還年輕。如

果說歐巴馬強大的象徵力量，主要來自他是美國第一位黑人總統，他在嘻哈奠基世代的地位也功不可沒

那天晚上，男士們穿著帥氣的灰色或黑色西裝，領帶則或有或無。那些沒穿西裝的人，則是以特殊的服飾作出宣示。例如一位深色皮膚的男士悠閒漫步，沒穿襪子，藍色牛仔褲的褲管特別捲起，露出他漂亮的黑色麂皮樂福鞋。他身上的每一件事物似乎都在訴說：「我的美國同胞們，請勿輕易嘗試。」有些女士穿著皮草外套與高跟鞋，有些展現健美的體態；有些把鬢角削得很薄，有些頭頂是茂盛的鬈髮；有些戴著黃金竹子造型耳環，配上金色的長髮。男星傑西．威廉斯（Jesse Williams）上台的時候，似乎對如此優異、豐富的黑人特質感到震撼，更何況作為背景的白宮其實是由黑奴建造。威廉斯只說：「看看我們今天的成就，看看我們此時此刻的成就。」

這樣的情景已成為絕響，大家心知肚明。美國可能不會再出現第二位黑人總統，不僅如此，人們普遍覺得歐巴馬一家人是美國黑人最傑出的代表，帶領美國黑人登峰造極，其優雅與風範無與倫比。「再也不會有了，」諧星辛巴達（Sinbad）在二〇一〇年以玩笑的口吻說：「再也不會有黑人在堪薩斯與夏威夷長大成人，歐巴馬是最後一位，大家一定要好好對待他，下一位黑人總統可能是來自克利夫蘭（Cleveland），還會燙捲髮。到時候大家就知道厲害了。」歐巴馬一家人在白宮這段期間謹言慎行，沒有讓美國「知道厲害」，而是遵循第一夫人的準

則：「當他們向下沉淪，我們要向上提升。」這也是那場晚會表彰的一種理想：美國黑人就算水深火熱，也還是保持風度。總統被推崇為「我們菁英中的菁英」，第一夫人則是「讓歐巴馬成為歐巴馬」的女性。

歐巴馬在二〇〇八年與二〇一二年的勝選，被批評者貶抑為僅只對美國黑人有象徵意義。但是象徵沒有「僅只」這回事。「黑鬼」這個字眼蘊含的力量也是象徵性，燃燒十字架不會直接升高黑人的貧窮率，南方邦聯旗幟也不會直接擴大種族間的財富落差。

美國過去的四十三位總統清一色都是白人、男性，曾經意味美國政府最高職位（其實也就是全世界權力最大的政治職位）與黑人無緣。歐巴馬的當選則代表這道禁忌已經解除，而且意義不僅如此。歐巴馬二〇〇八年當選總統之前，最為人稱道的黑人成功故事往往是演藝人員或運動員，但是歐巴馬昭告世人「黑人可以又酷又聰明」，就像傑西．威廉斯在BET晚會上所言。此外，歐巴馬並沒有鬧出任何會讓民眾難堪的醜聞。面對黑人病態問題的幽靈，面對社福媽媽（welfare moms）與墮落爸爸（deadbeat dads）的狹隘形象，歐巴馬的八年白宮任期也呈現了一個健全、成功、三代同堂的黑人家庭，還養了兩隻狗。簡而言之，歐巴馬成為一個象徵，象徵黑人既平常又不凡的美國人特質。

白人身分在美國是另一種象徵，是優勢的標幟。在一個號稱重視能力與績效競爭的國家，白人身分長久以來確保一種穩固的特權，其表徵就是兩百二十年來獨佔國家最高公職。

對於美國某些重要的領域，歐巴馬的晉升代表這種權力的標幟已經式微。在過去漫長的八年，特權標幟持有者緊盯著歐巴馬。他們從影片上看到總統在籃球場上玩地板傳球、跳投，看著他走進球員休息室，與一名白人員工規規矩矩握手，與凱文・杜蘭特（Kevin Durant）卻做了更貼心的交流。他們看到第一夫人與吉米・法倫（Jimmy Fallon）共舞，為雜誌拍攝光鮮亮麗的封面照。僅僅十年之前，雖然沒有明文規定，但十之八九，這類照片中的女士都擁有標幟帶來的特權。

為了保有代表特權的標幟，人們不惜捏造惡毒的謠言，來誣蔑史上第一個黑人總統政權。歐巴馬送免費手機給不知檢點的社福申請者，歐巴馬在歐洲批評「一般人眼界太狹窄，無法管好自己的事。」歐巴馬在婚戒上刻了一句阿拉伯諺語，而且在穆斯林齋戒月（Ramadan）期間不戴戒指。歐巴馬取消了國家祈禱日（National Day of Prayer）。歐巴馬拒絕在鷹級童軍（Eagle Scouts）證書上簽名。歐巴馬偽造哥倫比亞大學入學證明。歐巴馬對小學生談話也要用提詞機。特權標幟持有者心懷怨憤，他們想要奪回自己的國家。儘管白宮那場告別晚會上沒有人未卜先知，但幾個星期之後，他們真的做到了。

在那個十月的夜晚，舞台屬於另一個美國。晚會進入尾聲，歐巴馬張望群眾，尋找戴夫・查普爾，大喊：「戴夫在哪裡？」找到人之後，歐巴馬提到他有如傳奇的布魯克林音樂會，「你有你的街區派對，我也有我的街區派對。」這時樂團開始演奏艾爾・格林的〈愛與幸福〉（Love and Happiness），這是當晚的主題曲。歐巴馬在隆尼．德佛（Ronnie DeVoe）身旁跳舞，兩人都唱著歌詞：「愛會讓你做對的事，愛也會讓你犯錯。」

二、他如履薄冰，但從未失足

去年春天我前往白宮，與總統共進午餐。我到的時間稍微早了一點，坐在等候區。我被介紹認識了一位失聰的女士，她是總統的接待員；一位黑人女士，在新聞處工作；一位穆斯林女士，是國家安全會議（National Security Council）的員工；還有一位伊朗裔美國籍女士，是總統的個人助理。這樣的組合在群體上兼容並蓄，也正是川普競選總統期間一直在嘲弄、也會繼續嘲弄的組合。當時歐巴馬對川普似乎不以為意，當我告訴他，川普的參選正是明明白白衝著「黑人成為美國總統」此一事實而來，他說他可以理解，但也列舉了其他因素。對於川普的勝算，歐巴馬直言：他不可能當選。

這的評估源自歐巴馬與生俱來的樂觀精神，以及對美國人民終極智慧的堅定信心。也就是這樣的特質，讓他在短短五年之內，就一路從伊利諾州參議員、聯邦參議員晉升為自由世界領導人。二〇〇四年他在民主黨全國大會上的主題演講讓他一鳴驚人，出發點也正是這樣的理念。他演講的對象是「美國同胞、民主黨人、共和黨人與無黨籍人士。」他強調這些群體誤以為彼此各自為政，但其實可以同心協力。美國這個大家庭包含了民主黨州的虔誠宗教信徒與少棒教練，也包含了共和黨州的公民自由意志主義者（civil libertarians）與「同性戀者朋友們」（gay friends）。白人居多的「芝加哥周邊各郡」雖然不想讓自己繳的稅被社會福利消耗，但也不希望被五角大廈大而無當的預算浪費。城市貧民區的黑人家庭無論處境有多危險，也都明白「光靠政府無法教我們的孩子讀書……要讓孩子有所成就，先決條件是提高他們的自我期許、關掉電視、破除『黑人小孩愛看書是在模仿白人』的錯誤觀念。」

至於一般人認知的差異，則是「相信政治可以『無所不為』的詭辯宣傳家與負面廣告販賣者」搞出來的名堂，真正的美國人不需要分門別類。在歐巴馬看來，無所謂自由派的美國或保守派的美國、黑人的美國或白人的美國、西語裔的美國或亞裔的美國，只有一個「美利堅合眾國」。所有那些各具特色的美國經驗，彼此之間連結著一個共同的希望：

> 這希望讓一群黑奴圍繞著火堆唱誦自由之歌，這希望讓移民啟程前往遙遠的海岸，這希望讓一個年輕的海軍上尉勇敢地駕船巡邏湄公河三角洲（Mekong Delta），這希望讓一個紡織工人的兒子勇敢突破人生逆境，這希望讓一個瘦骨嶙峋、名字奇特的年輕人相信

自己也可以在美國一展所長。[5]

對於這場演講針對的族群，歐巴馬的說法與歷史南轅北轍。某些移民對黑奴子孫的房子丟汽油彈，那名年輕的海軍上尉效力的是一場帝國主義戰爭，一場失敗且不道德的戰爭。美國確實是分裂的。二〇〇四年總統大選，約翰・凱瑞在南方各州全軍覆沒。然而歐巴馬訴求的是一種無辜的信念，特別著重於白人的無辜，也就是認定美國犯下的歷史過錯主要源自於誤解，應歸咎於一小撮人的行為，而不是什麼刻意為惡、廣泛普遍的種族主義。因此，美國是善良的，美國是偉大的。

之後的十二年，我逐漸將歐巴馬視為一名手腕高明的政治人物，一位道德感深厚的人士，也是美國歷史上最偉大的總統之一。他非常特別，我從來沒看過有誰對於膚色界線的問題，能像他如此靈活詮釋、遊走其間。他能夠傳達出他與黑人民眾心靈深層、誠摯的連結，同時又不會讓白人心懷疑慮。這就是他二〇〇四年主題演講的核心，也是他二〇〇八年選戰期間在費城國家憲政中心（National Constitution Center）那場歷史性的種族議題演講的標誌，但也讓他因此忽略了川普的吸引力。（歐巴馬對我說：「大體而言，想要靠著強調負面訊息來選總統會很困難。」）

歐巴馬無法藉由希拉蕊的繼任來鞏固其歷史地位，這不但證明了他的樂觀心態有其侷限性，也顯示他的兩度當選總統有多特別。八年總統任期，歐巴馬如履薄冰，但他從未陷落。這段期間，從各種層面來看，正面討論美國生活的種族主義事實，對他的總統地位並沒有什麼幫助。

我之前見過幾次歐巴馬。在他的第二任期，我寫了幾篇批評他的文章，關於他過度信賴所謂的「政策不分膚色」，關於他對美國黑人大談「個人責任」的論調。我看到的他是兩邊討好，他拒絕為黑人專屬政策辯護，以凸顯自己「全民總統」的身分，另一方面，他教訓黑人不要再繼續「做出錯誤的決定」時，卻又凸顯自己的黑人身分。歐巴馬的回應是邀請我到白宮，與其他記者一起進行不列入記錄的對談。在這一系列的對談中，我一再強調自己的觀點，但這種作法可笑且徒勞無功。我的穿著總是不太得體，我的語調也一樣不得體：有時過於順從，有時又咄咄逼人。我因為恐懼而感到困惑，但讓我恐懼的不是總統大位（儘管確實令人望而生畏），而是歐巴馬的聰明外露。人們常說歐巴馬談話有時「像個學究」，這種說法忽略了他心智的敏捷與靈活。我參與的那些對談並不像記者會，歐巴馬會對幾個主題做深入

5　編注：這段演講所指的分別是黑人共同的黑奴移民祖先、曾在美國海軍服役並打過越戰的民主黨總統候選人約翰・凱瑞（John Kerry）、出身於紡織工廠勞工階層的民主黨副總統候選人約翰・愛德華茲（John Edwards），最後是歐巴馬自己。

的論述，顯示他對這些主題瞭若指掌。有一回，我看著他面對從選舉政治、美國經濟到環境政策的一系列問題，回答起來輕鬆自如。然後歐巴馬轉向我，讓我想到拳王喬治·福爾曼（George Foreman），他曾經舉辦一場一人對戰多人的表演賽，連續痛擊五名陪練的拳手。那時我突然明白，作為最後一個被福爾曼擊倒的拳手會有何感受。

去年春天，我與歐巴馬共進午餐，輕鬆坦誠地交換意見。他談到雷霸龍·詹姆斯（LeBron James）與史蒂芬·柯瑞（Stephen Curry）的傑出表現，但重點不在兩人的籃球才華，而在他們腳踏實地的個人特質。我問歐巴馬是否曾對父親心懷憤怒，畢竟他在兒子年紀還小時就拋棄他並回到肯亞？我也問他，父子情結是否影響了他的論述？歐巴馬回答說沒有，並且強調真正影響他的因素，是他母親與外祖父母的態度。接下來換我談自己的身世，歐巴馬經常提醒黑人青年要「振作起來」，例如二〇一三年他在莫爾豪斯學院畢業典禮，這樣的教訓我從小聽到大。我告訴他，這樣的教訓並沒有顧及許多黑人孩子內心的混亂狀態，儘管他們可能表面上看起來很強悍。我告訴他，我之所以會如此認為，是因為我也曾經是這樣的孩子。歐巴馬似乎承認我的看法有點道理，但我並不確定他是否把它當一回事。無論如何，他同意與我進行一系列更為正式的對談，討論這一點與其他主題。

「美國黑人總統」的可能性曾經是如此遙遠，以至於它最鮮活的呈現都是訴諸喜劇。看看戴夫·查普爾二〇〇〇年代初期口不擇言的「黑人布希」（Black Bush）表演（「這黑鬼手中有大規模殺傷性武器！我怎麼睡得著覺！」）或者李察．普瑞爾在一九七〇年代飾演的黑人總統承諾會有黑人太空人與黑人美式足球四分衛（「自從洛杉磯公羊隊（Los Angeles Rams）踢走詹姆士．哈里斯（James Harris），我就引頸期盼！」）這種喜劇模式中的黑人特質非常強烈，主導了總統言行。然而等到黑人總統成為真實人物，情況卻是反其道而行。

歐巴馬的民主黨全國大會演講是一大關鍵。在文獻分類上，這篇講稿的歸屬不是「奮鬥抗爭」，而是「滿懷希望的總統」。成為總統的男性（目前尚無女性）談論的不是沉重與真實，而是期盼與夢想。當林肯召喚美國「孕育於自由」（conceived in liberty）的夢想、誓言奉行「人人生而平等」（all men are created equal）的理想，他抹滅了一個幾乎遭到滅絕的族群與另一個遭到奴役的族群。當羅斯福告訴美國人民「我們唯一要畏懼的是畏懼本身」（the only thing we have to fear is fear itself），他召喚了美國無所不能、無限可能的夢想，但是當時生活在恐怖迫害之中已超過半世紀的黑人，可是有許許多多的畏懼，而羅斯福無法拯救他們。雷根在一九八四年召喚的夢想「美國再度迎來清晨」（it's morning again in America），對於城市貧民區的人們毫無意義，他們被行之數十年的「畫紅線」政策重重包圍，而且還面臨毒品與槍械氾濫的問題。歐巴馬二〇〇四年的主題演講也如出一轍，將奴隸與剝削他們獲利的移民國家混為一談。為了強化多數族群的美夢，少數族群承受的噩夢一筆勾銷。那個後來成為總統的「瘦骨嶙峋、名字奇特的年輕人」，正屬於這個傳統。也唯有這樣的一個傳統，才有可能讓一位黑人入主白宮。

歐巴馬接納「白人的無辜」，對於他的政治生存顯然不可或缺。他只要試圖反抗這項指令，就會遭到懲罰。他在二〇〇九年對於亨利・路易・蓋茨教授遭逮捕一事的溫和責備，是造成白人對他支持率下滑的原因之一，後者畢竟仍佔選民多數。他在特瑞方・馬丁遇害之後的發言「如果我有兒子，他的模樣也會像特瑞方。」讓那場悲劇變成一股動員的力量，被動員的人未必關心本案凶手，但是千方百計反對歐巴馬。加州大學爾灣分校（UC Irvine）政治學教授麥克・泰斯勒研究歐巴馬的種族身分對美國選民的影響，「會讓民主黨初選選民產生最嚴重分歧的因素，就是他們對於黑人的感受，其他因素的影響都遠遠不如。」他在與大衛・希爾斯合著的《歐巴馬的種族：二〇〇八年大選與後種族時代美國夢》一書中寫道，「種族心態對於個人投票決定的衝擊……無比強大，影響程度甚至大到讓賈克遜牧師在一九九八年那場種族意味更強烈的初選選戰，相較之下都顯得小巫見大巫。」泰斯勒的第二部作品《後種族抑或最種族？歐巴馬年代的種族與政治》（*Post-Racial or Most-Racial? Race and Politics in the Obama Era*）檢視二〇一二年的總統選戰，發現情況並沒有什麼改善。他分析二〇一二年大選中，種族心態如何影響人們與歐巴馬的連結，結論是：「種族心態的影響從歐巴馬本人外溢到一般人對米特・羅姆尼（Mitt Romney）、喬・拜登、希拉蕊・柯林頓與查理・柯瑞斯特（Charlie Crist）的觀感，連歐巴馬家養的狗阿博（Bo）都不能倖免。」

儘管種族憎恨根深柢固，而且共和黨從他就職當天就發動全面抗爭，歐巴馬還是政績斐然。他改造了美國的醫療健保體制；他讓司法部振作起來，積極調查警察暴力與歧視；他開始拆解聯邦層級的私人監獄系統。歐巴馬為聯邦最高法院提名了第一位西語裔大法官；以總統之尊支持婚姻平權；終結了美國軍方的「不問、不說」(Don't Ask, Don't Tell）政策；對於當初激勵他的民權運動傳統，他算是不負初衷。如果說光是他的存在就已點燃美國的種族良知，那麼美國的反種族主義想像也隨之擴展。數百萬美國的年輕世代，自有知識以來就知道總統是黑人。傑拉尼·科布（Jelani Cobb）曾在《紐約客》寫道：「在黑人總統真的出現之前，人們無法想像會有什麼樣的限制。」限制如此，可能性亦復如此。從二〇一四年開始，歐巴馬政府致力於透過總統減刑權，來扭轉毒品戰爭的方向。政府宣稱它可以對多達一萬人減刑，但是截至今年十一月，歐巴馬只為九百四十四人做到。從各種標準來看，歐巴馬的成績遠遠不如預期，但只有這項小小的標準例外：與當代在他之前的每一位美國總統相比。歐巴馬的九百四十四個減刑案例不僅是一世紀以來之最，而且超越了在他之前十一位總統的合計。

歐巴馬出生的國家，曾經長期以法律禁止黑白通婚，意味連他的受孕都是違法，更別說是當選總統。對於一個曾經在歷史上長期壓迫黑人的國家，黑人總統的存在永遠是一種矛盾。透過歐巴馬這樣一位與白人世界淵源深厚的黑人來化解矛盾，這是相當了不起的嘗試，付出非常驚人的代價，產生難以想像的結果。

三、我決定要成為那個世界的一分子

歐巴馬十歲那年，父親送他一顆籃球，這份禮物讓他們立刻產生連結。歐巴馬在一九九一年生於夏威夷，由白人母親安．鄧納姆（Ann Dunham）與外祖父母史丹利與麥德琳（Stanley and Madelyn）撫養長大。他們非常愛歐巴馬，在情感上充分支持他，鼓勵他學習，也對他強調他是黑人。歐巴馬的母親與父親開始約會的時候，並沒有受到私刑處決的威脅（例如在當時美國本土許多地方），他的外祖父母也總是說他父親好話。對於那個年代的黑人，歐巴馬的成長歷程非常獨特。

在回憶錄《歐巴馬的夢想之路——以父之名》（*Dreams From My Father*）之中，歐巴馬提到自己對籃球不算特別有天分，但是非常有熱情。這份熱情不僅讓他勤練擋切與跳投，歐巴馬成年之際，夏威夷大學（University of Hawaii）籃球校隊是著名的「非凡五人組」（Fabulous Five），五名先發球員都是黑人，而且要再過二十年才在密西根大學（University of Michigan）的克里斯．韋伯（Chris Webber）、傑倫．羅斯（Jalen Rose）等人身上重現。歐巴馬在回憶錄中寫道，夏威夷大學校隊球員會開「某種圈內人的玩笑」，對「球場邊的女孩」擠眉弄眼，或者「輕鬆寫意地上籃」。非凡五人組讓歐巴馬見識到的不只是比賽，更是一種令他著迷的文化：

上高中之後，我進入普納荷學校（Punahou School）的籃球校隊，因此可以到大學的球場打球，那邊有一些黑人男性，大部分是球場常客與過氣球員，他們教我的一種心態，而且不僅與籃球相關。那就是別人對你的尊重來自你的所做所為，不是來自你的老爸是誰。你大可以說一些擾亂對手的話，但是如果說得到卻做不到，那你就該閉嘴。你不能讓任何人摸到你背後，看到你不願意讓他們看到的情緒，像是受傷或恐懼。

這些來自黑人的經驗教訓，尤其最後一項，不僅適用於球場，更適用於街頭。對歐巴馬而言，籃球有如一道連結與媒介，讓他從「非凡五人組」的誕生地「下載」黑人文化。歐巴馬回想自己當時的思考過程，寫道：「我決定要成為那個世界的一分子。」對於悠久而且傑作輩出的黑人回憶錄傳統，歐巴馬這句話擲地有聲，因為只有極少數的黑人有足夠的力量寫出這樣的話。

從黑人自傳寫作的歷史來看，身為黑人意味要面對無數的創傷，而且通常是從童年開始。費德里克·道格拉斯幼年被迫與外祖母分離。哈莉葉·安·賈可布（Harriet Ann Jacobs）當過奴隸，逃亡成功之前總是提心吊膽會被強暴。麥爾坎·X告訴老師他長大後想當律師，但老師告訴他「黑鬼」不可能。黑人文化通常會被當成療癒創傷的藥方，甚至是對抗創傷的工具。道格拉斯在有勇氣對抗「黑奴折磨者」(slave-breaker)愛德華・柯維(Edward Covey)之前，拿到一截據說很神奇的樹根，給他的人是「一個真正的非洲人」，擁有來自「東方國家」的魔力。跳舞讓麥爾坎・X連結到自己「長期壓抑的非洲直覺本能」。如果黑人種族認同代表非洲黑人後裔的各式各樣的遭遇，黑人文化認同就是為了回應他們而創造。兩者無法一清二楚地區分，而是相互連結。想要全心投入文化認同的世界、卻不想經歷種族認同的創傷，將會非常非常困難。

歐巴馬有點與眾不同。他寫道自己曾經揍過一個白人小孩的鼻子，因為對方叫他「黑鬼」；曾經對一個網球教練很不滿，因為對方說話帶有種族歧視；曾經覺得受到冒犯，因為他住的公寓有一名白人女子告訴管理經理，他在跟蹤她。但是與歐巴馬同時代的美國黑人遭受的典型創傷，像是被種族歧視警察毆打、只能上經費拮据的學校、在簡陋公寓消耗生命，大部分都與他無緣。此外，許多黑人從小就會感受到的空間限制，例如街道走錯邊就會被白人砸石頭，基本上他也不曾體驗。歐巴馬年紀輕輕就去過不少國家，後來就讀菁英的私立學校，這些代表的是不一樣的身分、不一樣的生活、不一樣的世界，在其中膚色既不是決定性因素，也沒有特別的重要性。歐巴馬可能是成長在一個沒有種族的世界。的確，他生活的世界也可能問題重重。然而，他本身並不代表那些問題。

相反地，他決定進入這樣的一個世界。

有一回我陪歐巴馬參加選舉活動，他對我說：「我一直覺得當黑人是一件很酷的事。」當時他坐在空軍一號上，領帶鬆開，袖子捲起，「（當黑人）並不是我們要逃避的事，而是應該擁抱的事。我之所以這麼想，原因很複雜。有一部分我想是因為我母親認為黑人很酷。如果你母親愛你、總是讚美你的本來面目，說你很好看、很聰明，那麼你就不會心想『我要怎麼做才能避免這個樣子？』你會對自己感覺良好。」

在歐巴馬的童年時代，對他的黑人特質而言，白人是促進者，而不是阻礙者。歐巴馬的母親帶他認識美國黑人的歷史與文化。他的外祖父史丹利來自堪薩斯州，帶他到夏威夷大學看籃球賽，祖孫倆還會一起去黑人酒吧。史丹利還要他讀黑人作家法蘭克・馬歇爾・戴維斯（Frank Marshall Davis）。這種促進作用既直接又間接。歐巴馬回想他看著爺爺站在黑人酒吧裡，體認到「大部分的人來到這裡，並不是主動的選擇」，「我們的在場有一種被強迫的感覺」。歐巴馬的母親一生去過許多地方，他因此特別珍惜擁有家園的重要性。

《歐巴馬的夢想之路——以父之名》瀰漫著這種對於「無根」（rootlessness）的疑惑。歐巴馬形容種族融合有如一條「單行道」，要求黑人為了全面享有美國的福祉而放棄自我。他大學時有一位同學喬依絲，有多個種族的血統，眼珠是綠色的，堅稱自己不是「黑人」而是「多種族背景」。歐巴馬對此嗤之以鼻，「喬依絲這種人就是會有這個問題，」他寫道，「他們談論自己傳承了豐富的多元文化，頭頭是道，然而避開黑人的形象卻讓他們原型畢露。」歐巴馬也在回憶錄中提到，自己曾經愛上一位白人女性，造訪她家的鄉間別墅，無意間來到書房，看到女友許多精彩的生活照。然而歐巴馬的感受並不是讚嘆，反而因此體認他和女友是生活在不同的世界，「我知道如果我們要繼續交往，我最終會活在她的世界。我和她相比，只有我才知道如何當一個局外人。」

大學畢業之後，歐巴馬終於找到了家，找到了自我，前往芝加哥南區當一位社區工作者。歐巴馬告訴我：「當我開始作這份工作，我個人的故事融入了一個更廣大的故事。對於約翰·路易斯（John Lewis）那樣的人，這是順其自然。」路易斯是民權運動傳奇人物，也是現任民主黨聯邦眾議員，「對你來說也是自然而然，對我來說就不太一樣了。肯亞與夏威夷與堪薩斯，白人與黑人與亞洲人，我要如何將這些不同的特質串連起來？我要如何融入環境？藉由行動，藉由工作，我突然間體認到，我歸屬於一個更廣大的過程：為美國的黑人，尤其是芝加哥南區、低收入的黑人社群帶來正義。同時我也要推廣自己關於正義、平等與同理心的理念。母親曾經教導我，這些理念普世通行。因此我可以理解，從個人本質而言，我的使命不是要專門突顯任何一個特定的社群，而是要與每一個社群連結。我可以將美國黑人對於自由與正義的抗爭追求，融入普世人類對於自由與正義的渴望。」

從二〇〇八年選戰到後來的總統任期，這種態度是歐巴馬始終得到黑人社群支持的關鍵因素。美國黑人受夠了那些功成名就的同胞避諱自身的黑人根源，他們知道歐巴馬已經付出代價，為了在人口普查表「黑人」這一欄打勾，為了過黑人的生活，為了初選期間遭到的誣蔑攻擊，為了與蜜雪兒．歐巴馬這樣的女性結婚。如果身為女性就必須不斷承受男性的評論貶抑藐視，那麼身為黑人女性只會承受更多傷害，還要加上被美國社會對於「美麗」的定義視若無睹。但是蜜雪兒的美麗是黑人自身體認的美麗，她做為第一夫人的傑出表現直接對治一種毒素，一種從黑人女孩開始翻閱雜誌、打開電視就開始肆虐的毒素。

歐巴馬政治生涯起點的芝加哥南區，可說是美國黑人政治菁英的大本營，傳奇人物輩出。除了奧斯卡．史丹頓．迪普瑞斯特（Oscar Stanton De Priest）這位二十世紀美國第一位黑人國會議員之外，南區還出了芝加哥第一位黑人市長哈洛德．華盛頓（Harold Washington）、兩度競選總統的賈克遜牧師、史上第一位黑人女性聯邦參議員卡蘿．莫絲莉．布朗（Carol Moseley Braun）。他們的勝利為歐巴馬的勝利推波助瀾。華盛頓對歐巴馬尤其有激勵作用，《歐巴馬的夢想之路——以父之名》的芝加哥部分對他著墨甚深。

華盛頓建立廣泛聯盟的作法，後來被歐巴馬推行到美國全國。然而華盛頓是在一九八〇年代中期、種族隔離的芝加哥這麼做，而且他沒有歐巴馬的幸運，歐巴馬在身為黑人的成長過程中只受到少之又少的創傷。大衛．艾克索洛德（David Axelrod）曾經在華盛頓與歐巴馬麾下工作，他最近告訴我：「華盛頓有一種尖銳感，會讓某些白人選民害怕。」艾克索洛德回憶一九八七年的時候，華盛頓的市長連任選戰剛闖過民主黨內初選這一關，召開記者會之前先舉行一場內部會議，華盛頓問起芝加哥有多少白人投票給他，「有人就說了，『您拿到二一％，算是相當不錯，因為上一回（華盛頓一九八三年當選市長時）您只拿到八％。華盛頓笑一笑，有點悲傷地說：『我當市長大概有七成的時間都花在白人社區，我也自認為是每一個人的好市長，結果我只拿到二一％選票，而且我們還認為相當不錯。』華盛頓搖搖頭，繼續說道：『在這塊自由的土地，在這個勇者的家園，身為黑人就是該倒楣，是不是？』」

艾克索洛德說：「這就是華盛頓，就是他的真實感受。第二次世界大戰時，他在一支全黑人部隊作戰。他曾經歷時代的試煉，經歷整個國家體制帶來的羞辱，他受傷很深。」一九八三年競選市長期間，華盛頓在芝加哥西北部一家教堂外面，被一群中產階級的波蘭裔、義大利裔與愛爾蘭裔市民大喝倒采，他們深怕自己會被黑人趕走。艾克索洛德說：「那場面跟舊日南方最惡劣、最醜陋的場面不相上下。」

歐巴馬與華盛頓代表的芝加哥南區傳統，其實關係相當複雜。他像華盛頓一樣，試圖建立一個涵蓋南區黑人與更廣大社群的聯盟。然而儘管歐巴馬奉行黑人文化規範，他的堪薩斯與夏威夷根源、他的常春藤名校學歷、他與芝加哥大學的關係，仍然讓他被視為外來者。「他們對他有些不信任，」從歐巴馬當選伊利諾州參議員之前就開始報導他的記者薩林姆・穆瓦基爾（Salim Muwakkil）說，「芝加哥社會與外界相當隔絕，他像是從天而降的一號人物。」

歐巴馬拒絕放下身段，遵循南區的政治潮流，更加深了人們的狐疑。凱伊・威爾森（Kaye

Wilson）最近告訴我：「許多政治人物，尤其是黑人政治人物，就是對他心存疑慮。」威爾森是歐巴馬兩個女兒的教母，也是他最早的政治支持者之一。

儘管許多黑人政治人物懷疑歐巴馬，但還是有人鼓勵他，甚至包括一些不曾投他一票的人。歐巴馬在二〇〇〇年投入聯邦眾議員選戰，結果在民主黨內初選敗給伊利諾州第一選區的現任眾議員巴比．羅許（Bobby Rush）。這位當時還沒有闖出名號的未來美國總統，認為自己吃敗仗的主要原因不在於外來者身分，而在於他的年紀。「我與人們見面，挨家挨戶敲門，有些我在做社區組織工作時服務過的老奶奶，並不會學人家說什麼『你太哈佛了』『你太海德公園了』，或者質疑我的本事，」歐巴馬告訴我，「她們說的是：『你是一個很棒的年輕人，將來會做出一番大事業，但是你要有耐心。』所以我並不覺得那場敗仗代表黑人拒絕我，我覺得那代表『在任何地方搞政治都會很辛苦』，在芝加哥則是特別辛苦。想要在美國黑人社群有所突破，困難點在於任何人只要累積了較深的資歷，選民就會對他不離不棄。」

等到歐巴馬二〇〇四年競選聯邦參議員、二〇〇八年競選總統，就不再有人與他競爭選民的忠誠度。他不再是與其他美國黑人一較高下，他是美國黑人的代表。薩林姆．穆瓦基爾告訴我：「他擁有的混合特質，讓所謂的『行善者』（do-gooders，芝加哥人對改革派的稱呼）能夠接納他。」

歐巴馬競聯邦參議員時，哈洛德．華盛頓已經過世將近二十年。艾克索洛德檢視當年華盛頓被芝加哥白人大喝倒采的選區：「在那個選區與幾乎整個芝加哥西北部，歐巴馬擊敗了另外七位參議員候選人。我告訴他：『今天晚上，哈洛德在天上含笑俯視著我們。』」

歐巴馬相信，這場讓他橫掃伊利諾州各地的聯邦參議員選戰，充分預示了二〇〇八年的總統選舉：「在人口分布上，伊利諾州是最能代表美國的一個州，」他告訴我，「如果你計算全國的黑人、白人與西語裔的比例，鄉村與都市的比例，農業與製造業的比例，如果你將全國的剖面圖等比例縮小，那就是伊利諾州。」

事實上，伊利諾州等於是讓歐巴馬在二〇〇八年征戰全國之前，先打一場暖身賽。「我競選聯邦參議員的時候，必須深入伊利諾州南部的農業地區，某些地方曾有相當糾纏的種族歷史，某些地方完全沒有黑人。」歐巴馬告訴我，「當一個來自芝加哥的美國黑人、一個有著特殊背景的美國黑人、一個名字叫「巴拉克・侯賽因・歐巴馬（Barack Hussein Obama）的美國黑人能夠贏得那場選戰，那顯示了我能夠連結、打動更廣大的人群。」

歐巴馬的「混合特質」（hybridity）與時代的變化交互作用，讓他的吸引力超越了芝加哥的白人社區，超越了伊利諾州南部地區，擴散到整個國家。「內布拉斯加州的班・尼爾森（Ben Nelson）是聯邦參議院最保守的民主黨成員之一，只請了一位有全國公職身分的民主黨人為他助選，」歐巴馬回憶，「那個人就是我。我之所以願意在二〇〇八年出馬競選總統，一部分原因在於我用了兩年時間證明，我們在全國各地都能吸引人山人海的群眾，而且他們大部分並不是美國黑人，有些來自相當偏遠的地區，或者你難以想像的地區。不只是大城市，不只是自由派重鎮。我因此知道，我能選總統。」

這些群眾看到的黑人候選人，與以往所有的黑人候選人都不一樣。僅只是強調歐巴馬有白人母親、有非洲父親、在夏威夷長大，其實都弄錯重點。對於大部分美國黑人而言，白人是他們生活中一種為惡的力量，不是直接為惡就是間接為惡。在這方面，雙重種族背景並無法提供保護，甚至往往雪上加霜。歐巴馬個人背景的關鍵之處，並不在於他有黑人父親與白人母親，而在於他的白人家族支持這樣的結合，支持一個因此而出生的孩子。他們在一九六一年這麼做的時候，美國有許多地區，黑人男子與白人女子的性行為不但違法，而且可能招至殺身之禍。但是歐巴馬的故事之中，並沒有這樣的威脅。他最早認識的白人也就是養育他的人，這些人在這方面的正直善良，對那個年代的黑人而言有如天方夜譚。

我問歐巴馬，他的外祖父母為何能以如此文明的方式接納他的父親？「他可不是哈利．貝拉方提，」歐巴馬笑談他父親，「他是個來自非洲的非洲人，就像個黑得發藍的黑人（blue-black brother），來自尼羅河地區（Nilotic）。的確，我會永遠感謝我的外祖父母。我並不是說他們當初完全沒有意見，在我父親離開之後完全沒有『搞什麼鬼？』之類的抱怨。但是無論他們有何不滿，他們從來不曾在我面前說什麼，從來不曾因此改變對我的態度。」

「另外一部分原因，我在書中也有提到，在於夏威夷的獨特環境讓事情變得更容易一點。

我不知道如果外祖父母當時住在芝加哥，會不會比較難以接納。夏威夷不像美國本土那樣，種族界線一清二楚。」

歐巴馬早年與白人家族成員的互動，讓他的世界觀與大部分一九六〇年代的黑人迥然不同。歐巴馬告訴我，他幾乎不曾「明確地認定何謂歧視，明確地認定白人不會善待我、不會給我機會、不會根據我的表現來評斷我。」他進一步指出，這種認定白人會歧視他、不會善待他的心態「對我心態的影響就不如對蜜雪兒」。

在這方面，第一夫人的確比她先生更能代表一般美國黑人。美國黑人在養兒育女時，通常會提醒他們如何防衛來自白人老師、白人警察、白人上司、白人同事的敵意。這種防衛的必要性，往往會在成長過程中直接或間接得到強化，直接因素是實際的經驗，間接因素是觀察到自身經驗與白人經驗的巨大差異。歐巴馬的多年摯友馬提・奈斯比特（Marty Nesbitt）與他一樣，早年與白人的互動也相當正面。他告訴我他與妻子第一次買車的時候，妻子堅持只與黑人業務員打交道，「我說：『我們只要找到業務員就好。』她說：『不行不行，我們要等那位黑人弟兄。』我說：『人家現在有顧客。』他們當時正在填資料，她說：『我們就是要等。』這時一位白人業務員上前招呼：『兩位需要什麼服務？』『不需要。』」奈斯比特說這個故事沒有責備任何人的意思，他只是想強調：「在芝加哥，黑人彼此照顧的意願很強烈。」

但是這種相互幫忙的意願也是一種防衛，源自持續數十年的歧視。凱伊・威爾森告訴我，歐巴馬是透過不同的方式來觀照種族問題，「他就是和我們非常不一樣。他一直有白人好朋友，到現在還保持交情。他們愛他，並不只因為他是總統，更重要的是他們從夏威夷就認識，有些甚至在唸大學時就認識了。」

「我想他懂。我們是在種族主義盛行的美國成長，對這類事情會心想『我會盯著你們，我不會百分之百信任你。』但是他在成長過程中，他必須信任白人。你跟這些人住在同一個屋簷下，怎麼可能認定他們不愛你？他需要這樣的生活架構，他需要這樣的觀照方式。如果沒有這些，他可能會是……另一個賈克遜牧師，或者另一個艾爾．夏普頓。不同的觀照方式。」

這樣的觀照方式來自與白人建立關係，讓歐巴馬能夠想像自己成為美國第一位黑人總統。「如果我走進一個房間，看到的是一群白人農夫與工會人士，都是中年人，我不會心想：『哇，我一定要讓他們覺得我沒有什麼不一樣。』」歐巴馬如此解釋，「我走進房間，心裡會有一些設想，想像這些人看起來就像我的外祖父母，我外祖母用相同的模子來做傑樂果凍（Jell-O），他們壁爐上也有一樣的裝飾品。我本來就認定大家相安無事，也許因此就可以讓他們放下戒心。」

歐巴馬為美國白人提供了極少黑人能夠提供的事物：信賴。大部分的黑人因為生活需要，被強烈的防衛心困住，甚至根本不會考慮這麼做。但是歐巴馬一方面透過血緣的連結，一方面因為他與吉姆．克勞法的年代已經有段距離，於是能夠真誠地信賴美國的多數族群。

他的黑人特質強化了這種信賴，而不是與之衝突。歐巴馬並沒有在白人權力面前畏畏縮縮，像是赫爾曼・凱恩（Herman Cain）的「頂呱呱」（shucky ducky）表態[6]，也沒有巴結討好白人的自我意識（就像OJ辛普森的黑人身分與運動成就脫鉤）。就深層意義而言，這種信賴也有其防衛性，而且我懷疑其實白人也知道。歐巴馬堅守自身的文化傳統，對美國說出沒有其他黑人能夠說出、但是每一位總統都必須說的一句話：「我對你們有信心。」

四、你還是要回到貧民區

哥倫布日（Columbus Day）剛過，我陪同歐巴馬和他的大隊人馬訪問位於格林斯波羅（Greensboro）的北卡羅來納州立農業技術大學（North Carolina A&T State University）。四天之前，《華盛頓郵報》揭露一段幾年前的錄音，川普感嘆一段不成功的獵豔經驗，並誇稱他可以如何大剌剌地猥褻女性。第二天，川普出面辯稱那些言語是「男性更衣室」（locker room）談話。在飛往北卡羅來納州的旅程中，歐巴馬對此事反應是疑惑與不可置信。他重重坐進空軍一號幕僚室的一張椅子，說道：「我進過不少男性更衣室，但是可沒聽過那種話。」那天他很隨興、放鬆，他的幕僚則對總統選戰表達出一種審慎但大勢已定的觀感。這不是理所當然嗎？川普似乎每天都有新的、更駭人的消息或證據曝光，顯示他根本不夠資格擔任總統。川普曾在一年之內虧損近十億美元；他可能十八年來都沒有繳過稅；他因為經營一所「大學」而遭到司法調查；他不顧自家競選團隊安排的說法，上推特對一位前選美比賽佳麗開戰；他被自家政黨的領導階層譴責；共和黨重量級人物，無論是有公職或已卸任，都對他的公開批評有從涓涓細流爆發噴泉的態勢。川普的選戰充斥著毫不遮掩的偏見、厭女情結、亂無章法與犯罪嫌疑，此時此刻還要相信他有可能贏得大選，豈不荒唐。畢竟我們可是身在美國啊。

那天總統到北卡羅來納州，準備要在希拉蕊的造勢大會發表演講。不過演講之前，他先安排了一場關於「我兄弟的守護者」（My Brother's Keeper）的對談。那項計畫是要幫助有色人種的弱勢青年，後來簡稱為「MBK」。歐巴馬在二〇一四年宣布MBK時，儘量免讓它沾染黨派色彩，強調它「並不是什麼大規模的政府新計畫」。MBK結合政府、非營利組織與企業界，對「高風險」有色人種青年伸出援手。MBK像是一個網絡，涉及的聯邦、州與地方政府機構，有些已經在做弱勢青年輔導工作。這是一項很典型的「歐巴馬計畫」，範圍規模很保守，成效可以具體評估。

6　編注：赫爾曼・凱恩（Herman Cain），共和黨黑人政要，商人出身，後投身茶黨。他在二〇一二年投入共和黨總統候選人初選，並以「頂呱呱」（shucky ducky）這句口頭禪而廣為人知。他替保守派領袖紐特・金瑞契站台，日後也幫唐納・川普助選，並宣稱川普不是種族主義者。「頂呱呱」（shucky ducky）本來是喜劇脫口秀的一句口語，如今成為美國的網路俚語。

布洛德瑞克・強森（Broderick Johnson）是白宮內閣祕書（cabinet secretary）、總統幕僚，也是MBK計畫負責人，他最近告訴我：「MBK來自總統自己的人生。他曾經說：『我不想辨一堆種族問題的論壇。』他也提醒人們：『我們大可以高談闊論，但重點是我們到底要怎麼做？』」那天下午在北卡羅來納州，歐巴馬做的是與一群年輕人相聚，他們都曾在MBK的協助之下改變人生。這些年輕人講述自己如何流落街頭，為了容易到手的金錢而放棄學業，在家裡遭到槍擊，但是透過MBK介紹的導師協助與就業計畫，他們能夠上大學、找到工作。歐巴馬聆聽他們的故事，神情嚴肅，滿懷同理心，「其實不用花多大工夫，」他告訴他們，「只需要有人摟住你並說：『嗨，兄弟，你很重要。』」

歐巴馬請這些年輕人提供訊息，讓他帶回華府的決策階層。其中一位提到，儘管他們非常努力，但最後還是得回到自己出身的貧困破落社區，自己當初惹上麻煩的淵藪，「那就是你的環境，」年輕人說道，「你想做什麼都可以，但你還是要回到貧民區。」

他說得沒錯，美國黑人區的形成，肇因於數十年來的公共政策決策：房地產分區地圖被畫上紅線，檢察官的權力越來越大，監獄的經費越來越多。而且這些政策的承受者，原本就還沒有擺脫二百五十年奴隸體制的遺害重創。這種負面投資的結果顯而易見：在幾乎每一項重要的社會經濟指標，美國黑人都敬陪末座。

歐巴馬試圖縮小美國黑人與白人的鴻溝，他的作法與今日許多進步派政治人物相同，都是從為全體美國人設計的政策出發。這種作法讓黑人受到不成比例的最大利益，但原因是他們也最不成比例地有這方面的需要。《平價健保法》讓黑人社群無健保的比例降低至少三分之一，是歐巴馬在這方面最顯著的政績。美國黑人還沒有完全享受到它的好處，因為南方的幾個州仍然拒絕擴大醫療補助計畫。不過，在我和總統會面的時候，《平價健保法》的支持者相信預算壓力會迫使這些州改變政策。他們的說法有證據支持：路易斯安那州已在二〇一六年初擴大醫療補助，支持者也準備在喬治亞州與維吉尼亞州發起行動。

歐巴馬也強調司法部必須強勢作為，推動非歧視性的政策。二〇〇九年歐巴馬入主白宮時，司法部的民權司（Civil Rights Division）「亂七八糟」，前任司法部長艾瑞克．霍德（Eric Holder）最近告訴我，「我在司法工作第一線做了十二年。我從一九七六年開始服公職，共和黨政府與民主黨政府都待過。小布希政府的作法史無前例，將司法部的用人政治化。」霍德指出，當時是政治任命壓倒文官體系，後者甚至無法參加重要人事案與政策的決策會議。霍德還說，歐巴馬就職之後，「我記得我告訴民權司的所有同仁：『民權司要重新開張營業。』總統撥給我額外的經費，讓我增聘人手。」

政治新聞圈發展出一種論述，指稱歐巴馬覺得必須調整自己關於種族的論述，因此讓霍德成為政府中更為真摯、更具黑人特質的良知。的確，霍德比較坦率，這一點讓白宮某些人士擔心。歐巴馬第一任期的開端，霍德發表一場關於種族的演講，形容美國在這個議題上是一個「懦夫的國家」。不過，將這兩人視為對立者，會忽略一項重要的事實：霍德是由總統任命，職權行使受總統節制。我問過霍德，在那場引發爭議的演講之後，他是否軟化了自己的論調？他回答：「沒有。」對於他與總統的關係，霍德說：「我們的確是不太一樣的人，你知道嗎？他有點禪宗的味道，我則是個熱血的西印度群島裔（West Indian）。我覺得我們組成了一個很好的團隊。如果我不確定他對我想做的一件事或想說的一番話，會表明『我百分之百支持。』那麼我就不會做、不會說。」

「對於那場『懦夫的國家』演講，總統可能會用不一樣的詞彙，可能，也許。但是他和我有共同的世界觀，你知道嗎？當我聽到人們說：『你比他更像黑人』之類的話，我會心想：你們在鬼扯什麼？』」

歐巴馬當總統的大部分時期，他談論種族時總是會提到黑人必須關掉電視，不要再吃垃圾食物，不要再因為自己的問題而怪罪白人。歐巴馬會對任何黑人聽眾發表這番教訓，根本不管聽眾的背景。例如，看著總統警告莫爾豪斯學院畢業生不要找「藉口」與怪罪白人，場景就相當怪異。畢竟莫爾豪斯學院是美國最負盛名的黑人大學之一。

歐巴馬對策的這一部分最令人不安，也最欠思考。我的判斷來自於自身經驗。我的黑人父母親鼓勵我閱讀，我的黑人老師認為我的工作倫理會埋沒我的潛能，我的黑人大學教授教導我追求知性的嚴謹。他們在這麼的同時，這世界日復一日地侮辱他們的人性。歐巴馬提到的遊手好閒、欠債窮鬼，我的確遇到過這種黑人，但是我也遇到過這種白人。如果要說黑人在毒品販子、缺席父親之中佔有過高的比例，那是因為他們在伯尼．馬多夫（Bernie Madoff）與肯尼斯．雷（Kenneth Lay）這類白領罪犯所佔的比例過低。權力才是關鍵。美國黑人與白人的真正差異並不在於工作倫理，而在於體制的操作讓一個族群凌駕另一個族群。

這體制的記號出現在美國社會的每一個層級，與人們做出什麼樣品質的選擇無關。舉例而言，黑人大學畢業生失業率（四．一％）與白人高中畢業生失業率（四．六％）相去無幾。而且黑人唸大學要付出比白人更高的代價。根據布魯金斯研究院（Brookings Institution）的一項研究，美國黑人要比白人多負擔四年的助學貸款（五萬三千美元比上兩萬八千美元），黑人貸款的違約比例也高於白人（七．六％對二．四％）。對於兩個種族之間巨大的財富差距，這既是原因所在，也導致問題長久存在。平均而言，白人家戶的財富是黑人家戶的七倍，其差距之大，導致「黑人中產階級」與「白人中產階級」的比較毫無意義，根本不具可比性。紐約大學社會學家派屈克．夏奇研究經濟流動性，據他指出，年收入至少十萬美元的黑人家庭，居住的社區還不如年收入不到三萬美元的白人家庭。會出現這樣的鴻溝並不神奇，它是源自政府數十年來的努力：創造一種「膚色政治」（pigmentocracy），而且如果沒有政府明確的干預，這個狀況還會繼續下去。

歐巴馬曾說過他不贊成對黑人進行賠償政策。現在，來到他總統任期的尾聲，他就算對實際作法仍有疑慮，但似乎在理念上開始採取比較開放的態度。

「理論上，你可以做出顯而易見、強而有力的論證，指出數百年來的奴役、吉姆・克勞法與歧視，是造成這些鴻溝的主要原因。」歐巴馬提及的是美國黑人與白人在教育、財富與就業領域的鴻溝，「整體的黑人社群受到種種虧待，黑人家庭的傷害尤其嚴重。為了縮小鴻溝，社會必須負起道德責任，進行大規模、積極的投資，就算不是以付給個人賠償金支票，也可以採取馬歇爾計畫（Marshall Plan）的形式。」

要將賠償從議論化為現實，面臨多層次的政治困難。歐巴馬說：「如果你看看像南非這樣的國家，黑人佔多數，政府對黑人提供賦稅等協助，但是並沒有推行正式的賠償計畫。像印度這樣的國家，政府為了幫助賤民階層，採取積極賦權措施，但是並沒有改變社會的基本架構。因此基本原則就是，我們很難為這類作法找到一個模式，既可以實務運用，同時又能夠維繫政治支持。」

歐巴馬進一步建議，更恰當、更務實的作法，是爭取全國上下支持一套強而有力的自由派政綱。美國已經讓白人接受非歧視性的基本運作準則，如今應該好好利用這項長足的進步。然而，非歧視性的進步並非一夕到位，仰賴其追求者願意提出不受歡迎的論述主張，並因此被放逐到輿論的邊疆地帶。我問歐巴馬，儘管障礙重重，還是有人主張一個國家不僅要對自身成就享有集體榮耀、對自身罪孽也要負起集體責任，這樣的主張是否不值得推動？

「我希望我的孩子，我希望瑪莉亞與莎夏她們能夠瞭解，她們的責任超越了自身的行為。」歐巴馬說，「她們對一個更大的群體肩負責任，對整個國家肩負責任。面對從過去到現在飽受壓迫的人們，她們對其苦難必須保持敏感體諒、必須深思熟慮。這是我希望傳承給孩子的智慧……但是我也必須說，你尋求美國社會主流展現出一種高層次的啟蒙。未來的世代或許更願意考慮，然而我深信在可預見的未來，利用非歧視性的論述、『讓我們對此時此地的孩子做一些事』、盡力為孩子提供最佳的機會，將是更具說服力的主張。」

對於美國人民的同理心與能力，歐巴馬常保樂觀。他的工作使他必須如此說：「在某種程度上，民眾希望領導人看到他們最好的一面。」歐巴馬曾這麼告訴我。但是讓我感興趣的是，歐巴馬的樂觀並沒有涵蓋一件事：美國民眾是否會接受某些明智的理念，例如關於賠償黑人的道德論述，儘管總統自承已經接受，而且願意傳授給自己的孩子。歐巴馬說，他總是告訴自己的幕僚：好還要更好（better is good）。總統如果要造成變革，必須在人們已經達成的共識範圍內推動，這是恰當的觀念。但是歐巴馬對於在共識之外尋求變革，懷有一種基於憲政理念的質疑。

二〇一六年初，歐巴馬邀請一群美國黑人領袖前往白宮，與他會面。但是一部分「黑人的命也是命」組織領導者婉拒參加，於是歐巴馬在演說中對他們喊話：「各位不能只因為擔心影響立場的純正，於是就拒絕見面。社會運動的價值在於讓你坐上會議桌，讓你走進會議室，釐清問題，設法解決。你有責任提出可以達成的綱領，將你尋求的變革體制化，並且與其他陣營對話。」

歐帕爾・托美提（Opal Tometi）是一位奈及利亞裔美國社區運動領袖，也是「黑人的命也是命」組織三位創辦人之一，他對我表示，與大部分的民權組織相比，他們的組織架構較為鬆散。之所以如此，一個理由在於避免重蹈過往黑人組織陷入的個人崇拜弊病。因此他們三位創辦人詢問來自芝加哥（歐巴馬的故鄉）的成員，問他們對於和總統會面的意見。「他們認為這種會面無法帶來他們期待的深度對話，我認為許多成員都有同感，」托美提告訴我，「如果沒有空間可以讓彼此交心，如果只是做表面工夫，對整個運動反而弊多於利。」

托美提也指出，有些與「黑人的命也是命」結盟的運動者打算出席白宮會議，因此他們認為自身的觀點也會得以傳達。儘管如此，「黑人的命也是命」認為自己正在抗議美國政府對待黑人的方式，因此托美提與其領導人擔心，他們會變成自身抗議對象的宣傳工具，因此婉拒出席。

我問歐巴馬對這件事的看法，他一方面表示理解運動者的出發點，一方面又感覺被他們的拒絕傷害。「我當總統最感到挫折的事，並不是被運動人士苦苦相逼，必須理解某個理念的正當性、某個議題的本質，」歐巴馬說，「我最感到挫折的事，是人們相信總統可以心想事成。運動人士對我們的政治體制、對總統職權如此缺乏理解，有時會讓我暗自開罵。我很少很少公開批評，通常就是一笑置之。」

他笑一笑，繼續說道：「我這麼說的原因，在於有時你真的會覺得受傷。因為你會很想質問這些人：『你們以為我是能夠做到卻不願做嗎？你們以為我不關心窮人的苦難、同性戀者的處境嗎？』」

我問歐巴馬，示威抗議者對於權力的不信任，也許終究會有正面的效益。「沒錯，」他說道，「正因如此，我才不會太過受傷。我認為，直到看到成果之前，人們都應該對掌權者嚴格要求。我明白這種心態，也認為它很重要。而且老實說，有運動者讓你保持警覺，讓你不要自滿，其實很有幫助，儘管有時你會認為他們的批評受到了誤導。」

歐巴馬本人也是一位運動者，一位社區工作者，儘管只有兩年資歷。不過，就本質性情而論，他並不是示威抗議者。他是共識營造者，深信人們最終要靠共識才能夠達到目的。他瞭解示威抗議的情緒力量，理解人們面對權威必須發洩怒氣，但對他而言，這並不是順理成章的選擇。對於賠償黑人議題，他說：「有時候我會覺得，這些議論多少代表了一種渴望，一種有憑有據的渴望，渴望黑人的歷史得到承認。追求承認的心理力量，無法滿足於一視同仁的政府計畫，無法滿足於《平價健保法》，無法滿足於佩爾助學金（Pell Grants）[7]，無法滿足於勞動所得稅扣抵制（earned-income tax credit）[8]。」這類計畫頗有成效，而且黑人受惠特別多，但儘管如此，並無法「觸及美國黑人因為遙遙落後而引發的傷痛、不公不義感與自我懷疑。我們有時會因此覺得自己一定有些不對勁，除非我們回顧歷史，並且說：『我們遭遇這麼多苦難，還能有今天的成就，真是不簡單。』」

「因此，對於那些熱中於針對特定種族計畫的人們，我與他們爭論的重點並不在於實際上可以做到哪些事，而在於『我們希望社會看清歷史，深切反省，並且明明白白地回應。』我非常能夠理解這樣的衝動，但我希望我們在此時此刻就能有所成就，看著我們的孩子表現越來越好、越來越有希望、越來越有機會，藉此得到心理上與情感上的平靜。」

當時歐巴馬看到（至少在川普當選之前）一條直接通往那個世界的道路，他說：

我們來做一場思考實驗。想像一下，如果你為每一位兒童提供紮實、優質的幼兒教育，突然間，每一位黑人兒童都能得到非常好的教育（當然也包括美國每一位貧窮的白人兒童與西語裔兒童）。他們高中畢業的比例與白人一樣，上大學的比例與白人一樣，能夠負擔大學學費的比例也一樣，因為政府有全面的計畫，不會因為家長收入偏低而斷了求學之路。

這些黑人孩子從大學畢業之後，假設司法部與法院能夠做到我先前的承諾，確保賈瑪爾寄履歷求職的時候，能得夠到與強尼同等的待遇。如此一來，黑人執行長與億萬富豪會不會突然暴增，從此與白人社群等量齊觀？十年內有可能嗎？也許還不行，也許甚至再過二十年還不行。

但是我可以跟你保證，我們會欣欣向榮，我們會成功。監獄裡的黑人青年男性不會再人滿為患。隨著越來越多黑人女性大學畢業，與同儕交往，我們會有更多元的家庭型態，讓下一代的孩子有更好的成長環境。很快的，你就會有一整個立足點不同的世代，開始在音樂、運動甚至街頭發揮不可思議的創造力，投注到各式各樣的事業。我覺得我們前途相當樂觀。

歐巴馬的思考實驗是站不住腳的。他支持的那些計畫也會讓美國白人受惠，而且沒有特別著眼於平等性，因此無法確保計畫不會產生歧視。歐巴馬的解決方案必須倚賴一份善意，他的個人經歷讓他相信美國有這份善意。我自己的經歷不太一樣。舉例而言，大批黑人男性之所以淪落監獄，除了是拜劣質政策之賜，也是因為他們沒有被當成人類看待。

歐巴馬總統和我對話的時候，他追求的目標在我看來，要等待許多世代才會實現。如今，

7　編注：美國聯邦政府專為低收入戶學生設立的獎助學金。
8　編注：美國聯邦政府自一九七五年以來針對中低收入家庭進行租稅扣抵的補貼制度。

總統當選人川普準備就職，要等待的世代似乎更多了。歐巴馬的成就紮紮實實：與黑人農民達成十億美元的和解，司法部揭發佛格森市政府的劫掠行為，佩爾助學金比以往更容易申請（包括一部分監獄受刑人），快克／古柯鹼的量刑標準差距消失……等等。歐巴馬也是有史以來第一位造訪聯邦監獄的在職總統。我們曾經認為他建立了一座基礎，未來將催生更多進步主義的政策。我們現在恐怕會覺得，這座基礎正岌岌可危。但事實上，它從來都不是一座穩固的基礎。

五、他們騎上一頭老虎

歐巴馬最大的失策直接源自於他最偉大的洞見。只有歐巴馬，一個出身白人菁英階層、因此能夠真誠信任美國白人的黑人，才會如此確信自己能夠贏得全國性的支持。然而，也只有具備這樣背景經歷的黑人，才會低估對手摧毀他的決心。可以這麼說，歐巴馬的總統事業根本就不可能依循正規總統路線來獲致成功。他需要一個或多個國會的夥伴，能夠將政府治理置於黨派利益之上，但是他有時連爭取盟友支持都有困難。歐巴馬曾經為之助選的內布拉斯加州民主黨聯邦參議員班・尼爾森，成為歐巴馬健保改革的絆腳石。喬・李伯曼（Joe

Lieberman）在二〇〇八年為歐巴馬的對手約翰・馬侃助選，是歐巴馬拯救他免於參議員民主黨人的報復，但是他也阻撓歐巴馬健保改革。共和黨幾位看似不排斥歐巴馬政策的聯邦參議員，包括查克・葛拉斯里（Chuck Grassley）蘇珊・柯林斯（Susan Collins）理查・魯加（Richard Lugar）奧林匹雅・史諾（Olympia Snowe）等，也不斷與他唱反調。

對手的阻撓來自狹隘的政治誘因。歐巴馬告訴我：「如果共和黨拒絕合作，跨黨派合作與聯邦政府正常運作的形象消失，那麼執政的政黨會付出代價，而他們可以贏回參議院或眾議院，或者兩院都贏回。這是一種不準確的政治算計。」

歐巴馬並不確定，個人的種族主義對這項政治算計有何影響，「我還記得柯林頓總統被彈劾，希拉蕊被控謀殺文斯・福斯特的經過，」他說，「如果你問他們，我想他們一定會說：『不，你之所以會有這種遭遇，原因不在於你是黑人，而在於你是民主黨人。』」

然而，個人的敵意只是種族主義的一個面向，更為深層的敵意則出現在利益的層面。本屆國會有一百三十八名議員來自昔日南方邦聯諸州，共和黨籍一百零一人，其中九十六人為白人，黑人只有一位；民主黨籍三十七人之中，黑人佔十八位、白人有十五位。在深南方諸州，民主黨籍的國會議員沒有白人。二〇〇八年密蘇里州的投票所出口民調（exit polls）顯示，自認為是共和黨人的選民有九六％是白人。共和黨不僅是白人的政黨，對於認定唯有捍衛白人傳統特權才符合自身利益的白人，共和黨也是他們的最愛。三位研究人員喬許・帕瑟克（Josh Pasek）、強．柯羅斯尼克（Jon A. Krosnick）、崔佛．湯普森（Trevor Tompson）在二〇一二年發現，三二%的民主黨人帶有反黑人觀點，共和黨人的比例則高達七九%。這種心態差異甚至會影響民主黨籍白人政治人物，因為他們會被視為一個「黑人政黨」的代表。政治學家菲利普．柯林克納（Philip Klinkner）研究二〇一六年大選時發現，想要預測一個選民支持希拉蕊抑或川普，最準確的問題就是：「你認為歐巴馬是穆斯林嗎？」

歐巴馬在和我對話時表示，他並不懷疑共和黨內的州權派（states-rights contingent）有一部分並沒有種族主義色彩。然而他懷疑實際情況更為複雜：「對美國歷史略有涉獵的人都知道，聯邦政府與各州的關係，在遇到奴役體制、吉姆．克勞法、反貧窮計畫、誰受益誰沒受益等問題時，都會變得相當複雜。」

「因此我小心翼翼，不要對種族議題表現出一絲一毫的抗拒、輕蔑或反對。但是我確實相信，如果人們不反對自己的父親到聯邦政府工作、不反對田納西河谷管理局（Tennessee Valley Authority）的社區供電計畫、不反對興建州際公路、不反對《美國軍人權利法案》、不反對聯邦住宅管理局補助美國都市郊區化；這些都是協助人們累積財富、創造中產階級的計畫。但是只要美國黑人或西語裔也期望受惠於這些計畫，作為晉身中產階級的階梯，原本不反對的人們突然間就成為激烈的反對者。我想這些人至少應該捫心自問，自己是否立場一致？到底有什麼差異？到底有什麼變化？」

二〇〇八年，從黨內初選到大選，歐巴馬都得面對種族主義。他穿著索馬利亞（Somali）服飾的照片開始流傳；拉許・林堡稱他是「神奇黑佬巴拉克」（Barack the Magic Negro）；後來成為川普選戰顧問的羅傑・史東（Roger Stone）聲稱蜜雪兒・歐巴馬曾在一份錄音中大喊「白佬」（Whitey）。反對歐巴馬的人利用電郵以訛傳訛，指稱蜜雪兒在普林斯頓大學的畢業論文鼓吹種族主義。民主黨在西維吉尼亞州舉行黨內初選時，五分之一的選民明白表示，種族問題會影響他們的投票，結果希拉蕊以六七%得票率壓倒歐巴馬的二六%。

無懼種族主義逆風，歐巴馬贏得總統大選。白人至上主義者網站「暴風前線」（Stormfront）的流量在選後爆增六倍。選前，八月民主黨全國大會前夕，聯邦調查局在丹佛偵破一起白人至上主義者的暗殺陰謀。保守派主流媒體開始繪聲繪影，歐巴馬的回憶錄太過「風格獨特且犀利透徹」，不太可能是他本人的手筆。媒體還幫他找好了一個影子寫手（ghostwriter）：激進（而且是白人）的前「地下氣象員」（Weatherman）組織成員比爾・艾爾斯（Bill Ayers）。加州一個共和黨婦女組織發送「歐巴馬鈔票」（Obama Bucks），上面有切片西瓜、肋排與炸雞的圖案。在那一年的「價值觀選民峰會」（Values Voter Summit）叫賣「歐巴馬鬆餅」，盒子的正面印有歐巴馬凸眼珠的諷刺漫畫，旁邊和上方還有捏造的嘻哈歌詞「巴瑞的鬆餅金光閃閃」（Barry's Bling Bling Waffle Ring）。後來有人把歐巴馬的諷刺漫畫加上阿拉伯頭巾，附上說明書「盒子朝麥加（Mecca），鬆餅更美味。」峰會贊助者「家庭研究協會」(Family Research Council)譴責這場鬧劇，但是他們的譴責令人啞然失笑。家庭研究會主席湯尼．伯金斯（Tony Perkins）曾經在白人至上主義組織「保守派公民協會」(Council of Conservative Citizens)的活動上致詞，身後是一幅南方邦聯旗。早在二〇一五年，伯金斯就聲稱關於歐巴馬出生證明的爭議「有其正當性」，還說認定歐巴馬是穆斯林其實「有其道理」。

當時，歐巴馬出生地爭議在一個名叫唐納德．川普的房地產大亨兼電視實境秀明星地搧風點火下，已經從上到下瀰漫共和黨。二〇一五年的一項民調顯示，五四％的共和黨選民認定歐巴馬是穆斯林，相信他是在美國出生的只有二九％。

儘管如此，歐巴馬還是在二〇〇八年當選，他的支持者還是歡欣鼓舞。饒舌說唱歌手傑斯寫道：

> 我的總統是黑人，事實上他有一半是白人，
> 因此就算種族主義者也得承認，他有一半是對的。

未必如此。歐巴馬入主白宮一個月之後，CNBC主持人瑞克．桑泰里來到芝加哥商業交易所（Chicago Mercantile Exchange）交易廳，譴責歐巴馬試圖幫助受到房地產市場危機打擊的屋主。桑泰里問交易員：「你的鄰居有一間好房子卻付不起房貸，你願意幫他付嗎？」

桑泰里堅稱歐巴馬應該「獎勵能夠挑水的人」而不是「只會喝水的人」，他還貶抑那些面臨房子被查封的人是「輸家」。桑泰里的大放厥辭有其種族意味，因為房地產市場危機與掠奪式借貸重創了黑人社群，進一步擴大了黑人與白人的財富差距。這種論調後來升高為「茶黨」對歐巴馬總統事業的反抗。事實上，右派意識型態鼓吹者數十年來一直在籌畫這樣反抗。桑泰里登高一呼，他們熱烈響應。

茶黨的理論先行者之一據說是隆．保羅（Ron Paul），一名特立獨行、曾經兩度競選總統的共和黨人，反對伊拉克戰爭，支持公民自由意志主義。但是在其他事務上，保羅是個傳統派。一九九〇年代，他發布了一系列刊物，形容紐約市是「福利國」（Welfaria），金恩博士紀念日（Martin Luther King Jr. Day）是「仇恨白佬日」（Hate Whitey Day），華盛頓特區的黑人有九五%「不是半調子的罪犯就是徹頭徹尾的罪犯」。為保羅辯護的人聲稱他與這些刊物沒有直接關連，儘管幾乎都是以他的名號發布：《隆．保羅生存報告》（*The Ron Paul Survival Report*）、《隆．保羅政治報告》（*Ron Paul Political Report*）、《隆．保羅博士自由報告》（*Dr. Ron Paul's Freedom Report*），也是以他的身分發言。無論如何，這些刊物的觀點後來被隆．保羅的意識型態戰友發揚光大。歐巴馬總統第一任期四年間，茶黨運動者一直以種族主義辭彙來表達不滿，高舉標語牌警告說歐巴馬會帶來「白人奴役」，揮舞南方邦聯旗，將歐巴馬描繪為巫醫，叫囂要他「滾回肯亞」。茶黨支持者會以「我們有色人種」之名發布「諷刺信」，並且對歐巴馬出生地爭議搧風點火。茶黨最著名支持者之一、廣播節目主持人羅拉・殷格蘭（Laura Ingraham）寫了一篇種族主義短文，描述蜜雪兒・歐巴馬如何大啖肋排。葛倫・貝克說歐巴馬是一個「種族主義者」，懷有「對白種人的深仇大恨」。茶黨重要理論詮譯者安德魯・布萊特巴特策畫了誣蔑農業部駐喬治亞州農村發展主任雪莉・謝洛德的行動，發布惡意誤導的影片，讓外界誤以為她發表反白人的種族主義謾罵。（歐巴馬政府也表現出罕見的怯懦，屈從了爭議帶來的壓力。）

歐巴馬很少發言抨擊種族主義，但是每當他這麼做，風暴隨之而來，威脅他的總統事業。二〇〇九年七月，哈佛大學著名學者亨利・路易・蓋茨在嘗試進入自己家門時遭到逮捕，歐巴馬批評涉案警察「行為愚蠢」，結果有三分之一的白人說他們對歐巴馬的好感因此下降，近三分之二認為歐巴馬的評論也是「行為愚蠢」。歐巴馬二〇〇九年在國會參眾兩院聯席會議發表演講，談到健保議題，南卡羅來納州共和黨籍聯邦眾議員喬・威爾森不顧國會慣例與禮儀，打斷總統演講大喊「你說謊！」一名密蘇里州聯邦眾議員形容歐巴馬是猴子。一名加州共和黨幹部延續這個主題，透過電郵寄了一張圖片給朋友，圖中的歐巴馬變成一頭黑猩猩，還附上解說：「這樣你就知道他為什麼沒有出生證明了！」前副總統候選人莎拉・裴林（Sarah Palin）指稱歐巴馬的外交政策是「黑人耍猴戲」（shuck and jive shtick）。紐特・金瑞契為歐巴馬取了「食物券總統」的綽號。對歐巴馬的言辭攻擊，也搭配了對他政治基礎的實質攻擊：從二〇一一年到二〇一二年，十九個州通過限制投票的法規，讓美國黑人更難以投票。

然而二〇一二年的總統選戰就如同二〇〇八年，歐巴馬還是贏了。投票之前，向來保持樂觀的歐巴馬宣稱，冥頑不靈的共和黨會願意與他合作，推動國家進步。這樣的合作並未出現，立法工作反而陷入僵局，類似的主題再度出現。一名愛達荷州（Idaho）的共和黨幹部在臉書貼出一張照片，主題是一個誘捕歐巴馬的陷阱，誘餌是一片西瓜，圖上寫著「最新消息：祕勤局偵破一項企圖綁架總統的陰謀，更多細節請看後續報導……」。二〇一四年，保守派大舉集結聲援克萊文．邦迪（Cliven Bundy），他以武裝抗爭拒繳聯邦政府的放牧費（grazing fees）。當記者來到邦迪牧場，他發表自己對「黑佬」的看法：「他們把孩子拿掉、年輕男子一個個去坐牢，這是因為他們始終沒學好怎麼摘棉花。」邦迪進一步解釋，「我經常覺得，他們繼續當奴隸會不會好一點？繼續摘棉花、建立家庭、做一些事情，這樣不是比靠政府補助好？現在他們得到的自由並沒有更多，反而更少了。」

同一年，麥可．布朗遇害之後，司法部對密蘇里州佛格森市警察局展開調查，發現市政府藉由針對特定種族、武斷裁決的罰鍰、隨意的騷擾，讓執法單位成為市政府掠奪的工具。掠奪變成一種高尚的行為，透過內部電郵系統散播種族主義笑話，直到後來東窗事發。當時的美國總統也一直是各方箭靶，上任第一年收到的死亡威脅，是任何一位前任總統的三倍以上。

許多論述都分析過茶黨抗議運動的興起，以及由他們催生的二〇一六年川普總統選戰。有一個理論廣受各種政治派別的白人知識分子接受：茶黨回應了白人勞工階級的不滿情緒，後者受到惡質全球化與裙帶資本主義（crony capitalism）的威脅。將他們的不滿情緒歸因於種族主義，會被批評為對這群普羅大眾姿態倨傲，畢竟他們長期忍受東西兩岸菁英階層、冷酷技術官僚與自以為優越改革派人士的唇槍舌劍。種族主義似乎經不起冷靜、實證的分析，而是對勞動階層的毀謗。去工業化、全球化與收入不平等擴大，都是真實存在的現象，黑人與西語裔受到的衝擊絕不在白人之下，然而奇怪的是，這兩個族群在新興的民粹主義潮流之中，卻沒有什麼存在感。

華盛頓大學與加州大學洛杉磯分校的政治學者克里斯多福・帕克（Christopher S. Parker）與麥特・巴瑞托（Matt A. Barreto）發現，種族主義與茶黨成員之間有強烈的關係，「茶黨對白人最主要的吸引力，與其說是物質因素，不如說是相對於其他組織，茶黨有一種社會優越性。」認定茶黨代表一個心懷不滿階層義正辭嚴、但或許焦點並不明確的憤怒，可以讓從左派、新自由派到白人民族主義者鬆一口氣，躲過一個可怕但簡單明瞭的情況：美國有一大群人至今無法接受「他們的總統是黑人」這項事實，而且那些飽受我們對於市場堅定信念傷害最深的人，其實並不在這個群體之中。人們寧可相信想像，想像對於總統的不滿來自慘澹經營的工廠、荒廢的工會辦公室，而不是相信事實真相。真相是，這是一場由狂熱、恐懼白人資本家發起的運動，他們在全球最重要的金融中心的商品交易所大廳大放厥詞。

茶黨運動在二〇一五年夏天百花齊放，川普宣布競選總統。此人靠著販賣「美國總統不是美國人」這樣的種族迷思成為政壇顯要。將川普推向選舉政治的力量不是貿易、不是就業問題、不是孤立主義（isolationism），而是歐巴馬出生地爭議。川普從這個基礎異軍突起，進入共和黨的政治同溫層，在選戰過程中肆無忌憚地散播厭女情結、伊斯蘭恐懼症（Islamophobia）與仇外情結（xenophobia）。二〇一六年十一月八日，他贏得總統大選。接下來的一百年，無數歷史學家會不斷分析，一個號稱擁有輝煌民主傳統的國家，是如何快速而輕易地淪落到法西斯主義的邊緣。不過人們其實不必多費心力就可以明白，自由世界領導人過去八年遭到持續且公開的種族主義攻擊，已經為美國的淪落開出一條大路。

「他們騎上一頭老虎，如今卻被老虎吞噬。」大衛・艾克索洛德對我說，當時還是十月，他所要談的是共和黨建制派。但他的說法太樂觀了，這隻老虎將會吞噬我們每一個人。

六、當你離開的時候，也帶走了全部的我

今年五月的一個星期六早上，我坐上總統的車隊，駛出白宮南大門。一群以白人居多的

民眾集結等候，車隊行經的時候，他們大聲歡呼、舉起手機記錄這一刻、揮舞美國國旗；能夠與美國總統近在咫尺，讓他們興奮不已。我非常驚訝，一股不知從何而來的幸福感油然而生。然後我想起來了，那是我在二〇〇八年的感覺，當時我看著歐巴馬有如一顆明星，在政治的天空快速升起。我從來沒有看過這麼多白人為一位黑人喝采，而且此人既非運動員也非演藝人員。白人似乎真心愛他，當時（如今感覺是好久以前的事了）我心想，也許白人也會愛我、也會愛我的妻子、也會愛我的兒女、也會愛所有黑人，就像他們口口聲聲中的上帝一直如此要求。在我成長過程中，周遭的人們是如此渴望像歐巴馬這樣的人物出現，儘管他們的生活經驗否定了這種可能性。因此他們會前一刻還在讚美金恩博士，後一刻就詛咒白人是「大說謊家」（the Great Deceiver）。然後歐巴馬與他的家人出現了，他們的黑人本質與美好正是我們的嚮往，因此我們對他們無比愛戴。但是隨著歐巴馬的車隊駛向目的地，駛向他要為畢業生發表演講的霍華大學，周遭人群的膚色開始變深，我也理解到白人的愛是有針對性的，就算它幫助了歐巴馬，就算它幫助了最幸運的黑人跨越楚河漢界；絕大部分的黑人，在這樣的城市，仍然對這樣的成就可望不可即。

這些年是如此起起落落、走走停停。

我們被拋進歐巴馬的年代，完全不知道可以有什麼樣的預期；畢竟「黑人總統」根本是個疑點重重的命題。我們沒有任何準備，因為你不會為不可能的事做準備。先前很少人對黑人總統的影響與意義做評估，因為這類評估會被視為天方夜譚。如今回顧來時路，這一切都很合理，我們可以看出曲折但真實的政治血緣傳承，一路上溯至芝加哥黑人社會。它從奧斯卡·史丹頓·迪普瑞斯特發源，傳給在羅斯福總統時期從共和黨投向民主黨的聯邦眾議員威廉·道森（William Dawson）[9]，來到傳奇市長哈洛德·華盛頓時日益強大，讓賈克遜牧師在一九九八年贏得密西根州民主黨總統候選人黨內初選，讓卡蘿·莫絲莉·布朗當選聯邦參議員，最後登峰造極則是歐巴馬當選美國總統。如果我們對這樣的政治血緣是後知後覺，那麼我們對總統權力的侷限性也是。在黑奴解放之後的一個世紀，半奴役體制仍在南方陰魂不散；在「布朗訴教育局案」判決出爐逾半個世紀之後，美國各地仍有許多學校施行種族隔離。

對黑人而言，這並不是一清二楚的勝利；或許對任何族群而言都是如此，對歐巴馬的總統事業也是如此。現在人們會說，美國黑人可以在任何層級與白人平起平坐；但是能做到這種程度的黑人還是不多。人們可以想想瑟琳娜·威廉絲（Serena Williams），她的霸主地位與驚人成就，並無法確保黑人女孩都能擁有使用網球設施的平等權利。大門已經打開，但是那道門天遙地遠。

9 編注：威廉·道森（William Dawson, 1886-1970），伊利諾州黑人聯邦眾議員。他在一九四九年成為眾議院政府行動委員會的主席，是第一位在國會中擔任委員會主席的美國黑人。

那天我走進霍華大學的校園，既驕傲又驚訝。霍華的校友（我也是其中一員）有如一個粗魯惹人厭的兄弟會，經常在市區大喊學校的口號，對其他黑人學院與黑人大學冷嘲熱諷，瞧不起那些從白人大學畢業的黑人。我應該算作風比較收斂的人，但是走進圖書館的時候，仍然有一股高漲的滿足感。當年我在這裡發現了自己的歷史，如今則發現自己與美國第一位黑人總統站在一起。歐巴馬總統任期最後一年選在這裡發表畢業典禮演講，時機似乎再恰當不過。我心中的驕傲感也瀰漫著「院子」（Yard），校園中的一大塊綠地，也是畢業典禮的場地。當歐巴馬出場，觀眾席歡聲雷動。當旗隊開始表演，大家也開始高喊：「歐—巴—馬！歐—巴—馬！歐—巴—馬！」

那天的演講非常精彩，歐巴馬提到霍華的儀式，點名歷屆優秀校友，喊出校內各個宿舍的名號，並且鼓勵年輕人一定要去投票。（只是沒提他津津樂道的「自尊自重的政治」〔respectability politics〕）。但是我想他就算只是在站群眾面前，笑咪咪地說聲：「祝好運。」一樣會獲得滿堂采。歐巴馬是學生們的英雄，從最小的細節都可以看出來。樂隊先演奏了美國國歌，然後是黑人的國歌《齊聲高唱》（*Lift Every Voice and Sing*）。隨著群眾唱出歌詞，學生舉拳做出「黑人力量」（Black Power）的手勢，這手勢曾經代表對權力的反抗，但是此時此刻，面對一位即將交出國家大權的黑人，它代表的不再是抗議，而是致敬。

六個月之後，這些學生終於知道黑人總統事業必須付出的可怕代價，儘管他們的國家似乎拒絕面對現實。川普勝選之後不久，有些人堅稱像種族主義如此「單純」的因素不足以解釋這種結果。這就像是堅稱奴役體制與全球經濟完全無關，或者堅稱私刑處決與女性被財產化完全無關，就像是過去四百年可以被簡化為對黑人豐厚嘴唇的非理性厭憎。不，種族主義從來都不「單純」，即將發生的事一點也不「單純」，無心插柳為美國帶來如此前景的歐巴馬一點也不「單純」。

人們說，支持川普的美國人都是自由主義者倨傲姿態的受害者。「種族主義者」這樣字眼會被視為對尋常百姓的褻瀆誣蔑，而不是針對真實人物的精確描述。《紐約時報》的大衛·布魯克斯（David Brooks）寫道：「我們還不清楚種族主義與厭女情結對川普選民的影響。如果你被困在某個就業不振的城鎮，看著你的朋友因為過量使用鴉片類藥物而喪命，每個月得辛辛苦苦湊錢繳電費，那麼當有個人出現，他似乎能夠解決你的問題、聆聽你的心聲，也許你會願意容忍他醜陋的一面。」這番話聽起來合情合理，事實上，它也適用於路易斯·法拉堪對黑人貧民、黑人勞工階層的吸引力。但是，一個反伊斯蘭的白人民族主義者的追隨者，總是能享有被當成誠實善良人民的同情；至於一個反猶太的黑人民族主義者的追隨者，就只能忍受人們對奴隸後代的輕蔑。

威斯康辛州、賓州與密西根州的藍領選民在二〇〇八年、二〇一二年是歐巴馬勝選的主力，在二〇一六年卻轉向川普，這其中有許多問題要探討。的確，這些選民並不認為種族主義是重要因素，我們也還不清楚到底有多少選民翻盤。但是認為「希拉蕊與歐巴馬可以互換」這個基本認知卻大有問題。作為一位總統候選人，希拉蕊先前只贏過一場有競爭性的選戰。她的政治直覺連自家幕僚都質疑，她拿了五十多萬美元到一家投資銀行演講，只因為「對方提供這樣的機會」，她表明重返白宮時會帶著一個曾經涉及性侵與性騷擾醜聞的前總統。作為一位總統候選人，歐巴馬曾經是美國當代第三位黑人聯邦參議員，他兩度贏得總統大選，每一次都曾拿下共和黨州與兩黨勢均力敵的州，更打造出一個近代最不沾染醜聞的聯邦政府。想像一下，如果希拉蕊是美國黑人，那她永遠不可能成為主要政黨的總統候選人，甚至不可能成為全國性的政治人物。

指出有些投給歐巴馬的選民後來投給川普，並沒有否證種族主義，反而彰顯了種族主義。為了登上白宮大位，歐巴馬必須是一位哈佛法學院出身的律師、累積十年的政治經驗、擁有與全美國各階層對話的非凡能力。至於川普，他只需要鈔票與白人的叫囂恫嚇。

大選投票之後的那個星期，我整個人一團糟。我已經兩個禮拜沒見到妻子，這篇文章的截稿期限近在眼前。我兒子在學校表現不好，家裡亂七八糟。我反覆地聽著馬文．蓋伊（Marvin Gaye）的歌：「當你離開的時候，也帶走了全部的我」。朋友開始憂心忡忡地回想「後國家重建時期」（post-Reconstruction）。川普的當選印證了我對美國所知的一切，沒有一樣是我能接受的。想到美國第一位黑人總統的繼任者會是川普，我對自己的震驚感到震驚。我希望歐巴馬是對的。

我仍然期盼歐巴馬是對的，我仍然想要讓自己縮回夢鄉。然而這是不可能的。

在某種天造地設的巧合之下，大選之後一個星期，我收到一份父親的聯邦調查局檔案[10]。我父親出身貧寒，在費城長大。他的父親在街頭被撞死，祖父在肉品包裝工廠被壓死。他為國家遠赴越南服役，也在那裡變得激進，後來加入黑豹黨，因此被艾德格・胡佛盯上。在一份寫給聯邦調查局局長的備忘錄「目標是打擊威廉・保羅・科茨（WILLIAM PAUL COATES），黑豹黨代理隊長，巴爾的摩」中，建議寄一封虛構的信函給黑豹黨共同創辦人休伊・牛頓，指控我父親是當局的線民，聲稱：「我希望這個討好政府的法西斯黑鬼豬被處理掉，而且現在就處理。」「處理」（somethin done）這個字眼要解釋一下，黑豹黨後來陷入聯邦調查局引發的嚴重內鬥，終於敗亡。當時黑豹黨人如果被指為線民，只有死路一條。

我看過父親檔案幾個小時之後，與總統進行最後一次訪談。我問他川普當選之後，他如何還能保持樂觀。他承認對大選結果感到訝異，但是表示很難「從其中得到全方位的詮釋，因為有些非常特殊的情況。」歐巴馬指出，兩位候選人都有嚴重的負面因素，媒體的報導方

---

10 作者注：我之所以會拿到這份聯邦調查局檔案，要感謝《尋根》（*Finding Your Roots*）節目團隊研究人員的辛勤工作。我訪談歐巴馬總統的最後一天，也為這個節目錄製了一集。

式，還有「冷漠沮喪」的選民。但他也說，整體而言，他對美國歷史型態的樂觀並沒有改變，「要對美國的長期趨勢保持樂觀，並不意味每一件事都必須平順進行。美國有時會前進，有時會倒退，有時會偏移，有時會曲折迂迴。」

我想到胡佛的聯邦調查局，他們騷擾了三個世代的黑人運動者，從馬科斯．加維的黑人民族主義者、金恩博士的種族融合主義者到休伊．牛頓的黑豹黨，包括我父親在內。我想到九一一恐怖攻擊之後，美國總統獲致的巨大權力：能夠整批取得美國公民的電話通聯紀錄，能夠取得他們的電郵，能夠無限期拘留他們。我問總統，這麼做是否值得？這一個世代的黑人運動者與他們的盟友，是否要開始擔心了？

「你要記住，國家安全局（NSA）或其他監控工具都受到明文規範，不可以監控任何美國公民，除非有明確證據顯示他們涉及恐怖主義活動，或者其他涉及外國的活動。」歐巴馬說，「因此有人說老大哥（Big Brother）的勢力已經大幅擴張，新總統上台之後會拿起這把上膛的槍，對付國內的異議人士，我認為這樣的說法並不正確。」

但歐巴馬也建議大家保持警覺，「政府官員濫用權力的可能性永遠存在，重點並不在於新的工具出現，而在於確保新政府就像我的政府一樣，非常重視我們處理涉及美國公民事務的限制。」這樣的答案沒有為我帶來多少信心。第二天，總統當選人川普宣布提名陸軍中將麥可．佛林（Michael Flynn）為白宮國家安全顧問，阿拉巴馬州聯邦參議員傑夫．賽辛斯（Jeff

Sessions）為司法部長。今年二月，佛林在推特上說：「對穆斯林的恐懼合情合理」，並且連結一段YouTube影片，宣稱伊斯蘭教信徒希望「八〇%的人類被奴役或者被滅絕」。賽辛斯曾經被控形容一位黑人律師是「小鬼」，聲稱一位代表黑人客戶辯護的白人律師是「白人之恥」，開玩笑說三K黨「只要沒被我抓到吸大麻就都OK。」因此我知道未來會發生什麼樣的事，會有更多的佛雷迪・葛瑞（Freddie Gray）[11]，更多的瑞琪亞・波伊德，更多的線民與臥底幹員潛入各地的清真寺。

同時我也知道，歐巴馬這位無法容忍自己治下的美國發生這種事的總統，讓我有生以來第一次興起一種感受，就像第一夫人曾經說過：我為我的國家感到驕傲。我也知道，就是因為他的無法容忍、他不可思議的信念、他對同胞難能可貴的信賴，我才可能產生這樣的感受。這樣的感受也來自於一個黑人小男孩觸摸總統的頭髮；來自於看著歐巴馬選戰一路走來，總是為最壞的狀況做好準備，並且訝異於最壞的狀況從來不曾發生；來自於看著就職典禮中的歐巴馬與蜜雪兒，禮車緩緩駛過賓夕法尼亞大道（Pennsylvania Avenue），群眾歡欣鼓舞，夫

11 編注：佛雷迪・葛瑞（Freddie Gray, 1989-2015），美國黑人，二十五歲那年在巴爾的摩遭到警方以私藏刀械的罪名逮捕，但卻在押送途中因脊椎受傷而送醫不治。事後調查發現葛瑞在押送途中遭到傷害、且警方未在第一時間提供醫療協助。至少一名警察被控謀殺罪，其他多名警察則被控過失殺人與非法逮捕等罪。葛瑞之死在巴爾的摩引發示威抗議，並演變成警民衝突。

妻倆從禮車座位站了起來，從恐懼擔憂站了起來，滿面春風，揮手致意，反抗絕望，反抗歷史，反抗下墜的力量。

尾聲

第一位白人總統

「他們的『榮譽』變成可怕的龐然大物。」

——杜波依斯，《美國黑人的國家重建》（*Black Reconstruction in America*）

一

川普如果不是白人，根本不可能當選美國總統，但僅僅指出這個明顯的事實還不夠。除了他的前任是例外，在川普之前的美國總統，一路登上大位靠的都是「白人身分」的被動性力量（passive power of whiteness）。他們擁有的「血腥遺產」（bloody heirloom）未必能讓他們成為萬事通，但可以帶來許多助力。土地竊佔與人體掠奪為川普的先人開闢新天地，並且成為他們的禁臠。這些人物登場之後，一個個成為軍人、政治家與學者，出入巴黎的宮廷，當上普林斯頓大學的校長，前往西部拓荒，最後進入白宮。他們個人的功成名就，讓這個獨一無二的團體儼然超越了美國的罪惡基礎，人們往往忘記了兩者其實緊密連結，總統們的勝利是有賴於前人開闢的新天地。川普不可能優雅地劃清界線，這個總統比他前任的每一位都更凸顯了這個可怕的傳承。

川普的政治生涯，是從鼓吹歐巴馬出生地爭議開始，這也是美國一個古老觀念的新瓶舊酒：在白人建立的國度，黑人沒有公民權可言。但是早在歐巴馬出生地爭議之前，川普就已清楚表明其世界觀。他想方設法不讓黑人住進他蓋的房子，要求處決後來獲得平反的「中央公園五人幫」(Central Park Five)[1]，痛罵「懶惰的」黑人員工。川普曾經說過：「黑人正在數我的鈔票！這讓我很不爽。我只想讓那些頭戴猶太帽（yarmulke）的小個子數我的鈔票。」他那一夥陰謀論者迫使歐巴馬公布出生證明之後，川普又要求看到總統的大學成績單（懸賞五百萬美元），堅稱歐巴馬不夠聰明，不可能進入常春藤盟校；堅持他那本頗受好評的回憶錄《歐巴馬的夢想之路——以父之名》則是由一名白人影子作家比爾・艾爾斯代筆。競選總統期間，川普被人告上法院，因此大發雷霆，指稱主審法官「是個墨西哥佬」。

人們常說，川沒普有真正的意識型態，其實不然。他的意識型態就是白人至上主義，並全然展現其凶悍好鬥、高高在上的力量。川普宣布參選的時候，就以保護白人女性貞操不受「墨西哥強姦犯」侵害的捍衛者自居，後來自己卻被揭露是個沾沾自喜的性侵者。白人至上主義一直帶有一種變態的性慾色彩，因此不難想見，川普崛起之初的導師史提夫·班農（Steve Bannon）會嘲弄自己的白人對手是「綠帽窩囊廢」（cucks）。這個字眼來自「戴綠帽的人」（cuckold），藉由恐懼與想像來貶抑男性，形容男性軟弱至極，甚至讓自己的白人妻子與黑人男性發生關係。「綠帽窩囊廢」的侮辱將白人塑造為受害者，也符合白人身分的準則，試圖將滔天罪行轉化為美德。維吉尼亞的奴隸主也是如此，聲稱英國人要奴役他們；劫掠成性的三K黨成員也是如此，動員人們對抗莫須有的罪行；一名總統候選人也是如此，要求一個外國政府駭取自己對手的電郵；一名總統如今也是如此，宣稱自己是「美國歷史上最大規模政治獵巫行動」的受害者。

白人至上主義者將川普視為同路人。他心不甘情不願地譴責大衛·杜克（David Duke）

1 編注：一九八九年四月，一名白人女性在紐約中央公園遭到歹徒襲擊與強暴，警方隨即逮捕四名黑人與一名西語裔青少年，迫使他們留下與事實不符的供詞，法院更在DNA證據無法吻合的情況下起訴與判刑。這五名青少年分別被判處五到十五年有期徒刑，並因此被合稱為「中央公園五人幫」（Central Park Five）。由於新的證據與另一名符合DNA結果的犯人坦承犯案，法院在二〇〇二年宣告撤銷這五人的罪名，但此時五人皆已蹲了七至十三年的冤獄。五人後來控告紐約市政府，並在纏訟十餘年後以四千一百萬美元和解。此事在二〇一九年由Netflix改編成電視影集《別人眼中的我們》（*When They See Us*）。

與三K黨。班農誇稱他曾經擔任發行人的布萊特巴特聞網（Breitbart News）是白人至上主義者「另類右派」（alt-right）運動的「虛擬家園」（virtual home），但是另類右派最愛的真實家園則是俄羅斯，其領導人聲稱它代表了「偉大的白人力量」，而且就是這股力量確保川普能夠當選美國總統。

對川普而言，白人身分既非觀念，也非象徵，而是力量的核心。在這方面，川普並非特例。然而他的先行者只把白人身分當成祖傳的護身符，川普卻把它發揚光大，讓它張牙舞爪。回響相當驚人：川普是美國歷史上第一個在入主白宮之前從未擔任公職的總統。更重要的一點可能是，川普是第一個公開認同自己女兒是「絕佳砲友」（piece of ass）的總統。人們很難想像一個黑人會留下錄音公開宣揚性侵：「只要你當上明星，他們就讓你為所與為。」否認一樁又一樁性侵或性騷擾指控，陷入一樁又一樁商業詐欺官司，教唆支持者訴諸暴力，然後大剌剌入主白宮。然而這正是白人至上主義的重點所在：確保對於同一個崇高的目標，其他種族必須使盡渾身解數，白人（尤其白人男性）卻不費吹灰之力。歐巴馬為黑人灌輸一個老生常談的觀念：只要你比白人加倍努力，一定能夠成功。川普的訊息則更具吸引力：你只要有黑人一半的努力，成就更是不可限量。

這兩個觀念之間的關係，就像這兩個人物之間的關係一樣必要。我們幾乎可以說，歐巴馬的存在、一位黑人總統的存在，對川普個人而言形同一種侮辱。二〇一一年歐巴馬與賽斯·

梅爾斯（Seth Meyers）在白宮記者晚宴上公開羞辱川普，更讓情況雪上加霜。然而「血腥遺產」確保了最後的贏家是誰。對川普而言，光是取代歐巴馬的地位還不夠，他還把否定歐巴馬所有貢獻當成自己的總統事業基礎。這也是一種白人身分。歷史學家奈爾・厄文・潘特（Nell Irvin Painter）寫道：「種族是一種理念，不是一項事實。」想要建構一個「白人種族」，基本概念就在於「不是黑鬼」（not being a nigger）。在歐巴馬之前，「黑鬼」只讓人聯想到希斯特・蘇亞、威利・霍頓、黑皮膚莎莉（Dusky Sally）與跨種族舞會（Miscegenation Ball）。但是川普面對的是更強而有力的現象：一個黑鬼總統還有他的黑鬼健保改革、黑鬼氣候協定與黑鬼司法改革。對川普而言，這些都可能是有待摧毀、有待救贖的目標。川普其實代表一種全新的現象，是有史以來第一個美國總統，其政治存在完全決定於一位黑人總統已經出現的事實。光只是點出川普與所有歐巴馬之前的總統一樣都是白人，這並不足夠。我們必須讓川普名副其實，給他一個頭銜：他是美國第一個白人總統。

二

川普投入白人身分的程度之深，可以等量齊觀的只有知識界普遍的不可置信。現在人們都說，川普發布「穆斯林禁令」（Muslim ban）、他把移民當成代罪羔羊、他為警察暴力的辯護，都可以說是某種自然而然的結果，來自兩種美國的差異：麗娜・鄧罕（Lena Dunham）[2]的美國與傑夫・福克斯沃西（Jeff Foxworthy）[3]的美國。輿論的判決已經出爐：民主黨迷失了方向，只注重本質軟性的社會正義，卻忽略了創造就業之類人盡皆知、日常相關的經濟議題。不僅如此，民主黨與整個自由派的新自由主義經濟學，帶有一種高高在上的菁英姿態，對藍領勞工文化不屑一顧，嘲弄白人男性有如歷史上最惡劣的怪物與電視黃金時段最可笑的蠢材。根據這種詮釋，催生川普崛起的並不是白人至上主義，而是白人勞工對於輕蔑鄙夷的反撲。

「我們毫不掩飾地鄙夷他們，堂而皇之地輕視他們，」保守派社會學家、《鐘形曲線》（*The Bell Curve*）一書共同作者查爾斯・莫瑞（Charles Murray）對《紐約客》記者喬治・派克（George Packer）表示：「你可以在晚宴上使用而且不會被責備的罵人字眼，就是形容某人是鄉巴佬（redneck），至多這在曼哈頓絕對沒問題。」

安東尼・波登（Anthony Bourdain）[4]也如此指控：「像我這樣的東部自由派特權階級，往往以極為不屑的口吻談論共和黨州、擁槍地區、美國勞工階級是如何可笑、愚蠢與無知，因此如今我們才會看到憤怒與鄙夷湧現，人們有如要拆毀神殿。」

數百年來飽受同樣嘲弄與輕視的黑人，並沒有因此投入川普的懷抱，但是論述者不以為意。在他們對於川普崛起的評析之中，川普本人與其支持者的種族主義無關緊要。事實上，自由派批判川普的強烈偏見時，經常被指控為沾沾自喜，而且這種指控要比川普的強烈偏見更有影響力。一個看似理直氣壯的白人勞工階層四面楚歌，在校園抗議的攻擊、交織性（intersectionality）理論的批判、廁所使用權的推進下，他們因此做了一樁任何理性政治實體都會做的事：選出一個怪物般的電視實境秀明星當總統，儘管他堅持情報簡報要像兒童繪本那麼簡單。

白人專家與思想界領袖普遍認為，川普崛起的主要動力來自文化憎恨與經濟逆境。然而經濟逆境對於是否支持川普的影響，並不是那麼證據確鑿。蓋洛普公司（Gallup）研究員喬納森．羅斯威爾（Jonathan T. Rothwell）與帕布洛．迪耶哥—羅塞爾（Pablo Diego-Rossell）檢

2 編注：麗娜．鄧罕（Lena Dunham），美國女演員、導演與製作人，金球獎得主，並曾獲多座艾美獎提名。二〇一三年被《時代雜誌》評選為全球一百大最有影響力的人之一，出版過《女孩我最大：我不是你想像中的那種女孩》一書，關注同志與女性主義議題，二〇一二年總統大選呼籲年輕人票投歐巴馬，二〇一六年則表態支持希拉蕊。

3 編注：傑夫．福克斯沃西（Jeff Foxworthy），美國脫口秀演員與福斯廣播公司的電台節目主持人。他在二〇一二年總統大選時表態支持共和黨候選人羅姆尼（Mitt Romney）。

4 編注：安東尼．波登（Anthony Bourdain, 1956-2018），美國著名電視節目主持人、廚師、作家，主持過許多旅遊與美食節目，曾獲得艾美獎。二〇一六年在其主持的《波登不設限》美食節目的「歐巴馬特集」中，與歐巴馬總統一同走訪越南、尋訪當地美食。

視民調資料發現，「經濟機會減少的地區較有可能支持川普，」但是他們也發現，支持川普的選民家庭平均所得（八一八九八美元）高於不支持他的選民（七七〇四六美元），前者失業或者從事兼職工作的比例也低於後者，而且多半來自白人比例非常高的地區。兩位研究員指出：「種族與族群在郵遞區號層級的集中程度，是判斷支持川普與否最強而有力的指標。」

一項總統候選人黨內初選的投票所出口民調分析顯示，川普支持者的中位數收入為七萬二千美元，儘管偏低，但仍然是美國黑人家庭所得的兩倍，也比全國平均值高出一萬五千美元。川普的白人支持者跨越了所得界線。根據愛迪生研究中心（Edison Research），投給川普的白人有二〇％所得不到五萬美元，二八％在五萬至十萬美元之間，一四％超過十萬美元。川普的支持者基本盤就是如此。但更重要的是，它顯示了川普組成了一個白人大聯盟，成員有洗碗工與水電工，也有銀行家。因此當白人專家將川普的崛起歸功於某個難以定位的白人勞工階層，他們實在是太謙虛了，不讓自身所屬的經濟階層居功，儘管他們居功厥偉。

見微知著，川普的強勢表現不但跨越了白人的階級界線，也跨越了幾乎每一項白人的人口特質：川普在白人女性贏了對手九％、在白人男性贏了三一％、在大學畢業的白人贏了三％、在沒有大學學歷的白人贏了三七％、在十八歲至二十九歲的白人贏了四％、在三十歲至四十四歲的白人贏了一七％、在四十五歲至六十四歲的白人贏了二八％、在六十五歲或以上的白人贏了一九％。根據愛迪生研究中心，川普在伊利諾州中西部的白人贏了一一％、在馬里蘭州大西洋岸中部的白人贏一二％、在陽光帶（sunbelt）新墨西哥州的白人贏了五％。看看愛迪生研究中心調查的每一個州，沒有任何一州的川普白人得票率低於四〇％。希拉蕊只在佛羅里達州、猶他州、印地安納州與肯塔基州突破這道白人門檻。從喝啤酒的到喝紅酒的，從足球媽媽（soccer moms）到賽車爸爸（NASCAR dads），川普宰制了白人選票。根據《瓊斯夫人》（*Mother Jones*）雜誌，如果我們只以「白人美國」的普選票（popular vote）來劃分二〇一六年的總統選舉人票（electoral votes），川普將以三八九票對八一票大勝希拉蕊，其餘六八票則是「勝負難分」或者無法判定。

川普在白人選民的強勢表現，一部分要歸因於他以共和黨人身分參選，這個政黨長期經營白人選民。川普拿到的白人選票比例與二〇一二年的米特．羅姆尼相當，但與眾不同的是，川普以對抗黨內領導階層、揚棄選戰正規打法、違反所有品格觀念來獲取支持。執政六個月以來，川普陷入一樁接一樁醜聞，普優進行的一項民調顯示，川普的支持率幾乎在所有人口群體都低迷不振，只有一個群體例外：白人選民。

有鑑於川普的白人選民聯盟是如此廣大，只聚焦特定群體的作法實在令人疑惑。事實上，我們可以從其中看出一幕戲，川普被推出來代表白人勞工階層，而不是包括幕後運作者在內的整體白人。這幕戲的動機非常清楚：逃避現實。如果人們承認即便在今日，金恩博士在孟斐斯旅館陽台上遭槍殺已過了將近五十年，白人的血腥遺產仍然強而有力，儘管美國已選出黑人總統，而且這樣的事實甚至讓狀況更為惡化，這就等於是承認種族主義至今仍是美國政治生活的核心，從一七七六年以來並未改變。這樣的承認會讓左派的目標受挫，他們寧可討論能夠吸引大批白人勞工的階級鬥爭，也不願碰觸種族鬥爭，因為白人勞工曾經是種族鬥爭的參與者和受益者。此外，承認是白人身分將川普推上大位，也就等於承認白人身分是美國與整個世界的存在威脅。如果人們可以將白人對於川普廣泛且顯著的支持化約為一股義憤，發源自高貴且完美、但是被布魯克林嬉皮與女性主義者教授瞧不起的小鎮消防員與虔誠福音教派信徒，那麼種族主義與白人身分的威脅、血腥遺產的威脅就可以輕描淡寫。人們的良知不必拉警報，也不必進行深層、觸及存在本質的反省。這樣的轉換不是最近才發生的新現象，而是回歸到先前的常態。白人勞工階層與美國黑人緊密糾結的關係，可以上溯到美國建國之前，當時白人勞工被當成棍棒，迫使黑人噤聲馴服。與黑人勞工階層一樣，白人勞工階層也是誕生於奴役，差別在於前者是終身為奴，後者是契約勞工。十七世紀早年兩者剛成型時，兩個階層之間並沒有多少種族敵意。然而到了十八世紀，美國的奴隸主階層開始將種族議題寫入法律，並且逐漸結束契約勞工制度，改為施行長期的勞動方案。從這些趨勢以及其他法律與經濟上的改變，一項交易浮上檯面：契約勞工的子孫可以享有身為白人的所有好處，其中最關鍵的一項就是永遠不會淪為奴隸。但是，這項交易雖然保護白人勞工免於為奴，卻並沒有保障他們不被奴隸般的工資、艱苦的工作剝削，他們還是有可能淪落至從事「像黑人一般」的奴隸工作。這些早年的白人勞工階層「表達了強烈的意願，想要擺脫歐洲古老的不平等，以及任何淪為奴隸的威脅，」歷史學家大衛．羅迪格（David Roediger）寫道，「他們也表達了一個比較平凡的期望，就是不要被人誤認為奴隸或『黑鬼』。」

羅迪格提到一個發生在一八〇七年新英格蘭地區的故事，一名來自英國的投資人犯了錯誤，問一名白人女傭她的「主人」是否在家。女傭教訓對方一頓，一方面是因為說她有「主人」等於將她視為「奴僕」，另一方面是因為對方根本不瞭解美國的社會階層。這名女傭說：「只有黑鬼才會是奴僕。」從法律、經濟到風俗，一道種族的鴻溝從家庭向外延伸，一邊是「幫傭」、「自由人」與白人勞工，另一邊是「奴僕」、「黑鬼」與奴隸。前者善良正直、享有公民權益，是傑佛遜與傑克森的子孫；後者奴性深重、有如寄生蟲、資質愚蠢、遊手好閒，是非洲野蠻人的後代。然而，白人勞工享有的尊嚴，是建築在黑人勞工遭受的鄙視之上；就如同「淑女」享有的尊重是建築在「蕩婦」遭受的輕蔑之上；就如同風度翩翩的紳士會一方面尊重淑女，一方面強姦「妓女」；莊園主人與其辯護者會一方面尊重白人勞工，一方面壓迫奴隸。

因此南方出身的知識分子喬治．費茲修（George Fitzhugh）能夠一方面為白人自由勞工遭到剝削感嘆，一方面為黑奴遭到剝削辯護。費茲修撻伐白人資本家是吞噬白人同胞勞動成果的「同類相殘者」（cannibals），白人勞工則是「『沒有主人的奴隸』、被大魚當成食物的小魚」。費茲修批評一名藉由剝削白人同胞來「累積財富」的「專業人士」：

> 他累積財富的方式就是，以自己一天輕鬆的工作，換取農民、園丁、礦工、挖水溝工人、女裁縫與其他勞工三十天的勞動。他的資本完全來自他們的勞動成果，因為唯有勞動才能創造資本。他們的勞動比他的勞動更有必要、更有用處，也更可貴、更值得尊重。更可貴是因為他們滿足於自己的環境與利益，不會試圖去剝削他人，以自己一天的勞動換取許多人的勞動。被剝削者要比剝削者更值得信賴。

但是費茲修雖然想像白人勞工被資本吞噬，他對黑奴的想像卻是他們因為被奴役而向上提升。奴隸主「帶給他們幾乎像是父母的關愛」，就連對那些「裝病逃避工作」的好吃懶做黑奴也一樣。費茲修的立論太過火，甚至聲稱白人勞工變成奴隸也未必是壞事（他寫道：「如果白人奴役不應該存在，那麼《聖經》就有問題了。」）不過認定美國的原罪不是根深柢固的白人至上主義，而是「白人奴役」，也就是白人資本家對白人勞工的剝削，這樣的論述卻陰魂不散。事實上，對於白人奴役的恐慌，至今仍然影響美國政治。黑人勞工受到傷害（如果可以這麼形容的話）是命中註定，從過去到現在都是如此；但是當白人勞工也受到傷害，大自然一定出了什麼問題。因此當鴉片類藥物濫用問題惡化，興起的呼聲是加強治療，人們滿懷同情。對類似問題確實理當如此。然而當快克泛濫問題惡化，呼聲卻是實施強制最低刑期，人們滿懷鄙夷。當白人勞工階層的平均壽命降低，許多讀者投書與專欄文章以同情的筆調描述他們的苦難；同樣的現象發生在黑人身上，社會卻以平常心看待。白人奴役是罪孽，黑人奴役是理所當然。這樣的動態關係可以滿足一個非常實際的目的：對於一個藉由白人身分而緊靠著美國奴隸主的勞工階層，不斷給予發洩不滿的機會與道德制高點。

這是一種刻意的設計。聯邦參議員與著名政治家約翰·考宏就認為，奴隸體制是白人建立民主政體的基礎，無論這些白人是不是勞工：

美國社會的兩大部分不是富人與窮人，而是白人與黑人。白人不分貧富都屬於上層階級，彼此尊重，平起平坐。

南北戰爭時期，南方脫離合眾國前夕，後來擔任南方邦聯總統的傑佛遜·戴維斯，進一步闡述這個觀念，聲稱白人勞工階層與白人統治階層之所以能夠平等對待彼此，就是拜黑奴體制之賜：

我必須說明，南方每一位技工在社會上的地位，就像你們北方社會的工頭。因此在南方各州，技工可以與僱主同桌吃飯，平等交談。這不僅是政治意義的平等，而且是實質的平等，無論在任何地方都是如此。在南方受僱用的白人勞工，都是你們北方所說的高級勞工。由於有一個心智與體格都較為低劣的下層階級，被心智能力較高的白人控制，白人勞工才能享有這種優越性。南方白人不做卑微的工作，我們不會讓自己的兄弟淪落到從事卑微的工作。那些工作屬於下層種族，也就是含（Ham）的後代子孫。

南方知識分子與北方白人改革派倒是形成了共識。後者雖然反對奴隸制度，但是對於新興資本主義最可悲受害者的本質，與前者觀點一致。勞工改革運動者喬治．亨利．伊凡斯（George Henry Evans）在一封寫給廢奴運動者蓋瑞特．史密斯（Gerrit Smith）的信中說道：「我原本與您一樣，非常熱忱地主張廢除奴隸體制，但是後來我看到了白人奴役。」對於廢奴運動，伊凡斯據說曾經是史密斯的同道，但他仍然認定「沒有土地的白人」處境要比被奴役的黑人更糟，後者至少「在生病與老年時一定會得到照顧」。

「白人奴役」的關切者認為，從全體勞工被奴役的狀況來看，黑人被奴役並沒有什麼特殊性可言。在美國高貴的白人勞工階層看來，相較於更廣泛的剝削，奴隸體制本質的邪惡是次要問題。一旦白人剝削的大問題解決，再來處理黑人剝削也不遲，後者甚至可能會自然消失。對奴隸體制念茲在茲的廢奴主義者，會被蔑稱為「取代主義者」（substitutionists），以一種奴隸體制取代另一種。「如果我對查爾斯敦（Charleston）或紐奧良的奴役問題不是非常關心，」改革運動者霍瑞斯．葛瑞里（Horace Greeley）寫道，「那是因為我在紐約看到更嚴重的奴役問題，那才是我的當務之急。」

南北戰爭摧毀了對於取代主義的指控，也讓「白人奴役」的論述顯得荒唐可笑。但是後者的前提卻傳承下去，持續將白人勞工視為高貴的人物原型，黑人勞工則是另一回事。那是一種論調，而不是事實。高貴的白人勞工人物原型，並無法保護白人勞工免於資本主義的危害，無法打破企業壟斷，無法紓解阿帕拉契山區（Appalachia）或者南方的貧窮，無法為北方的移民區帶來像樣的工資。但是美國最原始的身分認同政治（identity politics）模式已然建立。黑人的生活其實無關緊要，可以丟在一邊，當成白人群體獲取些許進展的代價。西奧多．比爾博（Theodore Bilbo）[5]就是如此對照黑人與白人的處境，在一九三〇年代打選戰時聲稱要「搞出和羅斯福總統一樣的大場面」，同時支持以私刑處決來阻止黑人投票。

一邊是「勞工階級」有正當性、甚至良性的利益，另一邊是美國黑人不具正當性、病態的利益，會做這樣對照的人，不只限於比爾博這類猖狂的白人至上主義者。著名學者、自由派偶像與聯邦參議員丹尼爾．派屈克．莫乃漢在為尼克森總統工作期間，曾引述尼克森對於

5 編注：西奧多．比爾博（Theodore Bilbo, 1877-1947），美國聯邦參議員，曾兩度擔任密西西比州州長，三K黨成員，支持種族隔離制度與白人至上主義。著有《做出你的選擇：種族隔離或雜種化？》（*Take Your Choice: Separation or Mongrelization*）一書。

白人勞工階層的描述：尼克森宣稱，「一個新的聲音」已經引起美國注意，「這個聲音被壓抑太久了」，他指的正是白人勞工階層，「發出這個聲音的民眾從未走上街頭，不會耽溺於暴力，也不曾違反法律。」

莫乃漢的歷史觀近似創造論者（creationist）。當時距離西瑟羅暴動（Cicero riots）不過十八年，距離邁爾斯夫婦被逐出賓州的李維鎮不過八年，距離金恩博士在芝加哥馬奎特公園（Marquette Park）被人丟石頭不過三年。隨著善良白人勞工階層的迷思成為美國身分認同的核心，這個階層的原罪（也是每一個白人階層的原罪）必須消失無蹤。事實上，至少從一八六三年的徵兵暴動（draft riots）開始，白人勞工階層就是種族恐怖主義的參與者，而且這類恐怖主義涉及每一個白人階層的種族敵意。事實上，在私刑處決的年代，報紙經常為白人群體的憤怒搧風點火，訴求則是全體白人男性共同擁有的最後一項財產：白人女性。然而為了掩飾白人種族主義的嚴重性，這些種族主義衝突必須被視而不見，或者必須與種族主義劃清界線，只當成對抗資本財富的合法行動過程中，令人遺憾的副作用。只要將焦點完全放在值得同情的勞工階層，白人身分的原罪就可以避開，從過去到現在都是如此。

曾經擔任三K黨總團長的大衛．杜克在一九九〇年震驚全國，差一點贏得路易斯安納州共和黨聯邦參議員候選人黨內初選，於是辯護者再一次大舉出動。他們避而不談顯而易見的事實：路易斯安納州當時還在解除種族隔離的過程中，杜克訴諸當地最底層的種族主義本能直覺。辯護者轉而尋找其他的說法，「白人勞工階層累積了大量的憤怒與挫折感，尤其是在經濟狀況轉壞的地區，」一名研究員告訴《洛杉磯時報》（*Los Angeles Times*），「這些人覺得被遺棄，覺得政府對他們不理不睬。」照這種邏輯，二戰之後的美國經濟繁榮、就業充分，應該會是一個人人平等的烏托邦，而不是一個以暴力遂行種族隔離的國家。

這是過往的陰魂不散。路易斯安納州有一大批白人，贊同將一個曾經代表恐怖組織的白人至上主義者送進國會，但評論者並不在乎。評論者也不在乎路易斯安納州的黑人也長期覺得被遺棄。他們只在乎一項年代久遠的交易受到威脅，白人勞工有可能淪落到「黑鬼」的等級。大衛．羅迪格寫道：「一個想要有所成就的左派，必須與這一類的分析劃清界線。」

劃清界線的挑戰基本上無人理會。一個想像出來的白人勞工階層仍然是美國政治的核心，也是我們從文化層面理解政治的核心。處理廣泛的經濟議題時是如此，處理種族主義時也是如此。白人勞工階層信念在最具同情心的層面，會認定全體美國人不分種族都是不受管制的資本主義經濟的受害者，被其結構與細節剝削。因此關鍵在於如何處理這些傷害所有種族的廣泛模式。在嘉惠全體民眾的過程之中，被這些模式傷害最深的人（例如黑人）也會得到不成比例的巨大利益。聯邦參議員歐巴馬在二〇〇六年寫道：

近年以來，最讓黑人、西語裔困擾的問題，與困擾白人的問題在本質上並無不同：

企業縮編、工作委外、工作自動化、薪資停滯、僱主提供健保（employer-based health-care）與退休年金計畫的崩解、學校無法教導年輕人投入全球經濟競爭必備的技能。

歐巴馬承認「黑人特別容易被這幾項趨勢傷害」，但他也認為原因與其說是種族主義，不如說是地理與工作類型分配。這種「無種族的反種族主義」（raceless antiracism）詮釋方式是當代美國左派的標誌，從新民主黨人柯林頓到社會主義者伯尼・桑德斯都有志一同。除了少數的例外，全國性的自由派政治人物並不認為黑人與國家的關係有某種系統性、特殊性的問題，需要以量身打造的政策來解決。

三

二〇一六年，希拉蕊對於體系性種族主義的存在，做出支持性的宣示，算是創下當代民主黨人的先例。希拉蕊非如此做不可，畢竟對於前任柯林頓政府的施政與她本人的第一次總統選戰，黑人選民記憶猶新。她先生的政府雖然宣揚「潮水上漲」理論，但同時也大砍社會福利計畫，並且「強硬打擊犯罪」，這既是明確政策，也是用來吸引白人選民的說詞。人們可能會覺得希拉蕊情有可原，因為她被迫背負先生的原罪。但是在二〇〇八年的選戰之中，希拉蕊曾經引用「白人勞工」與「黑人混混」的古老二分法，聲稱自己代表「勤奮工作的美國人、白種美國人」。二〇〇八年她對上歐巴馬的初選接近尾聲，她的顧問拚命尋找謠傳的「白佬錄音帶」，想證明蜜雪兒．歐巴馬曾經怒氣沖沖地用過「白佬」這個不雅字眼。柯林頓自己先前競選總統時，希拉蕊援引了保守派人士威廉．班奈特的「超級掠食者」理論。班奈特形容那個世代的「貧民窟」兒童「幾乎完全未受教化」，將會帶來「新世代的街頭罪犯……歷來任何社會遇過最年輕、最龐大、最惡劣的罪犯世代」。所謂的「最惡劣」世代後來並沒有變成「超級掠食者」，到了二〇一六年，他們成為選民，對於希拉蕊新發現的自覺意識，顯然並不滿意。

我們應該問一個問題，對於這些「被遺忘的」年輕黑人選民，美國為什麼沒有出現一大堆滿懷同情的描述？畢竟被達沃斯（Davos）[6]菁英與特殊利益集團接管的華府也遺棄了他們。面對新型態的全球經濟，他們也是在艱苦謀生。二〇一六年七月的黑人年輕男性失業率高達二〇．六％，是白人年輕男性（九．九％）的兩倍有餘。從一九七〇年代晚期開始，威廉．朱利亞斯．威爾森與其他追隨他腳步的社會學家都曾提到，「苦幹實幹」的製造業工作

6 編注：位在瑞士，每年世界經濟論壇年會的召開地點。

機會大幅減少，對於美國黑人社群的衝擊特別嚴重。而且對於金融業造成災難、政府卻拒絕將罪犯繩之以法，最應該感到憤怒的是美國黑人，因為過去二十年來，住宅危機是導致黑人家庭財富始終落後全國水平的主要因素。然而，黑人遭受的文化傲慢與經濟焦慮上不了新聞檯面。對黑人而言，艱苦謀生是常態；對白人而言，艱苦謀生喚醒了白人奴役的幽靈。

此外，描述長期遭到忽視的黑人勞工階層選民，如何受到全球化與金融危機的傷害、如何被不食人間煙火的政客遺忘、如何對柯林頓主義（Clintonism）[7]重返華府滿懷疑慮，這樣的描述不會讓投票選川普的白人心安理得，然而白人勞工階層的長期苦難可以。儘管關於菁英如何遠離「真實的美國人」的論述已經汗牛充棟，我們還是可以看出一個跨越階級、相互依存的白人部落（tribe of white people）的確存在。

副總統喬．拜登如是說：

> 他們是與我一起長大的人……他們不是種族主義者，他們不是性別歧視者。

總統參選人伯尼．桑德斯如是說：

> 我出身白人勞工家庭。對於民主黨無法與我那個世界的人們對話，我深感羞愧。

《紐約時報》專欄作家紀思道如是說：

我的家鄉在奧勒岡州（Oregon）的揚希爾（Yamhill），是一個支持川普的農業城鎮。我有許多朋友投票選川普，我認為他們大錯特錯，但是請不要蔑視他們是一群可憎的偏見狂。

這類口口聲聲忠誠與出身的表態，不僅是菁英們為一個怨聲載道的階級辯護，還代表完全不理會那些與白人男性並無血緣關連的人們的擔憂。拜登說：「平等又不能拿來吃。」說這話的人不必擔憂因為意外懷孕、求職申請表格的身家調查或一家之主被遣送出境致使生計大受影響。桑德斯痛責民主黨「無法與我那個世界的人們對話」幾星期之後，他就拿一位夢想能夠代表「她那個世界的人們」的女士做了一次示範，這位年輕女士表示希望能夠成為美國歷史上第二位西語裔的女性聯邦參議員，桑德斯的回答有如在嘲弄希拉蕊的選戰：「一個

7 編注：柯林頓主義（Clintonism）指的是柯林頓總統執政時所採取的政治經濟政策，並被延伸到其妻子希拉蕊．柯林頓身上。一般來說，柯林頓的政策強調自由貿易、經濟成長與就業機會，強調打擊犯罪與懲治犯人更甚於社會福利。

人不能光是說『我是女性！投票給我！』不，那樣不夠……民主黨即將發生的鬥爭之一，就是我們能不能超越身分認同政治。」這番話的重點實在令人遺憾，因為它抨擊身分認同政治的一類案例，同時又召喚另一類的身分認同政治。

桑德斯其他的言行更讓人憂心。有一回他接受MSNBC訪問，談到川普的成功因素，認為一部分要歸因於此人「反對政治正確」。桑德斯承認川普「說了一些很惡劣、很令人痛苦的事。然而我認為人們已經厭倦那些反反覆覆、老生常談的政治論述。」記者追問桑德斯如何定義「政治正確」？他的答案無疑會讓川普點頭稱是：「政治正確的意思就是你有一套論點，經過民調與焦點團體（focus group）測試，但是與現實並不符合。還有一些是你不能說的話，說了之後會冒犯權力很大很大的人。」

這種「政治正確」定義駭人聽聞，而且還是來自一個左派的政治人物。然而它是搭配對於川普選民更廣泛的辯護。桑德斯說：「有些人認為投票給川普的人都是種族主義者、性別歧視者、反同性戀者，反正就是一群可悲的人，但我不以為然。」這並不足以作為無罪宣判。的確，絕大部分川普支持者並不是白人至上主義者，就如同吉姆．克勞法時期的南方白人絕大部分並不是白人至上主義者，然而每一個川普支持者都可以接納一件事：把國家的命運交到一個白人至上主義者手上。

人們多少可以理解，政治人物會擁抱對自己有利的身分認同政治。像桑德斯這種追求高等公職的候選人，必須組成一個可以運作的聯盟。可以想見，白人勞工階層是非常可觀的票源，候選人想要在短期內掌握，就必須迴避令人尷尬的事實。但是新聞工作者沒有這樣的藉口。過去一年，紀思道花了許多心力呼籲自由派同道，不要將他昔日所屬的白人勞工階層視為「偏見狂」，儘管強烈偏見在他的報導中顯而易見。有一回紀思道造訪奧克拉荷馬州的土爾沙，以人類學的角度試圖理解，為什麼川普的選民明明需要社會福利幫助，卻還會支持一個威脅要削減相關計畫的總統？根據紀思道的受訪者，重點並不在於川普抨擊社會福利，在於抨擊「那些人的社會福利」。一名受訪者說：「政府浪費很多經費，其他地方應該削減。」紀思道追問有哪些浪費的例子，受訪者津津樂道的卻是「歐巴馬手機」（這是一套狂熱的陰謀論，將一項政府長期計畫加以扭曲，指稱歐巴馬總統送免費手機給條件不夠格的黑人）。受訪者的說法並沒有影響紀思道的分析，他也不以為意，只以括弧加註一句事實查核。

看到一個川普的支持者流露種族主義，對紀思道而言不是什麼大不了的事。那是因為他對於川普選民、白人勞工階層「內在美好特質」的辯護，事實上都是無效的辯護。這套論調與主張之中的白人勞工階層，與其說是真正的人類社群，不如說是一種工具，用來搪塞那些期望美國更具包容性的人們。

馬克・里拉（Mark Lilla）的文章〈身分認同自由主義的終結〉（The End of Identity Liberalism）可能是這類型論述中最深刻的一篇。里拉指責自由主義已經淪落為「某種關於種族、性別與性慾身分認同的道德恐慌」，導致自由主義代表的訊息遭到扭曲，「無法成為一股維繫團結、治國理政的力量。」根據里拉的論點，自由派背棄了自家的勞工階層基本支持者，如今必須重返柯林頓與羅斯福的「前身分認同自由主義」（pre-identity liberalism）。如果只看這篇文章，你不會知道其實柯林頓是他那個年代搞身分認同政治的頂尖高手，他專程搭機去看動過腦葉切除術的黑人瑞奇．雷．瑞克特被處決的過程、在賈克遜牧師的會議上反將他一軍、簽署《捍衛婚姻法》（*Defense of Marriage Act*）、動輒宣示自己歸屬於「真正的美國」。你也不會知道其實「前身分認同自由主義」代表人物羅斯福總統必須倚靠「正統南方」白人至上主義者致命的身分認同政治。里拉的文章沒有提到歐巴馬，也完全不曾嘗試探討有沒有可能正是拜身分認同政治之賜，美國才出現史上第一位黑人總統，並促使破紀錄的黑人選民湧向投票所，為民主黨贏得選舉，讓自由派得以實現其歷史悠久的目標：全民健保。里拉聲稱：「基本上，身分認同政治是一種表態，而不是說服。因此它從來不曾贏得選舉，反而會導致敗選。」里拉無法理解，身分認同政治就是川普選戰的本質，也是他勝選的原因。對於白人勞工階層的訴求總是高高在上，對於黑人勞工以及所有非白人族群的訴求則被貼上「身分認同主義」（identitarianism）的負面標籤。幾乎所有的政治都是身分認同政治，唯一的例外就是白人的政治，血腥遺產的政治。

白人部落心態（white tribalism）也會糾纏上更細緻、更有技巧的寫作者。喬治．派克的文章〈失聯者〉(The Unconnected)長篇大論，呼籲自由派多關注白人勞工階層，因為後者「已經陷入以往只會讓人聯想到黑人都市『下層階級』(underclass)的困境。」派克認為這些困境以及民主黨的回應無方，是川普崛起的主要因素。他沒有提出任何民調資料，來說明白人勞工階層如何看待「菁英」，更別提如何看待種族主義。他似乎也不明白，這一階層的觀點以及他們與川普的關係，和其他勞工與其他階層的白人有何不同。

原因可能在於，任何對於川普與白人勞工階層關係的實證分析都會顯示，「白人勞工階層」這個詞語中最重要的字眼是「白人」。二〇一六年選戰，川普在白人的每一個經濟階層都得到過半數或者最多數的支持。的確，他的基本盤是收入在五萬美元至九九九九九美元的白人選民，但這種收入高出許多非白人勞工階層。而且就算各位認定這樣的收入屬於「勞工階層」，其投票行為的差異還是怵目驚心。此一勞工階層的白人有六一%支持川普，但西語裔和黑人各只有二四%與一一%支持川普。事實上，收入十萬美元以下選民的最多數與五萬美元以下選民的過半數，在二〇一六年投給民主黨候選人。因此當派克感嘆「民主黨再也不能以勞工的政黨自居，至少不是白人勞工的政黨。」他犯了一種範疇的謬誤(category error)。真正的問題在於，民主黨已經不是白人的政黨，這與勞工階層抑或非勞工階層無關。白人勞工的特異之處不在於他們具備其他白人沒有的勞工身分，而是在於他們與其他所有勞工的差別：他們是白人。

派克的文章發表於二〇一六年大選投票之前，因此當時他還看不到計票結果。然而其實人們不必訝異於一個直接訴求種族主義的總統候選人，能夠有效推升白人選民的投票率，畢竟至少從民權運動時期開始，種族主義就是全國性政黨的楚河漢界。派克的論點來自他對西維吉尼亞州的觀察，這個州原本是民主黨的鐵票區，一九九〇年代之後才大轉向投入共和黨，至少在總統政治的層面是如此。派克認為，西維吉尼亞州晚近的向右轉「不能只歸因於種族政治（politics of race）」。這也許沒錯，種族政治本身也一樣「不能只歸因於種族政治」，奴役體制的歷史也關係到國際資本主義的發展，私刑處決的歷史也要從女性日益獨立引發焦慮的角度來觀察，民權運動與冷戰有千絲萬縷的瓜葛。因此，說川普的崛起不能只歸因於種族主義，根本是一句空話，難以安慰那些遭到種族主義踐踏的人們。而且種族主義的影響在西維吉尼亞州觸目皆是。二〇〇八年民主黨總統候選人黨內初選，當地選民九五%是白人，其中二〇%(每五個就有一個）公開承認種族問題會影響他們如何投票，這類選民超過八〇%選擇希拉蕊而非歐巴馬。四年之後的民主黨內初選，現任總統歐巴馬在西維吉尼亞州的十個郡輸給一名囚禁在聯邦監獄的白人重罪犯凱斯．羅素．賈德（Keith Russell Judd）。我們可以做一個簡單的思想實驗：我們能否想像一名囚禁在聯邦監獄的黑人重罪犯，投入黨內初選挑戰一位白人現任總統，並且選出這樣的成績？

然而種族主義在派克的文章之中，大多只扮演一個消極被動的角色。他完全不曾嘗去理解，為何黑皮膚與棕皮膚的勞工，雖然同樣受害於他撻伐的新經濟與國際化菁英，卻沒有加入「川普革命」的陣營。派克與紀思道有志一同，對其主題人物非常寬容。當一名白人女性「暴怒地」告訴派克「我想吃什麼就吃什麼，要我聽他們說什麼不能吃薯條、不能喝可口可樂，門都沒有。」派克認為這是一種對於「菁英階層道德優越性」的反抗。事實上，這種菁英陰謀論可以上溯到一八九四年，政府開始對美國民眾提出飲食建議。二〇〇三年，小布希總統發起「美國更健康計畫」（Healthier US Initiative），當時他說這是一項令人振奮的醫療保健計畫，「告訴各位只要保持運動並多吃有營養的食物，就可以延年益壽。」但是面對那位白人女性「暴怒」，派克完全不曾質疑其中關鍵是否在於，類似的建議如今來自美國歷史上第一位黑人第一夫人。派克的結論更是部落色彩鮮明，指稱歐巴馬讓美國「陷入大部分美國人自有記憶以來，最分裂與最憤怒的狀態」。這樣的說法如果為真，唯一可能的原因就是大部分美國人的身分認同是白人。至於那些見證約翰．路易斯被毆打、愛默特．提爾被私刑處決、培西．朱利安（Percy Julian）被丟汽油彈[8]、金恩博士與梅德加．艾佛斯遭到處決式暗殺的男男女女，那些被迫背負奴隸體制遺害重擔的男男女女，顯然不會認同派克的說法。

8 編注：培西．朱利安（Percy Julian, 1899-1975），美國化學家，第一位獲得化學博士學位的美國黑人，發明多項化學藥物上的專利。出生自阿拉巴馬州的他，在一九五〇年代搬入芝加哥郊區的奧克帕克鎮，成為第一位搬入該鎮的黑人，卻也因此遭到白人至上主義者的反彈。他的住家因此被縱火、被丟汽油彈等爆裂物。

維繫白人榮耀與白人身分，至今仍是美國自由派的核心思維，左派政治人物也無法豁免。川普充斥強烈偏見的選戰獲得勝利，帶來了一幅光怪陸離的景象：連一個種族主義者都能成為美國總統，或者更糟——憑藉種族主義可以當選美國總統。其所顯示的意涵實在太過黑暗，既顯示體系化的強烈偏見仍然佔據美國政治的核心、也顯示美國很容易就會受這種強烈偏見影響。這同時也意味著我們在文化與政治中大肆宣揚的善良老實美國老百姓，其實和那些在私刑處決照片中獰笑的美國人不過是一丘之貉，而約翰・考宏促成白人勞工與白人資本家結合的目標並未消失。左派人士企圖以階級團結對抗種族主義，卻再一次失敗，只能面對現實。技術官僚與中間派也無法自我慰藉，因為他們一樣逃不過種族主義。想要綜觀這些現象並做出分析，指出美國未來的道路，顯然是過度要求。人們的主要反應還是訴諸情感，以召喚白人勞工階層，召喚這個美國勤奮立國基礎的象徵與拓荒精神的傳承者，來抵擋強烈偏見確實深植人心的可怕證據。

派克貶抑今日的民主黨只是一個「新興專業人士與多元化成員」的聯盟。這種貶抑援引自勞倫斯・桑默斯（Lawrence Summers）（偏偏就是他）[9]，這位經濟學家與哈佛大學前任校長曾為民主黨貼上「國際化菁英與多元化成員的聯盟」的標籤。這種說法認為民主黨已經遺忘如何談論硬性的經濟議題，寧可談論「多元化」之類的軟性文化議題。我們應該好好分析一下，「多元化」這頂大帽子底下到底藏了些什麼：反抗大批黑人被關進牢獄的惡劣狀況、反抗貧窮婦女健康照護機構遭到摧毀、反抗移民家庭的父母親遭到遣返、反抗只能以暴力確保其正當性的警察執法、反抗一方面以「沒有藉口」告誡黑皮膚與棕皮膚孩子，一方面卻為那些「大到不能關」的罪犯提供藉口的教育理論。面對這樣一系列令人憂心的問題，像桑默斯以及派克如此優秀的新聞工作者，也只會以「多元化」一言以蔑之，這充分印證了他們享有的安全空間，原因則在於他們的身分認同。

四

歐巴馬在二〇〇九年就任時，他相信自己可以與「理智的」保守派合作，途徑是採納一部分保守派的政策。結果歐巴馬發現，他對這些政策的認同反而讓合作成為不可能。共和黨領袖密契・麥康諾（Mitch McConnell）公開宣示，共和黨最重要的目標不是尋求兩黨共識，而是讓歐巴馬成為一個「一任總統」。一套原本是由共和黨籍州長發想、保守派智庫宣揚的

9　編注：勞倫斯・桑默斯（Lawrence Summers）曾任柯林頓政府的財政部部長、哈佛大學校長。他的父母都是經濟學家、兩個家族長輩拿過諾貝爾經濟學獎，自己人生也屬一帆風順。在作者眼中，像桑默斯這樣菁英中的菁英，正是典型的「國際化菁英與多元化成員」，因此桑默斯說這句話有點自打嘴巴的意味。

健保計畫，突然間被貼上「社會主義」標籤。還有，絕非巧合，歐巴馬提出的賠償黑人方案也落入同樣下場。美國歷史上第一位黑人總統發現，他本人成為共和黨選民的票房毒藥。一整個政黨組織動員起來，擺明了要讓歐巴馬一事無成。歐巴馬與其他一些人認為，這種惡毒作法來自福斯新聞網（Fox News）與右翼電台談話性節目無休無止的攻擊。川普厲害的地方在於，他知道不僅是如此，他還察覺一股對於「恢復原狀」的強烈渴望，能夠讓一名被控犯下性侵罪的政治素人，顛覆一個主要政黨的領導階層、擊敗另一個主要政黨被看好的總統候選人。

「我就算站在紐約第五大道（Fifth Avenue）上開槍殺人，也不會損失任何一張選票。」川普曾經如此誇口，這番話可信度相當高。川普曾經嘲弄殘障人士、炫耀自己的性侵惡行、遭多名女性指控性侵；並在開革聯邦調查局局長之後，先是派嘍囉誤導民眾以為他另有動機，然後親手戳穿自己的謊言，大剌剌承認動機就是要阻撓關於自己疑似勾結外國政權的調查，而且在白宮接見那個外國政權的代表時親口誇耀此事。我們完全無法想像會出現一個黑人版的川普，例如，想像歐巴馬影射選戰對手的父親涉入暗殺美國總統、比較自己與另一名候選人的身體條件，然後還能選上總統。川普比任何一個政治人物都瞭解「血腥遺產」的價值，以及身為「非黑鬼」（not being a nigger）的力量。

然而這股力量終究會自取滅亡，川普本人也是例證。《紐約客》最近一篇報導引述一名俄羅斯軍方人士指出，俄羅斯之所以能夠干預其他國家的選舉，「必要條件」與「既有背景」兩者缺一不可。在美國，「既有背景」就是陰魂不散的種族主義，「必要條件」則是一位黑人總統的象徵性威脅。這兩個彼此相關的因素傷害了美國保障自家選舉體系的能力。直到二〇一六年七月，超過半數的共和黨人認為歐巴馬不是出生在美國領土，換言之，他們不承認歐巴馬總統地位的合法性。共和黨的政客也是如此行事，著名案例就是拒絕為他提名的聯邦最高法院大法官候選人舉行聽證會，影響最大的則是拒絕與行政部門合作來抵擋俄羅斯的攻擊。歐巴馬完全無法讓共和黨支持一項跨黨派的回應作法，他本人也低估了川普、低估了白人身分的力量，以為這名問題叢生的共和黨候選人不可能當選。在這方面，歐巴馬犯下悲劇性的錯誤。因此如今，全世界最強大的國家把它的一切：經濟的繁榮、三億人民的安全、水資源的良窳、空氣的品質、食物的安全性與全國公路、航線與鐵路的健全與否，乃至於足以毀滅世界的核武，全部交給一個園遊會小販一般的人物，此人讓「一把抓住女人的私處」（grab 'em by the pussy）成為全國家喻戶曉的話語。這就如同整個白人部落團結起來，對外宣示：「如果連一個黑人都可以當總統，那麼任何一個白人，無論有多敗壞墮落，也都可以當總統。」藉由這種變態扭曲的方式，傑佛遜與傑克森的民主之夢實現了。

今日發生中的美國悲劇，比大部份人們想像的更為嚴重，而且不會隨著川普下台落幕。在近代，白人身分作為一種公然運用的政治戰術，一直被某種「親和性」、侷限，因為公然訴諸白人身分會嚇跑「溫和派」白人。過去，這種說法頂多只說對了一半。如今川普的「貢獻」則是暴露了它的合宜性顧慮有多薄弱，並且顯示一個搧動者能夠擺脫它到什麼程度。我們不難想像日後會有另一個政治人物，比川普更瞭解華府的運作方式，也熟悉政府治理的方法，而且不再受到反種族主義表面工夫的限制，因此會做得比川普更絕。

某些黑人作家與思想家長期以來認為，儘管白人身分會對黑人群體造成立即的威脅，但是白人自身、大家共同的國家，甚至整個世界，會受到更大的威脅。這種堂而皇之的論述，往往會讓人們望而卻步。當杜波依斯聲稱奴隸體制「對當代文明而言是一場災難」，或者詹姆斯·鮑德溫聲稱白人「將人類帶到滅絕的邊緣……因為他們認定自身是白人。」人們的直覺反應是他們誇大其辭。然而川普的總統事業就只能如此解讀。美國歷史上第一個白人總統也是美國歷史上最危險的總統。雪上加霜的是，那些有責任分析他的人們，無法直接點名他的基本特質，因為他們自身也涉入太深。

但是還沒有到無法超脫的地步。白人身分的所作所為，還沒有導致它超出人類行為與歷史的界線。事實上，美洲原住民屠殺與非洲黑人奴役，也就是史文·貝克特（Sven Beckert）所謂「戰爭資本主義」（war capitalism）的年代之所以駭人聽聞，關鍵在於其基本行為很容易就能印證我們對於人類貪婪、權力誘惑的全部理解。能夠把自己想像成劫掠者，是一件可怕的事；能夠明白道德制高點既非生物本性也非上帝旨意，也會令人惴惴不安。這樣的理解並不是異想天開。美國人本身也屬於一個階級，這個階級對於許多酷刑凌虐、狂轟濫炸、發動政變的歷史事件，不是要負起責任，就是脫不了關係。川普只是讓美國人的歷史包袱更沉重了。也許，從整個國際社會來看，所有的美國人都是白人。

然而，川普的當選並沒有讓什麼事情走上不歸路。儘管他的當選已經造成巨大的傷害，但是在本文寫作的當下，歷史還沒有走到終點。我們現在需要的是一種反抗：不再容許逃避罪責、不再容許對邪惡視而不見，就算是為了對抗其他的邪惡也不能容許。我們必須點名白人身分與其信徒達成的惡質交易，而且必須說明，真正歷久不衰的正是這樁交易，而不是某種集體催眠效應。

一方面點名白人身分，一方面點名各種貶抑打壓，這些打壓來自不受管制的資本主義、貪婪的特權化、以合法方式鼓勵藏匿財富與吃相較文雅的劫掠，兩種作法並不衝突。我從來不認為呼籲賠償黑人與呼籲實現維生工資（living wage）之間、呼籲執法行為正當化與呼籲單一支付健保制度（single-payer health care）之間，有何矛盾牴觸可言。它們相互關連，但是不能相互取代。我認為對於性別歧視、種族主義、貧窮甚至戰爭的抗爭能夠連結起來，但這樣的連結不是混為一談，而是為了一個共同的終極目標：一個更有人性的世界。

謝辭

本書能夠付梓，要感謝《大西洋月刊》（*The Atlantic*）。從事實查核到薪資給付，《大西洋月刊》支持我走過這八年歲月。

延伸閱讀・思考臺灣

「超越藍綠」：戒嚴暗傷在流膿

盧郁佳（作家）

改革之路上，為什麼蔡英文曾有幾回卻步，不敢帶領臺灣往前走；而韓國瑜卻那麼敢帶著臺灣倒退？《美國夢的悲劇：為何我們的進步運動總是遭到反撲？》透視歷史，給出答案。美國黑人作家塔納哈希・科茨（Ta-Nehisi Coates），一位黑豹黨成員的兒子，在《美國夢的悲劇》中省思，解放黑奴百餘年，並沒有得到轉型正義，反而沿襲加害者的思維，把歧視黑人當成理所當然。

歧視靠著南北戰爭的神話延續。我們從小說《地下鐵道》讀到美國對待黑人「可怕的歷史，國家的罪行」，但南方卻至今飄揚南方邦聯旗，把南北戰爭說成原本幸福快樂的黑奴受到北方誘惑，竟對白人主子恩將仇報。南方打造「敗局命定論」神話，相信其實南方沒有輸，只是兵力懸殊寡不敵眾，名將李將軍則是亞瑟王那樣的悲劇英雄，帶領好男兒保家衛國壯烈犧牲。北方也把南北戰爭說成白人之間的戰爭，威爾遜總統紀念南北戰爭時，只提白人南北分裂、慶祝復合，不提奴隸制度，拒絕對歧視表態。這背後是巨大的既得利益，南北戰爭之初，四百萬黑奴等值於現今的七百五十億美元，經手棉花佔出口總值六成，百萬富豪集中於密西西比河谷的大型莊園。北方也從棉花得到利益，黑奴是南北白人的共業。從美國黑人觀點來看，南北戰爭並非一八六一年發生，而始於一六六一年通過第一批黑人法典，將奴隸制度入法。

「美國永遠為內戰道歉，但不為奴隸制度道歉。」

本書描繪白人至上主義的淵源。羅斯福的新政，也以排除黑人換取議員支持通過法案。失業保險排除家庭幫傭、農場工人，也就實質排除了黑人。一八九五年南卡羅來納州的州憲法規定，成為州民，要通過識字測驗、擁有一定收入，這當然排除了黑人。縱容了槍擊、凌虐、毆打、殘害黑人。黑人只佔美國人口十三％，卻佔謀殺案被害人四九％，監獄受刑人的四一％。黑人青少年生育率六三％，比白人青少年高出一倍多。二〇〇五年的人口普查，黑人家庭的中位數收入為各族裔最低，只有白人家庭的六一％。一九六〇年代出生於中產階級家庭的黑人，有四五％落入貧窮或接近貧窮，比例是白人的三倍。

一九九一年，加州黑人羅德尼．金恩酒駕超速拒捕遭到警方壓制，結果警察獲判無罪，引發洛杉磯暴動，五十三死。當時總統候選人柯林頓為爭取中間選民，把為黑人辯護者說成三K黨。法院最終判決兩位涉案警察三十個月有期徒刑。

哈佛黑人教授亨利・路易・蓋次，因為打不開自家大門，想強行進入，結果被鄰人當成賊，報警逮捕。

作者揭露美國的政策一直在犧牲黑人。仕紳化侵襲華盛頓和布魯克林，房貸畫紅線不貸給黑人，電視報導奢華繁盛，讓黑人彷彿看到一場自己未受邀參加的派對，因為派對建立在排他上。美國毒品戰爭更將多數美國青壯黑人男性送進監獄，從家庭中奪走父親，毀滅社區的支柱，《追逐尖叫：橫跨九國、一〇〇〇個日子的追蹤，找到成癮的根源，以及失控也能重來的人生》作者約翰・海利，從眼看前男友吸毒成癮、束手無策開始，追蹤美國毒品戰爭迫害窮人與黑人的真相，發現禁令助長毒害，為禍遠超過毒品本身。警方和毒梟共謀，禁毒導致漲價、壟斷。吸毒者為了賺錢買毒，被迫搶劫、賣身，或誘人吸毒推銷毒品，導致吸毒者暴增千百倍。政策根據吸毒前科斷絕住房等福利援助，也使青少年求學求職受阻，毀其一生，逼人犯罪為生。禁毒迫使吸毒者躲起來使用更烈性、偽劣、含量不明的毒品，死傷無數。

作者談到歐巴馬神話成為歧視的幫凶：人們相信歐巴馬當選美國總統證明「美國夢」，證明美國很進步，黑人只要努力也可以出頭天。其實，歐巴馬不是傳統意義上的黑人：他不是貧民窟毒販，而是出身白人中產家庭，由白人外公帶大，白人母親疼愛他，一般黑人並未享有歐巴馬的平等機會。而美國人對歐巴馬的接納也不是真的：百分之五到六的選票因為種族歧視而沒有投給他；「出生地質疑論」不斷誣告歐巴馬不是美國人，而是肯亞人或穆斯林。

內戰神話只是假新聞的前身。歐巴馬政府且被假新聞所迫，防衛性作出切割：

——二〇〇九年，右派煽動家發布演講影片片段，顯示歐巴馬政府公務員、黑人學運份子雪莉·謝洛德在有色人種協進會自述報復白人農民。政府立刻開除她。後來全文曝光，她講的是克制報復衝動，卻被斷章取義、惡意操作。

臺灣讀者會認出，大阪機場假新聞事件導致公務員含冤自殺，等於此事翻版。

——二〇一二年，加州白人守望相助員槍殺無辜黑人青少年特瑞方·馬丁，當局拒絕逮捕兇手，引起抗議，最後才以二級謀殺罪起訴。當時的總統歐巴馬對此避重就輕，不敢直言同情黑人，只說自己的兒子長大模樣會像特瑞方。僅僅此語已激怒保守派，招來鋪天蓋地大肆攻擊。

這也令人想起，時代力量黨鞭黃國昌踢爆國安局趁蔡英文總統外訪走私洋菸，蔡英文迴避對此做出司法定性，第一次聲明以「超買」形容此事，遭到輿論狂轟，後續兩度聲明試圖挽救。令國人誤以為「超買」兩字一出就已無罪開釋，而國安局長因此案被撤職、擴大查辦的事實通通消失。

歐巴馬和蔡英文總統施政的如履薄冰，可見一斑。在勞基法一例一休、年金改革、減稅、同婚政策外，蔡英文同樣遭受無理人身攻擊：二〇一一年，競選總統人選，前民進黨主席施明德指民進黨主席蔡英文是女同志，要她出櫃。二〇一二年選總統，爆出宇昌案，蔡英文提告，以查無不法偵結。二〇一九年吳祥輝支持賴清德競選總統，稱蔡英文為「政治淫婦」、「公開政治通姦者」。名嘴曹長青、教授賀德芬則指蔡英文學位造假、論文不存在。就像本書談到小布希誣指競選對手約翰・馬侃有黑人私生子，中國進口的假新聞則稱蔡英文兩度為李登輝懷孕墮胎，這些言論都理所當然不必負任何責任。

種族歧視限制了黑人，也限制了歐巴馬的權力，讓他投鼠忌器。歐巴馬迴避衝突而止步，他所相信的中立，實際是保守反動。為了超越種族而忽略種族歧視，正如美國建國者一面蓄奴一面談自由，南方名將李將軍一面承認「奴隸制度是政治和道德上的邪惡」，卻將奴隸制度的消亡交給天意。這就像大法官釋憲稱民法違憲後，蔡英文總統卻說同婚「還沒有社會共識」而拖延修法，視社會共識如「天意」，無視中國政府已大舉資助反同來撕裂臺灣。

蔡英文為了超越藍綠的崇高目標，曾經妥協棄守進步價值，在一例一休七天假、實施反同公投、追討婦聯會黨產的讓步、不追訴白色恐怖加害者、不懲辦假新聞等方方面面，都付出了慘痛代價。二〇一六年以來，飽受藍營攻擊，蔡英文憂讒畏譏、綁手綁腳；到了二〇一九年，面臨黨內初選壓力，在綠營對手競爭下，蔡英文施政大刀闊斧變革，與前截然不同。證明「超越藍綠」、「中間選民」封印了蔡英文作為傑出領袖的理想和改革能量，這是臺灣無可挽回的慘痛損失。

相較於蔡英文的自制中立，韓國瑜、柯文哲完全不需要「超越藍綠」、「超越統獨」。他們毫不規避統戰，柯文哲談兩岸一家親，韓國瑜直進中聯辦，韓的總統選戰口號是「保衛中華民國」，稱民進黨執政等於亡國，定義維持現狀、維持獨立遭遇的最大威脅是民進黨而不是中國政府。顯示民進黨必須向國民黨支持者證明不會改國號獨立，而韓國瑜卻從不需要證明自己不會簽和平協議。統派相信他會簽而統一是好事，而另一部分人不去想後果。正如白人至上是川普的特權，毀滅獨立現狀也是他們的特權。

蔡英文的妥協、韓國瑜的崛起乃至可能當選總統，悲劇都源自蔣經國神話，一種「臺灣夢」：美好舊日，經濟成長迅猛，治安良好，外省人享有萬年國會、公務員各省定額保障、自動成為教師等特權，人人服從紀律，認真負責。韓國瑜支持者渴望重回那美好的過去，卻不知道它從不存在。通貨膨脹、重大犯罪、白色恐怖、政治暗殺、逼良為娼等，不利於蔣經國威信，當時無法報導。到了今天，因為戒嚴時代的政要仍然位居要津，當年連戰家族接收日治財產占了多少土地房屋，宋楚瑜整肅了多少文化人，真相如今還是不會報導。政府對本省人的壓迫是秘密，對外省人的壓迫也仍是灼人而難言的秘密。

既然始終沒人知道壓迫的全貌，那麼聲稱現在已經完全平等，窮人窮要怪自己，聽起來就非常合理。

本書中，伊斯蘭國度和比爾．寇斯比的黑人保守主義，主張黑人道德改革、努力工作，男人回歸家庭負起責任，不要示威抗議，不要政府干預，聲稱種族隔離可以保護黑人的優越。黑人家長相信種族融合拖累孩子，只要教育進展。相信不是種族壓迫，而是饒舌音樂讓黑人青少年犯罪，濫交，道德淪喪。歐巴馬還要黑人兒童別再沉迷電玩。

這些「黑人當自強」的神話掩蓋了事實：二〇〇一年在密爾瓦基的研究顯示，同樣寄出求職信，有前科的白人得到工作的機會，等於沒有前科的黑人。三年後在紐約實驗，結果相同。有錢黑人買到房子住進好社區的機會，也低於沒錢白人。

正如在反服貿運動中，黃國昌強調「反黑箱」訴求程序正義，掩蓋了「反服貿」維持現狀獨立的迫切訴求。在鼓吹超越藍綠、超越統獨時，我們已經忽略了如何彌補公平正義的缺席，中立遂早就不再是中立，而成了壓迫的武器。

要深切瞭解《廢墟少年》中所描述的臺灣大規模貧窮、吸毒、從娼與犯罪的痛苦源頭，乃至族群融合、維護起碼的獨立現狀，作者給我們的挑戰，就是解密檔案、打破神話、說出壓迫、消除壓迫，將轉型正義進行到底。

Beyond

01

世界的啟迪

美國夢的悲劇：為何我們的進步運動總是遭到反撲

We Were Eight Years in Power: An American Tragedy

作者	塔納哈希・科茨（Ta-Nehisi Coates）
譯者	閻紀宇
執行長	陳蕙慧
總編輯	張惠菁
責任編輯	洪仕翰
行銷總監	李逸文
資深行銷企劃主任	張元慧
行銷企劃	姚立儷、尹子麟
封面設計	蔡佳豪
內頁排版	宸遠彩藝

社長	郭重興
發行人兼出版總監	曾大福
出版	衛城出版
發行	遠足文化事業股份有限公司
地址	23141 新北市新店區民權路 108-2 號九樓
電話	02-22181417
傳真	02-22180727
客服專線	0800-221029
法律顧問	華洋法律事務所 蘇文生律師
印刷	呈靖彩藝有限公司
初版	2019 年 9 月
定價	450 元

ACRO
POLIS
衛城
出版

Email acropolismde@gmail.com
Facebook www.facebook.com/acrolispublish

國家圖書館出版品預行編目(CIP)資料

美國夢的悲劇：為何我們的進步運動總是遭到反撲？/ 塔納哈希.科茨(Ta-Nehisi Coates)著；閻紀宇譯. -- 初版. -- 新北市：衛城，遠足文化出版：遠足文化發行, 2019.09
面；公分. -- (Beyond ; 1)
譯自：We were eight years in power : an American tragedy

ISBN 978-986-97165-4-3 (平裝)

1. 非洲黑人　2. 美國

546.5952　　108012455

● 親愛的讀者你好，非常感謝你購買衛城出版品。
我們非常需要你的意見，請於回函中告訴我們你對此書的意見，
我們會針對你的意見加強改進。

若不方便郵寄回函，歡迎傳真回函給我們。傳真電話 —— 02-2218-0727

或上網搜尋「衛城出版FACEBOOK」
http://www.facebook.com/acropolispublish

● 讀者資料

你的性別是 □ 男性 □ 女性 □ 其他

你的職業是 ______________________ 你的最高學歷是 ______________________

年齡 □ 20 歲以下 □ 21-30 歲 □ 31-40 歲 □ 41-50 歲 □ 51-60 歲 □ 61 歲以上

若你願意留下 e-mail，我們將優先寄送______________________衛城出版相關活動訊息與優惠活動

● 購書資料

● 請問你是從哪裡得知本書出版訊息？（可複選）
□ 實體書店 □ 網路書店 □ 報紙 □ 電視 □ 網路 □ 廣播 □ 雜誌 □ 朋友介紹
□ 參加講座活動 □ 其他 __________

● 是在哪裡購買的呢？（單選）
□ 實體連鎖書店 □ 網路書店 □ 獨立書店 □ 傳統書店 □ 團購 □ 其他 __________

● 讓你燃起購買慾的主要原因是？（可複選）
□ 對此類主題感興趣 □ 參加講座後，覺得好像不賴
□ 覺得書籍設計好美，看起來好有質感！ □ 價格優惠吸引我
□ 議題好熱，好像很多人都在看，我也想知道裡面在寫什麼 □ 其實我沒有買書啦！這是送（借）的
□ 其他 __________

● 如果你覺得這本書還不錯，那它的優點是？（可複選）
□ 內容主題具參考價值 □ 文筆流暢 □ 書籍整體設計優美 □ 價格實在 □ 其他 __________

● 如果你覺得這本書讓你好失望，請務必告訴我們它的缺點（可複選）
□ 內容與想像中不符 □ 文筆不流暢 □ 印刷品質差 □ 版面設計影響閱讀 □ 價格偏高 □ 其他 ________

● 大都經由哪些管道得到書籍出版訊息？（可複選）
□ 實體書店 □ 網路書店 □ 報紙 □ 電視 □ 網路 □ 廣播 □ 親友介紹 □ 圖書館 □ 其他 ______

● 習慣購書的地方是？（可複選）
□ 實體連鎖書店 □ 網路書店 □ 獨立書店 □ 傳統書店 □ 學校團購 □ 其他 __________

● 如果你發現書中錯字或是內文有任何需要改進之處，請不吝給我們指教，我們將於再版時更正錯誤

請沿虛線剪下

廣告回信
臺灣北區郵政管理局登記證
第 1 4 4 3 7 號

請直接投郵•郵資由本公司支付

23141
新北市新店區民權路108-2號9樓

衛城出版 收

● 請沿虛線對折裝訂後寄回，謝謝！

ACRO POLIS 衛城出版

Beyond

01

世界的啟迪